KB137648

피케티의
新
자본론

피케티의 新 자본론

지난 10년 피케티가 비판하고 대안을 제시한 자본주의 문제들

THOMAS PIKETTY

토마 피케티 지음 | **박상은 · 노만수** 옮김

글항아리

일러두기

1. 이 책은 토마 피케티가 『리베라시옹Libération』에 연재한 칼럼을 묶은 것이다.
2. 이 책의 원서인 프랑스어판은 2004~2012년에 발표된 글을 엮어 출간되었다. 한국어판은 여기에 2012년 9월부터 2015년 5월까지의 글을 추가해 대폭 보강했다.
3. 연재 글을 2~4년 단위로 끊어 묶어 1~4부로 구성했으며, 시의성 있는 최근 글은 앞에 배치해 역순으로 엮었다
4. '-원주' 표시가 없는 각주는 옮긴이주다.
5. 외래어 표기는 국립국어원 외래어 표기법을 따랐다.

차례

제2부 | 2010~2011

제3부 | 2007~2009

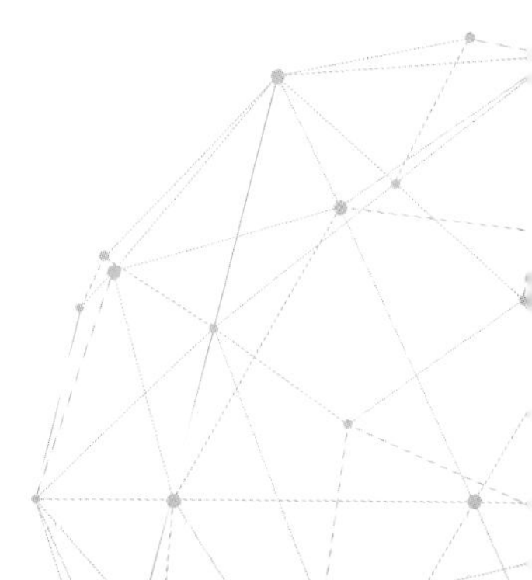

제4부 | 2004~2006

서문

이 책은 2004년 9월부터 2012년 8월까지 『리베라시옹Libération』에 기고한 칼럼을 모은 것이다.[1] 책으로 묶으면서 어떠한 수정이나 개작改作은 하지 않았다. 몇몇 내용은 약간 철 지난 감이 있지만, 대체로 지금 읽기에 무난할 것이다. 이 책은 내가 사회과학자로서 일상을 이해하고 분석하려는 노력과 그 일관성과 책임감을 국민과 함께하려는 의도에서 기꺼이 공공토론에 참여해 펼친 논의 등을 모두 모아놓은 것이다.

2004~2012년은 2007~2008년에 시작된 세계 금융위기로 깊게 점철된 시기였으며, 이 여파는 지금도 진행 중이다. 이 책의 많은 부분에서 이 문제를 다루었다. 나는 세계경제 붕괴를 피하기 위해 중앙은행이 해야 할 새로운 역할을 이해하려는 시도와 아일랜드 사태와 그리스 사태의 차이점과 공통점을 분석하고자 여러 번 시도했다. 전통적인 국내 문제를 등한시한 것은 아니지만, 항상 모두에게 공통적인 문제에 중점을 두고 이 책을 썼다. 즉 조세정의, 퇴직연금 개혁, 대학

의 미래 등이 그것이다. 대통령 임기 첫해에 이루어지는 토론에서는 모든 문제가 신중하게 제기된다. 하지만 대통령 임기 말에 이르면 하나의 주제만이 중심 사안으로 떠오른다. 유럽연합은 우리가 기대했던 수준에 올라설 수 있는가 하는 물음 말이다. 유럽연합은 대륙의 공권력으로 부상할 수 있을까? 그리고 유럽연합은 세계적으로 확대된 자본주의가 잘못된 길로 빠져드는 것을 막는 민주주권의 무대가 될 수 있을 것인가? 아니면 시장에 대한 규제 완화, 무한경쟁, 국가 개입의 제재를 위한 기술적 도구로만 계속 남을 것인가?

나의 첫 번째 분석은, 2007년 여름 미국 '서브프라임'의 붕괴에서 시작해 2008년 리먼브라더스의 파산으로 이어진 금융위기는 21세기 세계화된 세습자본주의의 첫 번째 위기로 해석될 수 있다는 것이다.

요약하자면, 1980년대 초부터 금융규제 완화와 자율규제에 대한 지나친 믿음과 같은 새로운 사조가 전 세계에 퍼졌다. 1930년대의 경기침체와 이에 따른 경제재앙의 기억은 흐릿해졌다. 1970년대의 (경기침체와 인플레이션이 혼합된) '스태그플레이션'은 전쟁 이후 1950~1960년의 특수한 상황에서 급하게 만들어진 케인스 이론의 한계를 보여주었다.

전쟁 이후 재건과 '영광의 30년Trente Glorieuses'이 이끈 높은 성장세가 끝나면서, 1950~1960년에 진행되었던 국가의 역할과 의무징수액[2]의 중요성이 무한히 확장되는 진행 과정에 자연스럽게 문제가 제기됐다.[3] 규제 완화 움직임은 1979~1980년 미국과 영국에서 나타나기 시작했는데, 당시 이 두 국가와 일본, 독일, 프랑스와의 격차는 점점 더 줄어들고 있었다. 심지어 영국은 추월당하기까지 했다. 이런 상황에서 벗어나고자 했던 레이건과 대처는 국가 개입은 문제를 야기할 뿐이며 해결책은 되지 않는다고 주장했다. 그들은 앵글로색슨계 기업가의 활동 범위를 약화시키는 이런 복지국가 체제를 멀리할 것과 제1차 세계대전 이전의 순수 자본주의로 회귀할 것을 제안했다. 1990~1991년부터 이런 움직임이 가속화되어 유럽 대륙 전역으로 퍼져나갔다. 소련이 붕괴되면서 자본주의의 적수가 사라지게 됐고, 사람들은 주식이 영원히 번영할 거라는 생각에 근거해 '역사의 종말'과 '새로운 성장'을 믿기 시작했다.

2000년대 초 유럽과 미국의 주식과 부동산 시가총액은 1913년에 기록했던 역사상 최고총액과 같은 액수를 기록했고, 곧 이를 추월했다. 2007년 사태가 발생하기 전 프랑스 가계가 소유한 금융자산과 부동산자산 총액(부채를 제외한)은 9조5000억 유로에 달했는데, 이는 약 6년 치 국민소득에 해당되는 액수다. 프랑스인의 재산은 2008~2009년 약간 감소했다가 2010년 다시 상승세를 기록한 뒤 현재는 10조 유로가 넘는다. 이 수치는 100년 전에 비해 자산이 얼마나 많이 축적됐는지를 알려준다. 현재 개인 순자산은 약 6년 치 국민소득에 해당되는데, 1980년대는 4년 치, 1950년대는 채 3년 치도 안 되는 액수였다. 프랑스인이 매우 풍부한 재산을 소유하고 있었던 벨 에포크Belle Époque 시대(1900~1910)에는 소득에 대한 자산의 비율이 약 6 대 7 정도로 나타났다.[4]

또한 현재 자산이 이렇게 많이 축적되는 현상이 단지 규제 완화의 결과 때문만은 아니라는 것을 알 수 있다. 이런 현상은 20세기 초반 발생한 충격shock 이후에 나타난 장기간에 걸친 따라잡기catch-up 현상 그리고 1990년대의 저성장 현상(이로 인해 자연스럽게 소득에 대한 자본의 비율이 매우 높게 나타난다)과 더 관계가 깊다. 지금 우리가 부유한 국가에서 생산과 소득은 매우 느리게 성장하는 반면 자산은 빠른 속도로 증가하는 역사적인 시기에 서 있다는 것은 엄연한 사실이다. '영광의 30년' 시기 동안 다른 자본주의 단계—말하자면 자본 없는 자본주의—에 이르렀다고 사람들은 잘못 생각했다. 실제로 이는 전쟁 이후 재건 과정에서 나타난 자본주의에 상응하는 일시적 단계일 뿐이다. 장기적인 측면에서 봤을 때, 자본주의는 세습자본주의만이 남을 것이다.

아무튼 1980년대부터 취해졌던 규제 완화 조치가 부수적인 문제들을 야기했다는 사실은 분명하다. 즉 규제 완화가 21세기 초의 금융시스템과 세습자본을 매우 나약하고, 불안정하고, 예측 불가능하게 했던 것이다. 모든 금융산업은 그 어떤 세심한 감독이나 통제 없이 그리고 이름에 걸맞은 보고서도 없이 발전했다. 가장 기본적인 국제 금융통계마저도 체계적인 모순점을 보이고 있다. 예를 들어 순금융 포지션은 세계 수준에서 보면 전체적으로 네거티브로 나타나는데, 이는 논리적으로 불가능한 일이다. 화성인이 우리 자산의 평균치를 소유하고 있다고 가정하지 않는다면 말이다. 보다 분명하게 얘기해보자면, 가브리엘 주크먼Gabriel Zucman[5]이 최근 제시한 것처럼 조세피난처로 흘러들어가거나 비국내 거주자가 소유하는 금융자산이 정확하게 등록되지 않기 때문에 이런 불일치 현상이 나타난다. 이는 특히 유로존 이외 지역의 순포지션에 영향을 미치는데, 이 지역의 순포지션은 공식 통계가 제시하는 것보다 훨씬 더 포지티브한 상태에 놓여 있다. 그 이유는 간단하다. 유럽의 재산가들은 그들 자산의 일부를 숨기는 데 큰 관심을 기울이고 있는데, 유럽연합이 이를 억제하기 위해 지금 당장은 불가피한 방법을 취하고 있지 않기 때문이다. 그러나 유럽연합은 방법을 취할 능력이 분명히 있다.

보다 쉽게 말하자면 유럽의 정치적 분열과 무능력이 특히 금융시스템의 불안정성과 불투명성에 직면해 있는 유럽 대륙을 나약하게 만드는 것이다. 세계화된 금융기관과 시장에 알맞은 합리적인 조세규정을 적용하려면, 21세기의 유럽식 국민국가État nation는 분명 더 이상 좋은 역할을 할 수 없다.

유럽은 또 다른 문제점을 안고 있다. 유럽의 당사자들은 1980년대 말과 1990년대 초에 각각 단일 통화인 유로화 발행과 유럽중앙은행ECB 창설을 구상했는데(유로화는 2002년 1월 단일 통화로 통용되기 시작했지만, 마스트리히트Mastricht 조약이 국민투표를 통해 비준된 것은 1992년 9월이다), 이 당시 사람들은 중앙은행의 기능은 기차가 지나가는 것을 바라만 보는 것이라고 생각했다. 즉 인플레이션이 낮게 유지되고 통화량이 '대략' 경제활동과 같은 속도로 증가하는 것을 확인하기만 하면 된다고 생각한 것이다. 1970년대 '스태그플레이션' 이후 정부는, 중앙은행은 무엇보다도 공권력에서 자유로워야 하며 인플레이션을 낮추는 것에만 신경 쓰면 된다고 설득하는 데 집중했다. 이에 대해선 여론도 마찬가지였다. 이렇게 해서 역사상 처음으로 국가와 상관없는 단일 통화와 정부와는 상관없는 중앙은행이 탄생했다.

그런데 사람들은 중대한 경제위기나 금융위기 때는 중앙은행이 금융시장을 안정시키고 줄도산과 전반적인 경기불황을 막는 데 중요한 역할을 한다는 사실을 잊고 있었다. 중앙은행의 역할에 대한 재평가는 지난 수년간의 금융위기가 남긴 커다란 교훈이다. 세계에서 가장 큰 양대 중앙은행인 미 연방준비은행과 유럽중앙은행이 일반은행에 0~1퍼센트의 저금리로 대부해주기 위한 많은 양의 돈을 찍어내지 않았더라면(이 두 중앙은행은 각각 2008~2009년 국민총생산GNP의 수십 퍼센트에 해당되는 양의 돈을 찍어냈다), 실업률이 20퍼센트 이상이었던 1930년대와 같은 경기침체 현상이 나타났을 가능성이 매우 크다. 매우 다행스럽게도 미 연방준비은행과 유럽중앙은행 덕분에 최악의 상황은 피했고, 은행이 하나둘씩 도산해가는 것을 지켜보아야만 했던 1930년대의 '정리 작업'이라는 과오를 다시 저지르지 않을 수 있었다. 물론 통화 발행이라는 중앙은행의 무한권력에 대한 제한은 심각하게 고려되어야 한다. 하지만 중대 위기에 직면해서 이런 통화 발행의 기능과 최종적인 대부기관으로서의 중요한 역할을 묵과한다면 참담한 결과를 초래하게 된다.

이 통화실용주의를 통해 2008~2009년 최악의 상태를 피하고 잠시 급한 불을 끌 수 있었다곤 하지만 통화실용주의가 이 재앙의 구조적 원인을 충분하게 설명하진 못한다는 것은 안타까운 일이다. 금융에 대한 감독은 2008년 이후 거의 이루어지지 못했으며, 사람들은 이번 사태의 원인인 불평등에 대해선 모르는 척했다. 즉 서민층과 중산층의 소득 정체 현상과 불평등 심화에 대해서 말이다. 특히 미국(1977~2007년 미국에선 성장률의 약 60퍼센트에 해당되는 수익이 상위 1퍼센트에게 돌아갔다)에서 개인 빚이 폭발적으로 증가한 것은 불평등이 심화됐다는 분명한 증거가 된다.[6]

특히 2008~2009년 일반은행을 구조했던 중앙은행은 2010~2011년 유로존의 공공부채 위기가 발생하면서 나타난 새로운 양상의 위기를 극복해내지 못했다. 여기서 주목할 점은 지금도 우리가 신경을 쓰고 있는 두 번째 사태는 유로존에만 관계된다는 것이다. 미국, 영국, 일본은 우리보다 더 많은 빚을 안고 있지만(각각 GNP의 100퍼센트, 80퍼센트, 200퍼센트의 공공부채를 갖고 있는 반면, 유로존의 공공부채는

GNP의 80퍼센트밖에 되지 않는다) 부채로 인한 위기 상황은 발생하지 않는다. 이유는 간단하다. 즉 미 연방준비은행, 영국은행, 일본은행 등은 정부에 0.2퍼센트가 안 되는 저금리로 돈을 빌려주는데, 이로 인해 시장이 안정되고 이자율 또한 큰 변동 없이 안정적으로 유지될 수 있는 것이다. 반면 유럽중앙은행은 유로존 국가에 돈을 매우 적게 빌려주어 현 사태가 벌어졌다.

유럽중앙은행의 이런 특징을 설명할 때면 으레 독일의 이전 세대의 정신적 충격을 생각하게 되는데, 독일은 1920년대의 하이퍼인플레이션에 다시 빠져드는 것을 두려워하고 있다. 이런 추론은 크게 설득력이 없다고 생각한다. 세계 어디에도 하이퍼인플레이션이 나타날 조짐이 보이지 않는다는 것은 모두가 다 알고 있는 사실이다. 오늘날 우리를 위협하는 것은 오히려 물가, 임금, 생산의 하락 혹은 정체 현상 등과 함께 디플레이션 성격을 띠는 장기적인 경기침체다. 실제로 2008~2009년 대규모 화폐 발행이 심각한 인플레이션을 일으킨 것은 절대 아니었다. 독일인들은 이런 사실을 우리만큼이나 잘 알고 있다.

수십 년간 공권력이 비방받으면, 사람들은 결국 정부보다는 일반은행을 도와주는 것이 더 낫다고 생각하게 된다는 사실이 보다 그럴듯한 설명이 된다. 정부에 대한 비방이 최고조에 달했던 미국과 영국의 중앙은행이 결국 실용주의 노선을 취하고 막대한 양의 공채를 서둘러 매입했다는 사실을 제외하곤 말이다.

사실 우리가 대처해나가야 할 고유의 문제점은 유로존과 유럽중앙은행이 처음부터 잘못 설정됐다는 매우 단순한 사실이다. 그리고 이는 우리가 처한 어려움을 설명하는 데 중요한 실마리가 되기도 한다. 사실 완전히 잘못된 규정을 새로 만들기란 어렵다. 하지만 불가능한 것은 아니다. 국가가 표시되어 있지 않은 화폐, 특정 정부가 관할하지 않는 중앙은행, 공동 예산정책이 결여된 통화정책 등이 가능하다고 생각했던 것이 기본적인 오류다. 공동채권이 없는 화폐는 제대로 작동하지 않는다. 이런 통화정책은 평온한 시기에는 별 탈 없이 작동될 수 있지만 상황이 안 좋아지면 커다란 난관에 부딪히게 된다.

단일 통화가 발행되면서 유로존 17개국의 환율 투기가 불가능해졌다. 즉 이후 프랑스 프랑에 대한 그리스 드라크마의 환율 하락이나 독일 마르크에 대한 프랑의 환율 하락 등에서 환율 차익을 노리는 것이 더 이상은 불가능해진 것이다. 하지만 이 환율 투기가 유로존 17개국의 공채이자율에 대한 투기로 이어지리라고는 예상하지 못했다. 그런데 이 공채이자율에 대한 투기는 환율 투기보다 훨씬 더 악영향을 미친다. 환율 문제를 거론할 때, 각 국가는 항상 앞다투어 자국 통화를 평가절하한다. 최소한 자국의 경쟁력을 높일 수 있기 때문이다. 하지만 단일 통화가 발행되면서 유로존 국가들은 자국 통화 평가절하의 기회를 잃게 됐다. 이론적으로 보자면 유로존 국가들은 이 대신 금융 안정성을 확보해야 했는데, 그렇게 하지 않은 것이 분명하다.

또한 오늘날 우리가 맞닥뜨리고 있는 이자율에 대한 투기는 특히 역효과를 낸다는 문제점을 안고 있는데, 이는 우리 공공재정의 균형을 건전하게 안정시키는 것을 불가능하게 한다. 사실 문제가 되는 사안은 많다. GNP의 약 100퍼센트에 달하는 공공부채에 대해 2퍼센트가 아닌 5퍼센트의 이자율을 적용한다는 것은 매년 GNP의 2퍼센트가 아닌 5퍼센트의 이자를 지불한다는 것을 의미한다. 그런데 여기서 생기는 차이인 GNP의 3퍼센트(프랑스에선 600억 유로)는 고등교육, 연구, 사법, 고용에 관한 예산 전체에 맞먹는 액수다. 그래서 1년 혹은

2년 뒤의 이자율이 2퍼센트가 될지 혹은 5퍼센트가 될지 모른다면, 어느 정도의 지출경비를 줄이고 또 어느 정도의 세금을 인상해야 하는지에 대한 건전한 민주적 토론이 이루어진다는 것은 절대 불가능하다.

균형잡힌 예산을 책정하고 재정지속성을 확고히 할 뿐만 아니라, 최우선적으로 보다 나은 공공서비스, 개별 상황에 따른 최대의 혜택, 보다 확실한 권리 등을 명확히 하기 위해 유럽의 복지국가가 현대적이고 합리적으로 개혁되어야 할 필요성이 분명하다는 사실을 생각해보면, 이는 더욱 안타까운 일이다. 좌파는 이 문제에 대한 주도권을 다시 잡아야 한다. 이는 우리 세제(복잡하고 불공정한 세제. 그리고 '동일 소득, 동일 세금'이라는 원칙, 원천징수, 보편적 사회보장분담금이 구성하는 폭넓고 낮은 세율 기준의 세금부터 다시 만들어야 할 세제[7])의 현대화, 우리 퇴직연금시스템(현재 여러 제도로 나뉘어져 있어 국민이 이해하기 어렵고 따라서 일정한 합의 하에 공정한 개혁이 이루어지기가 불가능하다[8])의 재정립 혹은 우리 대학의 자율성(이는 세 번째 주제로, 세제 개혁이나 퇴직연금시스템 개혁처럼 우파에게 넘겨주어선 안 될 사안이다) 등에 관한 문제다.

하지만 우리가 이자율에 대한 투기에 많은 영향을 받는 만큼 이런 형태의 논의를 어떻게 끌어갈 것인지 깊은 고민을 해봐야 한다. 간단하게 생각해보자. 5~6퍼센트가 넘는 이자율을 적용함으로써 지금 스페인과 이탈리아에 나타나는 현상이 앞으로 몇 달 뒤에 프랑스에서도 나타날 것이 분명하다. 초기 부채가 프랑스와 같았던 영국은 영국중앙은행 덕분에 단지 2퍼센트의 이자율을 지불하는 반면, 이 5~6퍼센트의 높은 이자—혹은 단지 4퍼센트의 이자를 지불한다 하더라도 별 차이는 없다—를 지불해야 한다면, 프랑스는 유로를 지켜내기가 힘들 것이다. 이런 상황이 계속되면, 앞으로 1~2년 안에 유로화의 가치는 급속히 바닥으로 떨어질 것이다.

그렇다면 어떻게 해야 하는가? 유로존 17개 국가의 이자율 투기를 종식시키기 위한 유일하고도 확실한 해결책은 우리의 부채를 공평하게 나누어 공동채권('유로본드')을 발행하는 것이다. 이는 또한 유럽중앙은행이 최종 대부기관으로서의 역할을 충분히 할 수 있도록 하는 유일한 구조적 개혁이기도 하다. 물론 중앙은행은 지금부터 시장에 유통되고 있는 국채를 더 많이 사들일 수 있고, 이런 응급해결책이 앞으로 몇 달 동안 중요한 역할을 하게 될 것이다. 하지만 17개국의 국채를 다루어야 하는 만큼 해결하기 불가능한 문제가 하나 생길 것이다. 어떤 채권을 어떤 이자율로 구입할 것인가에 관한 문제 말이다. 만약 미 연방준비은행이 매일 아침 와이오밍, 캘리포니아, 뉴욕 등의 채권 가운데 어떤 것을 구입할지 결정해야 한다면, 일관성 있는 통화정책을 이끌어나가기가 매우 힘들 것이다.

그런데 공동채권을 발행하려면, 강력하고 합법적인 연방 정책기관을 설립해야 한다. 유로본드를 만들고 난 다음 각 국가의 정부가 얼마만큼의 공동채권을 발행할 것인가를 결정하도록 내버려두어선 안 된다. 우리는 정치동맹과 유럽연방을 향해 커다란 발걸음을 떼야 한다. 그리고 언젠가는 과거를 향해, 즉 유로화의 폐지를 위해 커다란 발걸음을 뗄 것이다. 가장 간단한 해결책은 결국 실제적인 예산 권한을 유럽의회에 위임하는 것이다. 유럽의회는 유럽연합 27개국 전체를 관할하기 때문에 유로존 국가만의 이익에서 벗어나 실제적인 정책을 펼칠 수 있다. 내가 2011년 11월 22일 기사에서 밝힌 또 다른 해결책은 일종의 '유럽예산 상원위원회'를 만드는 것인데, 이 위원회는 각 국가의 부채를 공평하게 분배하길 원하는 국가의 재정부와 사회보건복지부 소속의 의원들로 구성될 것이다. 이 상원위원회는 공동채권 발행을 결정하는 데 중요한 역할을 하게 될 것이다(각 국가는 원한다면 국채를 발행할 수 있지만 이는 공동체에서 보증이 되지 않는다). 중요한 점은, 이 상원위원회에서 내리는 결정은 다른 의회에서와 마찬가지로 과반수의 찬성이 있어야만 통과된다는 것이며, 논의 과정은 공개적이고 투명하며 민주적으로 이루어져야 한다는 것이다.

이것이 현실과 안정성을 중요시하는 국가 최고지도자평의회와 매우 다른 점인데, 이 평의회의 정책 가결은 만장일치(혹은 거의 만장일치에 가까운)를 원칙으로 하고 있어 결국엔 사적인 비밀집회로 변질되고 만다. 그리고 대부분의 경우 결정 사항이 나오지 않으며, 만일 만장일치로 통과된 결과가 나온다 할지라도 왜 그런 결정을 했는지 알기란 거의 불가능하다. 이는 의회에서 이루어지는 민주적 토론과는 정반대다. 오늘날 순수 정부 간 논리에 맞는 새로운 유럽조약을 교섭한다는 것은 (국가 최고지도자평의회의 100퍼센트 찬성 결정 규정을 85퍼센트로 낮추자는 단순 수정안을 포함해) 쟁점 사안이 아니다. 또한 이는 유로본드를 도입하는 데 확실한 걸림돌이 되는데, 그 이유는 유로본드를 만들려면 정치동맹 계획에 대해 지금보다 대담한 접근이 요구되기 때문이다. 이 점에 있어 독일인은 프랑스 대통령보다 분명 준비가 더 철저히 되어 있다(독일 기독교민주연합이 보통선거를 통해 유럽대통령을 선출하자는 제안을 내놓고 있는 반면, 프랑스 대통령은 얼마 전까지만 해도 순수 정부 간 논리를 찬양했던 실정이다). 이 문제에 관해선 제안 내용을 정확하게 표현하고 있는 독일인의 이야기를 귀담아 들어야 한다. 이것이 2012년 주요 쟁점이다.

1. 한국어판은 여기에 2012년 9월부터 2015년 5월까지의 글을 추가하여 대폭 보강했다.

2. 모든 경제주체가 공공행정 부문에 납부하는 세금과 사회보장분담금 전체.

3. 1949~1979년 프랑스의 연평균 국민소득 실질성장률은 5.2퍼센트를 넘어섰다가 1979~2009년에는 평균 1.7퍼센트로 줄었는데, 이는 3분의 1로 줄어든 수치다—원주.

4. Thomas Piketty, *On the Long-Run Evolution of Inheritance: France 1820~2050*, École d'économie de Paris, 2010과 *Quarterly Journal of Economics*, 2011 참조(본문은 piketty.pse.ens.fr에서도 확인할 수도 있다)—원주.

5. Gabriel Zucman, *The Missing Wealth of Nations: Are Europe and the U.S. net Debtors or net Creditors?*, École d'économie de Paris, 2011 참조. www.parisshoolofeconomics.eu/zucman-gabriel/에서도 참조 가능—원주.

6. www.parisschoolofeconomics.eu/topincomes/의 세계 최상위 소득계층 데이터베이스The World Top Incomes Database 참조.

7. Camille Landais, Thomas Piketty, Emmanuel Saez, *Pour une révolution fiscale*, Seuil, 2011. www.revolution-fiscale.fr에서도 확인할 수 있음.

8. Antoine Bozio, Thomas Piketty의 *Pour un nouveau système de retraite*(2008, rue d'Ulm). picketty.pse.ens.fr에서도 확인할 수 있음.

제1부

2012~2015

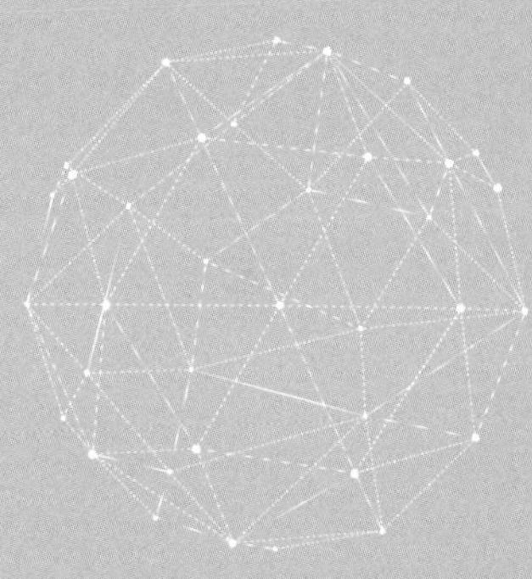

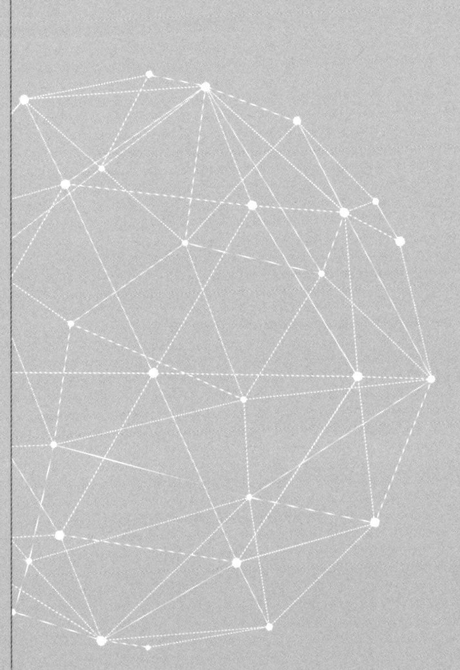

조세제도

부가가치세 인상이 아니라 누진제로서의 보편적 사회보장분담금이 정답이다

믿을 만한 소식통에 따르면, 정부는 내일 열리는 노·사·정회의[1]에서 사회보험료의 사용자(고용주) 부담 상당 부분을 부가가치세VAT와 보편적 사회보장분담금CSG: Contribution sociale généralisée[2]으로 이전하는 방안을 발표할 전망이다. 프랑스기업운동MEDEF: Mouvement des Entreprises de France[3]이 지난해 11월에 제출한 방안대로라면, 사용자 부담분으로부터 5000억 유로 가까이를 부가가치세로 옮기고(노동비용을 줄이기 위해), 급여 소득자의 부담분으로부터 2000억 유로 이상을 보편적 사회보장분담금으로 이전할(실질급여액을 늘리기 위해) 것이다. 이는 선거 직전에 부가가치세 인상을 국민이 받아들이기 쉽게 하기 위한 조치로 보인다.

대통령이라는 지위를 어떻게든 잃지 않으려는 사르코지가 비장의 수단을 무작정 내놓은 셈이다. 막판에 몰린 듯한 인상을 풍기는 이런 행동을 목도한 좌파는 사르코지를 흔드는 비난으로만 흡족해 해서는 안 된다. 사회보장에 대한 재원 확보는 몹시 중대한 문제이기 때문이다. 범야권은 이 기회를 포착해 세제를 둘러싼 지난 2주간의 논쟁에 결판을 내야만 한다. 그러기 위해 우파보다 더 공평하고, 또한 효율적이고 구체적인 대안을 내놓으며 사회보장제도를 적절하게 운용할 뜻이 있다는 걸 온 국민에게 내비쳐 보이길 바란다.

이미 지적한 바대로 프랑스 사회보장제도의 최대 문제점은 민간 부문의 급여에 극단적으로 의존하고 있다는 점이다. 연금보험, 실업보험이라는 대체소득 재원을 급여에서 충당하는 몫은 용인할 수 있다. 그러나 프랑스에서는 의료보험과 가족수당과 같은 사회보장 재원까지 민간 급여에서 조달하고 있다. 물론 의료보험과 가족수당에 대해 급여가 부담하는 몫은 1990년부터 보편적 사회보장분담금으로의 단계적 이행이 진행되고 있어 문제의 일부는 해결됐다. 보편적 사회보장분담금은 모든 소득에 과세할 수 있다는 점이 뛰어나며, 그 효과도 매우 크다. 1퍼센트 인상하면 125억 유로에 가까운 세입 증가가 기대된다(민간 부문의 급여 소득에서 55억 유로, 공무원에게서 20억 유로, 자영업자에게서 10억 유로, 연금 등 대체소득 생활자에게서 30억 유로, 이른바 불로소득 즉 이자, 배당, 임대료 등 자본소득 생활자에게서 10억 유로). 이로써 급여의 부담을 대폭 경감할 수 있을 것이다.

하지만 가장 큰 하중을 떠맡고 있는 사용자 부담분에 대해서는 전혀 손을 쓰지 않고 있다. 현재 의료보험의 사용자 부담률은 12.8퍼센트, 가족수당의 사용자 부담률은 5.4퍼센트로, 합계 18.2퍼센트다(여기에 주택건설지원 부담금, 직업훈련 부담금 등 20퍼센트가 더해진다). 이를 민간기업에만 부담시켜야 마땅한 까닭은 전혀 없다.

이 사용자 부담 몫은 금액으로 따지면 1100억 유로를 웃돌아, 소득 세수의 두 배에 이른다. 이 정도의 금액을 부가가치세에 이전하는 것은 비현실적이다. 여러 차례 주장해온 것처럼 부당한 데다가, 부가가치세의 과세표준이 작다는 점도 지적해두어야만 한다. 부가가치세를 꼬박 1퍼센트 올려도 세수 증가는 60억 유로에 지나지 않아, 보편적 사회보장분담금을 같은 폭으로 인상한 경우의 절반 이하에 불과하다. 이는 한편으로 경감 세율이 존재하기 때문이다(이 조치는 높은 비율치고는 소비 촉진 효과가 작다). 또한 많은 소비, 특히 부동산 거래와 임대 및 금융거래가 과세 대상이 되지 않는다는 것, 최고 부유층은 소득의 극히 일부밖에 소비하지 않는 것도 그 원인이다.

프랑스기업운동은 부가가치세를 25퍼센트까지 끌어올리자고 (동시에 경감 세율도 12퍼센트 인상하자고) 제안한다. 이로써 사용자 부담 중 의료보험의 2.1퍼센트와 가족수당의 5.4퍼센트의 합계 7.5퍼센트를 이전할 수 있다. 이 계산에 따르면 전부 이전을 하기 위해서는 부가가치세를 35퍼센트 이상으로 해야만 한다. 이렇게 되면 구매력이 큰 타격을 받고 만다. 부가가치세는 다른 간접세와 마찬가지로 무차별적으로 과세되기 때문에 저소득층을 면제시킬 수가 없다. 이상처럼 "사회보장 목적의 부가가치세"는 문제의 해결책이 되지 못한다.

이에 반해 보편적 사회보장분담금은 사용자 부담의 개혁에 훨씬 더 적합하다. 다만 두 가지 조건이 전제되어야 한다. 첫째, 출연금이 사라지는 몫만큼 기존 종업원의 세금을 포함한 총 급여 인상을 골자로 하는 법률을 의무화해야 한다. 총 급여에서 본 노동비용 경감 효과는 신규로 고용하는 종업원과 임금 인상분에 한해서만 발생하는 것이다. 이미 고용한 종업원에게 부담을 지워서는 안 된다. 둘째, 보편적 사회보장분담금을 누진제로 해야 한다. 프랑스는 너무나 오랫동안 이를 피해오며, 저소득층을 위한 임기응변적인 경감 조치를 강구하는 데에만 그쳐왔다.

예를 들면, 연금과 일정액 이하의 실업수당은 보편적 사회보장분담금이 면제되거나 경감 세율이 적용된다. 낮은 급여를 받는 소득자는 노동소득세액공제PPE: Prime pour l'emploi라는 형태로 보편적 사회보장분담금의 절반에서부터 4분의 3을 환급받게 하는 방식(다만, 1년 뒤)이다. 이 번잡한 예외 조치를 폐지하고 모든 소득에 일률적인 방식으로 누진과세를 적용해야만 한다. 가령 세수 120억 유로를 확보하기 위해서는 모든 소득에 1퍼센트의 과세를 매기거나, 세금을 포함한 월 급여가 2000유로 이하인 구간에는 0퍼센트, 2000~4500유로인 구간에는 1퍼센트, 4500유로 이상인 구간에는 2퍼센트를 과세하는 형태가 가능할 것이다. 과세 효과와 재배분의 형평성을 양립시키려면 "누진제로서의 보편적 사회보장분담금"이 정답이지, "사회보장 목적의 부가가치세"는 올바른 길이 아니다.

1. 정부, 노동조합, 경영자 단체 대표가 참석한다. 노조는 공산당 계열의 노동총동맹, 사회당 계열의 민주노동동맹, 보수 중도의 기독교노동동맹, 반공계의 노동총동맹·노동자의 힘, 보수 중도의 프랑스간부직총동맹으로 다섯 개의 조직이다. 경영자 단체는 세 개의 조직으로, 프랑스기업운동, 중소기업총연맹, 수공업자연맹이다.

2. 사회보장 재정을 조달하기 위해 모든 소득에 누진적으로 부과하는 일종의 '사회연대 세금'이다. '일반 사회보장세' '일반 사회기부금' '일반 사회보장분담금' '일반 사회복지분담금' '확대사회보장세' 등으로도 번역된다.

3. 프랑스 최고경영책임자 단체로서 한국의 전국경제인연합회에 해당된다. '프랑스경제인연합회'로 번역하는 경우도 있다.

프랑스와
독일의 차이

2011년의 경제지표가 발표됐다. 우려스럽던 프랑스의 무역수지는 이제 적자 700억 유로로, 국내총생산GDP 대비 3퍼센트를 상회한다. 한편 독일의 어마어마한 무역 흑자는 무려 1600억 유로에 달한다(독일 GDP 대비 6퍼센트 이상). 1950년 이후 프랑스의 무역 적자가 이 정도로 불어난 것은 처음이다(종전 기록은 1980~1982년인데 그래도 GDP 대비 2퍼센트에 머물렀다). 그리고 1950년 이후 독일의 흑자가 이 정도로 커진 것도 처음이다(참고로 중국은 무역 흑자만 GDP 대비 3퍼센트 정도다). 그렇지만 우파가 정권에 복귀한 2002년 시점[1]에는 프랑스나 독일이나 무역 흑자가 GDP 대비 2퍼센트, 실업률은 8퍼센트, 재정 적자는 GDP 대비 2퍼센트로 경제지표에 큰 차이가 없었다. 1980~2002년에 프랑스의 무역수지는 대체로 균형을 이루고 있었던 것이다. 그런데 현재 프랑스의 실업률은 10퍼센트에 달하고(독일은 6퍼센트), 재정 적자는 GDP 대비 5퍼센트(독일은 1퍼센트)로 늘어 큰 차이가 생기고 말았다.

경영 수완이 뛰어나다고 여겨지는 우파가 프랑스 정권을 맡은 지 10년이 되었다. 그런데 그들의 경제 성적은 차마 눈뜨고 볼 수 없을 지경이다. 생산은 침체되고, 교육과 혁신은 방치되고, 잔업 수당의 과세 감면에 터무니없는 지출을 하고 있다. 더구나 여당인 대중운동연합UMP: Union pour un mouvement populaire[2]의 후원자를 이롭게 하는 것으로 보이는 우대 세제의 재원으로 국고를 공공연하게 낭비하고 있다. 참으로 전대미문의 사건이다. 2007년부터 2012년까지 국민의 부는 20퍼센트가 늘었는데도, 2012년 부유세 세입은 2007년과 비교하면 크게 낮은 편이다. 채무 위기가 한창인 가운데 이런 낭비는 허용되지 않는다. 이 경우를 "전임 정권의 책임"이란 식으로 상투적인 변명을 일삼는 짓은 통하지 않기 때문에, 정부는 실업자(500만 명 가까이가 공공직업안정소에 등록되어 있다. 이 역시 사상 최고 기록이다)나 이민자에게 책임을 전가하고 있다. 게다가 사르코지 대통령마저 국민 앞에서 쉴 새 없이 즉흥적인 거짓말을 늘어놓고 있다. 결론은 뻔하다. 대통령을 교체하는 것이다.

단, 이 정도로 근심해야만 하는 경제 상황에서는 좌파가 대통령이 되더라도 과감한 결단력과 상상력이 요구된다. 무엇보다도 우선 유럽 전체의 정치가 그렇다고 말할 수 있다. 물론 독일과 프랑스의 차이가 이만큼 벌어진 데에는 독일의 책임도 있다. 독일은 내수를 극단적으로 억제하는 등(임금은 2002년 이후 GDP 대비 5퍼센트가 감소했다) EU가 용인하지 않을 전략을 취해왔다. 독일의 무역 흑자가 매년 GDP 대비 6퍼센트라는 것은 CAC40 주가지수[3] 구성 종목을 5년간 몽땅 사들일 수 있을 정도라는 뜻이다. 혹은 파리의 부동산을 모조리 살 수 있다(한 구획당 8000억 유로로 계산). 이 정도로 거액의 외화 준비금을 비축해둘 필요는 없다. 더욱이 이토록 불균형이 심하면 통화동맹은 기능하지 못한다.

하지만 프랑스로서도 독일로서도, 상궤를 벗어난 글로벌 금융자본주의의 고삐를 다시 잡기 위해서는 통합을 이룬 강한 유럽이 필요하다. 그러기 위해서는 성장 전략, 유로 공채, 유럽 상원의 설치 등을 포함한 새로운 유럽조약 구상이 요망된다. 유럽 정치를 심사숙고한다는 점에서 프랑스보다 훨씬 앞서 있는 독일이 필자의 이 메시지를 꼭 진지하게 받아들이길 바란다.

한편 프랑스의 책임도 막중하다. 선거운동 중에 올랑드 후보가 세입 300억 유로를 추가적으로 확보해 재정 균형을 실현하겠다고 밝힌 것은 칭찬받을 만하다. 그러나 구조개혁에 대한 구체적인 계획은 지금으로서는 그의 공약에 포함되어 있지 않다. 지난번 칼럼에서 말한 바대로 프랑스의 사회보장 재원은 민간 급여에 너무 의존하고 있어 발본적인 개혁이 필요하다. 무려 40퍼센트에 달하는 사용자 부담률 중 정당화될 수 있는 것은 그 절반인 연금보험료와 실업보험료에만 해당되고, 나머지인 의료보험, 가족수당, 주택건설지원 부담금, 직업훈련부담금 등은 더 넓은 과세표준을 대상으로 해야만 한다. 그러기 위해서는 부가가치세보다 공평하고 효율적인 보편적 사회보장분담금이 더 바람직하다.

원래 프랑스의 세제는 고색창연하고 너무 복잡한 데다가 눈이 어지러울 정도로 개정이 빠른 탓에 그 누구도 예측이 불가능하다. 이를 신속하게 간소화하고 현대화하지 않으면 안 된다. 가령 소득세 원천징수를 하지 않는 곳은, 유럽이 제아무리 넓다 해도 오로지 프랑스

뿐이다. 이번 선거에서 올랑드의 세제 개혁 담당으로 지명된 제롬 카위자크Jerome Cahuzac의 열변에 의하면 이렇다. '사르코지는 5년 임기 동안 이루어낸 성과가 아무것도 없고, 이 정도의 개혁을 본격적으로 실행하는 데는 아직도 몇 번의 임기가 더 필요한 듯싶다. 그러나 가까운 이웃 나라는 미처 컴퓨터도 없던 시절에, 더구나 단 1년 만에 해냈다.' 과연 그 말대로지만, 그렇다고 그의 대안이 구체적이라고 말하기는 어렵다.

또한 연금제도도 근본적인 개혁을 단행하고, 직업별로 다양한 제도를 통합하여 안심하고 전직을 해 직업 경력이 원활하게 형성될 수 있도록 해야 한다. 동시에 직업훈련의 권리를 적립할 수 있는 개인계좌제도Comptes individuels de droit[4]를 도입해, 이직 후에도 권리가 실효되지 않도록 하는 게 긴요하다. 올랑드는 상대방의 실수를 틈 타 정권교체가 쉽사리 가능하다고 지레짐작해서는 안 될 것이다.

1. 이때 대통령은 재선에 성공해 두 번째 임기를 맞은 중도우파 성향의 자크 시라크Jacques René Chirac였다. 그는 1976년 신新드골주의를 부르짖으며 중도우파 성향의 공화국연합을 창당하고, 1978년부터 18년 동안 파리 시장을 지냈으며, 1995년 대통령에 당선되었다. 총리는 장피에르 라파랭Jean-Pierre Raffarin으로, 역시 중도우파인 국민운동연합 소속이었다. 덧붙여 시라크의 첫 번째 임기 후반에는 총리가 사회당의 리오넬 조스팽Lionel Jospin으로, 좌우동거정부였다.

2. 니콜라 사르코지가 대통령으로 있을 당시 집권했던 연합정당이다. 전임 대통령 자크 시라크가 보수주의 정당인 공화국연합RPR, 자유민주주의DL, 프랑스민주동맹UDF의 통합을 추진해 탄생시킨 당으로, 다수의 기독교 민주주의자들을 흡수했다. 프랑수아 피용이 총리를 역임했으며, 장프랑수아 코페가 당을 이끌었다. 사르코지는 2012년 대선에서 사회당과 맞붙어 패배했다.

3. CAC40 주가지수는 프랑스의 대표적인 주가지수로서 파리증권거래소에서 가장 활발하게 거래되는 40개의 우량 종목을 대상으로 발표한다. 프랑스증권거래소협회SBF에서 1988년 6월 15일부터 산출, 발표하기 시작했고 기준은 조정 시가총액의 가중 평균지수에서 1987년 연말 시점을 1000으로 한다. 보통 CAC지수라고 하면 CAC40 주가지수를 가리킨다. 40개의 우량 종목을 대상으로 발표하기 때문에 '40'이라는 숫자가 붙었다. BNP 파리바그룹BNP Paribas, 사노피 아벤티스Sanofi-Aventis, 소시에테 제네랄Société Générale, 비벤디Vivendi, 다농 그룹Groupe Danone, 미셸린Michelin, 로레알L'Oréal, 르노 에스에이에스Renault S.A.S 등등이다.

4. 정규직 상근 노동자가 동일 기업에 1년 이상 근무한 경우, 연간 20시간까지 직업훈련을 받을 권리가 생긴다. 직업훈련 비용은 원칙적으로 고용주가 부담하고, 훈련 중의 임금도 일부 또는 전액이 지급된다. 개인계좌제도라는 것은 이 직업훈련을 받을 권리를 시간으로 누적하는 계좌를 각자가 갖는 제도인데, 결국 2013년에서야 노사가 합의했다. 한 사람 한 사람이 퇴직하기 전까지 이 계좌를 유지하며 완전한 '통산 가능성portability'을 확보하고 있다.

교육제도

대학에 관한 사르코지의 낮 두꺼운 거짓말

니콜라 사르코지Nicolas Sarkozy는 곧 끝나가는 5년의 임기 동안 뻔뻔스럽게도 철면피처럼 많은 거짓말을 해왔다. 그 거짓말들에 순위를 매겨 발표하자면 단연 으뜸은 고등교육·연구기관에 관한 것이다. "우선 과제 중의 선결 과제" "국가의 대의" "미증유의 대규모 예산" 등등 사르코지가 늘어놓은 화려한 슬로건은 일일이 셀 수가 없다. 이러한 약속을 차례차례 내뱉으며 국가의 중심적 과제로 삼고 인적자본에 투자할 것이라고 국민에게 다짐하며 언론을 통해 믿게 했다. 하지만 어느 대학에서나 대통령의 교체를 외치고 있고, 사르코지의 상대 후보가 표를 얻을 게 거의 확실하다. 왜일까? 보수 정권이 모처럼 좋은 정책을 강구해 예산까지 윤택하게 배정해주었는데도, 그들이 떠날 무렵이 되니 좌파 사상에 경도된 고등교육·연구기관이 뒷발로 모래를 끼얹듯 배은망덕하게 폐를 끼치는 걸까? 그렇지 않으면 사르코지가 어처구니 없을 정도로 낯 두꺼운 거짓말을 넉살좋게 해댄 것일까? 사실에 입각해 보자면, 후자라고 할 수밖에 없다. 사르코지는 거짓말쟁이 대통령인 것이다.

재정법과 예산의 요점을 기억하길 바란다. 2012년 고등교육·연구기관을 위한 예산 총액은 254억 유로(GDP 대비 1.2퍼센트)였다. 이중 절반가량인 125억 유로가 고등교육기관과 연구 대학에 배분되었다. 이것이 관할 관청과 상관없이 고등교육·연구기관에 할당된 전액이다. 나머지 절반은 학생 지원에 22억 유로, 각종 연구기관(국립과학연구센터, 국립연구기구, 국립농학연구소, 국립보건연구기구, 국립우주연구센터, 원자력연구센터 등)에 107억 유로가 투입됐다.

사르코지가 대통령에 취임한 2007년의 예산 배분은 대체로 같았지만 고등교육·연구기관 예산은 213억 유로로, 그 가운데 107억 유로가 고등교육기관과 연구 대학에 배정되었다. 즉 5년간 예산 총액은 19.2퍼센트, 고등교육기관과 연구 대학에 책정된 예산은 16.8퍼센트 증가한 것이다. 단, 물가상승률을 감안해야 한다. 2007년 1월부터 2012년 1월까지 물가상승률은 9.7퍼센트에 이르기 때문에 예산 증가량은 5년간 불과 7~8퍼센트가 되고 만다. 곧 연 1퍼센트 규모인 것이다. 그래도 이 시기의 GDP 증가율보다는 더 낫다는 걸 위안삼아야 할까. 하지만 학생 수를 잊어서는 안 된다. 학생 수도 5년간 약 5퍼센트가 늘어났다는 말이다(220만 명에서 230만 명으로). 그러면 계산 결과는 뚜렷하다. 사르코지의 임기 5년 동안 훌륭한 연설은 실컷 들었지만, 인적자본에 대한 투자에는 거의 변동이 없었다.

게다가 귀중한 신규 예산은 몇몇 거점에만 집중 투여되고 있다. 고등교육·연구 거점PRES, 우수연구실LABEX, 우수이니셔티브센터IDEX, 고기능 연구 설비의 구입 및 유지 자금을 지원하는 에퀴펙스EQUIPEX

등 기이한 이름으로 예산을 받아가는 연구 네트워크가 지나치게 많아서 제아무리 예산을 늘린들 따라가지를 못한다. 그래서 예산을 배분하는 대상은 복잡해지고 관료적이기만 한 입찰을 거쳐 선발된다. 그리고 이왕 내쳐진 김에 거대하고, 아마도 관리가 불가능할 법한 시설이 만들어진다. 예를 들면 하버드 대학이나 MIT, 스탠퍼드 대학의 학생 수가 4만 명 이하인 반면, 파리 대학 IDEX의 학생 수는 10만~15만에 달한다. 이 수치를 보고 프랑스 학생의 실이 미국의 세 배에 이른다고 진심으로 믿는 사람이 있을까. 이런 상황 아래에서는 기본예산의 액수가 대폭 줄어드는 것도 무리는 아니다. 더욱이 대학교수는 자신들의 예산이 깎이고 자리가 줄어들고 있다는 것을 눈치 채고 있다. 보수를 조금이라도 더 주는 나라로 가거나, 혹은 애초부터 프랑스에서는 임용되지 않기를 선택을 하는 사람도 적지 않다. 이 때문에 대학교수들이 지리멸렬한 심경에 빠지는 것도 무리는 아니다.

여하튼 이 방식으로는 교육 선진국과의 거리를 좁힐 수 없다. 연구기관에 배정해야 할 예산을 학생에게 배분했으나(효과 여부는 크게 의심스럽지만), 프랑스 학생에 대한 국가 지출은 1인당 겨우 1만 유로에 머물고 있다. 이에 반해 미국은 3만 유로 이상이다. 이런 상태로는 몇 세기가 지나도 그 격차가 메워지지 않을 것이다. 불평등을 조장하는 미국의 정치·사회 모델은 실패했다고 흔히들 말한다. 그러나 미국은 인적자본 투자로 경제적 우위성과 지적 문화적 영향력을 유지하고 있다. 이 점을 간과해서는 안 된다. 프랑스가 21세기 국제사회에서 선도적 위치를 차지하려면 인적자본에 대한 투자를 우선 과제로 삼아야만 한다. 60억 유로가 확보되면 모든 대학과 학교에 지금 예산의 1.5배를 배분할 수 있다. 잔업 수당에 대한 과세 감면 조치로 연간 60억 유로나 지출하거나, 부유세와 상속세라는 선물을 내놓는 것보다 훨씬 효과적으로 미래를 준비할 수 있다. 대통령 선거에서 이 문제에 대한 구체적인 대처를 명확하게 듣고 싶다.

재정

프랑수아 올랑드는 유럽의 루스벨트가 될 수 있을까?

프랑수아 올랑드François Hollande 신임 대통령[1]은 유럽의 루스벨트가 될 수 있을까? 이 질문이 독자들의 비웃음을 살지도 모르겠다. 하지만 처한 상황의 엄중함과 임무의 중량감은 흔히 정치가에게 크나큰 역할을 배정하는 법이다. 루스벨트가 1933년 대통령에 취임할 당시에는 자신이 어떤 정책을 취해야 하는지 확실히 숙지하지 못한 상태였을 것이다. 그러나 그는 1929년의 주가 대폭락과 그 이후 대공황 위기의 한복판에서 긴축재정을 채택하면 미국 경제가 피폐해진다는 것을 꿰뚫어보고, 상궤를 벗어난 금융자본주의를 정부가 다시 통제해야 마땅하다는 걸 깨달았다. 글로벌 금융위기가 발생한 지 4년이 지난 지금, 올랑드는 루스벨트와 같은 조건에 처해 있다. 선거운동을 시작한 시점에는 1000만 유로 이상의 소득에 75퍼센트의 세금을 매기게 될 줄은 꿈에도 몰랐을 것이다. 하지만 올랑드는 곧바로 루스벨트와 같은 결론에 이르렀다. 도를 넘은 고소득에 제동을 걸 수 있는 게 세금이라는 무기밖에 없다는 것을.

그럼에도 올랑드가 프랑스 대통령으로서 지금 몰입해야만 할 중요 과제는 두말할 필요도 없이 유럽이다. 그 가운데에서도 가장 중요한 것은 현재의 채무 위기에서 어떻게 빠져나가느냐 하는 것이다. 한 가지 확실한 점은 파이프라인과 수송 인프라 등에 대한 투자 리스크를 메우는 소규모 '프로젝트 본드project bonds'를 자화자찬하고 있으면 위기는 언제까지나 끝나지 않을 거라는 사실이다. 물론 프로젝트 본드가 아무런 소용이 없는 것은 아니다. 하지만 문제의 본질은 따로 있다는 것을 잊어서는 안 된다. 이른바 '공적 채무의 상호화' 방향을 염두에 두지 않는 한, 또다시 어느 나라가 채무 위기를 일으킬 것은 불 보듯 뻔하다. 유로존 17개의 회원국이 각각 금리가 다른 국채를 발행하고, 그것에 대해 시장이 자유롭게 투기를 하고, 게다가 어느 나라든 자국의 통화가치를 평가절하하며 대항하는 거친 수를 쓰는 상황에서는 단일 통화가 기능하지 않는다. 이 시스템은 이미 그리스를 비극으로 내몰았다. 그리하여 급기야는 유로화 자체를 소멸시킬지도 모른다.

프랑스는 어차피 독일이 반대하기 때문에 논의 자체가 소용없을 거라고 말하는 태도부터 우선 버려야 한다. 노려야만 하는 최종 목적지를 확실히 밀어붙이는 것은 어떤 경우에라도 바람직하다. 결국 달성해야만 하는 목표와 그 시기를 드러내는 것만으로도 좋다. 더욱이 독일은 프랑스가 쉬이 단정짓고 싶어할 정도로 보수적이지 않다. 책임 있는 유럽 지도층의 상당수는 좌파뿐만 아니라 우파도 프랑스의 새 대통령이 과감한 제안을 도마 위에 올려놓기를 기대하고 있다. 이는 사실이다.

실제로 유럽의회에서 중도파인 유럽자유민주동맹ALDE: Alliance of

Liberals and Democrats for Europe의 계파 대표를 맡고 있는 호이 베르호프스타트Guy Verhofstadt(전직 벨기에 수상)는 장기금리를 계속적으로 내리게 하는 데는 '공적 채무의 상호화'밖에 없다고 명확하게 밝히고 있다. 미국 연방준비제도이사회가 와이오밍 주 채권이나 텍사스 주 채권 중에서 어느 쪽을 매입할까를 매일 아침 고민한다면, 안정적인 금융정책을 실행하기 어려울 것이다. 유럽중앙은행이 이에 버금가는 어이없는 상황에 놓여 있는 이상 금융 안정화에 충분한 역할을 할 수 없다. 이렇듯 속수무책인 상황에서 변함없이 구태의연하고 장대한 낭비가 속속 발명되고 있다. 예를 들어 1000억 유로를 민간은행에 주입해, 은행이 국가에 빌려주기를 기대하거나, 국제통화기금IMF에 돈을 빌려주는 대가로 IMF로부터 융자를 받는다든가 하는 것이 그 예다.

몇 가지 구체적인 방안은 이미 제시되어 있다. 하나는 독일의 '5현인위원회sages'로 불리는 경제자문위원회(경제학자로 구성된 총리 직속 자문기구)가 제기한 방안인데, GDP 대비 60퍼센트를 넘어선 부분에 해당되는 각국 채무를 상환기금에 이관하자는 것이다. 물론 거기에는 독일 국채도 포함된다. 또 단기 국채를 공통화하는 방안도 나오고 있다. 이러한 안들에 대한 결정을 내리고 앞으로 나아가야만 한다.

특별히 바라는 점은 정치동맹 문제에 대해 결론을 내리는 것이다. 독일의 전 외무장관 겸 부총리 요슈카 피셔Joschka Fischer는 각국 의회의 재정 관련 위원회에서 대표 의원을 보내 '유럽 상원'을 설치하자는 제안을 하고 있다. 각국 의회를 기반으로 하는 이 새로운 의회는 채무 관리에 관한 최종 결정 기관으로 기능하고 민주적인 공개 토론을 거쳐 공동채의 발행량을 결정한다. '유럽 상원'은 유럽의회와 비교해 재정에 목표를 둔 논의를 할 수 있고, 의회의 결정을 각국으로 갖고 돌아가 정치적 책임을 지고 실행하는 인원들로 구성되어 있다는 장점이 있다. 이는 각국의 주권을 존중하면서 유럽식 '유럽연방'을 실현하는 독창적인 방법이라고 말할 수 있을 것이다.

이상의 문제에 관해 유럽은 프랑수아 올랑드에게 잔뜩 기대를 걸고 있다. 지금이야말로 첫발을 내디딜 때다.

1. 2012년 4월 22일 대통령 선거 제1차 투표에서 사회당의 올랑드가 득표율 28.6퍼센트로 1위, 집권당인 대중운동연합의 사르코지가 27.06퍼센트로 2위에 올랐다. 결선 투표는 5월 6일에 있었다. 선거기간 동안 올랑드는 고소득자, 대기업, 금융권에 대한 증세를 핵심 공약으로 내세웠고, 이민자 문제에 대해서는 관대한 정책을 펴겠다며 지지를 호소했다. 결선 투표 결과, 득표율 51.62퍼센트를 얻은 올랑드가 48.38퍼센트를 얻은 사르코지를 꺾었다. 올랑드의 승리로 중도좌파인 사회당은 1995년에 퇴진한 프랑수아 미테랑(1981~1995 재임) 이후 17년 만에 대권을 회복한 반면, 사르코지 전 대통령은 1981년 발레리 지스카르 데스탱 이후 31년 만에 연임을 하지 못한 대통령이라는 불명예를 안았다. 올랑드는 프랑스 정치 엘리트의 산실로 불리는 국립행정학교와 파리정치대학을 졸업한 뒤 판사와 변호사, 대학교수를 지내기도 했다. 정치에 입문한 뒤 1988년 프랑스 중남부의 코레즈에서 하원 의원으로 당선된 이후, 지역구인 튈의 시장(2001~2008)과 사회당 대표를 지냈다.

왜 유럽연방제인가!

유럽의 지도자들은 지난주 금요일 브뤼셀에 모여 중요한 선택을 미루고 겨우 얼마간의 시간만을 번 채 해산했다. 안타깝게도 '은행 동맹' 출범의 전망은 여전히 불투명하다. 유로 공동채共同債에 대한 문제도 거론되지 않았다. 그 까닭은 분명하다. 유로 공동채의 실현과 직결되는 정치·재정 동맹에 대해 프랑스가 구체적인 제안을 전혀 하지 않았기 때문이다. 유로존 위기가 시작된 지 이미 3년이 지났는데, 되풀이하는 미봉책만으로 오히려 극복할 수 있다는 태도다. 아니 적어도 국민에게 그렇게 믿도록 하고 싶어하는 듯하다. 이리하여 마지막 기회였던 유로존 정상회의는 기자회견 및 승리 선언과 함께 엄숙하게 끝났다. 난제는 손대지 않아 그대로 남겨진 채로 말이다.

유럽연방제에 대한 현실적인 청사진은 무엇일까? 유로가 현재의 형태로 존속할 수 없다는 것은 누구나 알고 있다. 연방제로의 도약도 걱정스럽다. 그러한 분위기를 모르는 것도 아니지만 그럴수록 당장 토론을 시작할 필요가 있다. 충분한 논의를 거듭하며 공포심과 거부감을 하나씩 해소해나가야만 한다. 경제학자 브뤼노 아마블Bruno Amable은 『리베라시옹』 6월 18일자 칼럼에서 연방제로의 이행은 사회를 지키는 데 "치명적"이라고 말했다. 아마블의 터무니없는 주장은 다음과 같다. '유럽의 사회보장제도는 취약하다. 각국의 사회보장제도는 국내적 타협의 산물이고, 국민국가의 테두리 안에서 연대적 가치를 참을성 있게 형성해온 덕분에 마침내 구축되었다. 이것을 광대한 연방국가의 틀에 끌어들이는 것은 위험하다. 연방국가 내부에는 민족·인종 갈등이나 국가 간의 대립이 자주 계급적 대립으로 비화된다. 구체적인 예를 들면 미국이 복지국가가 되지 못한 까닭은 흑인들을 위해 지불하고 싶지 않았기 때문이다. 유럽연방도 그리스를 위해서는 돈을 내고 싶지 않다면 해체의 쓰라림에 봉착할 것이다.'

미주알고주알 불평을 늘어놓은 그 주장의 허점을 지적해보자. 유럽연방을 창설했다고 해서 만사를 통일하고 만사를 공유해야만 하는 이유는 그 어디에도 없다. 규칙은 간단하다. 한 국가에서 할 수 없는 일을 공동으로 하자는 것이다. 그 이상도 그 이하도 아니다. 각국의 연금제도를 통합하자는 것 따위는 필요도 없고 생산적이지도 않다. 프랑스에 대해 말하자면, 이미 연금제도를 마구 주물럭거려 형편없이 되고 말았다. 이 제도를 연방 수준으로 끌어올려봤자, 제도가 간소화되거나 의론이 보다 더 공명정대하게 될 가능성은 낮다. 세금의 통합이나 초등학교 수요일 휴무도 마찬가지다. 이것들은 기본적으로 프랑스 국내의 문제이기에 프랑스 안에서 논의해 대처를 할 수밖에 없다. 한편 단일국가 차원에서 대응할 수 없는 문제도 있다. 가령 금융시장 규제와 조세피난처 문제 등이 그렇다. 이러한 문제는 유럽 전체가 대응하지 않으면 의미가 없다. 글로벌 경제의 척도로 말하자면, 설령 프랑스이거나 독일일지라도 그리스와 아일랜드보다 다소 규모가 크다는 정도에 불과하다. 단독 대응은 투기꾼과 사기꾼의 판만 키워주는 꼴이다. 이는 유럽의 뛰어난 사회 모델을 지키는 좋은 방법이라고 할 수 없다.

유로존의 공적 채무를 공동으로 관리하는 게 시급한 까닭은 바로 이 때문이다. 그 목적은 각국의 국채가 끊임없이 시장의 힘에 노출되어 이율이 아래위로 쉴 새 없이 변동하는 것을 막자는 데 있다. 또한 많은 다국적기업이 조세를 포탈하고 있는 법인세에 대해서도, 전 유럽 차원의 대응이 필요하다. 이 두 가지 점만을 연방제 아래서 관리하고 감독하는 것이 바람직하다.

구체적으로는 올해 5월 칼럼에서 밝혔듯이, 유로존의 재정 문제를 다루는 '유럽 상원'의 창설을 제안하고 싶다. '유럽 상원'은 각국 의회의 재정 관련 위원회의 멤버로 구성하고, 민주적인 공개 토론을 거쳐 다수결로 표결을 한다. 해마다 발행하는 유로 공동채의 상한은 '유럽 재무장관'이 제안하고 유럽 상원에서 결정한다. 유럽 재무장관은 '유럽 상원' 의회에 대한 책임을 진다. 그러나 각국의 의회는 유럽연합 전체의 수지와 그 내역으로부터는 완전히 자유롭다. 만약 유럽이 전체적으로 재정 적자를 역내 GDP 합계의 3퍼센트로 정하면, 각국은 자국의 GDP 대비 50퍼센트를 지출해 47퍼센트의 세수를 확보하더라도, 혹은 GDP 대비 40퍼센트에서 37퍼센트의 세수를 확보하더라도, 전혀 상관없다. 이러한 시스템을 확립하기 위해서는, 우선 한 걸음이나마 앞으로 나아가보겠다는 의지가 있는 국가가 새로운 조약을 비준할 필요가 있을 것이다. 결코 황당무계한 이야기가 아니다. 정치적 의지만 있으면 충분하다(특히 프랑스에게). 유럽연방제가 수 개월 안에 '유럽의 의제'로 부상하기를 기대한다.

조세제도

우유부단한 올랑드 대통령

올랑드 정부의 첫 출발은 세간에서 이러쿵저러쿵 떠들 정도로 비판받아 마땅한 것일까. 유감스럽지만, 답은 '예스'다. 확실히 정권을 둘러싼 정세는 결코 용이하지 않다. 새로 대통령이 된 사람은 전임자가 더 나았다고 말하는 국민의 소리를 듣고 싶지 않을 터다. 그런데도 모든 안건에 대해 신임 대통령은 기회주의와 우유부단함을 드러내고 있는데, 이래서는 장래가 걱정스럽기 짝이 없다. 유럽 문제에 관해서는, 통화동맹을 정치·재정동맹으로 격상하기 위한 구체적 방안을 전혀 내놓지 못하고 있다. 채무 위기에 대한 유일한 대비가 될 수 있는 '공적 채무의 상호화'에 관해서도 오로지 방관만 하고 있다. 그 결과 유로존에서는 다시 긴축정책을 취하지 않을 수 없게 됐다. 신뢰를 회복하기 위한 것으로 알려져 있지만, 이 정책이 경기후퇴를 심각하게 고질화하고 빚을 늘리게 할 뿐이라는 것은 누구나 아는 바다. 게다가 신新 재정 협약의 비준으로 시간을 낭비했다. 이 협정이 유로존의 구조적 문제를 그 무엇 하나 해결하지 못한다는 것은 이미 주지의 사실이다. 프랑스는 이제 쓸데없는 장식물이고, 앙겔라 메르켈 한 사람만이 정치 동맹을 언급하며 구체적인 방안을 제시하고 있다. 메르켈의 제안(보통 선거로 유럽위원회European Commission, 또는 EU집행위원회 위원장 선출)은 조금이나마 형태를 갖추고 있다는 것만이 훌륭할 뿐 현실에 입각했다고는 하기 어렵다(유로존 전체의 민주적인 '상원' 설치가 우선이다). 더구나 유로존이 주춤거리는 사이에 세계는 전진하고 있고, 미래에 투자하며 유럽을 앞질러 가고 있다.

프랑스 국내로 눈을 돌려보자. 근본적 개혁은 모두 보류되었다. "모든 개혁의 대전제"라고 선거운동 중에 올랑드가 공언했던 '세제 개혁'은 꼭 필요한 대개혁이 아니라 잔재주나 부리는 농간으로 왜소화되고 있다. 프랑스는 꽤 오래전부터 소득세 원천징수를 하고 있지 않은 유일한 선진국이다. 그래서 앞으로 5년 동안 이대로라도 상관없다는 식인 듯싶다. 프랑스는 또한 직접세의 가짓수가 많고, 각각의 과세표준은 빠져나갈 구멍투성이이고, 서로 겹치는 탓에 곤혹스런 상태다. 거기에다 이번에는 소득세의 세율 구분을 새로이 정해 과세소득 100만 유로 이상에 대해서는 세율을 75퍼센트로 매긴다고 한다.[1] 이런 방식으로 세율 등급과 과세표준이 따로 변경되므로 '세무사가 프랑스의 왕이 되는' 것은 시간문제일 따름이다.

노동비용과 기업 경쟁력에 관해 대통령은 사회보험료의 무거운 사용자 부담을 더 이상 계속할 수 없으며, 민간의 급여로부터만 사회보험료를 부과할 까닭이 없다고 분명히 선언했다. 그리고 사회보장의 재원을 어떻게 마련할지는 한 번 더 보고를 받을 생각이라고 말했다. 뜻밖에도 좋은 생각이다. 조스팽도 1997년에 같은 생각이었다. 당시 총리였던 조스팽은 보고서를 제출하도록 했지만 한 해 뒤가 되자, 문제가 매우 복잡해졌기 때문에 서두르면 도리어 일을 망친다는 훌륭한 결론에 이르렀다. 이번에는 좀 더 나은 결과가 나오길 바란다.

프랑스로서는 지극히 중요한 문제인 만큼 더더욱 그렇다. 다시 지적하자면 현재 프랑스에서는 사회보험료의 최종 사용자 부담률이 무려 40퍼센트에 달한다. 즉 100유로의 임금을 지불하기 위해 실제로 140유로 이상이 사용자들의 호주머니에서 나온다(종업원이 받는 것은 80유로다). 지나치게 높은 수치다. 이 40퍼센트 가운데 정당한 이유가 있다고 말할 수 있는 것은 절반뿐으로(연금보험료와 실업보험료), 나머지(의료보험, 가족수당, 주거세, 직업훈련 부담금 등)는 그 성질상 민간 급여뿐만 아니라 더 넓은 과세표준을 통해 징수해야만 한다. 분명히 얼마쯤은 시정되고 있고 법정최저임금SMIC: Salaire minimum interprofessionnel de croissance은 부담률이 약 20퍼센트에 묶여 있다. 그러나 최저임금을 상회하면 급상승하는 구조로 되어 있으며, 최저임금의 1.6배가 되는 지점에는 약 40퍼센트에 달한다. 전 정권은 최저임금의 2.1배 수준까지 부담률을 20퍼센트로 하기로 결정했는데, 이러한 방향성은 바람직하다. 따라서 새 정부에서도 사용자 부담률 인하를 유지하되 다만 다른 재원을 찾기를 간절히 바란다. 그리고 최종적으로는 급여 수준을 막론하고 사용자 부담률을 20퍼센트까지 낮춰야만 한다.

그 재원을 어떻게 마련해야 할까. 거듭 말해왔던 대로 사회보장 목적의 부가가치세는 정답이 아니다. 부담률 인하를 충당할 수 있는 수준까지 부가가치세를 올리는 것은 불가능하다. 지나치게 대폭적인 증세가 되고 구매력에 심각한 타격을 줄 것이다. 정부가 검토 중인 친환경대응세율(환경을 오염시키지 않는 상품에 대해서는 낮은 세율, 그렇지 않은 상품에는 높은 세율을 적용한다)로는 더더욱 부족하다. 1.2퍼센트는 흡수할 수 있을지도 모르지만 그 이상은 기대할 수 없다. 바람직한 재원은 보편적 사회보장분담금이다. 과세표준이 부가가치세보다 훨씬 크고, 모든 소득에 평등하고 공명정대하게 과세할 수 있는 유일한 세금이기 때문이다. 단 완전한 누진제로 해야만 한다. 그렇지 않으면 연금 생활자와 저임금 노동자를 짓누르고 만다. 이 모순을 해결하려면 세제 전체를 개혁할 수밖에 없다. 현 단계에서는 정부가 그만큼의 용기와 의지를 갖고 있다고 보기는 어렵지만 희망만은 품어보자.

1. 2012년 5월 집권한 올랑드 사회당 정권은 연간 100만 유로(한화 약 14억 원) 이상의 소득에 대해 2013년부터 최대 75퍼센트(종전 최고 소득세율은 48퍼센트)의 세금을 부과키로 하는 등 부자 증세 정책을 대폭 강화했다. 이에 베르나르 아르노 루이뷔통 회장은 2012년 8월 벨기에 국적을 신청했고, 국민배우 제라르 드파르디외도 얼마 뒤 벨기에에 주택을 구입하면서 세금 망명 행렬에 합류했다. (벨기에는 부유세가 없고, 소득·상속세율도 낮은 편이다.) 이에 따라 프랑스에서는 '부유층의 조세저항과 세금 망명'을 둘러싼 열띤 찬반 논쟁이 불거졌다.
장마르크 애로 총리는 "세금을 내는 것은 연대 의식의 행위un acte de solidarit이며 애국 행위"라고 강조하고, 드파르디외의 벨기에행을 '정말 한심하다assez miriable'고 비난했다. 야당인 대중운동연합의 장프랑수아 코페는 드파르디외의 행동에 유감을 표명하면서도 계속되는 재산의 해외 유출을 막기 위해서는 점진적인 조세정책이 필요하다고 주장했다. 언론의 반응은 매체의 이념 성향에 따라 다르게 나타났다. 우파 신문 『르피가로』가 의뢰해 실시된 한 여론조사에서는 조사 대상의 40퍼센트가 드파르디외의 결정을 이해한다고 응답했으며, 35퍼센트는 그의 행동에 충격을 받았다고 답했다. 그러나 중도좌파 성향의 『르몽드』가 인용한 또 다른 여론조사에서는 조사 대상의 92퍼센트가 프랑스에 사는 것에 만족한다고 답했다. 또 이 조사는 세금 때문에 프랑스를 떠날 생각을 해본 적이 있는 사람은 약 3퍼센트 정도라고 밝혔다.

변호의 여지가 없는 국회의원들의 몰염치

의회[1] 개혁은 언제쯤에나 가능할까? 당분간 기대할 수 없을 듯싶다. 아무래도 요즈음 프랑스에서는 무언가를 바꿔 새롭게 하는 일은 줄줄이 미루어지는 경향이 있는 것 같다. 사람들은 이미 지방자치단체장을 겸직하는 사회당PS: Parti socialiste의 국회의원이 두 직무 중 하나만 택하는 공약을 지키지 않을 태세라는 걸 잘 알고 있다.[2] 그들은 선거 전에 유권자들 앞에서 늦어도 9월 말까지는 어느 쪽을 택할지 분명히 밝힐 거라고 말했다. 그러나 어찌 된 노릇인가. 여태껏 양쪽의 직무를 수행하는 게 가장 간단하다는 둥, 모든 일은 법률의 규정에 따라야 한다는 따위의 말을 늘어놓기 시작했다. 그리고 국회에서의 직무를 온전히 하려면 지방에 뿌리를 내리고 있어야 한다고 변명하며, 이미 결론이 난 논의의 불길이 되살아나도록 부추기고 있다. 하지만 유럽에서 공직 겸임이 정착되어 있는 나라는 프랑스 이외에 단 한 군데도 없다. 하물며 다른 나라의 의회가 프랑스보다 허술하다는 증거는 그 어디에도 없다.

게다가 의원의 세비 문제에 대해서도 현상 유지파가 활개를 치고 있다. 구체적으로 파헤쳐보자. 국회의원에게는 세비로 매월 7100유로가 지급된다. 여기에는 세금이 붙는다. 이외에 의원직무수당경비IRFM: Indemnité représentative de frais de mandat로 매월 6400유로가 지급된다. 이것은 비과세다. 문제는 IRFM의 용도와 지출을 실사하는 절차가 없어 사실상 수입의 일부가 된다는 데 있다. 거칠게 말하면 의원은 어떠한 신고도 하지 않고, 또한 추가 세금도 일체 내지 않으며 갑절의 급료를 받고 있는 셈이다. 여느 나라와 달리 프랑스의 의원은 영수증 등을 의회에 제출할 의무가 없다. IRFM은 의원의 개인 은행 계좌에 직접 입금되며 그 용도에는 명확한 규정이 전혀 없고 상한도 없다. 옷이나 신발에 얼마를 쓰는지, 재봉소에 얼마를 지불하는지 따위는 제마음대로다. 호화 아파트를 빌려도 되고 레스토랑이나 연회장에서 마음껏 돈을 써도 좋다. 의원이 IRFM의 지출 내역을 공개했다는 얘기는 생전 들어본 적이 없다. 모름지기 의원답게 위엄을 유지하고 사명을 다한다는 것은 돈이 엄청나게 드는 모양이다.

더구나 국민의회 신임 의장에 선출된 클로드 바르톨론Claude Bartolone은 이 제도를 바꾸는 것 따위는 논의할 거리가 안 된다고 거듭 강조했다. 프랑스의 의원은 유럽의 다른 나라에 비해 보수가 적기 때문에 이를 보충할 필요가 있다고 둘러댔다. 이러한 주장을 인정해줄 까닭은 전혀 없다. 월 7100유로는 분명히 유럽에서 최고 수준은 아니지만, 1만3500유로(게다가 그 절반 가까이는 비과세)가 되면 틀림없이 최고액수다. 월 7100유로가 충분하지 않다고 한다면, 예를 들어 자신의 지역구 외 파리에 주거지를 꾸며야만 한다면 공개석상에서 그 필요성을 호소하고, 투명성이 완전히 보장되는 선에게 세비歲費를 (조금) 증액하면 된다. 그리고 두말할 나위 없이 모든 프랑스 국민과 마찬가지로, 받는 돈의 전액을 과세 대상으로 삼아야만 한다. 의원 경비의 이 불확실성은 무슨 일이 있더라도 꼭 없애야 한다.

의원 연금제도도 그렇다. 의원 연금은 통상 연금에 비해 매우 유리하게 되어 있다. 20년간 출연금을 내면 연금 전액을 수급받을 수 있다. 알다시피 통상 연금을 수급받으려면 40년이 걸린다. 의원들은 이중으로 출연금을 내고 있다는 변명을 곧잘 해대지만, 파렴치한 발언이라고 말할 수밖에 없다. 출연금으로 갹출하는 것은 연금의 극히 일부에 불과하다. 나머지는 국가가 보조하고 있다. 요컨대 국민 세금으로 충당하고 있는 것이다. 또 하나의 그럴듯한 변명은, 의원이라는 직업은 불확실한 직업이므로 그 리스크를 상쇄할 필요가 있다는 것이다. 덧붙여 말하면 (기업 매각 시의) 주식 양도 차익을 비과세로 해야만 한다고 주장하는 무리도 이 '리스크 가설'을 들먹인다. 어느 쪽의 주장일지라도, 지나친 비약이 아닐 수 없다. 프랑스인 중에는 적어도 의원과 벤처사업가만큼이나 불확실한 직업에 종사하는 사람이 많다. 그 사람들 모두를 위해 특별한 연금제도 및 세제를 설계하는 것은 아무래도 불가능하다. 그러기 위해서는 의원 쪽에게도 우리 모두와 똑같은 제도를 적용하는 것이 바람직하다. 무슨 일이 있어도 꼭 필요하다면 그만큼의 세비를 추가해주면 된다.

나는 결코 의원의 적도 아니고 세상 사람들을 부추길 궁리도 없다. 오히려 그 반대다. 적어도 의원의 직무를 진심으로 존경하고 있다. 그러나 프랑스의 세제와 사회보장제도는 여러 예외적 적용이나 특별 조치로 마비 상태다. 자신들의 기득권을 지키려는 것보다도 제도를 간소화하는 쪽이 의원의 명예를 살리는 길이라고 믿는다. 국정을 돌보는 일을 누구보다도 잘 꿰고 있다고 우겨대는 의원들이, 의원 연금제도 및 비과세 경비로 인해 보통 사람들의 흥이 함빡 깨져 있다는 사실은 모르고 있는 것 같다. 의원들이 솔선수범을 보인다면, 당장 시급한 용단의 개혁을 국민이 받아들이기가 훨씬 더 수월해질 터인데도 말이다.

1. 프랑스 의회는 양원제로, 국민의회가 하원, 원로원이 상원에 해당된다. 국민의회의 명칭은 프랑스혁명 초기에 성립한 헌법제정국민의회로 거슬러올라간다.

2. 프랑스는 국회의원과 지방자치단체장 등의 공직을 겸임할 수 있는 세계에서 몇 안 되는 나라 가운데 하나다.

조세공조에 미지근한 독일과 프랑스의 근시안적인 이기주의

왜 프랑스와 독일은 통화동맹을 정치·재정동맹으로 격상하지 않을까? 단도직입적으로 말하면 양국은 1퍼센트 이하라는 매우 낮은 국채 금리로 이득을 보고 있기 때문이다. 이탈리아와 스페인은 5퍼센트 이상의 금리를 부담하지 않으면 위기에 빠진다고 하는데, 독일과 프랑스 양국은 시치미를 떼고 있다. 이것은 눈앞의 일밖에 모르는 이기주의라고밖에 할 수 없다. 하지만 결국은 어느 나라나 유로존에 뿌리를 깊이 내리고 있는 경기침체에 허덕이게 될 것이다. 게다가 남유럽 국가에서, 또는 그 이외의 지역에서도 어떤 반발이 터질지는 신이 아닌 이상 알 도리가 없다. 그렇게 되면 적어도 '잃어버린 10년'을 겪게 될 것이다. 그 사이 서로에게 책임을 전가시킬 뿐 미래에 대한 투자는 전혀 하지 않을 것은 뻔한 일이다. 유럽은 21세기의 지속적인 발전을 실현할 수 있는 뛰어난 사회 모델을 자랑하고, 또한 지구상에서 가장 훌륭한 대학도 갖고 있는데도 그 모양이다. 쓸데없는 국가이기주의에 집착하고 있다는 점에서 독일과 프랑스는 오십보백보다. 독일의 무역 흑자는 아무리 보아도 너무 많고, 그 정도의 외화준비금은 어느 나라든지 불필요하다. 물론 그렇게만 정의하면 모든 나라가 외화준비금을 쌓는 일이 불가능하다. 한편 프랑스는 자국의 세제·사회보장제도의 개혁과 현대화를 할 수 없는 데다, 공적 채무의 공동 관리에 관한 구체적인 제안조차 할 수 없는 무능한 꼴을 속속들이 드러내 보이고 있다.

현 시점에 나온 구체적인 방안은 한 해 전부터 제안되어온 유럽채무상환기금 제안뿐이다. GDP 대비 60퍼센트를 넘어선 부분의 각국 채무를 집약하여, 연대보증 기금채권으로 상환해나가겠다는 것이다. 이 방안은 완벽한 해결책과는 거리가 멀다. 특히 정치적인 논의를 거치지 않은 점이 문제다. 기금을 출범시키려면 연간 재정 적자, 채무 삭감의 속도, 공동채의 발행량은 공개적이고 민주적인 토론을 거쳐 정해져야만 한다. 그러나 현재는 밀실의 정상회의 혹은 재무장관 회의에 떠맡겨져 있다. 그래도 이 방안은 존재하는 것만으로 의의가 있다. 프랑스는 이 방안에 찬성도 하지 않고 대안도 내놓지 않고 있다.

그럼 어떻게 해야 좋을까. 치근치근한 일 같지만, 유로존의 17개 회원국이 금리가 다른 국채를 발행하고 있는 상황에서 단일 통화는 제대로 기능하지 않는다. 통화주권을 포기하는 대가로, 공동채를 도입해 어느 회원국이든지 안정적인 낮은 금리에 접근할 수 있도록 해야 한다. 공적 채무 잔고가 GDP 대비 100퍼센트 정도에 이르면 금리에 대한 막연한 억측만 나올 뿐이고 정부의 자금 조달에 지극히 좋지 않은 영향을 끼치게 마련이다. 실제로 이탈리아는 기초재정수지가 GDP 대비 2.5퍼센트 플러스, 즉 세출에 비해 세수가 GDP 대비 2.5퍼센트

웃돌고 있음에도 불구하고 비싼 국채 금리 탓에 채무가 계속 팽창하는 악순환에 빠져 있다. 덧붙여 말하면 프랑스에서도 이탈리아에서도 대학, 대학원, 전문직 대학원을 합한 예산의 합계는 GDP 대비 0.5퍼센트 정도다.

이러한 사태에 이른 것이 과거 정권의 실패였다손 쳐도, 아니 분명히 그렇기는 하지만, 그렇다고 이탈리아, 스페인, 그리스에 그 피해를 떠넘기며 미래를 위한 투자를 불가능하게 해서는 안 된다. 국채 금리가 앞으로 어떻게 될지 모른다는 불확실성의 짐을 짊어진 채로 개혁 따위는 언감생심이다. 통화동맹을 정치·재정동맹으로 격상시키는 것은 개혁의 노력을 공평하게 분담하는 유일한 방법이기도 하다. 자산 과세의 부활은 이번 위기가 가져온 큰 영향 가운데 하나다. 당연한 결과다.

유럽에서는 소득이 제자리걸음을 하며 주춤한데도 불구하고, 개인 자산은 벨 에포크 시대[1] 이래 천문학적인 수치에 달해 있기 때문이다. 스페인에서는 2008년 호세 루이스 사파테로Jése Luis Zapatero[2] 총리가 폐지한 자산세가 2011년에 부활했다. 독일에서는 독일 사회민주당SPD: Sozialdemokratische Partei Deutschlands이 일반자산세의 재도입을 검토 중이다. 이탈리아에서는 마리오 몬티Mario Monti[3] 총리가 세제 개혁의 핵심에서 부동산 및 금융자산 과세를 강화하고 있다. 기본적으로 부가가치세를 권장하고 있는 IMF조차 자산세의 부활을 환영하고 있는 듯하다.

문제는 유로존 전역이 보조를 맞추지 않으면 이런 종류의 세제 개혁은 순조롭게 진행되지 않는다는 것이다. 특히 국외에서 보유한 금융자산에 대한 정보를 자동 교환하는 시스템이 반드시 필요하다. 이 시스템이 부재하기 때문에 이탈리아에서 부동산(국외로 빼돌릴 수가 없다)에 매기는 세율은 0.5퍼센트인데, 금융자산에 대해서는 0.1퍼센트에 불과하다. 그러나 최고 부유층 자산의 대부분은 후자다.

유럽연합 정상은 최고 부유층에 부담시키라고 그리스 정부에 요구하는 한편, 이 목적을 실현하기 위한 조세공조에는 합의를 이끌어내지 못하고 있다. 더구나 남유럽 국가의 국채를 투매라는 악몽의 도가니에 떨어뜨렸나. 언제쯤에나 수미일관한 정책을 강구할 용기를 낼 참인가!

1. 프랑스에서 제3공화국 때인 19세기 말에서 제1차 세계대전이 발발한 1914년까지의 약 30년을 '벨 에포크' 즉 '아름다운 시절'이라 부른다. 번영과 평화를 누린 이때, 에펠탑이 세워지고, 만국박람회가 열리고, 르누아르·모네·로댕·모파상·에밀 졸라가 활약했다.

2. 스페인 정치가. '조용한 사회주의자'로 불리며, 2004년 총선거에서 사회노동당 PSOE이 정권을 잡는 데 결정적인 역할을 했다. 총선에서 승리해 총리로 취임, 내각의 절반을 여성에게 배분하고, 이라크에 주둔하던 스페인 군대를 완전히 철수시켰다. 기타 실업 문제 해결, 주택난 해소 등의 정책을 펼쳤다.

3. 2011년 11월 실비오 베를루스코니의 뒤를 이어 취임한 이탈리아 총리다. 밀라노 보코니 대학에서 경제학을 전공했고, 미국 예일 대학의 노벨경제학상 수상자인 제임스 토빈 아래에서 공부한 저명한 경제학자다. 이후 유럽연합 집행위원(1995~1999), 유럽연합 경쟁 담당 집행위원(1999~2004)을 역임했다. 보코니 대학 총장으로 재직했으며, 2011년 11월 8일에 이탈리아의 종신 상원의원으로 임명되었다. 같은 해 11월 13일에 이탈리아 대통령 조르조 나폴리타노가 경제위기의 책임을 지고 사임한 총리 실비오 베를루스코니의 후임으로 마리오 몬티를 총리로 지명했다.

초등학생에게 수요일에도 학교에 가게 하자!

어쩌면 잔뜩 기대하고 있던 분야에서의 진짜 개혁은 이뤄지지 않을지도 모른다. 프랑수아 올랑드는 선거운동 기간 동안 줄곧 세금과 연금에 대해 언급했지만, 현실을 보면 근본적인 세제 개혁과 체계적인 연금 개혁은 기대할 수 없을 것 같다. 그 대신 뜻밖의 분야에서 중요한 개혁이 계획되고 있는 것 같다. 그렇다고 해서 조세나 사회보장에 관해서는 손을 놓고 있어도 좋다는 말은 아니지만, 그래도 어떤 일이라도 개선은 바람직하다. 우선 민주적인 기업 경영 분야다. 대기업 이사회에서 종업원 대표에게 단순히 참고 의견의 발언권만이 아니라 의결권을 부여한 결정에는 큰 의미가 있다. 독일에서는 꽤 오래전부터 실행된 바 있는데, 더욱이 종업원 대표는 자본참가equity participation를 하지 않더라도, 한 주의 자사 주식도 소유하지 않아도 좋다. 또 대학운영위원회의 외부 위원, 특히 지방공공단체 대표와 기업 대표에게 총장 선거 투표권을 주겠다는 용기 있는 결정에도 박수를 보내고 싶다. 2007년에 우파가 갑자기 이해할 수 없는 '종합 자주관리autogestion intégrale'라는 것을 도입해, 총장 선거권은 교원·연구원 대표자에게만 한정된다며 학교 경영을 관장하는 조직과 학문 연구를 관장하는 조직 간 역할의 혼란을 불러일으킨 적이 있다. 어쩌면 이제 학교 개혁의 시기가 도래했는지도 모른다. 다음 개혁의 대상은 초등학교, 특히 계속 이어져온 '수요일 휴일'의 문제다. 이것은 지극히 중요한 의미를 지닌 개혁이 될 것이다. 아마도 올랑드가 임기 중 추진한 개혁 가운데 대서특필될 가능성이 높다. 어째서 그럴까? 첫째, 역사상 처음으로 주 5일 즉 월요일부터 금요일까지 수업이 내내 이뤄지기 때문이다. 프랑스 이외의 모든 나라가 그러한 것처럼 말이다. 교육부 장관 뱅상 페용Vincent Peillon이 드디어 미적미적 움직이기 시작해, 먼 옛날에 내려진 결정을 재검토하기로 한 것 같다. 1882년 무상의무교육이 도입되었을 때, 그때까지 초등교육을 담당해온 교회에 양보해 일주일 중 하루는 종교 지도를 보충하는 날로 삼는다는 결정이 있었다. 1882년부터 1972년까지는 목요일이었지만, 그 이후 수요일로 변경되어 오늘날까지 이어지고 있다. 당초의 결정부터 한 세기 반 가까운 세월이 흘렀고 대부분의 사람이 교리문답 등을 하지 않는 지금으로서는 이 변칙적인 학교 휴일을 실정에 맞게 고치는 것이 사리에 맞을 것이다. 하물며 이 수요일 휴일은 받아들이기 어려운 사회적 불평등을 야기하고 있기 때문에 더더욱 그렇다. 부잣집 아이는 수요일에 문화교양 과외수업을 받는다. 가난한 집 아이는 하루 종일 TV를 본다든가, 학생보육소에 맡겨진다. 학생보육소 교사의 질은 그다지 높지 않다(당연하다. 일주일에 하루만 근무하는 조건으로 유능한 인재를 찾을 수 있을 성싶은가). 게다가 수요일에 수업을 하지 않기 때문에 다른 요일의 수업 시간이 꽤 늘어나 있다.

지금까지 별로 강조되지 못한 점이지만, '수요일 휴일'은 아이의 부모에게도 매우 큰 부담이 된다. 그중에서도 아주 어린 아이를 둔 어머니는 수요일에 휴가를 얻기 위해 불이익을 감수하고 있다. 이는 직업 경력을 쌓는 데 있어 남녀의 불평등을 낳는 지극히 유감스러운 사태다. 수요일 회의에는 으레 결석하는 부하직원인 젊은 엄마에게 상사가 과연 남성과 똑같은 책임을 짊어져야 하는 일을 맡길 수 있을까. 두말할 나위 없이 답은 '노'다. 프랑스 고유의 이 나쁜 관습을 중단하고 공립학교에서 월요일부터 금요일까지 공백 없이 수업을 하도록 한다면 정부가 남녀불평등 해소를 향해 힘차게 전진했다고 평가할 수 있을 터다.

그런데 파리의 교사들은 수요일 수업 도입에 반대하며 지난 화요일에 파업을 벌였다. 이를 어떻게 봐야 할까. 학교 교사들은 대체로 교육과 종교의 분리, 사회적 평등, 남녀평등에 찬성한다. 그 교사들의 파업이 '노동조합 근성'에서 싹튼 것이라고 말한다면, 어떤 반응을 보일까. 교사라는 직업을 선택한 이유 가운데 하나는 '수요일에 근무를 하는 것이 싫어서'이고, 수요일이 휴일이기에 선생님이 되었다는 이런저런 말들이 떠돌고 있다. 2002년에도 똑같은 파업이 대대적으로 벌어져 수요일 수업을 제창한 파리 시장 베르트랑 들라노에Bertrand Delanoë는 자신의 계획을 단념해야 할 지경에 몰렸다. 같은 일이 2013년에도 되풀이된다고 한다면 이보다 더 부끄러운 사건은 없을 것이다. 물론 정부의 자세도 비난을 받을 만한 여지가 충분하다. 이렇듯 중요한 개혁이라면, 관계 부처에 사전 설명을 충분히 한 뒤 단호한 결의를 표명하는 일이 절실하다. 사실 지난해 여름 이미 장마르크 에로Jean-Marc

Ayrault 총리가 '수요일 수업' 계획을 각료들에게 누설했던 것 같다. 올랑드가 수요일 수업을 발표한 것은 크리스마스 무렵이 되어서였고, 맹렬한 반발에 부딪히자 곧 "2년에 걸쳐 서서히 실행"한다고 정정했다. 대체 우유부단한 프랑스 대통령이 과단성 있게 결정을 내린 뒤 그것을 끝까지 관철할 날이 언제나 오게 될까.

이탈리아 선거와 유럽의 책임

프랑스에서 바라보건대, 이탈리아 총선거[1]에서 눈에 띄는 점은 베를루스코니[2]가 예상외로 표를 확장한 것보다 대중주의자populist가 크게 약진한 일이다. 향후 몇 년간 이 나라의 정치는 불안정한 탓에 앞을 내다보지 못하는 상황이 계속될 전망이다. 다시 말해 '베를루스코니'적이고 '이탈리아'적인, 그 영문을 알 수 없는 무언가와 당분간 맞닥뜨릴 수밖에 없다. 이번 선거 결과를 알프스 건너편의 일이며, 프랑스에는 아무런 책임이 없다고 정리하면 속은 편할 것이다. 하지만 프랑스에서도 뜻밖의 선거 결과가 나와 종종 세계를 놀라게 한 과거를 잊어서는 안 된다. 가령 르펜과 그의 딸 마린이 이끄는 국민전선FN: Front national[3]의 득표수가 늘어난 게 가장 대표적인 예다. 이탈리아 총선에서 인기 코미디언 베페 그릴로Beppe Grillo[4]가 최저임금제와 유로존 탈퇴에 대한 국민투표 실시를 호소하며 열광적인 지지를 얻었다. 특히 좌파 유권자의 표를 긁어모았다. 1997년 노벨문학상을 수상한 극작가 다리오 포Dario Fo를 비롯한 지식인이나 작가도 그를 지지하고 있다. 이를 보면 일세를 풍미한 프랑스 코미디언 콜뤼슈Coluche를 추억하지 않을 수 없다. 콜뤼슈는 1981년 대통령 선거에 출마해 그해 초 여론조사에서 15퍼센트를 웃도는 지지를 얻었다. 사회학자 피에르 부르디외, 철학자 질 들뢰즈도 그의 편에 섰다. 하지만 그들은 선거운동에서 손을 뗐고, 결국 사회당의 미테랑이 집권했다. 프랑스와 이탈리아의 사례에는 공통점이 있다. 출세욕이 강한 데 비해 용기가 없어서 무슨 일을 하는지가 불투명한 엘리트 정치인에게 사람들이 불신을 품고 있다는 것이다. 이러한 사태가 프랑스에서 다시는 일어나지 않을 것이라고 누가 장담할 수 있겠는가. 이번 결과에 유럽인들이 섬뜩해한 까닭은 이탈리아인이 유럽이라는 공동체에 대해 의구심을 점점 더 심하게 품고 있으며, 그 원인은 유럽 자신의 이기주의와 우유부단함에 있다는 것을 깨달았기 때문이다. 게다가 이탈리아인이라고 하면 바로 최근까지 그 누구보다도 유럽인다운 사람들이지 않았는가. 유럽연합, 특히 EU에서 지도자 역할을 하는 정치·경제대국인 독일과 프랑스는 유로존이 겪고 있는 곤란한 상황에도, 그리고 남유럽 국가들을 덮친 비극적 사태에도 크나큰 책임이 있다. 그리스와 스페인에서는 언제 무슨 일이 터지더라도 이상할 것이 없다. 예를 들어, 스페인에서는 2014년에 카탈루냐 주의 독립 여부를 묻는 주민투표 실시가 예정되어 있고, 결과는 예측 불허다.[5] 유일한 연방기관인 강력한 유럽중앙은행은 언제나 유로 화폐를 구할 용의가 있으며, 실제로 유로 위기를 극복해왔고, 금융시장을 그렇게 납득시켜온 것으로 알려져 있다. 그러나 실상 유럽중앙은행이 존재하는 것만으로 통화동맹의 존속을 보증할 수는 없다. 그 증거로 이탈리아와 스페인은 독일과 프랑스보다 훨씬 높은 국채 금리를 계속 지불하고 있다.

이탈리아는 2012년에 지출을 대폭 줄이는 한편, 부동산세를 재도입하는 등 증세를 실시했다(금융자산에도 과세했지만 적절한 국제 조세 협력이 이뤄지지 않아 세율은 8분의 1로 억제되었다). 그 결과 기초재정수지는 흑자를 냈고, 이는 GDP 대비 2.5퍼센트에 달했다. 그러나 문제는 증세로 이탈리아의 경기침체가 장기화되었고, 더욱이 거액의 정부채무가 여전히 크게 늘어나고 있다는 점이다. 정부채무에 대한 이자는 GDP의 5퍼센트를 넘는 규모이고, 채무의 증가량만 GDP 대비 11.5퍼센트를 상회한다. 이래서는 이탈리아 국민이 제아무리 노력한들 공허함만을 느끼고 말 것이다. 마리오 몬티 총리는 유럽 각국으로부터 칭찬을 받고 있지만, 이탈리아 국민에게는 심지어 바보 취급을 받을 수 있다. 베를루스코니가 부동산세 폐지를 주장하고 베페 그릴로가 유로존 탈퇴를 호소하는 것도 뜻밖의 일은 아니다. 사실 누적된 정부채무에 대한 이자를 지불하기 위해 기초재정수지를 정기적이고도 대폭적으로 흑자를 내는 것은 이탈리아의 전통이라고 할 수 있다. 1970~2010년에 걸쳐 이탈리아는 주요 8개국(G8) 중 유일하게 기초재정수지가 균형을 이루는 나라였다(즉 세출이 세입을 넘는 일은 없었다). 한편으로는 정부채무 잔액이 급속히 늘어나는 나라이기도 했다. 주지하다시피 이 시기의 이자가 GDP 대비 6퍼센트에 달했기 때문이다(다른 나라는 2~3퍼센트).

단지 그동안은 골목길을 벗어나 재출발하기 위해 평가절하라는 전가의 보도를 빼는 일이 가능했다. 그러나 통화동맹에 가입한 국가는 통화주권을 내놓고 있다. 그 대가로 정부채무를 상호화해, 어느 나라라도 예측 가능한 낮은 금리로 자금을 조달할 수 있도록 해야만 한다. 이를 실현하려면 투명성이 높은 민주적인 방법으로서의 토론과 표결이 필요하고, 유럽 재정에 관해 최종의결권을 갖는 '유럽 상원'을 설치하는 게 아무래도 최선의 방법일 것이다. 독일과 프랑스가 계속 이기주의에서 벗어나지 못하고 건설적인 해결책을 제안할 수 없다면, 새로운 정치적 혼란이 일어날 위험성이 높다. 이는 이탈리아 총선거보다 훨씬 더 심각한 사안이 될 것이다.

1. 총선거 후 의석 분포는 다음과 같다. 하원(정족수 630명): 피에르 베르사니Pier Bersani(중도좌파) 진영 345, 베를루스코니(중도우파) 진영 125, 베페 그릴로 진영 109, 몬티(전 총리) 진영 47. 상원(정족수 315): 피에르 베르사니 진영 123, 베를루스코니 진영 117, 베페 그릴로 진영 54, 몬티 진영 19. 중도좌파 진영은 하원에서는 과반수를 얻었으나 상원에서 과반수를 차지하지 못했고, 게다가 상원은 유로존 이탈파가 절반 이상을 차지하는 사태에 이르렀다.

2. 이탈리아의 기업인·정치인. 밀라노 대학에서 법학을 전공했고, 밀라노 외곽에 아파트 단지를 건설하면서 사업가로 성공했다. 1973년 소규모 케이블TV 회사를 세워 미디어산업에 진출한 이후 이탈리아 최대의 미디어 그룹 미디어셋, 인터넷 미디어 그룹 뉴미디어, 잡지 『파노라마』를 비롯한 출판 그룹, 영화제작 및 배급사인 메두사필름, 전국 최대의 슈퍼마켓 체인, 프로축구팀 AC밀란 등 광범위한 기업을 거느린 거부가 되었다.
59세 때인 1994년 정치에 입문하여 포르차 이탈리아Forza Italia('힘내라 이탈리아'라는 뜻) 당을 창당한 뒤 국민연합·북부연맹과 연정을 구축하고 73대 총리가 되었다. 제2차 세계대전 이후 최초로 탄생한 우파 정권이었으나, 그의 비리 스캔들로 북부동맹이 이탈하면서 7개월 만에 연정이 붕괴되어 총리직에서 물러났다. 2001년 총선에서 우파연합이 승리함으로써 두 번째로 총리직에 올랐다. 2006년 총선에서 로마노 프로디Romano Prodi가 이끄는 중도좌파연합에 패배해 총리직에서 물러났다가 2008년 총선에서 승리하면서 세 번째로 총리직에 올랐다. 2011년 11월 이탈리아 경제가 디폴트(채무불이행) 위기에 몰린 가운데 하원에서 예산 지출 승인 안건이 부결되자 총리직에서 사임했다.

3. 국민전선은 1972년 장마리 르펜이 창설한 극우민족주의 정당이다. 2002년 대통령 선거에서 세간의 예상을 뒤엎고 사회당의 리오넬 조스팽을 낙선시키고 자크 시라크와 2차 결선 투표에 진출한 바 있다. 국민전선 후보가 대선 결선 투표에 나온 것은 처음이었다. 2011년 그의 딸 마린 르펜이 새 당수가 되었다. 마린은 아버지의 반유대주의에서 탈피하는 동시에 쉬운 문장으로 기성 정치권을 비판하는 등 당의 지지율 상승에 기여했다는 평가를 받고 있다. 2013년 10월 한 여론조사에 따르면, 국민전선은 대중운동연합, 프랑스 사회당을 제치고 창당 이후 처음으로 지지율 1위를 기록했다. 현재 중도우파인 대중운동연합, 좌파인 사회당에 이어 제3당의 자리를 유지하고 있다. 2014년 9월 28일 상원의원 선거에서, 창당 이후 처음으로 두 명의 당선자를 냈다. 주요 정당 강령은 전통적 가치 복원(낙태 반대 등), 외국인(특히 무슬림) 이민 제한, 주권 강화(EU나 다른 국제기구에 의해 프랑스의 주권이 제한받는 것에 반대), 사형제 부활 및 관세 유지 등이다.

4. 코미디언 출신의 이탈리아 정치인. 오성운동MoVimento 5 Stelle의 대표. 베를루스코니 총리를 비판했다는 이유로 TV에 나오지 못하자 전국 순회공연을 하며 TV에 출연할 때보다 더 큰 인기를 누렸다. 오성운동은 유럽연합에 회의적이고, 직접민주주의를 지지하며, 인터넷 무료화를 주장하고 있다. 오성운동의 오성五星은 다섯 가지 주장을 뜻한다. 공공 수도, 지속 가능한 이동성, 개발, 접속 가능성, 생태주의가 그것이다. 그릴로는 이탈리아가 경제난에서 헤어나지 못하고 있는 이유로 유로존 가입을 꼽으며 탈퇴를 위한 범국민 서명운동을 벌인 바 있다. 2013년 실시된 총선거에서는, 상원에서 20퍼센트가 넘는 득표율을 얻었다. 하원에서는 단일 정당으로 25.55퍼센트를 얻으며 최다득표를 한 정당이 되었다.

5. 카탈루냐 자치주(주도는 바르셀로나)의 독립을 둘러싼 비공식적인 주민투표는 2014년 11월 9일에 실시되었다. 유권자의 약 40퍼센트가 투표에 참여해 80퍼센트 이상이 독립에 찬성했으나 스페인 헌법재판소가 이에 위헌 결정을 내렸다.

금융

글로벌 자산세 도입을 향해 나아가자!

키프로스 위기는 금융의 세계화가 직면한 성가신 모순의 일부를 뚜렷하게 부각시켰다. 무엇이 문제인가를 복습해보자. 키프로스는 인구 100만의 작은 섬나라이고, 2004년 유럽연합에, 2008년 유럽 통화동맹에 참여했다. 이 나라의 은행 부문은 '초超'라는 수식어가 붙을 정도로 비대해졌고, 자산 총액은 GDP의 8배에 이르며, 예금액은 GDP의 4배에 달한다. 키프로스 은행의 예금에 키프로스 시민의 저축만 있는 것은 아니다. 낮은 세율과 완만한 규제에 매료된 외국인, 특히 러시아인의 금융자산이 있다.

러시아인의 저금에는 거액의 개인 자산이 포함되어 있는 것으로 알려져 있다. 대개 올리가르치Oligarch(신흥 재벌)의 재산인데, 수천만 유로에 달할 거라는 제법 그럴싸한 풍문이 떠돌고 있다. 아마도 사실일 게다. 하지만 어떤 데이터도 없다. 어림수마저도 유럽연합 당국 또는 IMF에 발표한 적이 없다. 이들 기구도 아마 전체적인 현황은 파악하고 있지 못할 것이다. 본래 그들에게는 이 중요한 문제를 조사할 수단이 없다. 이렇게 만연한 불투명성 때문에 이번 소동을 온건하고 합리적으로 해결하기가 어려운 것이다.

현재의 문제는 키프로스 은행에는 이미 돈이 없다는 데 있다. 키프로스 은행이 그리스 국채(주지하다시피 대폭 떨어졌다)와 괴이쩍은 부동산에 투자해버렸기 때문이다. 당연히 EU는 담보 없는 키프로스 지원에 미온적이다. 하물며 결국에는 러시아의 부호를 구제하는 일이 된다면 더더욱 그렇다. 수개월에 걸쳐 머뭇머뭇하던 끝에 트로이카(유럽연합, 유럽중앙은행, IMF)로 유명한 기구들이 터무니없는 아이디어를 짜냈다. 키프로스 은행의 모든 예금에 거의 비슷한 수치로 과세한다는 방안이다. 10만 유로까지는 6.75퍼센트, 그 이상은 9.9퍼센트의 세금을 부과하겠다는 것이다. 조그마한 차이를 두고 있는 까닭이 설마 눈속임을 위한 것은 아닐 테다. 요점은 누구에게나, 즉 저축 계좌에 약간의 목돈을 맡긴 서민에게도, 올리가르치에게도 10만 유로까지는 같은 세율을 둔다는 것이다.

키프로스 의회에서 부결된 결과, 10만 유로 미만은 과세 대상에서 제외되었다. 그 대신에 10만 유로 이상에 부과하는 세율을 높였다. 하지만 이 사태는 유동적이며, 현재로서는 은행마다 각자의 조치를 강구하는 방향으로 나아갈 것으로 보인다. 어쨌든 유럽의 소액예금자들에게는 최악의 상황이 전개되고 있는 셈이다. 그들로서는 EU도 자국 정부도 믿을 수 없게 되었다.

공식적인 견해에 따르면 이 예금 과세는 키프로스 대통령의 요청에 응해서 이뤄졌다. 대통령은 예금의 대규모 유출을 막기 위해 소액예금에도 무거운 세금을 부과하길 원했다고 한다. 혹은 그런 일이 있었을지도 모른다(모든 교섭은 밀실에서 이뤄지고 있고 진상은 영원히 알기 어렵다). 키프로스 위기의 교훈은 이렇다. 자그맣고 보잘것없는 나라가 글로벌화된 지구촌 안에서 살아남는 틈새의 활로를 찾고자 탐탁지 않은 자금을 끌어들이기 위해 무절제한 조세경쟁을 벌인 것인지도 모른다.

그렇다손 치더라도 이 공식적인 견해는 사태의 절반밖에 설명하지 못한다. 예의 그 은행 과세는 유로그룹(유로존 재무장관회의)이 만장일치로 결정한 것이지 않은가. 머지않아 각국 정부는 자신들의 책임을 공개적으로 시인해야만 할 때가 온다는 것을 명심해야 한다. 이번 위기는 유로존 재정에 관한 최종의결권을 갖는 '유럽 상원'의 필요성을 새삼 부각시켰다고 말해도 좋다. 이와 같은 문제는 '유럽 상원'에서 민주적인 토론을 거친 뒤, 물론 공개적으로 결정해야만 한다.

이번 위기에서 밝혀진 것이 하나 더 있다. 유럽이라는 '대국'이 금융위기를 효과적으로 진정시키고 부담이나 손해를 누구나 납득하는 형태로 배분하는 능력을 발휘하지 못했다는 점이다. 자산 과세에 초점을 맞추어 이번 사건을 해석할 경우, 다소 전문적으로 말하자면 우선 과세표준이 너무 작다(예금을 인출해 비과세 증권이나 자산에 옮기는 것만으로 과세를 면할 수 있다). 게다가 누진제로 되어 있지 않다는 점 역시 역사상 이례적이다. 참고가 될 만한 예를 들어보자. 프랑스의 부유세율은 현 시점에서 자산 총액 130만 유로까지는 0퍼센트, 260만 유로까지는 0.7퍼센트, 1000만 유로 이상은 1.5퍼센트를 부과하고 있다. 또한 누진 자산세가 일시적으로 도입된 사례도 적지 않다. 가령 종전 직후인 1945년에 도입된 국민연대세Solidarité nationale institué는 특례로, 자산의 현재 가치에 대한 과세(0퍼센트에서 최고 20퍼센트까지)와

1940~1945년의 증가분에 대한 과세(큰 폭의 증가에 대해서는 최고 100퍼센트)의 이중과세가 적용되었다.

이 유형의 세금을 부과하는 경우에는 두말할 나위 없이, 복수의 은행에 예치한 자산을 합산해 각자의 금융자금 총액을 신고하는 절차가 필요하다. 좀 더 최근에는 은행 계좌 정보의 자동 교환이 이뤄지게 되어, 본인이 신고하지 않아도 총액을 파악할 수 있다. 즉 국제적인 자산 과세가 마침내 가능하게 된 셈이지만, 트로이카, 특히 IMF는 보수주의적인 이데올로기 관점에서 글로벌 자산세Impôt international sur la fortune(국제자본과세 혹은 글로벌 자본세)를 거부하고 있다. 그래서 예금과세라는 아이디어가 나온 셈이다. 이 세금을 은행 단위로 징수하는 것은 기술적으로는 가능할 것이다. 그러나 이는 극히 부당하며, 비효율적이다. 키프로스 위기는 적어도 이런 논의를 불러일으켰다는 점에서는 가치가 있다.

제롬 카위자크의 두 가지 거짓말

최근 예산장관을 사임한 제롬 카위자크는 두 가지 문제를 안고 있다. 첫째, 스위스 은행의 비밀 계좌에 대해 거짓말을 한 것이다. 이는 틀림없이 올랑드 정부에 심대한 타격을 주었다. 카위자크는 사르코지처럼 비열하지는 않지만, 올랑드에게는 유일한 강점이었기 때문이다. 이 강점이 맥없이 무너졌다. 두 번째 거짓말도 잊지 말아야 한다. 카위자크는 대담한 세제 개혁을 약속해놓고, 그 기대를 배신했다. 그는 내년 1월 1일부터 부가가치세를 인상하기로 은밀하게 준비—경기가 침체 상태에 있는 시기임에도—중이었던 것이다. 게다가 사회당은 사르코지 정부 아래 야당 시절, 이런 종류의 증세를 철저하게 반대해왔다는 사실을 잊었을 리 만무하다.

지적해두고 싶은 것은, 두 번째 거짓말이 '올랑드의 거짓말'이라는 사실이다. 올랑드는 자신의 소심함과 우유부단을 감추기 위해 카위자크를 이용했다. 더불어 300명이 넘는 사회당 의원은 지난해 12월에 유유낙낙하며 부가가치세 증세에 찬성표를 던졌다. 정반대의 공약을 내걸고 당선된 지 겨우 반년 만에 일어난 일이었다. 무엇을 위한 증세인가 하면, '경쟁력 강화와 고용 촉진을 위한 세액 공제CICE: Crédit d'impôt pour la compétitivité et l'emploi'의 재원을 마련하기 위한 것이다. 까다로울 뿐 실효성이 없는 이 세금 공제는 이미 복잡한 세제를 한층 더 번거롭게 할 뿐인 애물단지다. 이를 보면 프랑스의 강력한 대통령중심제의 폐해를 재고해볼 수밖에 없다. 각료는 비공개석상에서는 예의 그 세액 공제를 형편없이 깎아내리지만, 공식석상에서는 "공화국 군주"의 결정에 감히 반론을 내려는 사람이 하나도 없다. 왜 이렇게 됐는가. 이 물음에 답하려면 시계 바늘을 조금 뒤로 돌려야 한다. 2011년에는 좌파가 소득세 개정을 목적으로 하는 세제 개혁을 실시할 것이라고 누구나 믿어 의심치 않았다. 사회당은 당내에서 요란스런 표결 끝에 "우리는 소득세와 보편적 사회보장분담금을 통합해 직업과 라이프스타일의 변화에 재빨리 대응할 수 있는 새로운 조세를 창설하겠다"라고 선언했기 때문이다.

사회당의 공식 후보를 뽑는 예비선거는 2011년 가을에 치러졌고, 이때만 해도 후보자 모두가 이 방안에 동의하고 있는 것처럼 보였다. 그러나 실제로는 조금 들쑤셔놓았을 뿐, 본심은 그게 아니었다는 사실이 들통 났다. 왜냐하면 그 방안의 중요한 '세부 항목', 가령 과세표준이나 세율 및 도입 시기 등에 대해서는 누구도 언급하지 않았기 때문이다. 그것은 실제로 무척 막연해서 공약의 형태로 보기가 힘들었다. 왜 적절한 타이밍에 언론은 이를 추궁하지 않았던 것일까. 아마 기자 무리들은 '지엽말단'이야 어찌 되든 상관없다는 식으로 생각했을 것이다. 물론 자신의 처지와 직접적인 관련이 있는 세금이었다면 이야기는 달라졌을 테지만. 사회당의 공천을 얻자마자, 올랑드는 들여놓은 발을 과감하게 빼기 시작했다. 그리고 당시에는 세제 논의보다 모발 이식으로 유명했던 정형외과 의사 카위자크를 예산과 조세에 관한 대변인으로 지명했다. 카위자크는 뻔뻔스럽게도 이렇게 발표했다. "소득세와 보편적 사회보장분담금의 통합은 우리에게 맡겨진 임무로서, '초당파적인 합의'를 얻은 경우에만 실시할 수 있습니다." 즉 아무것도 하지 않겠다는 말이다. 프랑스에서 도대체 언제부터 우파와 좌파가 사이좋게 협력해 세제 개혁을 추진했는가. 이리하여 게임은 원점으로 돌아가고 개혁은 뒤로 미뤄졌다.

이 진공 지대를 메우기 위해 올랑드가 생각해낸 것이 예의 그 '경쟁력 강화와 고용 촉진을 위한 세액 공제'다. 그 재원 마련은 '부가가치세 인상'이라는 부끄러워해야만 하는 편법에 맡기고 있다. 내년 1월 1일부터 부가가치세 인상으로 60억 유로를 국민들 호주머니에서 거둬가는 것이 떳떳하지 못해서인지, 사회당 패거리는 한통속이 되어 "최빈곤층 우대"라는 거짓말을 거듭하고 있다. 최저세율을 5.5퍼센트에서 5퍼센트로 인하할 것이라고 생색내는 꼴이다. 분명히 싸구려 슈퍼마켓인 리들Lidl에서만 쇼핑을 하지 않는다면, 구매력은 0.5퍼센트 강화된다(인플레이션으로 사라지지만). 하지만 그 이상의 사치를 권하면 주의가 필요하다. 굵은 몽둥이(부가가치세 인상)를 손에 쥔 아버지(강력한 대통령중심제)의 세금이 기다리고 있을 것이다.

무엇보다도 '과세'라는 '통치의 몽둥이'는 굵을수록 좋다고 역설하는 사람도 있지만, 꼭 그렇다고 말할 수는 없다. 이 뻔뻔스러움과 무능력의 조합은 결국 누구에게든지 나쁜 결과로 끝날 공산이 크다. 늦든 빠르든 세제 개혁은 반드시 진행해야만 한다. 얼렁뚱땅 넘어갈 수 없다. 저소득층의 구매력을 강화할 수 있는 것은 누진제로서의 보편적 사회보장분담금뿐이다. 이를 도입해야만 사회보장 재원에 대해서도 과감한 개혁이 가능하다. 조세제도 개혁을 다음 대통령에게 떠넘길 것인가, 아니면 자신이 할 것인가. 올랑드는 선택의 갈림길에 직면해 있다.

노예제는 정말 사라진 것일까

노예제 치하에서 자행된 범죄에 대한 금전적 배상을 요구할 수 있을까. 프랑스와 올랑드 대통령은 노예제 폐지 기념일인 5월 10일에 "역사는 거래의 대상이 아니다"라고 말하며, 이 문제에 부정적인 자세를 취했다. 참으로 교묘한 발언이다. 그러나 좀 더 자세히 검토해보면 사태는 그렇게 단순하지 않다. 깨끗하게 뒤로 미루며 보류할 일이 아니라는 것을 명명백백하게 알 수 있다. 프랑스에서 "노예제도는 인도人道에 대한 범죄"로 인정해 노예제 폐지 기념일을 5월 10일로 하는 법률이 2001년에 성립되었다.

하지만 이는 크리스티안 토비라Christiane Taubira[1]가 온 힘을 다 쏟은 덕분에 맺어진 성과다(실제로 이 법률은 "토비라 법"으로 통칭되고 있다). 토비라는 프랑스의 해외도DROM[2]인 기안Guyane[3] 출신의 정치인으로 지금은 사법부 장관이다. 그녀는 대통령의 발언에 정정을 요구할 충분한 이유가 있고, 실제로도 다음날 바로 해외도와 해외자치지역COM의 토지제도 개혁의 필요성을 호소했다. 노예의 자손 세대를 배려하는 토지의 재분배를 검토해야 마땅하다고 밝힌 것이다. 유대인 재산의 약탈과 배상에 관한 조사위원회가 마침내 프랑스에서 조사를 실시한 것이 불과 몇 년 전이다. 이는 '역사와의 거래'에 해당되지 않는 것일까. 또한 구소련 국가들과 동유럽 국가들은 고작 10년 전부터 100년 전에 일어난 사건에 대한 재산 환수와 보상을 하고 있다. 한편 프랑스령으로 비교적 큰 섬(인도양의 레위니옹 섬, 카리브해 앤틸리스 제도의 과들루프 섬과 마르티니크 섬, 이 세 곳의 인구는 200만 명에 달한다)에서 노예제가 폐지된 것은 150여 년 전인 1848년의 일이었다. 이 정도의 사소한 세월의 차이로 노예제만 "이제 지나가버린 일"로 치부할 수는 없다.

현실적으로 녹록지 않은 문제다. 노예제 폐지 후에도 합법적인 착취가 오랫동안 이어졌기 때문에 더더욱 그렇다. 그 가운데에는 19세기 말에서 20세기 초까지 착취가 계속된 사례도 있다. 가령 레위니옹 섬에서는 노예제가 폐지되자, 즉각 유색인은 가내 노동자 또는 농업 노동자로서 장기 계약을 맺을 것과, 거듭된 경고를 무시하고 이를 게을리한 경우에는 부랑자로 간주해 형무소에 보낸다는 내용이 포고되었다. 이 문제를 둘러싼 최근의 논의에서는 한층 더 경멸해야 할 사실이 있다는 것에 주의를 할 필요가 있다. 노예제 폐지는 거액의 금전적 보상이 뒤따르는 경우가 많았다(다만 노예 소유자에 대해서만!). 가령 영국의 극단적인 경우는 다음과 같다. 영국령 앤틸리스 제도, 모리셔스 섬, 케이프타운에서 1833년 노예제가 폐지되자 영국 의회가 매우 인심 좋은 손해배상법을 통과시켰다. 아무도 반대하지 않았다. 그 법률에 따르면, 총 2000만 파운드(당시 영국 GDP의 약 5퍼센트에 해당된다. 현재 가치로 환산하면 약 1000억 유로)를 국고에서 노예 소유자 3000명에게 지급해야 했다. 한 명에게 3000만 유로씩 돌아갔다. 도저히 믿기지 않는 처사다.

얼마 전 런던 대학 유니버시티 칼리지UCL가 이 사건의 전모를 분명히 밝히고자 적극적으로 조사한 끝에, 문제가 된 3000명의 명단을 공개했다. 받은 금액과 소유했던 노예의 수 등 세부사항도 덧붙였다("The Legacies of British Slave Ownership"으로 검색이 가능하다). 덕분에 영국 캐머런 수상의 사촌이 현재 보유한 자산의 상당 부분이 이 보상금에서 유래했다는 사실이 드러났다. 프랑스에서도 1849년 농장 소유자와 식민지로 이주한 제국의 본토인에게 노예해방에 따른 보상금을 지불하는 법률이 제정되었다. 이때 해방된 노예는 25만 명이었다(주로 레위니옹 섬, 마르티니크 섬, 과들루프 섬의 노예였다). 보상금 액수는 영국보다 적지만, 오늘날에 이르기까지 관련한 조사 등은 일체 행해지지 않고 있다. 게다가 프랑스의 경우, 이들 섬을 계속 지배 아래 두고 있어 노예의 후손과 농장 소유자의 후손들 사이에는 아직도 현저한 불평등이 잔존하고 있다. 크리스티안 토비라가 허심탄회하게 지적한 바대로, 토지의 재분배는 앤틸리스 제도보다 기안에서 훨씬 더 쉽게 달성할 수 있다. 왜냐하면 국가가 토지의 대부분을 소유하고 있기 때문이다. 앤틸리스 제도의 경우, 토지의 대부분이 아직껏 지주의 자손에게 귀속된다.

사실 프랑스에서는 놀랄 만한 사건이 한 가지 더 있었다. 1825년 1억5000만 프랑(당시 프랑스 GDP의 약 2퍼센트에 해당)을 상환받고 아이티의 주권을 인정한 것이다. 이 엄청난 금액은 식민지로 이주한 제국의 본토인에게 지불할 보상금으로 충당할 것이라고 밝혔지만, 그들의 재산이 노예제에 의해 축적되었다는 사실은 부인할 수 없다. 최종적으로 이 "조공"은 9000만 프랑까지 내려갔지만, 아이티는 20세기 중반까지 프랑스에게 '상환금'을 지불하기 위해 거액의 대외 채무에 시달려야만 했다. 한편 2005년 프랑스에서 결성된 흑인단체대표위원회CRAN가 중앙·지방정부를 대리한 공공재정기관인 프랑스 예금공탁공고Caisse des Dépôts(위의 "조공"을 운영했다고 한다)를 고소하여 계류 중이다. 그들은 단순히 '개인 배상'을 원하는 것이 아니다. 그들은 배상금을 철저한 조사와 기념관(예를 들어 리버풀에 있는 국제노예무역박물관International Slavery Museum과 같은) 건설, 그 무엇보다 문제의 전모를 널리 알리는 데 쓰자고 호소하고 있다. 그러기 위해서는 이 문제 자체의 진상을 철저하게 해부하는 일을 주된 임무로 하는 위원회를 설치할 필요가 있다. 토비라법에도 이를 촉구하는 조문이 포함되어 있다. 이 조문은 계속 무시되어 왔지만 다시 한 번 '마주할 용기'가 필요한 때가 온 듯싶다.

1. 2002년에 대선에 나선 크리스티안 토비라 후보는 프랑스 대선 역사상 최초의 유색인종(흑인) 후보였다. 이전에 그녀는 프랑스령 기안의 국회의원이었다. 좌파계열이고 리오넬 조스팽 내각의 일원이었는데, 당시에는 급진좌파당PRG의 후보로 출마했다. 급진좌파당은 친사회당 성격이며 사회당보다 조금 더 개량적인 정당이다.

2. 프랑스는 전국이 100개의 '도departement'로 나뉜다. 96개의 도는 프랑스 본토와 코르시(코르시카) 섬에 있고, 이밖에 4개의 해외도가 더 있다. 해외도는 대서양상 카리브해에 위치한 과들루프 제도와 마르티니크 섬, 남아메리카에 위치한 프랑스령 기안, 인도양의 마이요트 섬과 레위니옹 섬 및 마요트 섬, 캐나다 동부 해안에 위치한 두 개의 섬인 생피에르와 미켈롱이다. 이와 함께 해외자치지역COM이라고 불리는 해외 영토도 있다. 태평양의 프랑스령 폴리네시아와 뉴칼레도니아, 월리스와 푸투나 제도, 프랑스령 남방·남극 지역 등이다. 이들 지역의 주민은 비록 인종적으로 다르더라도 정신적으로나 법률적으로 프랑스 시민으로서 본토와 같은 법률이 적용된다.

3. 남아메리카 동북부와 대서양 연안에 위치한다. 서쪽으로부터 기아나(구 영국령, 1966년 독립), 수리남(구 네덜란드령, 1975년 독립), 프랑스령 기안으로 나뉜다.

국제정치

환골탈태해야 할 유럽의 정치 구조

글로벌 금융위기가 터진 지 다섯 해가 지난 올해 미국에서는 성장이 되살아났다. 일본에서도 그러한 징후가 나타나고 있다. 오로지 유럽만이 경기침체와 신뢰 결여의 악순환에 갇힌 채 좀처럼 헤어나오지 못하는 듯 보인다. 유럽 대륙은 위기 이전의 경제활동 수준에 근접할 기미조차 보이지 않는다. 게다가 유럽의 공적 채무는 다른 부유한 국가에 비하면 훨씬 낮은 수준임에도 불구하고 채무 위기를 극복할 수 있을 것 같지도 않다. 어처구니없는 상황은 이뿐만이 아니다. 세계인에게 자랑할 만한 근거가 충분한 유럽의 사회 모델은 지구촌에서 가장 뛰어나기에 우리는 이를 지키며 더욱더 우수한 방향으로 발전시켜야 한다. 유럽인들이 보유한 자산(부동산, 금융자산에서 부채를 뺀 순자산 net asset) 총액은 세계에서 가장 많다. 중국을 훨씬 웃돌고 미국과 일본보다도 더 많다. 또 통설과는 달리 유럽인이 세계의 여타 지역에서 보유하고 있는 자산은 다른 지역 사람이 유럽에서 보유한 재산을 확실히 넘어섰다.

그렇다면 왜 유럽은 이런 사회·경제·금융 측면의 우위성에도 불구하고 위기를 극복하지 못하는 것일까? 답은 이렇다. 늘 사소한 문제에만 맞선 채 정치에서는 소인, 세제에서는 소쿠리[1]로 만족하고 있는 탓이다. 유럽은 유럽 국가끼리 서로 겨루다 소국(머지않은 장래에 프랑스도 독일도 세계경제의 기준에서 보면 작은 나라가 될 게 확실하다) 모임으로 전락하고 있으며, 다양한 지역 기관은 현실에 적응할 수 없는 탓에 제 몫을 못 하고 있다. 1989년 베를린장벽 붕괴와 이듬해 동·서독 통일의 충격이 있은 지 불과 수개월 만에, 유럽의 정상들은 단일 통화의 창설을 결정했다. 리먼 쇼크를 계기로 촉발된 글로벌 금융위기로부터 5년이 지난 지금, 사람들은 그때와 같은 용기 있는 결단을 기다리고 있다. 문제는 분명하다. 17개국이 금리가 다른 국채를 발행하고, 다른 세제를 운용하는 이웃 나라의 세수를 탈취하고자 눈을 번뜩이고 있는 상황에서는 단일 통화가 기능할 수 없다. 이게 싫으면, 공동채의 발행과 공통세共通稅를 실현하기 위해 유럽의 정치 구조를 근본적으로 바꿔야만 한다.

문제의 원흉은 유럽이사회(회원국 수뇌와 유럽위원회 의장으로 구성)와 그 아래의 각료 회의(EU재무장관회의 등)에 있다. 사람들 대부분은 유럽이사회가 최종 결정 기관으로서 의회의 역할을 대신해줄 것이라고 믿는 척한다.

그러나 이는 환상에 불과하다. 환상은 아무리 궁리를 해도 환상일 뿐 현실이 되지는 않는다. 이유는 간단하다. 1개국 1대표의 유럽이사회에서는 공명정대한 공개 토론이 이루어지는 민주적인 의회를 조직할 수 없기 때문이다. 이러한 결정 기관은 국가의 이기심을 부추기는 싸움터가 되어, 집단으로서는 무능력하기 짝이 없기 마련이다. 개인의 능력 문제가 아니다. 메르켈=올랑드도, 메르켈=사르코지도 어금버금하고 비슷비슷하다.

일반적인 규칙을 정하거나 조약 개정 협상을 진행하기에 가장 알맞은 기구는 유럽이사회다. 그러나 재정동맹과 공통 조세의 검토, 재정적자 수준의 결정, 구조 변화 적응(공동채로 이행하게 되면, 각국의 판단만으로 국채를 발행할 수 없게 된다), 지역 내 공통 조세의 과세표준과 세율의 설정 등속을 민주적으로 결정하기 위해서는(현재 다국적기업이 많은 액수의 세금을 탈세하는 국가에서 우선적으로 과세를 시작해야 한다) 유로존의 진짜 의회 즉 예산·재정에 관해 최종의결권을 가진 의회가 절실하다. 각국의 의회로부터, 예를 들어 독일 연방의회와 프랑스 국민의회의 예산·재정위원회로부터 의원이 모이는 방식으로 하는 게 가장 자연스럽다. 매달 일주일 동안 모여 공통 의제를 토론해 결정하게 되면 각국은 한 사람의 수뇌가 아니라, 30~40명의 의원을 대표로 내보낼 수밖에 없다. 그 결과 의제 설정 과정도 국익 충돌의 소용돌이가 되지 않을 것이다. 프랑스의 사회당 의원은 독일의 사회민주당 의원에게, 프랑스의 대중운동연합 의원은 독일의 기독교민주연합CDU: Christlich Demokratische Union Deutschlands 의원에게 동조할 것이다. 서로 이념적 성향이 비슷하기 때문이다. 그리고 중요한 점은 토론을 공개적으로 하고 논점을 명확히 하며, 최종적으로 투명한 다수결로 결론을 일단락지어야 한다는 것이다.

이제는 바야흐로 유럽이사회의 허울 좋은 '만장일치'에서 탈피해야 한다. "유럽을 구했다"라는 발표는 으레 꼭두새벽에 이루어진다. 그리고 낮 무렵에서야 정상들은 아무것도 모른 채 결정되었다는 것을 모두가 알게 된다. 이렇듯 무책임의 정수를 보여준 하나의 예가 바로 유로그룹[2]과 트로이카가 만장일치로 결정한 키프로스 위기 건일 것이다. 그 이후 수일간에 걸쳐 불거진 일에 대해 그 누구도 공식적으로는 책임지지 않고 있다.

각국 정부는 아직도 현재의 유럽연합 정치체제를 고집하고 있다. 독일의 진보에서 프랑스 좌파에 이르기까지, 유럽의 정치를 결정하는 것은 유럽이사회이라는 공감대가 형성되어 가고 있는 것이다. 왜 이렇게 된 것일까. 겉보기에 프랑스인은 연방제를 원하지 않고, 따라서 그 방향으로의 조약 개정은 있을 수 없다는 설명이 있다. 이는 다시 기묘한 논쟁을 불러일으킨다. 20년 전에 통화주권을 내놓고, 그 위에다가 재정 적자에 관한 매우 자세한 규칙(가령 지난해에 결정된 '신 재정 협약'에 의하면 상한은 GDP 대비 0.5퍼센트이고, 이를 지키지 못하면 벌금 부과)을 결정했을 때부터 사실상 연방제가 되어 있었던 것 아닌가 하는 논쟁 말이다. 문제는 확실하다. 앞으로도 사실상 각국 정상과 고급관료가 쥐락펴락할 비민주적 연방제를 향해 치달을 것인가, 아니면 민주적 연방제에 명운을 걸 것인가.

1. 물이 새듯 빠져나갈 구멍이 많아 허점투성이임을 비유한 것이다.

2. 유로를 통화로 사용하는 유럽연합의 회원국인 유로존 각국 재무장관들의 회의. 유럽연합의 통화동맹을 위협하는 안건 등에 대한 정치적 통제를 담당한다.

자본주의

경제성장만이 유럽을 구할 수 있을까?

성장만 회복하면 유럽의 문제가 모조리 해결된다고 믿어도 될까? 물론 GDP가 1퍼센트 증가하는 것이 전혀 늘지 않는 쪽보다는 두말할 나위 없이 좋다. 그러나 21세기가 시작된 지금, 부유한 국가가 직면할 수밖에 없는 시련의 본질은 경제성장으로만 해결되지 않는다는 점을 슬슬 깨달아가야만 한다. 한 나라의 생산량이 늘어나는 이유는 두 가지다. 하나는 단순한 인구 증가다. 또 하나는 국민 1인당 생산량이 늘어나는 경우, 즉 생산성 향상이다. 과거 3세기 동안 세계의 GDP 합계는 연평균 1.6퍼센트 규모로 증가해왔다. 절반인 0.8퍼센트는 인구 증가, 나머지 절반인 0.8퍼센트는 생산성 향상에 의한 결과였다. 대단치 않다고 생각될지 모르지만 이것이 장기간 유지되면 꽤나 큰 규모다. 이러한 추세로 과거 3세기 동안 총인구는 10배 이상 증가했다. 1700년 무렵에 약 6억 명이었던 전 세계 인구는 오늘날 70억 명을 헤아린다. 이 정도의 인구 증가 속도가 장래에도 지속될 가능성은 낮다.

실제로 유럽과 아시아의 일부 국가에서는 인구가 감소세로 돌아섰다. 유엔의 예측에 따르면 이번 세기 중에 세계 인구는 전체적으로 안정화된다고 한다.

그럼 국민 1인당 생산량은 어떻게 될까? 우선 연 0.8퍼센트라는 과거 3세기 동안의 속도는 이후로도 계속 유지될 거라고 생각해도 무방하다. 필자가 일부러 마이너스 성장을 지지할 리는 만무하다. 기술혁신에 따라 지구 환경을 훼손하지 않고 질적으로 향상된 지속 가능한 개발을 무한히 연장하는 일은 충분히 가능할 터다. 다만 깨끗한 에너지를 발견 또는 발명한다는 조건에 한해서다. 하지만 지금으로서는 실현할 방법이 없다. 여하튼 중요한 점은 설령 성장을 유지할 수 있다손 치더라도 연간 1~1.5퍼센트를 넘는 일은 더 이상 없으리라는 것이다. 유럽이 구가했던 '영광의 30년'(1945~1975)과 같은 연 4~5퍼센트의 고도성장은 이제 더 이상 바랄 수 없다. 당시에는 오늘날의 중국을 능가하는 성장을 계속했지만, 그것은 다른 지역보다 우월한 기세로 전후 부흥을 이룬 과도기적인 현상에 불과했다. 기술 면에서 세계 선두권에 위치하게 될 때부터는 그 어떤 나라도 연 1~1.5퍼센트 이상의 성장을 유지할 수 없다. 이러한 상황 아래에서는 21세기에 경제성장률이 자본수익률을 확실하게 밑도는 현상을 우선 피할 수 없다. 자본수익률은 자산이 1년 동안 가져오는 이익(임대료, 배당, 이자, 이익, 자본소득 등)이 그 자산의 당초 가격에서 차지하는 비율을 의미한다. 일반적으로 자본수익률은 연 4~5퍼센트다(예를 들면 소유한 아파트의 시세가 10만 유로이고 월세 수입이 연간 4000유로이면 자본수익률은 4퍼센트가 된다). 주식과 거액의 자산을 교묘하게 분산해 운용하고 있는 경우에는 7~8퍼센트에 달할 가능성도 있다.

자본수익률(r)과 경제성장률(g)은 동일하지 않다. 양자의 관련성은 $r > g$로 나타낼 수 있다. 이 부등식으로부터, 과거에 축적된 부가 점점 엄청난 규모로 커지며 자동적으로 집중되어간다는 것을 독해해낼 수 있다. 이 경향은 수십 년 전부터 조짐이 있어왔다. 미국은 물론이거니와, 유럽에서도, 나아가 일본에서도 주로 인구 요인에서 기인하는 성장률 저하로 인해, 소득에 비해 자본집약도가 그 어느 때보다도 유례없이 높아지고 있는 것이다. 여기서 주의해야 할 점은 자본수익률이 경제성장률과 같은 수준까지 내려가야만 하는 이유는 전혀 없다는 사실이다. 이는 다음의 사실을 알면 곧 납득이 갈 것이다. 인류 역사에서 태반은 성장률이 제로에 가까운 데 비해 자본수익률은 항상 플러스였다(전통적인 농경사회에서는, 지대에 따른 토지수익률은 통상 연 4~5퍼센트였다). 이것 자체는 순수하게 경제학적 관점에서 보면 논리적으로 아무런 문제가 없다. 자본시장이 경제학자가 생각하는 대로 순수하고, 또한 완벽하게 존재하는 한 r은 g보다 점점 더 커질 것이다. 그러나 이는 현실세계에서 불평등이 심화되는 추세일 뿐이라는 것을 뜻한다. 능력주의라는 축으로 움직이는 민주주의 사회에서는 결코 받아들여지기가 쉽지 않다.

이런 사태를 해결할 몇 가지의 처방전이 있다. 국제 협력의 추진(은행 계좌 정보 자동 교환, 누진적 글로벌 자산세 등)이 그중 하나다. 국경을 넘는 자본이동의 전면적인 금지도, 그것이 가능하다면 해결책이 될 수 있다.

인플레이션은 공적 채무 상환에는 안성맞춤이지만 자산이 적은 사람에게는 직격탄을 날리기 때문에 지속 가능한 해결책은 되지 못한다. 중국은 자본 규제, 러시아는 신흥 재벌(올리가르치), 미국은 항구적인 인구 증가라는 방식으로 각각의 해결책을 찾고 있다. 한편 유럽이 희망을 걸고 있는 것은 사회 모델과 공적 채무를 크게 웃도는 윤택한 개인 자산이다. 오늘날 심각할 정도로 제 몫을 못 하는 정치 제도를 근본적으로 재검토하겠다는 조건부이긴 하지만, 이를 활용하는 일이 가능하면, 유럽은 경제성장보다도 유효한 수단을 손에 쥔 채 민주주의가 나시 자본주의를 제어하게 할 것이다.

IMF여, "누진적 자산세를 위해 더욱 노력하라!"

일전에 발표된 보고서(2013년 10월 재정 모니터)만 읽어보면, IMF는 드디어 누진과세를 옹호하는 입장으로 돌아선 것 같다. 거기에 그치지 않고 공적 채무를 줄이는 방안으로 누진적 자산세를 권장하고 있다. 매우 훌륭하다. 하지만 이쯤해서 IMF가 손바닥 뒤집듯 입장을 바꾸면 얼떨결에 쓴웃음을 짓지 않을 수 없을 것이다. 그래서 한 가지를 짚고 넘어갈 수밖에 없다. IMF가 무엇을 권장하고 무엇을 권장하지 않는지, 그들이 어디에서 와서 어디로 갈지를 속속들이 살펴보자는 얘기다.

사실 지난 수십 년 동안 IMF는 누진세라는 것 자체를 분쇄하기 위해 온 힘을 기울여왔다. 그들이 개입한 국가에서는 예외 없이 소비세(물론 비非누진제다) 또는 '비례세flat tax'[1]를 권장해왔다. 비례세는 최저소득층부터 천문학적인 부를 지닌 최고소득층에 이르기까지 소득과 관계없이 같은 세율을 일률적으로 부과하는 세금체제다. IMF는 세계 어느 나라에나, 부유층에 대해 높은 세율을 적용하면 성장을 저해한다는 이유로 누진제를 반대해왔다. 이는 역사적 관점에서 보면 아무런 근거도 없는 주장이다. 미국을 필두로 어느 나라나 누진과세가 가장 심했던 1950~1989년만큼 고도성장을 이룬 시기는 없었다.

오늘날에도 연간 30만~40만 달러의 보수를 받으면서 당연하다는 듯 과세 면제 적용을 받고 있는 IMF 이사들 대부분은 여전히 이 주장을 고집하고 있다.[2] 그들은 양심에 아무런 부끄럼도 없이 재정 재건에 대해서는 부가가치세 인상과 사회보장 예산의 축소를 우선시해야만 한다고 역설해왔고, 법인세의 효과를 사실상 부정하는 방향의 세제 개혁(배당 공제 등)을 지지해왔다.

이번 보고서는 기존 방침의 변경을 넘어서 완전히 역전하는 내용이다. 그러나 그들의 사고방식이 변하려면 아직 상당한 시간이 걸릴 것이다. 한편 미국은 1980년대의 누진과세로 돌아가면 현재의 재정 적자의 대부분을 메울 수 있다는 구상을 떠올렸을지도 모른다. 미국 정부는 '부시George Bush 감세' 폐지와 세율 인상이라는 아주 중차대한 첫걸음을 내디뎠다. 누진적 소득세 논쟁이 아직 마무리된 것은 아니다. 하지만 다음 논쟁을 준비하고 기다리는 것은 학문적으로나 정치적으로나 더더욱 중요한 자세다. 바로 '누진적 자산 과세' 논쟁이다. 오늘날에는 도저히 상환이 불가능할 것으로 보이는 부유한 국가의 공적 채무도 그 나라의 가계 부문이 소유한 터무니없이 엄청난 자산(금융자산 및 부동산)에 비하면 아무것도 아니다. IMF도 그렇게 지적하는데, 이는 실로 맞는 말이다. 특히나 유럽이 그렇다. 개인은 부자인데 국가는 가난하다. 그래서 IMF가 생각해낸 해결책이 개인 재산에 과세해 공적 채무를 줄이려는 아이디어다. 이 방안은 성역을 없앴다는 점에서 가치가 있다.

물론 이런 제안을 한 IMF로서도 위기에 직면해 있기 때문에 상당히 혼란스러울 것이다. IMF는 2008년 글로벌 금융위기를 예측하지 못했다. 그리고 이제 와서야 자신들이 마음에 들어하던 긴축재정 정책이 경기후퇴를 질질 끌 뿐이라는 것, 이대로라면 공적 채무를 2007년 수준으로 되돌리는 일만으로도 수십 년이 걸린다는 사실을 눈치채게 된 것이다. 안타깝게도 이것만으로는 충분한 해결책이 될 수 없다. 문제는 IMF가 자산 과세를 누진제로 한다는 의지를 명확하게 밝히지 않는다는 점이다. 이번 보고서가 대규모 자산에 대한 과세 강화의 가능성을 시사하고 있다는 것은 틀림없다. 하지만 어떤 유형인가를 밝혀보면, '비례세' 형식의 과세를 권장하는 것으로 보인다. 만약 그렇다면 의미가 없다. 작은 자산이나 중간 정도의 자산에도 큰 자산과 같은 세율로 세금을 징수하는 일은 난센스이고, 이런 종류의 정책은 국민에게 거절만 당할 뿐이다.

EU 정상과 IMF는 지난해 봄 키프로스 위기 때 이런 따위의 꼼수를 쓰려다(모든 은행 예금에 과세하려 했다), 키프로스 의회에서 부결됐다(이 점에 대한 반성은 보고서에 기록되어 있지 않다. 그런 일 자체가 아예 없었던 걸로 간주하고 있는 것 같다). 부의 분포는 과도한 집중을 특징으로 한다는 점을 감안하면, 자산 과세는 소득세 이상으로 누진성을 탄탄하게 해야만 한다. 다만 이런 누진과세를 도입할 경우에는 국경을 초월한 투명성 확보와 국가 간 공조가 빠져서는 안 된다. 하지만 IMF 보고서에 이 점에 대한 언급은 거의 없다. 국제적 조세공조를 명확한 목표로 설정하지 않는 한, 이른바 조세피난처tax haven[3]에 대한 협의도 암초에 부딪히고 말 것이다. 은행 계좌 정보의 자동 교환을 통해 개인이 보유한 자산을 하나도 빼놓지 않고 감시하며, 개인의 순자산에 대한 누진세 징수를 가능하게 하지 않으면 안 된다.

마지막으로 한 가지만 더 부탁하고 싶다. 유럽위원회와 유럽재무장관회의의 면면이 지금까지처럼 IMF의 뒷전을 맴돌지 않았으면 한다. 즉 제멋대로 신자유주의적인 방안을 내놓았다가 나중에 표변하는 무리에게 고삐를 잡힌 채 끌려다니지 말고, 앞서 행동하라는 말이다. 프랑스와 독일을 필두로, 유럽의 정치지도자들이 자기 책임을 다하는 날이 오기를 기대한다.

1. 과세표준에 대해 일정한 세율만이 적용되는 조세다. 즉 소득세율이 30퍼센트이고 과세표준이 1만 원이면 소득세는 3000원이 되고, 과세표준이 2만 원이면 소득세는 6000원이 된다. 과세표준의 증감에 정확히 비례하여 조세가 결정되는 것이다. 간접세는 대체로 비례세의 형태다.

2. IMF는 유엔 전문기관이다. "전문기관의 특권 면제 조약" 제6조 제19항에는 "전문기관의 직원은 전문기관이 지급한 급료 및 수당에 대해 유엔 직원이 향유하는 과세 면제와 동일한 과세 면제를 동일한 조건으로 향유한다"라고 정해져 있다.

3. 법인세, 개인소득세를 전혀 물리지 않거나, 극히 낮은 세율을 부과하며 회사 설립, 외국환 업무에 대한 규제가 거의 없는 지역이다. 다음 4가지 형태로 나뉜다.
첫째, 면세국. 즉 세금낙원tax paradise이다. 소득세가 부과되지 않으며 조세조약을 체결하지 않는다. 회사 설립이 매우 간단한 바하마, 버뮤다, 케이맨 제도 등이 이에 속한다. 둘째, 저세율국. 즉 저세피난처low tax haven다. 세율이 낮고 비교적 많은 나라와 조세조약을 체결하고 있다. 배당에 대한 원천과세가 없다. 네덜란드령 앤틸 제도, 버진 제도, 바레인, 모나코, 싱가포르 등이다. 셋째, 국외소득에 과세하지 않는 국가. 즉 세금피난처tax shelter다. 홍콩, 라이베리아, 파나마, 코스타리카, 말레이시아 등이다. 넷째, 특정한 형태의 회사 또는 사업 활동에 대해 특별히 세제상의 우대 조치를 취하는 국가. 즉 세금휴양소tax resort다. 아일랜드, 그리스, 네덜란드, 스위스, 룩셈부르크, 리히텐슈타인 등이다.
조세피난처에서는 서류상으로만 유령회사를 설립할 수도 있어, 다국적기업이나 국제 핫머니 등이 세금을 피하거나 자금을 모으고 조작하는 장소로 위 지역들을 주로 이용한다. 다국적기업들은 조세피난처에 자회사를 설립, 자금을 빼돌리고 탈세를 한다. 범죄조직도 자금을 이곳에서 세탁한다.

조용히 가라앉고 있는 프랑스 대학

프랑스 정부는 대학을 조용히, 그러나 확실하게 내팽개쳐버리고 있다. 사르코지 정권은 이런저런 계획을 당당하게 내놓았지만 실제로는 아무것도 하지 않았다. 그리고 올랑드 정권은 침묵으로 일관하고 있다. 요컨대 결과는 마찬가지다. 고등교육에 대한 국가의 투자는 정체되어 있고, 그 결과 인플레를 감안하면 후퇴만 하고 있다. 미국, 아시아, 유럽의 대학은 풍부한 자금을 보유하고 있다고 하는데, 프랑스의 학생들은 정원이 초과된 대강당에 잔뜩 들어앉은 채 싸게 먹히는 수업을 받고 있다.[1] 일부 대학은 파탄 직전에 몰려 예산이 부족해 난방을 끊어야 할 지경이다. 얼마 전부터 학생 수가 점점 줄어들고 있는 대학도 있다. 졸업하고도 오갈 데가 없다는 것을 눈치 챈 젊은이들의 대학 불신은 뿌리가 깊다. 고도의 교육과 윤택한 자금 혜택을 받는 곳은 그랑제콜Grandes écoles에 다니는 극소수의 선택된 학생들뿐이다. 하지만 엘리트 육성만이 바람직한 것은 아니다. 프랑스가 21세기 지식 경제에서 독자적 지위를 차지하기 위해서는 소수 엘리트뿐만 아니라 더 폭넓은 교육 영역과 인적자본에 투자해야 한다. 대통령의 임기(5년) 동안 현재의 상태가 계속된다면 올랑드 정부의 최대 오점이 되어 훗날까지 두고두고 입방아에 오르내릴 것이다.

참으로 통탄스런 일이지만 프랑스의 고등교육은 전체적으로 꽤나 빈약하기 때문에 별로 큰돈을 쏟아붓지 않아도 큰 차이를 만들어낼 수 있다. 얼마나 변변치 않은가 하면, 프랑스의 고등교육·연구 예산은 2007년에 110억 유로에도 미치지 못했고, 2013년에 겨우 120억 유로였다. 이 사이의 인플레를 감안하면 실질적으로는 제자리걸음이나 다름없다. 한편 세계 각국의 대학은 유력한 교수를 데려오고, 기부금을 정력적으로 모으며 힘차게 성장을 계속하고 있다. 프랑스로부터도 적잖은 기술자, 연구자, 학생을 불러들인다. 이래서는 기존의 격차를 더욱더 크게 벌릴 뿐이다. 2013년의 120억 유로가 대학과 기타 고등교육기관·연구소에 할당되는 예산 총액(급여, 운영, 설비 투자)이라는 사실에 주의해야 한다. 이 금액은 GDP(약 2조 유로)의 0.5퍼센트를 조금 웃도는 정도에 불과하다. 또한 정부 지출(GDP의 약 절반, 즉 1조 유로)에서 차지하는 비중은 1퍼센트다. 이 정도의 금액이라면, 향후 몇 년간에 걸쳐 60억 유로를 늘리는 일은 충분히 가능할 것이다. 이것만으로도 모든 대학의 예산을 1.5배 늘려 시대에 뒤떨어진 제도에서도 벗어나게 할 수 있다.

이 예산과 곧바로 비교하지 않을 수 없는 게 예의 '경쟁력 강화와 고용 촉진을 위한 세액 공제CICE'의 재원이다. 이것은 200억 유로이다. 이 재원의 일부는 부가가치세 인상으로 조달하기로 되어 있다. 이미 1월 1일 증세가 실시되었다. CICE는 급여액에 따라 사회보험료의 고용주 분담을 줄이는 것이기 때문에 프랑스 경제의 경쟁력 증강을 강조하는 현 정권 경제정책의 핵심이 되었다. 급여의 사회보장 부담을 경감시킨다는 아이디어 자체는 나쁘지 않다. 사회보장의 재원을 민간 급여에 과대하게 의존하는 현 상황에서는 더한층 그렇다. 하지만 CICE처럼 멀리 에두르는 방법을 취할 필요는 없다. 고용주 분담 부분을 직접적으로 내리는 동시에, 사회보장 재원에 대한 구조 개혁을 하는 편이 훨씬 더 낫다. 이 개혁은 누진제적인 보편적 사회보장분담금의 도입에 의해서 가능하다. 보편적 사회보장분담금은 모든 소득, 즉 민간 기업의 급여뿐만 아니라 공무원 봉급, 연금, 자산소득 등도 대상으로 하며, 소득에 따라 과세를 할 수 있는 유일하게 정당하고 효과적인 조세다. 그런데 정부는 이런 종류의 제안을 검토하려고도 하지 않았다.

여기서 꼭 강조하고 싶다. 잔재주나 다름없는 세금 공제에 언제까지고 의존할 수는 없다는 것이다. 프랑스인조차도 이해하기 어렵고, 필시 효과적이지도 않은 세금 공제 재원에 고등교육 예산의 갑절을 충당하는 것을 합리적이라고 말할 수 있을까. 두말할 나위 없이 답은 '노'다. 장기적으로 차이를 만들어내는 것은 교육과 혁신에 대한 투자다. 대학이 침체되어가는 나라에서 생산성을 높이는 일 따위는 바랄 수도 없다.

1. 프랑스에서는 고교 졸업시험에서 바칼로레아baccalauréat(대학 입학 자격)를 얻으면 원칙적으로 전국의 모든 국립대학에 입학이 가능하다(그랑제콜은 제외). 바칼로레아의 합격률은 70퍼센트 전후에 이른다. 대학 진학률은 높아지는 반면 대학 정원수는 제자리를 맴돌고 있는 탓에 학생 수 초과 상태가 계속되고 있으며 대학 진학자의 절반 이상이 도중에 탈락하고 있다. 참고로 바칼로레아는 일반(자연과학 계열, 인문·사회과학 계열), 기술, 직업의 세 분야가 있다. 20점 만점에 10점 이상이면 합격, 8점 이상은 추가 시험을 치르도록 한다.

프랑스 학교를 뒤덮고 있는 불투명성과 불평등

프랑스의 교육제도는 그토록 형편없는 것일까. 아니, 그렇지 않다. 단지 많은 사람이 믿고 싶어하는 것보다 훨씬 더 '불평등하다'는 것을 지적하지 않으면 안 된다. 어느 나라든지 때때로 사실에 눈을 감고 고유의 교육 모델을 열심히 유지하고 있을 것이다. 프랑스의 교육 모델에도 많은 이점이 있다. 초등학교와 중학교는 전액 무상이고, 전국이 통일적인 교육 과정에 바탕을 두고 있으며, 교사는 경쟁시험을 거쳐 채용된다(교원 면허제도는 없다). 많은 나라가 부러워하는 장점들이다. 또 고등교육제도는 만성적인 보조금 부족에 시달리는 어려운 상황에 처한 가운데에서도 젊은 세대 교육에 착실한 성과를 올리고 있다. 프랑스 교육 모델이 정체되고 있는 가장 큰 원인은 제도상의 불평등을 완강하게 인정하지 않는 데 있다. 따라서 불평등을 줄이기 위한 명확한 목표가 설정되지 않으면 그 달성도를 민주적·공적으로 평가하고 관리하는 방법도 고안될 수 없다.

경제협력개발기구OECD가 15세 학생을 대상으로 실시하는 국제학업성취도평가PISA: Program for International Student Assessment에 따르면, 프랑스의 경우 풍족한 환경에서 자란 아이와 불우한 환경에서 자란 아이의 학력 격차가 선진국 가운데 가장 컸다고 한다.[1] 이런 종류의 비교가 꼭 정확하지만은 않다는 것을 감안하더라도, 이는 불평등이 커지고 있는 프랑스 교육 모델에 대한 경고로 받아들여야 한다. 프랑스의 교육제도에는 투명성이 결여되어 있다. 그 두드러진 예로 교육우선지역ZEP: Zones d'éducation prioritaire을 들 수 있다. "사회경제적으로 불우한" 지역을 교육우선지역으로 지정하고 지정 지역 내 학교를 재정·교육 측면에서 특별히 지원하는 제도다. 이는 1980년대에 마련되어 1990년대까지 이어졌고, 2000년대에 개칭되어 오늘날까지 존속하고 있다. 하지만 한 번이라도 정확하고 계측 가능한 정의가 내려진 적이 없고 지정 기준도 모호한 탓에 그러한 지구의 설정이 적절한지 아닌지를 판단할 방법이 없다. 더욱더 현실적인 문제가 있다. 교육우선지역은 한 학급의 학생 수 측면에서 얼마간 혜택을 받고 있기는(평균치에 비해 2명이 적을 뿐이다) 하지만 교원은 대체로 경험 연수가 적어서 도리어 불이익이 크다. 게다가 학생 1인당 공적 지출은 가장 형편이 좋은 초등·중등·고등학교 쪽이 왕왕 더 많다. 이는 '사회경제적으로 불우한' 학교가 애초부터 안고 있는 교육 기회의 불평등을 조장할 뿐이고, 제도의 목적과는 확실히 정반대의 현상이 일어나고 있다고 할 수밖에 없다.

고등학교 교원의 급여를 결정하는 방법에도 투명성이 결여되어 있어, 공적 지출의 불평등을 조장하는 결과가 되고 있다. 아그레가시옹L'agrégation[2]이라는 제도 자체는 나쁘지 않다. 하지만 가장 풍요로운 지구의 고등학교에 이 자격을 가진 교원이 많이 배치된다면 상류계급 학생에 대한 공적 지출이 사실상 더 많이 이루어지는 형국이다. 똑같은 경우를 그랑제콜 준비반 학급[3] 교원에게도 적용할 수 있다. 그들은 매우 우수하고 열정적이며, 고등학교 교원 수준이거나 그 이상의 급여를 받아도 이상할 것이 없다. 그런데 교육부 장관 뱅상 페용은 교육우선지역의 재원을 아끼기 위해 준비반 학급 교원의 급여를 인하한다고 밝혔다. 고위관료들은 교원의 수입을 제한하기에 앞서 자신들의 불투명한 특별수당이나 상여금을 엄격하게 재정비해야만 할 것이다. 다만 준비반 학급 교원의 급여체계에 투명성이 결여되어 있고, 일부 용인할 수 없는 불평등이 존재하는 것도 틀림없다.

극단적인 계층화가 특징인 프랑스 고등교육은 투명성 결여와 위선이 극심한 불평등이 엿보인다. 의회는 작년 여름, 각 고교의 성적 우수자가 (이론상으로는) 그랑제콜 준비반 학급에 들어갈 수 있도록 하는 수정안을 통과시켰다. 그러나 이 조치를 실제로 어떻게 실행에 옮길지에 대한 구체적인 방안에 대해서는 손을 대지 않은 채 수수방관했다. 좀 더 넓은 맥락에서 말하자면, 고등교육 접근 가능성 여부와 밀접한 관계가 있는 사회적 불평등을 객관적으로 분석하고 그 해소책을 강구하며, 교육제도를 민주화하려는 시도가 이루어지고 있지 않은 셈이다. 그 유명한 'Postbac'이라는 프로그램[4]만 해도 매년 수십만 명의 바칼레로아 취득자가 반드시 등록을 해야 하지만, 어떻게 기능을 하고 있는지는 수수께끼인 데다 한 번이라도 평가의 대상이 된 적이 없다. 그러나 개선은 가능하다. 예컨대 파리의 경우를 보자. 파리 시내의 중학생을 고교에 배정하는 프로그램[5]에 의해 불평등이 어느 정도는 시정되고 있다. 할당 배분을 하는 소프트웨어에 중학교 성적을 입력하는데, 이때 학비를 지급받는 학생에게는 포인트가 주어지도록 하고 있는 것이다. 그 결과, 불우한 환경의 학생이 좋은 고등학교에 배정되는 비율이 높아졌다(쥘리앙 그레네Julien Grenet와 가브리엘 펙Gabrielle Fack의 연구를 참조하기 바란다).

이 시스템의 등장으로, 학교 배정이 학교장의 재량과 학교 관계자와 연줄이 있는 부모의 압력에 좌지우지되는 일도 사라지고 있다. 이는 교육의 민주화라는 관점에서 틀림없는 진보다. 이 시스템을 확대하여 학비를 받는 학생에게만 한정하지 않고 더 큰 집단에 포인트를 주는 방안을 강구해도 좋을 것이다. 또한 앞으로는 파리의 양대 명문 고등학교[6]에도 적용하는 게 어떨까. 더 나아가 이 같은 시스템을 대입에 도입할 수도 있겠다. 프랑스 교육제도의 장점을 유지한 채 투명성과 평등성을 높이는 일이 가능하다는 것을 위 사례로부터 확연히 알 수 있다.

1. 2012년도에 실시한 국제학업성취도평가에 65개국(OECD 회원국 34개국 포함)이 참가했다. 국가별 강평에서 프랑스는 수학 이해도 부문의 성적이 지난번 조사(2003년도) 때보다 16점 떨어지고 이해도가 높은 학생(평점 5 이상)의 수는 거의 제자리걸음이었던 반면에, 이해도가 낮은 학생(평점 2 이하)은 크게 늘어나 사회경제 환경과 성적의 높은 상관성이 특별히 지적되었다. 예를 들면 프랑스의 경우, 수학 성적 격차의 22.5퍼센트가 환경 요인에 의한 것이었다(OECD 평균은 15퍼센트). 환경 요인에 의한 득점의 상승 폭은 57점(OECD 평균은 39점)으로, OECD 회원국 중에서 가장 컸다. 덧붙여 프랑스는 수학 이해도와 과학 이해도가 OECD 평균 수준이었고 독해력은 평균을 웃돌았다.

2. 중등학교 이상 즉 상급교원 자격 국가시험. 프랑스에서는 이 자격을 취득하면 중등학교 이상이나 대학에서도 가르칠 수 있다.

---

3. 그랑제콜은 프랑스 고유의 엘리트 고등교육기관이다. 프랑스 대학 입학 자격시험인 바칼로레아에서 우수한 성적을 거둔 고등학생 중에서도 그랑제콜 입학을 원하는 학생들만 모여 2년 동안 '그랑제콜 준비 학습반(통칭 프레보)'에서 공부를 한 뒤 시험을 치른다. 다만 일부 고등학교에 설립되어 있다. 프랑스의 대학은 바칼로레아를 통과하고 대학 입학을 원하는 모든 학생이 진학할 수 있다. 반면에 그랑제콜은 준비기간 2년 동안 몇 차례의 엄격한 국가시험을 거쳐 최종적인 전체 등수를 합산하여 입학이 결정되는 만큼 경쟁이 치열하고 까다롭기로 유명하다. 그랑제콜 졸업 후에는 성적순으로 관청, 기업, 대학 교수직 등의 지위가 주어진다. 프랑스의 일반 국립대학들은 다양한 전공이 한 학교에 함께 모여 있고 학생 수도 상당히 많은 대중교육을 지향하지만, 그랑제콜들은 공학, 경영, 정치, 행정 등으로 특화되어 있다.

---

4. 바칼로레아 취득자는 'Admission Post Bac(http://www.admission-postbac.fr)'에 예비 등록한다.

---

5. 프랑스의 고등학교에는 공립이 압도적으로 많은데, 공립학교로 진학할 때 입학시험은 따로 없다. 파리의 경우, 중학교 성적과 본인의 희망(대개 8지망까지 제출)에 따라 컴퓨터 소프트웨어로 배정한다. 1차 지망 때 희망 학교에 가기 어려운 경우, 2차 지망 때 빈자리가 있는 고등학교에 배정된다.

---

6. 앙리 4세 고등학교와 루이르그랑Louis-le-Grand 고등학교.

서툴고 얼렁뚱땅한 프랑스 대통령

프랑수아 올랑드 대통령의 정치 수완을 어떻게 봐야 할까. 최근 자주 듣는 완곡한 표현이나 아첨은 뒤로하고 기탄없이 질문을 던져보자. 올랑드는 용감한 사회민주주의자인가? 열정적인 사회개혁주의자인가? 물론 사회주의적 비효율의 화신이 아니라면 말이다. 그는 공허한 정책을 잇달아 쏟아내고 있다. 내용도 그 영향력도 거의 혹은 전혀 생각하지 않는 것 같다. 이런 기세를 이어간다면 올랑드는 최소한 사회보장정책에 관한 대책을 내놓는 솜씨가 서툴고 얼렁뚱땅한 정치가로서 역사에 그 이름을 길이 남기게 될 터다.

자신이 대통령에 당선되면 무엇을 하고 싶은지 선거 전에, 특히 유권자에게 공약을 덜컥 내놓기 전에 미리 더 옹골차게 궁리했어야만 했다. 간단하게 되돌아보자. 올랑드는 2012년 5월 대통령에 취임하자 곧바로 전임자가 갓 시작한 사회보험료 사용자 부담률 인하를 백지화했다. 그리고 6개월 뒤에는 예의 그 '경쟁력 강화와 고용 촉진을 위한 세액 공제CICE'라는 대단히 번잡한 조치를 발명해냈다. 이를 요약하면 기업이 낸 사회보험료 일부를 한 해 뒤에 환급하는 조치다.

2주 전 올랑드는 드디어 CICE를 단념하고, 2017년까지는 사용자 부담 경감 조치를 도입하겠다고 발표했다. 이 조치는 2012년 여름에 내동댕이친 것과 몹시도 흡사하다. 결국 원점으로 돌아왔을 뿐이지만, 그래서 언론으로부터 칭찬을 받겠다는 의도는 엉뚱한 수작이라고 말할 수밖에 없다. 이 점은 몇 번이라도 되풀이하며 말하고 싶다. 프랑스 사회보장 재원의 민간기업 급여의존율은 다른 나라와 비교해 지극히 높다. 이를 경감하는 것은 매우 긴급한 과제이며, 사용자 부담률 인하는 좋은 정책이다. 특별히 경영자를 즐겁게 하려는 의도가 아니다. 사회보장 모델을 민간 부문의 급여에 과대하게 의존하는 것은 정당한 일도 아니고 효율적이지도 않기 때문이다.

올랑드의 문제점은 두 가지다. 첫째, 방침이 흔들리고 있고 우유부단하기 때문에 이듬해와 내후년의 사용자 부담률이 어떻게 될지 아무도 예상하지 못한다는 것이다. 저수준 급여에 대한 감면 조치는 어떻게 될까? CICE를 어쨌든 중단한다고 해도 언제쯤일까? 또 가족수당의 원천이 되는 기업 출연금을 폐지한다고 말하고 있지만, 정말로 그럴까? 아무도 모른다. 대통령이 이번에 제시한 터무니없는 상상력을 고려해보면 걱정거리는 끝이 없다. 이것은 아마 임기가 끝나는 2017년까지 계속될 것이다. '불확실성의 5년'은 '잃어버린 5년'이 될 공산이 크다. 올랑드의 두 번째 문제점이 더욱 중요한데, 사회보장 재원에 대한 새로운 모델을 제안하지 않는다는 점이다. 우파인 대중운동연합으로서는 부가가치세를 한없이 올리는 것이 최선의 해결책이다. 좌파계열인 사회당은 야당이던 지난 10년 동안 이 선택을 멀리했지만 정권을 잡자마자 결국 부가가치세 증세를 단행했다. 분명히 우파만큼 대폭적인 증세는 아니었고, 또한 소득세와 자산 과세(상속세와 부유세)의 비율이 높긴 하지만 말이다.

사회당으로서는 이를 이어갈 명확한 비전을 밝히는 것이 앞으로의 과제다. 하지만 '사회보장 목적의 부가가치세'를 대신하는 방안은 하나밖에 없다는 것은 확실하다. 모든 소득에 대해 평등하게 과세하는 것이다. 민간 부문의 급여, 공무원 봉급, 연금 생활자의 연금, 자산소득 등등 그 모두에 대해서 말이다. 총소득 수준에 따라 누진과세로 매겨야만 한다. 기존의 사용자 부담(가족수당에 종업원 급여 총액의 5.4퍼센트 상당, 의료보험에 12.8퍼센트)을 어딘가로 이전해야만 하기에 다른 현실적인 해결책은 생각할 수 없다. 올랑드는 이미 전임자가 씨름하고 있던 사회보험료의 사용자 부담 경감을 우선적으로 폐지하기 위해 그리고 다음에 부활시키기 위해, 쓸데없는 힘을 낭비했다. 대응해야만 하는 다른 과제가 얼마든지 산적해 있음에도 불구하고 일을 이렇게 처리하고 있기 때문에 "솜씨가 서툴다"라는 비판을 퍼붓고 싶은 것이다. 프랑스가 21세기 국제 분업의 한복판에서 자신의 위치를 확보하기 위해서는 노동비용을 떨어뜨리는 것만으로는 충분하지 않다. 무엇보다도 우선 교육과 혁신에 투자해야 한다. 프랑스 대학의 상당수는 비참한 상황에 빠져 있기 때문에 이에 대한 근본 대책을 강구하지 못한다면 가장 부끄러운 오점으로 남을 것이다.

그렇다고 하더라도 우유부단한 올랑드의 악영향을 가장 심각하게 뒤집어쓰고 있는 것은 두말할 나위 없이 유럽 정치다. 며칠 전 미국의 경제학자 폴 크루그먼은 올랑드의 정책 발표를 거론하며 허술한 거시경제 전략에 대해 노골적으로 비판했다.[1] 그는 긴축재정, 경기후퇴, 실업 현상으로 보면, 유로존에서는 "1930년대 대공황 이후의 유럽 대공황이 앞으로도 계속될 공산이 크다"라고 말했다. 유감스럽게도 폴 크루그먼이 옳다. 대통령은 신 재정 협약[2] 체결에 주력했다고 알려져 있지만, 실제로 내실이 있는 제안은 없었다. 재정 규율을 대신하는 방책은 전혀 없다는 (잘못된) 뜻을 한층 더 강화했을 뿐이다. 프랑스의 좌파는 자신들이 져야 할 책임을 독일의 이기주의 탓이라고 비난하는 데 열을 올리고 있다. 그러나 스스로는 유로존의 정치와 재정통합에 관한 구체적인 방안을 단 한 번도 내놓은 적이 없다. 그러나 이 두 가지를 시행하지 않는 한, 유럽중앙은행이 좀 더 효과적인 정책을 추진하고, 임박해오는 디플레이션을 막는 일은 불가능하다. 공소한 정책으로 시간을 낭비하지 않으며, 스스로 역사적 책임을 다하려는 노력을 해야만 한다.

1. 『뉴욕타임스』 2014년 1월 17일자 칼럼 「프랑스에서의 스캔들Scandal in France」. 여기에서 폴 크루그먼은 "공급이 수요를 낳는다"는 프랑수아 올랑드의 발언을 '세이의 법칙Say's law'에 대한 어리석은 고집이라고 지적하며, "프랑스는 수요 부족으로 자원(노동자, 자본)이 남아도는 것이다…… 이대로는 일본형 디플레이션에 돌입한다"라고 평가했다. '판로설販路說'이라고도 하는 '세이의 법칙'은 '공급은 스스로 수요를 창출한다'는 학설이다. 총 공급의 크기가 총 수요의 크기를 결정하기 때문에 총 공급과 총 수요는 언제나 일치하고, 따라서 항상 완전고용이 달성된다는 논리다. 과잉생산은 없다는 이 이론은 고전경제학파의 핵심이었다. 하지만 1930년대의 대공황처럼 공급된 물품이 판매되지 않아서 공장은 문을 닫고 대량 실업과 대량의 유휴설비가 발생했다. 때문에 케인스는 세이의 법칙과는 정반대로 '총 수요의 크기가 총 공급을 결정한다'는 '유효수요의 원리'를 주장했다.

2. 유로존의 재정 규율 및 감시 강화를 위한 정부 간 조약이다. 2013년 1월 1일에 발효했다. 회원국에게 엄격한 재정 균형 원칙을 도입할 것을 규제하기 때문에 각국은 당해 연도의 구조적 재정 적자가 GDP 대비 0.5퍼센트를 넘지 않아야 한다는 재정 균형 의무를 2014년 1월 1일까지 국내 법제화해야 한다. 위반국에는 제재가 따른다.

언론의 자유란 무엇인가

『리베라시옹』[1]의 경영 위기를 둘러싼 소동[2]에는 적어도 근본적인 문제를 부각시키는 효과가 있었다. 기업 소유주가 대주주로 있고, 그 주주가 경영 권력 행사에 집착할 경우 '자유는 무엇을 의미하는가?'라는 질문 말이다. 막강한 권한을 손에 쥔 소유자의 독재를 막고 자본과 생산수단을 민주적으로 운영하는 참여형 경영을 실현하기 위해서는 21세기 기업의 거버넌스governance는 어때야 할까. 영원한 물음표인 이 문제는 소련이라는 안티 모델의 붕괴로 해결된 것처럼 보였지만 실제로는 거듭 되물어온 난제다. 신문을 비롯한 미디어 기업에서 이 문제는 특히나 중대한 의미를 갖는다. 언론 기업의 소유 구조는 제각각이어서 재단과 조합 형식이 많은데, 요즈음 들어 소유주가 이윤 추구 움직임을 강화하고 있다. 여기에는 두 가지 목적이 있다. 첫째, 기자의 경제적 자립의 확보. 둘째, 혁신적인 자금 조달 모델의 추구. 미디어 업계의 경영 위기가 심각해지고 있는 데다 경쟁 격화와 매체의 세분화에 직면하고 있어 경영 모델 자체에 대한 재검토를 강요당하고 있다(이것은 쥘리아 카제Julia Cagé의 최근 연구에서도 명확해졌다).

자본 소유의 형태는 전 세계의 문화·교육 관련 부문이 모색하고 있는 문제이기도 하다. 하버드 대학이 운용하는 기부금은 유럽의 대형 은행 자본금보다는 크지만, 내가 알고 있는 선에서 이 대학을 주식회사로 바꾸자고 제안하는 사람은 없다. 조금 더 규모가 작은 예를 들면, 파리경제학교(2006년 창설)는 운영위원회에 민간출자자가 참여하고 있다. 민간출자자의 수는 향후 다소 늘어날 전망이지만, 정부 및 학술 분야의 출자자 수를 반드시 밑돌도록 조정된다. 이는 꽤 괜찮은 방식이다. 권리를 남용하고 싶은 유혹에 휘둘릴 수 있다는 점에서는, 대학에 개인적으로 기부를 하는 독지가나 신문의 대주주도 피차일반이기 때문에 미리 경계해두는 것보다 더 좋은 일은 없다. 사실인즉 권한 분산의 문제는 교육과 언론뿐만 아니라 서비스업과 제조업 등 다양한 관리 모델이 공존하는 모든 부문에 존재한다. 예를 들어, 독일 기업의 종업원은 경영참여도가 프랑스보다 훨씬 더 높다. 이 사실이 고품질의 자동차 제조를 방해하지 않는다는 점은 명명백백하다(기욤 뒤발Guillaume Duval의 최신작 『독일제Made in Germany』를 읽으면 이를 잘 알 수 있다).

『리베라시옹』의 경우, 사태는 의외로 엄중하다. 대주주 브루노 르두Bruno Ledoux는 이른바 조세피난처의 애용자로, 자신은 탈세를 하면서도 "(『리베라시옹』을) 구제하기 위해선 공공기관에서 보조금이라도 받아낼 수밖에 없다"라고 엄포를 놓기 시작했고, 더구나 TV 프로그램에서 "누가 그들에게 월급을 주고 있는지, 프랑스인 모두가 증인이 되어주길 바란다"라는 발언을 서슴없이 해댔다. 귀를 의

심할 만한 공언이자 신문기자에 대한 전대미문의 폭언이다. 이를 두고 르두 자신은 『리베라시옹』을 구하고 싶어하는 굴뚝같은 마음을 알아달라고 우겼지만, 진정성이 있다고는 볼 수 없다. 아니나 다를까, 이 발언은 같은 날 그 자신이 밝힌 프로젝트와 전적으로 일치한다. 그 계획에 따르면 『리베라시옹』이라는 브랜드를 활용한 '소셜미디어화'로 경영 분야를 다각화하고, 본사 빌딩은 카페나 텔레비전 스튜디오 등을 갖춘 문화센터로 변모시키겠다고 한다. 이러한 언어폭력, 돈만 있으면 무엇이든 허용된다는 방약무인한 태도를 목도했음에도 한 시민으로서 또한 『리베라시옹』의 독자로서 강 건너 불구경하듯 수수방관만 할 수는 없다. 물론 『리베라시옹』의 기사는 가끔 실망스럽다. 신문이 유용한 정보를 널리 퍼뜨리고, 또한 어이없는 정보의 홍수도 일으키는 '양날의 검'이라는 점은 틀림없다. 하지만 민주주의는 정보를 널리 알리며 세간의 민심을 반영하는 일간지 언론이 부재하면 제대로 기능할 수 없다는 진리를 잊어서는 안 된다.

『리베라시옹』은 존속해야만 한다. 그러기 위해서는 곳곳에 유포되고 있는 대주주의 거짓말을 폭로할 수밖에 없다. 미디어는 공적 자금의 혜택을 받고 연명해서는 안 되기 때문이다. 원래 『리베라시옹』을 포함해 미디어 기업은 받는 것 이상으로 높은 세금과 사회보험료를 지불해왔다. 보다 큰 틀에서 이 문제를 생각해보자. 프랑스 경제 모델은 해마다 산출되는 부의 약 절반을 세금이나 사회보험료 등 다양한 출연금 형태로 공유하고 국민 모두가 혜택을 받는 인프라, 공공서비스, 국방에 충당하는 형태로 구성되어 있다. 내는 자와 받는 자가 따로 나뉘어 있지 않다. 누구나 내고 누구나 받는다.

확실히 경제의 일부 부문, 가령 완전한 민간 부문에서는 매출에 따라 비용의 전액을 커버하도록 되어 있다. 그렇다고 공공 인프라의 혜택을 받지 않을 리는 없다. 한편 의료나 교육 같은 부문에서는 이용자가 내는 요금으로 비용의 극히 일부밖에 충당할 수 없다. 이런 구조가 된 것은 의료와 교육 등의 서비스를 누구나 받을 수 있도록 하기 위해서지만, 또 하나의 이유는 완전경쟁 모델에서는 사업자가 이익의 최대화에 매달리기에, 의료나 교육 등의 시업과는 어울리지 않는다는 것을 역사에서 배웠기 때문이기도 하다. 아니, 적합하기는커녕 상당히 부적절하고 바람직하지도 않다. 예술, 문화, 미디어 등은 양자의 중간에 있다고 말할 수 있다. 독립성과 경쟁 원리가 창조를 자극하고 활성화하는 것은 매우 바람직하다. 하지만 경제적 힘을 지나치게 많이 가진 주주에게는 주의가 필요하다. 건전한 모델을 구축하기 위해서는 아무래도 민간 자본이 차지하는 자금 조달의 비율도 양자의 중간쯤에 설정해야 한다. 즉 고등교육기관보다는 크게 높지만 화장품 회사보다는 대폭 낮게 하는 것이다. 물론 함부로 권력을 휘두르고 싶은 배금주의자는 업계에서 퇴장당해야 마땅하다.

1. 철학자 장폴 사르트르가 1973년에 창간한 좌파계열 일간지. 종합일간지로서는 중립계열의 『르몽드』, 보수계열의 『르피가로』에 이어 3위이지만 만성적인 경영 부진에 빠져 발행 부수는 10만 부 정도로 떨어졌다.

2. 대주주가 발표한 회생 계획에 기자들이 격노해 『리베라시옹』 1면에 "우리의 신문이다. 레스토랑도 아니고, 소셜미디어도 아니다"라고 대중에 호소했다. 현 시점에 『리베라시옹』의 주요 주주는 로스차일드 가문 출신의 실업가 에두아르 드 로칠드, 부동산 개발업자 브루노 르두(『리베라시옹』 본사 빌딩 소유자), 이탈리아의 자산 관리 회사 에르셀 등이다.

고집불통 프랑스 대통령

예측대로 정부는 2013년 1월부터 요란하게 도입한 '경쟁력 강화와 고용 촉진을 위한 세액 공제CICE'를 계속 추진하겠다는 의지를 굳힌 것 같다. 몹시도 번거로운 이 세액 공제는 새로운 정책 구상을 구체화할 목적으로 2013년 11월에 허둥지둥 계획되었다. 이는 이중의 의미로 개탄스럽다. 우선 누구나 아는 바대로, 올 1월 연두 기자회견 때 프랑수아 올랑드 대통령은 CICE를 대신해 사회보험료의 사용자 부담을 항구적으로 인하하겠다는 결의를 표명했다. 그렇게 하는 편이 훨씬 알기 쉽고 효과적이기 때문이다. 하지만 고집불통인 올랑드 대통령은 자신의 이 '발명품'에 차츰차츰 몹시도 집착하고 있는 모양새다. 이대로라면 CICE는 근본적인 세제 개혁을 단행하지 않는 올랑드 대통령의 무능을 상징하는 아이콘이 될 듯싶다. 아니, 그뿐이 아니다. 단순히 대통령의 실정을 상징하는 데 그치지 않고, 이미 충분히 복잡하고 기괴한 시스템을 한층 더 복잡하게 만들어버릴 태세다. 왜 이렇게 엉거주춤하게 되었는지를 되돌아보자. 프랑스의 사회보장제도는 민간 부문의 급여만을 대상으로 하는 출연금에 과도하게 의존하고 있다. 연금보험과 실업보험이라는 대체소득의 재원으로 충당하는 몫은 정당하지만, 의료보험과 가족수당 등까지 부담하게 하는 것은 부당하다. 이런 종류의 비용은 명분부터 모든 소득(경우에 따라서는 소비)을 대상으로 해야만 한다. 프랑스의 거출 제도는 본래 지나치게 복잡하다. 다양한 제도(프랑스에서는 의료, 연금과 함께 예전의 여러 제도가 난립해 있다)에서 유래하는 거출 비율을 계산하고, 추가적인 과세(주택지원 부담금, 주택건설지원 부담금, 직업훈련 부담금, 사업세 등등)를 고려해야만 한다. 게다가 연령과 고용개시일에 따라 예외적인 적용이 있기 때문에 방심할 수 없다. 더구나 최근 '세대계약 제도'가 갓 도입됐다. 이는 청년 채용과 함께 고령 근로자 고용을 지속한 기업(다만 종업원 300명 이하)에게 보조금을 지급하는 제도다. 셈을 해보면, 최종 사용자 부담률은 40~70퍼센트를 상회한다. 이는 이웃 나라의 갑절에 가깝다. 이 부담률은 법정최저임금에 대해서는 경감되지만 최저임금을 넘어서면 급상승해 최저임금의 1.6배가 되는 시점에는 40퍼센트에 이른다. 지난 사르코지 정부는 대통령 선거 직전이 되어서야 이 경감 조치를 최저임금의 1.6배 이상에도 적용하기로 결정했는데, 이 점에서는 현 정권보다 더 나았다.

그런데 신임 대통령은 취임하자마자 즉각 전임자의 경감 조치를 취소했다. 게다가 반년 후에는 공약을 모조리 파기하며 부가가치세를 올린 데다 CICE까지 개발해냈다. CICE는 쉽게 말하면 기업이 부담한 사회보험료 일부를 1년 후에 환급하는 세액 공제로, 정부의 입장에 따르면 도입 첫해부터 즉시 효과를 발휘하고 실업률을 떨어뜨린다고 한다. 더구나 2014년이 되면 국가 예산 부담은 발생하지 않는다고 했다. 그러나 현실적으로는 제도가 너무나 복잡해서 활용되지 못하고 결국 엄청난 예산 낭비만을 초래하고 끝날 것이다. 이런 제도를 완전히 이해하고 활용할 수 있는 곳은 아마도 대기업뿐일 텐데, 그들도 이 제도가 본질적으로 불안정하다는 것을 알아채고 장기적으로 이용할 생각은 없겠지만 말이다. 요컨대 정부는 바야흐로 재정이 부족해지는데도 도리어 있는 돈마저 창문에 내던져버릴 작정이다.

정부는 어째서 이 한심한 정책에 집착하고 있을까. 어느새 돌이킬 수 없기 때문이라는 것이 공식적인 이유다. 2015년에는 전년도 급여에서 지불된 사회보험료 일부를 정부가 환급해야 한다. 그래서 2015년이 되면 그만둘 수가 없게 되는 것이다. 도저히 사리에 맞지 않는다. 시간적 여유를 충분히 갖고, 가령 2016년 1월 1일에 CICE를 폐지하고 사용자 부담 인하를 실시하겠다고 통보해야 마땅하다. 2015년에 지불된 급여에 대한 환급이 이뤄지지 않는다고 해서 대량해고를 하는 기업은 없을 것이다. 고작 2015년 말의 채용 계획이 이듬해 초까지 늦춰지는 정도일 것이다. 이 정도의 희생을 치러야, 머지않아 폐지되어야 마땅한 이 성가신 CICE 제도로부터 빠져나갈 수 있다.

정부가 CICE에 집착하는 까닭은 단순하다. 올랑드가 자신의 잘못을 인정하고 싶지 않기 때문이다. 놀라 자빠질 만큼 순종적인 대중에게 자신의 결정에 따른 부담을 억지로 떠넘기겠다는 심보와 다름없다. 덧붙이자면 경영자 단체와 노동조합에 대해서는 사회보험료라는 블랙박스에 손대지 않고 세액 공제라는 수단을 써서 우회하는 쪽이 수월할 것이다. 최악은 CICE에 투명성이 완전히 결여되어 있다는 점이다. 제3자 기관에 의한 평가는 일체 행해지지 않고, 제도 시행 뒤부터 기업을 대상으로 "이 제도를 알고 있습니까?" "사용자 부담의 인하와 비교해 어느 쪽이 효과적인가요?"라는 따위의 설문조사만 있었을 뿐이다. 이것이 대통령이 생각하는 '정상적인 방법'이라면, 이 나라는 과연 어디로 가고 있는가. 비탄에 빠져 우려를 하지 않을 수 없다.

불평등

부의 상위 1퍼센트 집중에 따른 부작용, '미국의 과두정치'

향후 미국은 과두정치와 금권정치의 나라가 될 것인가. 최근 미국 연방대법원이 정치 헌금의 1인당 상한 규제는 위헌이라는 판결을 내려 이러한 우려를 격화시켰다. 실제로 대부호 코크Koch 형제(『포브스』가 해마다 발표하는 세계 부자 순위 톱 10의 단골이다)는 공화당의 최고 자금 제공자로 우익 성향이 가장 강한 후보자를 지원하기 위해 거액의 자금을 스폿광고나 싱크탱크에 쏟아부어왔다.

바야흐로 '돈이 곧 정치권력'인 것일까. '초超'라는 수식어가 필요한 불평등이 초래하는 부작용과 전체 인구의 1퍼센트에 불과한 코크 형제 같은 최고 부유층이 점차 정치를 쥐락펴락하는 경향은 유례가 없을 정도로 경쟁이 치열한 미국 사회에서 세간의 여론을 들끓게 하고 있다. "월가를 점령하라Occupy Wall Street"는 슬로건을 내세운 저항 운동이 시작된 지 이미 몇 년이 지났다. 유럽 사람들은 "우리는 99퍼센트다"라는 그들의 기묘한 구호에 어리둥절해했지만, 그러한 유럽도 오래

전부터 복지국가의 현대화와 단일 통화에 대한 불만에 직면해 있다. 이 문제의 한 원인은 역시 불평등이다.

오바마 미 대통령이 최근 불평등은 "현대의 중대한 시련"이라고 지적했다. 이는 미국의 불평등 확대일로가 타국과 비교할 수 없을 정도로 엄청나게 크기 때문에 나온 말이다. 우선 경영진이라고 불리는 사람들의 보수가 유례없이 급등했다. 그리고 자산의 집중이 가속화되어, 사회적으로 큰 문제가 되었다. 상위 1퍼센트 최고 부유층이 미국의 부에서 차지하는 비중은 유럽의 불평등이 최고조일 때, 즉 16~18세기 절대왕정 시기 이른바 앙시앙레짐Ancien Régime과 19세기 말부터 제1차 세계대전까지의 이른바 '벨 에포크' 무렵 수준으로, 극도로 위험한 지경에 이르고 있다. 유럽 세습사회의 안티테제로서 건국된 미국으로서는 실로 충격적인 실태다. 미국의 경우 인구가 지속적으로 늘고 있는 데다 대학에 활력을 불어넣는 혁신이 속속 이루어지고 있어서 당장은 초불평등의 부작용에서 벗어나고 있다. 하지만 이대로 가서 좋을 것은 없다. 미국에서 처음 불평등이 확대된 시점은 1900~1920년대인데, 이때 역시도 사회적으로 큰 문제로 떠올랐다. 당시는 '록펠러'와 '위대한 캐츠비'가 한창 주가를 올리던 무렵으로, "황금시대"라고 불린 고도 성장기였다. 이런 배경 때문에 미국은 제1차 세계대전 이후 소득 및 자산이 가장 많은 층에 무거운 부담을 지우는 누진성 높은 소득 세제를 도입했다. 최고 세율은 70~80퍼센트, 어쩌면 이를 넘어서는 정도였다. 이 세율이 약 반세기에 걸쳐 지속되어왔다.

앞으로 몇 년 혹은 수십 년 사이에 미국의 민주정치는 당시와 같은 대응을 할 수 있을까. 미국 대법원의 결정부터 막아야 하는 이 싸움에서 승리하려면 정치권이 상당히 분발하지 않으면 안 된다. 미국의 헌법재판소는 이미 19세기에 소득세를, 1930년대에는 최저임금을 저지하려고 시도한 적이 있다. 아무래도 그들은 프랑스의 헌법평의회를 좇아서 반동적인 역할을 하기 시작한 것 같다. 양심에 전혀 부끄럽지 않은 보수적인 견해에 손을 들어주고 싶어하는 분위기가 득세하는 것처럼 보인다. 사태를 한층 더 어렵게 하는 것은, 21세기 세습자본주의를 규제하려면 새로운 형태의 '국제적 조세공조'가 필요하다는 점이다. 미국은 세계 GDP의 총 4분의 1 가까이를 차지하고 있다. 무엇인가를 전 세계적으로 변화시키기에 충분한 규모다. 예를 들어, 부동산에 대한 지금의 비례과세를 순자산(자산에서 채무를 뺀 금액)에 대한 누진세로 변경하는 것이 좋은 사례다. 이러면 최고 부유층으로 쏠린 부의 집중을 제한하면서, 모든 사람에게 부를 쌓을 수 있는 공평한 기회를 제공해줄 것이다. 미국은 이미 스위스 은행으로부터 미국 거주자의 은행 계좌 정보를 자동적으로 공개하겠다는 약속을 받아낸 전적이 있다.

이러한 흐름을 더욱 강력하게 추진하기 위해서는 국제 협력이 필수적이며, EU도 이에 상응하는 역할을 해야만 한다. 미국과 협력해 증권 및 자산의 국제 등기 시스템을 구축하는 것이 그 무엇보다도 바람직하다. 금융의 불투명성과 부의 편중은 중대한 위협으로, 세계 어느 나라와도 무관하지 않다. 『포브스』가 1987년부터 시행해온 조사에 따르면, 1987년부터 2013년까지 세계 최고 부자들의 자산은 연평균 6~7퍼센트의 추세로 계속 증가하고 있다. 한편 중산층의 부가 증가하는 추이는 고작 2퍼센트 남짓이다. 과두정치체제로 치달을 위험성은 어느 나라에나 잠재되어 있는 것이다. 가령 중국은 현재 이 문제를 러시아식, 즉 임기응변으로 대응하고 있다. 신흥 재벌이 공산당 권력에 순순히 따르면 너그러이 봐준다. 권력자에게 위협이 되거나 여론이 용납하는 한도를 넘어설 것 같다고 느낄 때에는 재산을 몰수하는 식이다. 그렇지만 중국 당국은 이런 차르tsar 방식의 한계를 알기 시작한 듯 자산세에 관한 논의를 폭넓게 하고 있는 낌새다. 이 나라의 경제 규모(곧 세계 GDP 합계의 4분의 1에 달할 것이다)와 극단적인 중앙 집권제(이 점에서는 미국을 압도한다)를 놓고 판단하자면, 더 늦기 전에 효과적인 수단을 쓸 수 있을지도 모른다.

이렇게 세계를 둘러보면, 중국과 같이 세계 GDP 합계의 4분의 1을 차지하는 유럽연합은 회원국들이 정치적으로 하나의 낱개마냥 파편화되어 뿔뿔이 흩어져서는 '불평등'이라는 바위를 깨뜨릴 수 없다는 약점이 있다. 그러나 사회보장 모델을 굳건하게 구축하기 위한 자금 확보 측면에서 보면 '조세피난처 배제'로 세계에서 가장 큰 이익을 얻는 곳은 유럽이다. 이 문제를 향후 유럽·미국 간 조세협정의 중심에 둔다면, 불평등 문제로 요동치는 미국을 설득해 '글로벌 자산세' 등에 관한 국제 협력을 이끌어낼 가능성이 매우 높아질 것이다.

국제정치

투표장으로 가 유럽을 바꾸자!

다음 일요일에 유럽의회 선거가 열린다.[1] 마르틴 슐츠Martin Schulz를 유럽위원장 후보로 내세운 중도좌파에게 시민들이 표를 던지면, 유럽을 변화시킬 수 있을 것이다. 적어도 사회당 계열의 후보자는 그렇게 열심히 호소했다. 그렇지만 사회당은 프랑스에서 이미 제1당(여당)이기 때문에 프랑스를 바꿀 수 있지만 그런 시대적 임무를 조금은 잊고 있는지도 모른다. 여하튼 일요일에 유럽을 바꾸는 일이 가능할 것인가. 지금까지와는 달리 이번 선거는 현격하게 중요한 변혁의 가능성을 담지하고 있다고 해도 좋다. 이번에는 처음으로 주요 정치 계파가 차기 유럽위원회 위원장 후보를 내세우며 선거전을 치르고 있기 때문이다. 만약 사회당 계열이 과반수를 넉넉히 차지하면 유럽이사회는 마르틴 슐츠를 위원장으로 지명하고 유럽의회의 승인을 얻게 된다. 반대로 우파와 중도우파가 다수를 차지하면 장클로드 융커Jean-Claude Juncker가 그 자리에 오를 것이다.

슐츠는 독일 사회민주당 소속으로 2012년부터 유럽의회 의장을 지냈고, 융커에 비하면 진지하고 성실하다. 융커는 18년이라는 오랜 기간 동안 룩셈부르크 총리를 역임했는데, 그 나라가 유럽의 중심에 위치한 조세피난처라는 건 주지의 사실이다. 룩셈부르크는 장기간에 걸쳐, 은행 계좌 정보의 공개를 거부해왔다. 우리 시민이 할 일은 간단하지만 그 효과는 크다. 성발로 중요하고 시급하게 처리해야 할 일이 없는 한 일요일에 투표장으로 가는 것, 이것이야말로 시민의 역할이다. 그러나 슐츠에게 투표하는 것만으로는 유럽을 바꾸는 데 역부족이다. 위기 이후의 유로존 경제 운영은 참으로 허술하다. 2013년부터 2014년까지 유로존 경제성장률은 제로에 가깝다. 이에 비해 미국과 영국의 경제성장률은 2퍼센트에 가깝다. 공적 채무 위기는 당초 미국과 영국에도 타격을 주었을 텐데, 왜 유로존만 신뢰를 잃고 장기 침체에 빠지기 쉬운 상황에 처하게 되었는가. 유로존에 공통되는 제도가 그 기능을 상실했기 때문이다. 유럽의 성장과 사회의 활력을 소생시키기 위해서는 제도 설계를 근본적으로 뜯어고치지 않으면 안 된다.

이것이 「유럽의 정치통합을 목표로 한 선언문」[2]의 골자인데, 현재 6개국 언어로 번역되어 공개되어 있다. 이 선언문의 주장은 명쾌하다. 시장의 자유로운 투기 대상이 될 수 있는 18개국의 국채에 대해, 통화는 하나밖에 없는데도 세제와 사회보장제도는 서로 대립하고 충돌하고 있다. 단일 통화는 현재 제대로 기능하고 있지 않으며, 장래에도 그 기능을 제대로 할지 의문이다. 이제 유로존 가맹국은 통화주권을 공유하는 선택을 했고, 그에 따라 필연적으로 자국 통화를 일방적으로 평가절하하는 전가의 보도를 포기했다. 그러나 이와 동시에 가맹국에 공통의 새로운 경제·사회보장·조세·예산 제도를 도입하지 않았다. 이는 최악의 선택이었다.

그런데 슐츠가 얼마나 노력해야, 또한 그를 옹립한 계파가 유럽의회에서 어느 정도나 의석을 획득해야, 유럽정상회의와 각료회의의 강권을 저지할 수 있을까. 국가를 대표하는 개인들이 밀실에 모여 만장일치로 모든 일을 결정하는 상황에 이제 종지부를 찍어야만 한다. 이 방식을 대신해 유로존에 진정한 의회를 창설하고 각국에서 그 나라의 정치 성향을 대표하는 의원들을 내보내도록 해야 한다. 이를 실현하지 못하면 유럽 정치의 정체停滯는 끝나지 않을 것이다. 이러한 정체로 인해 미국이 스위스 은행에 제재를 가하며 금융의 투명성을 높이기를 바라면서 우두커니 기다리는 수밖에 없었다. 이 정체 때문에, 유럽은 끊임없이 법인세 감면을 향해 달리는 국가를 용인하고 다국적기업의 조세포탈을 허용해왔다.

현재의 유럽 기구들이 어떻게 그 기능을 제대로 하지 못했는지를 웅변해주는 예가 하나 더 있다. 2013년 키프로스 위기 때 유럽재무장관회의가 키프로스의 모든 예금(소액 예금도 포함)에 대한 과세 조치를 결정한 일이다.[3] 이 한심한 결정은 여느 때처럼 밀실의 만장일치로 내려졌다. 키프로스 국민이 그런 방안을 지지할 리가 없다는 것을 아무도 신경 쓰지 않았다. 비판적인 여론으로 떠들썩한데도 현재의 틀을 털끝 하나 바꿔서는 안 된다는 결론을 내리는 것은 부끄러운 지리멸렬이다. 조약이라는 것은 끊임없이 갱신되어왔고 앞으로도 그럴 것이다. 팔짱을 낀 채, 메르켈이 제스처를 취하기를 기다릴 게 아니라 유럽의 진정한 민주화를 생각하는 제언을 내는 쪽이 훨씬 낫다.

유럽을 바꾸려면 미국과의 다면적인 협정이 현실화되어야 한다. 유럽연합과 미국의 GDP를 합산하면 세계 GDP의 약 절반을 차지한다.

미국을 믿고 미국에만 맡겨서는, 자유무역 협정만으로 종결되고 만다. 유럽의회와 각 가맹국 의회의 지지를 얻으면 협정에 사회·환경·조세 규정을 포함시키는 일도 가능할 것이다. EU와 미국에는 자국의 기업과 조세피난처에 대한 새로운 규정을 강제할 힘이 있다. 내가 생각하는 새로운 규칙은 통합적인 과세표준 정비, 구체적으로는 증권류의 국제대장, 적어도 유럽연합과 미국의 대장을 마련하는 것이다. 이러한 방책을 강구하면 슐츠도 중요한 역할을 맡을 수 있을 것이다. 그러므로 조금만 더 큰 꿈을 꾸자! 함께 투표장으로 가자!

1. 유럽의회 선거는 1979년부터 5년마다 실시되고 있다. 2014년 선거는 5월 22~25일 회원국 전체에서 실시되었다. 투표율은 43.1퍼센트. 득표율은 중도우파인 유럽인민당이 29.43퍼센트(221석), 중도좌파인 사회민주진보동맹이 25.3퍼센트(190석). 이 양대 계파가 계속 과반수를 차지했지만 프랑스의 국민전선, 영국의 영국독립당 등 유럽통합 회의파 혹은 반反유럽연합 정당이 대두한 가운데 극우파 정당이 기존보다 두 배가 많은 140석을 차지했다. 선거 결과를 받고 유럽의회는 장클로드 융커를 차기 유럽위원장에 지명하는 인사를 단행했다.

2. http://Pouruneunionpolitiquedeleuro.eu-원주.

3. 이 결정은 결국 키프로스 의회에서 부결되었지만, 키프로스에서는 고객들의 인출 사태가 일어나 대혼란을 야기했다. 키프로스 위기에 대해서는 2013년 3월 26일 칼럼(64쪽)을 참조.

불평등

IS의 탄생은 '부의 불평등' 탓!

최근 일주일간 세계의 눈은 다시 이라크를 주시하고 있다. 1월에는 이미 이슬람 수니파 무장세력 ISIL(이라크·레반트 이슬람국가)[1]이 이라크 중부 도시 페루자를 제압했다. 이곳은 수도 바그다드로부터 100킬로미터밖에 떨어져 있지 않은데도 불구하고 정규군이 탈환에 실패하며 현 이라크 정부 체제의 취약성을 드러냈다. 이제 이라크 북부 전체가 함락될 기세다. ISIL은 현재 새로운 이슬람 국가 수립을 위해 시리아의 조직과 연계를 하고 있는 듯하다. 옛 이슬람제국의 영토에 근거한 새로운 국가를 건설하려는 이 조직은 시리아 북부에서 이라크 중부까지 넓은 지역을 실효 지배하고 있으며, 1920년 유럽 열강이 자의적으로 정한 국경선[2]을 깨끗하게 무시하고 있다. 일련의 전투는 종교전쟁으로 인식되어, 수니파와 시아파의 종파 분쟁으로 간주되는 경우가 잦다. 이러한 관점에 따른 분석은 물론 필요하지만, 현저한 불평등이 사회적 긴장을 일으켰다는 측면도 간과해서는 안 된다. 이 지역은 부의 배분이 몹시도 불평등하다. 아마도 세계에서 가장 불평등한 지역일 것이다. 많은 전문가가 ISIL의 출현이 사우디아라비아와 세습군주제를 채택하고 있는 중동의 산유국들(아랍에미리트연방, 쿠웨이트, 카타르)에 중대한 위협이라고 지적한다(그런데 이들 나라는 모두 ISIL과 같은 수니파다). 어떤 의미에서는 1991년 이라크의 쿠웨이트 침공이 더 큰 규모로 재현되었다고도 말할 수 있다.

이것까지 언급하지 않더라도 사람이 살지 않는 좁은 지역에 집중된 석유 자원의 존재로 인해 이 지역의 정치사회 시스템이 다층적으로 결정되었고, 그 구조가 취약하다는 것은 명백하다. 이집트에서부터 시리아, 이라크, 아라비아 반도를 통해 이란에 이르는 지역을 살펴보자. 이 지역의 인구는 약 3억에 이르지만, 그 10퍼센트에도 미치지 못하는 인구가 속한 산유국들이 이 지역 GDP의 60퍼센트를 차지하고 있다. 게다가 산유국에서는 한 줌의 무리가 하늘로부터 모든 천연자원의 소유권을 부여받은 듯 어마어마한 부의 원천을 부당하게 독점하며 대다수 국민, 특히 여성과 이민자 등을 반半 예속 상태에 빠뜨렸다. 이러한 보수왕정 체제를 군사적 정치적으로 지탱해주고 있는 지렛대는 유럽과 미국이며, 아이러니하게도 석유를 팔아 얻은 이윤은 유럽 프로축구 클럽에 거액의 자금으로 충당되고 있다.[3] 서구적 민주주의와 사회정의의 교훈이 중동의 젊은이들에게 아무런 감명도 주지 않는 까닭은 그리 놀랄 만한 일도 아닌 것이다. 이런 상황을 뒷받침할 만한 데이터를 수집해 아랍의 젊은이들이 처한 최소한의 조건을 몇 가지 살펴보면, 중동의 소득불평등은 종래에 가장 불평등해진 나라(미국, 브라질, 사하라 사막 이남의 아프리카 등)보다도 심하다는 결론을 쉽게 도출해낼 수 있다.[4]

불평등의 실태를 알아보는 그 밖의 방법도 있다. 2013년에 이집트 정부가 국내의 모든 학교 교육(초등학교부터 대학까지를 포함)에 투자한 예산은 100억 달러를 밑돌았다. 이 나라의 인구는 8500만 명이다. 이곳으로부터 겨우 몇백 킬로미터밖에 떨어지지 않은 사우디아라비아는 인구가 2000만 명이고 석유 수출을 통한 수입은 3000억 달러에 이른다. 카타르는 인구 30만 명에 석유를 수출해 1000억 달러 이상을 벌어들인다. 이러한 상황에서 국제사회는 이집트에 새로 수십억 달러의 융자 대출을 해주어야 할지, 아니면 이집트가 약속한 탄산음료와 담배세 인상을 기다려야 할지 주저하고 있다. 이런 불평등의 화약고를 코앞에 두고 어떤 해결책을 찾을 수 있을까? 우선 이 지역에 사는 이들에 대한 구미의 최대 관심사는 사회발전과 지역의 정치통합에 있지, 정치지도자 개인과의 관계 유지가 아니라는 것을 보여줄 필요가 있다. EU의 공통된 에너지정책은 유럽의 가치관과 사회 모델에 대한 존중을 인정하는 것이지, 눈앞의 국익을 우선시하는 중동의 세태를 인정하는 것은 아니다. 이것은 우크라이나와 러시아에서도 마찬가지이다. 우리가 알고 있는 한, 미국의 패권은 이라크의 재앙으로 이어졌다. 힘에 대한 도취는 지배적 지위의 남용으로 이어지기 일쑤여서, 당장 내일이라도 갈등을 다시 일으킬 수 있다.

엊그제도 규모는 작지만(그러나 무시할 만큼 작지는 않다), 프랑스 최대 은행 BNP 파리바가 그런 일을 저질렀다. 미국이 금융 제재 대상으로 삼은 수단, 이란과 분명히 부정한 금융 거래를 계속하던 중 은행 간부가 사퇴하는 사태가 벌어진 것이다. 이 은행의 경영진은 훌륭한 경영의 모범을 세계에 보여주는 일에 바빴을 테지, 거액의 벌금을 미국 정부에 지불해 유럽 금융 업계를 혼란에 빠뜨리기 십상인 위험을 떠맡는 데 열심이었을 리 없다. 세계화가 진행되는 가운데 유럽이 스스로의 지위를 유지하고, 보다 더 공정한 세계를 실현하기 위한 결속이 예전보다 더더욱 절실해지고 있다.

1. 이 과격파 무장조직은 최근 몇 년 사이에 수시로 이름을 바꾸었다. 처음에는 알 자르카위의 조직인 '유일신과 성전Tawhid al Jihad'의 일부였다. 이후 '이라크 이슬람국가ISI: Islamist State in Iraq'로 이름을 바꾸었다가 결국 '알카에다 이라크 지부AQI: Al Qaeda in Iraq'가 되었다. 2010년에는 알 바그다디가 최고지도자로 등극하면서 예의 '이라크 이슬람국가'라는 명칭을 다시 꺼내들었다. 그러다가 2013년 알카에다와 연계한 시리아계 무장조직 '알누스라 전선Jabhat al Nusra' 일파와 합치고 '이라크 레반트 이슬람국가Islamic State in Iraq and the Levant'로 이름을 바꾸면서 ISIL 또는 ISIS로 알려지게 되었다. 최종적으로는 2014년 6월 칼리프 국가 건립을 선포하기 직전에 이슬람국가IS: Islamic State로 개명했다.

2. 제1차 세계대전의 와중에 서구 제국주의 열강은 400년 동안 오스만제국 치하에 있던 아랍을 인종, 종교, 역사적 배경, 아랍인들의 바람을 무시한 채 자신들의 이익에 따라 불합리하고 무책임하게 분할해 지도자를 임명했다. 가령 영국, 프랑스, 러시아는 오스만제국 영토 분할에 관한 비밀협정인 사이크스-피코 협정Sykes-Picot Agreement(1916)을 맺었는데, 영국은 현재의 요르단과 이라크 지역을, 프랑스는 지금의 시리아와 레바논 지역을, 러시아는 터키 동부 지역을 분할 점령한다는 내용이었다. 이는 영국이 팔레스타인 지역에 유대인 국가 건설을 지원하겠다고 약속한 밸푸어 선언(1917)과 함께 현대 중동 분쟁의 화근이 되었다.

3. 가령 셰이크 만수르Sheikh Mansour는 왕가의 자손이고 아랍에미리트 대통령의 동생이며, 국제석유투자회사 사장이고 영국 프리미어리그 '맨체스터 시티'의 구단주이기도 하다.

4. F. Alvaredo, T. Piketty, "Measuring income inequality and top incomes in the Middle East: Data limitations and illustrations with the case of Egypt", Economic Research Forum(Giza, Egypt), Working Paper no.832, may 2014을 참조하라(http://piketty.pse.ens.fr/files/AlvaredoPiketty2014ERF.pdf)—원주.

작은 정부를 운영하는 데는 많은 대가가 따른다

프랑스가 러시아에 무기 공급을 잠정적으로 중단키로 결정하는 데는 수개월의 시간이 필요할 것이고—이런 주저함은 죄를 짓는 것이나 마찬가지다—이로 인해 우크라이나에서는 많은 사람이 목숨을 잃게 될 것이다. 이 모든 것은 10억 유로가 약간 넘는 프리깃함[1] 판매 때문인데, 여기서 생기는 이윤은 인류애적이고 지정학적인 문제 그리고 전략적 차원에서 공급되는 무기로 야기되는 실제적인 군사적 위협에 비교할 때 하찮은 것에 불과하다. 한편 미국 법원이 얼마 전 BNP 파리바에서 60억 유로 이상을 조용히 인출해간 사건을 생각해보자. 프랑스 정부가 프랑스에서뿐만 아니라 유럽에서도 가장 큰 은행인 BNP 파리바로 하여금 이만한 액수의 돈을 지불하도록 했다면, 이를 어떻게 받아들여야 할까. 언뜻 보기에 서로 아무 관련이 없어 보였던 이 두 수치는 사실 동전의 양면과 같다. 새로운 경제체제에서 정부 개입이 줄어듦으로써 치러야 할 대가는 매우 크다. 왜냐하면 우리가 추구하는

가치에 어긋나거나 반대되는 것들을 받아들일 수밖에 없는 처지에 몰리기 때문이다.

수출로 수십억 유로를 벌어들이기 위해, 우리는 아무에게나 무엇이든 팔 준비가 되어 있는 상태다. 우리는 중산층과 서민층에 소수 지배 집단과 다국적기업보다 더 많은 액수의 세금을 부과하고 있으며, 프로축구팀에서 몇 푼 안 되는 돈을 벌어들이려고 투자는 거의 하지 않는 중동 산유국과 연합함으로써 조세피난처 역할을 떠맡으려 하고 있다. 반대로 세계 대부분의 국가는 강대국, 정확히 말하자면 미국의 법을 따르는데, 미국은 강력한 사법체계를 이용해 세계 도처에서 독단적으로 벌금을 부과하는 등 무소불위의 행보를 보이고 있다. 그 희생양에는 프랑스와 아르헨티나도 포함되는데, 이 두 국가의 채무 면제가 갑자기 원점에서 재검토되고 있다. 하지만 모든 유럽 국가—물론 여기엔 최근 미 국가안보국NSA의 도청 문제가 불거진 프랑스와 독일이 포함된다—는 모든 것을 희생하고 모든 것을 감내할 준비가 되어 있는 '작은 정부 국가'로 점점 더 변모해가고 있다. 이것이 바로 우리가 살고 있는 시대에 유럽 대륙이 유럽식 사회주의국가의 가치와 모델이라는 이름으로 정치연합을 형성해야 하는 이유다.

하지만 이 정치연합의 진척 과정은 지지부진하다. 얼마 전 폴란드가 유럽이사회 의장국이 됨으로써 동유럽으로 정치연합이 확장되어 나간다는 것은 고무적이다. 인구 5억 명과 누적 GNP 15조 유로—이는 세계 GNP의 약 4분의 1에 해당된다—를 자랑하는 28개 회원국[2]을 거느린 유럽연합은 스스로 결정을 내리고 징계를 가할 수 있는 능력을 갖추고 있다. 특히 경제적인 면에서나 재정적인 면에서 유럽연합의 10분의 1 규모밖에 안 되고 강력한 조치에 오래 버틸 능력이 없는 러시아의 경우에 대해선 더욱 그렇다. 또한 폴란드 의장은 현재로선 폴란드가 유로존에 가입할 생각이 전혀 없다고 선언했는데, 유로존이 유럽 정치·경제의 중심에 서 있지만(인구 약 3억5000만 명, GNP 약 12조 유로), 세계인과 마찬가지로 유럽인들도 이를 점점 더 비관적인 시선으로 바라보고 있는 것 또한 사실이다.

이 점에 관해서는 분명히 짚고 넘어가야 한다. 왜냐하면 정치연합—특히 예산, 조세, 재정 문제에 관한—은 유로존에 속하는 몇몇 국가에 새로운 민주적 의회기구를 설치함으로써만 가능하기 때문이다. 유로존 의회를 설립하고 의회의 책임 재무부 장관을 임명함으로써, 공명정대하게 경제 활성화 계획, 재정 적자 비율, 공동 법인세, 은행 규제, 중앙은행에 대한 견제 등을 의결할 수 있다. 이 모든 사안은 조속히 이루어져야 한다. 이 정치연합의 권한이 강화되어 정치적 결정과 사회적 발전에 대한 자신의 효율성과 능력을 증명한다면, 28개국의 유럽연합에는 속하지만 유로존에는 속하지 않는 다른 국가들이 이에 참여하고자 할 것이다. 어떤 사안을 제대로 진행시키려면 팔짱을 낀 채 방관하고만 있어서는 안 된다.

프랑스와 이탈리아를 포함한 다른 국가는 시급히 이에 대한 안건을 제출해야 한다. 2012년 6개월에 걸쳐 개편된 이후 계속해서 수정이 불가피함에도 불구하고, 유럽조약의 수정은 불가능하다는 입장을 고수하는 것은 아무 의미가 없다. 설사 적자재정을 편성하자는 사안에 있어 소수자로 전락하게 되는 것을 두려워한다 할지라도, 독일이 힘 있는 정치연합의 의미 있는 제안을 계속해서 거절할 수는 없을 것이다. 물론 이때부터 독일은 유로존 의회에서 인구통계학적인 부분에 중점을 두게 될 것이다. 프랑스 정부는 앞으로 3년 안에 독일과 같은 상황에 처할 수밖에 없다. 프랑수아 올랑드는 2012년 적자를 강압적으로 줄이는 방법을 통해 성장을 이끌어낼 수 있다고 생각하는 중대한 착오를 범했다. 너무 늦기 전에 잘못을 인정하고 전략을 바꾸어야 할 때다.

1. 미스트랄급 상륙함. 방공, 대잠수함 및 대함 작전용 군함.

2. 2013년 7월 1일 크로아티아가 가입해 회원국이 28개국으로 늘었다.

경쟁력 향상과 고용 촉진을 위한 세액 공제, 프랑수아 올랑드의 결점

이쯤에서 정부가 특별한 조치를 취하지 않는다면, 흔히 CICE라고 불리는 '경쟁력 강화와 고용 촉진을 위한 세액 공제' 정책은 대통령 임기 5년 동안 실패한 정책의 상징으로 남게 될 것이다. 우리의 세제와 사회보장시스템을 야심차게 개혁하겠다고 약속했지만, 이미 너무도 복잡한 기존 시스템을 더욱 복잡하게 만든 현 정부의 무능력은 풍자의 대상이 될 만큼 심각한 결점을 안고 있다. 프랑수아 올랑드 대통령과 마뉘엘 발스Manuel Valls 총리는 구시대 좌파에 대항해 대대적인 전투를 벌인 용감한 개혁가로 혹은 철저한 사회주의자로 그려지길 바라고 있다. 정말 우스꽝스럽기 짝이 없다. 사실 이들은 세제, 사회보장분담금, 국가 경쟁력에 관해 본질적인 개혁은 전혀 수행하지 못한 채 즉흥적이고 임시방편적인 조치만을 취하고 있다. 직접 행동에 나서 문제—특히 CICE에 관한—의 흐름을 바꿀 수 있는 여지는 여전히 남아 있다. 하지만 적어도 올가을부터는 이를 실행해야 한다. 그 이후는 너무 늦다.

과거로 돌아가 살펴보자. 프랑스의 임금에 대한 사회보장기금의 과도한 고용주 분담금의 경우, 감면 조치가 시급하다. 이는 고용주에게 혜택을 주자는 것이 아니라, 우리의 사회보장시스템에 대한 자금 조달을 지나치게 사적 부문의 임금 총액에 의존하게 하는 것은 불공정하고 비효율적이기 때문이다. 실제로 우리와 같은 사회국가 체제를 취하고 있는 비슷한 규모의 다른 국가와 비교해보면, 프랑스의 사회보장기금의 고용주 분담금이 지나치게 많이 책정되어 있다. 종합과세율은 40퍼센트를 넘는데(즉 100유로의 총 급여를 지불하려면 고용주는 140유로 이상의 초과급여를 지불해야 한다), 이 종합과세액의 절반은 퇴직연금과 실업수당 분담금으로 쓰이고 나머지 절반은 건강, 가족, 건설, 교육 등의 분담금으로 쓰인다. 보다 광범위하고 합리적인 조세 근거를 적용해야 할 부분은 두 번째다.

우파 입장에선 부가가치세를 무한정 올리는 것이 좋은 방책이 되겠지만 최저소득층에겐 그 증가분이 커다란 부담이 된다. 이 '사회보장적 부가가치세'의 유일한 대안은 누진성을 띠는 보편적 사회보장분담금이다. 왜냐하면 종합소득에 따른 누진세율표를 이용해 모든 소득(민간 기업의 급여, 공기업의 급여, 퇴직연금, 자산소득)을 같은 방법으로 참고해야 하기 때문이다.

선거 이전에 이에 관한 논의를 이끌어내지 못함으로써 현 좌파 정권은 계속해서 임시방편적인 조치를 내놓을 수밖에 없는 처지에 놓여 있다. 올랑드는 2012년 5월 대통령에 당선되자 전 대통령이 실행했던 사회보장기금의 고용주 분담금 인하정책을 폐지했다. 그리고 임기 6개월이 지난 지금 그는 'CICE'라는 이상한 정책을 내놓았는데, 이는

1년 전에 기업이 지불한 분담금의 일부를 1년 뒤 환불받도록 하고 있다. 선거 이전에는 거론되지도 않았던 부가가치세 인상을 재도입하는 방법을 통해 말이다. 현 정부 경제정책의 중심이 되고 있는 이 정책을 통해 올랑드는 전임 대통령과의 차별화를 시도하고 있다. 문제는 이 한심한 정책을 실행하는 데 너무 많은 공적 자금이 낭비된다는 데 있다.

세액 공제 제도는 대기업을 제외한 대부분의 기업에서는 제대로 이해하지도 못하고 별 관심도 없다. 또한 대기업은 당연히 이런 조치가 몇 년 뒤에는 거의 예측 불가능하게 되리라는 것을 예상하고 결국엔 자사와 상관없는 부분에 대해선 아무런 결정도 내리지 않을 것이다. 요약하자면 다음과 같다. 정부는 공적 자금이 부족한 상황에서도 이 자금을 낭비하고 있다. 정부와 전문기술 관리집단 모두 언젠가는 CICE를 사회보장기금의 고용주 분담금을 지속적으로 인하하는 정책으로 대체함으로써, 처음부터 다시 시작해야 한다고 설명하면서 서로에게 책임을 돌리고 있다. 이 두 집단은 이 정책의 비효율성을 알고 있지만, 현재로서는 접점을 찾기가 불가능한 상황이다. 실제로 올랑드가 자신이 만든 결점투성이의 정책을 올가을부터 폐지하는 것에 동의하지 않는다면, 모든 것이 수포로 돌아가고 말 것이다. 2015년에 지불될 경쟁·고용 세액공제액은 2014년 지급된 급여를 근거로 하기 때문에 이 정책을 폐기하기에는 이미 늦었다. 2016년 1월 1일에 이 정책을 폐기하고 이때부터 분담금 인하정책을 실행하려면, 2014년 말 이전에 국회에서 표결을 거쳐야 한다. 그렇지 않으면 2017년까지 이 정책이 그대로 이어질 것이다(대선 몇 달 전인 2017년 1월 1일에 이 정책에 대한 수정이 이루어질 가능성은 거의 없다). 다른 주제와 마찬가지로 이 주제, 특히 '유럽'이라는 주제에 대해 생각해보면, 대통령 5년 임기제의 결점에 대해 심사숙고해볼 때다. 만약 프랑스와 이탈리아가 경제 활성화 계획과 재정 적자 비율을 표결에 부칠 수 있는 유로존 의회를 설립함으로써 정치연합과 예산연합을 제안한다면, 독일로서는 이런 유럽의 민주적 제안을 오랫동안 거절하기가 매우 힘들 것이다.

홍콩의 자본?

사전적 정의에 의하면 'ploutocratie(그리스어로 '부'를 뜻하는 'ploutos'와 '권력'을 뜻하는 'kratos'의 합성어)'라는 단어는 돈이 권력의 기본이 되는 정부 시스템을 의미한다. 중국 공산당이 지금 홍콩에서 실행하려는 시스템을 분석하다보면 'ploutocommunisme'이라는 신조어를 만들 수밖에 없다. 이 시스템은 형식적으로는 자유선거를 표방하지만 후보자는 단 2~3명으로 한정되고, 또한 후보자들은 중국 공산당에 의해 구성되며 홍콩 사업가나 친중국 성향의 소수 지배집단에 의해 독점되는 지명위원회의 다수결을 통해 동의를 얻어야 한다.

이는 사실상 단일 정당의 공산주의 논리(구舊동독에서도 선거가 있었지만, 정부에 충성을 맹세한 자들만이 입후보할 수 있었다)와 피선거권이 있고 자격을 갖춘 자들만이 입후보할 수 있는 유럽식 전통의 절묘한 혼합체다(1997년까지 홍콩 정부는 영국 여왕이 임명했고, 간접민주주의를 시행했으며 경제 엘리트가 지배하는 위원회를 기반으로 하고 있었다). 1815~1848년 영국은 프랑스와 마찬가지로 소수만이 투표권을 갖고 있었다. 즉 세금을 많이 내는 몇 퍼센트만 투표에 참여했던 것이다(재산세를 납부하는 납세자들이 투표에 참여했던 듯하다). 이 정도까지는 아니지만 중국은 국가 전체를 이끌 수 있는 매우 강력한 단일 정당을 통해 이와 비교될 만한 방법을 취하는 듯하다.

이런 시스템이 정당한 것으로 받아들여질 수 있을까? 계속 유지될 수 있을까? 중국 공산당원들이 모든 단계에서의 경쟁—정당 간, 후보자 간 그리고 보다 중요한 지역 간 경쟁—에 근거한 서양의 민주적 선거와 복수정당제를 잘 이해하지 못한다고는 할 수 없다. 중국 공산당이 중요하게 생각하는 점은 거대한 영토의 정치적인 통일이다. 왜냐하면 이것이 장기적이고 보편적인 이익을 위해 중국 공산당이 추구하는 경제적 발전과 사회적 통합의 조건이기 때문이다. 사실 다른 신흥국들—특히 인도—과 비교할 때, 중국의 성공은 정치의 중앙집권화와 발전을 위해 필수불가결한 공동 인프라, 융합사업, 교육과 보건에 관한 투자 등에 자금을 조달하는 공권력의 능력으로 설명될 수 있다.

민영화가 많이 진행됐음에도 불구하고 중국의 공적 자본은 여전히 국가자본의 30~40퍼센트에 이르고 있다. 반면 '영광의 30년' 시기 동안 유럽의 공적 자본은 이의 약 4분의 1에 불과했다. 이 공적 자본이 차지하는 부분은 대부분의 부유한 국가에서는 거의 아무런 영향력도 미치지 못하고 있으며(이들 국가의 공적 자산은 부채보다 약간 많은 정도다), 경우에 따라서는 네거티브적인 성격을 띠기도 하는 반면(이탈리아의 경우 공공부채가 공적 자산보다 많다), GNP의 연수年數로 표시되는 사적 자본은 제1차 세계대전 이전에 정점을 찍었다. 중국 정부의 시각에서 볼 때, 중국식 모델은 자본주의를 제어하고 공권력이 약화되는 것을 막을 수 있는 좋은 방법이다. 이런 생각은 미국 정치와의 마찰을 통해 그리고 작은 크기의 28개국으로 나뉘어 서로 미친 듯이 경쟁하며 공공부채와 전혀 작동하지 않는 공동의 제도라는 함정에 빠져 사회주의 모델을 현대화하고 미래에 투자할 여력이 없는 유럽연합이 극복할 수 없는 부진의 늪에 빠져 있다고 생각하면서 더욱 공고해졌다.

중국 공산당 내에서조차 정치적 폐쇄성과 불평등을 줄이기 위한 반부패운동에 근거한 지금의 중국식 모델이 영원히 유지될 거라고는 생각하지 않는다. 중국의 전국인민대표들 사이에서 개인 재산의 영향력이 증가한다는 것은 분명 염려스러운 일이다. 무엇보다도 중국 정부는 소수 지배집단이 점점 더 많은 자본을 해외로 유출해 그곳에서 안락한 생활을 유지하는 러시아식 경향으로 변화할까봐 두려워하고 있으며, 상속세와 재산세에 대한 누진세 적용을 점점 더 심각하게 검토하고 있다. 실제로 중국 정부는 은행 정보, 유가증권 목록, 자본을 감독하는 정보를 자동 전달하는 시스템을 실행하기 위한 충분한 기반을 갖추고 있다.

문제는 중국 정치 지도층의 상당수가 재산 축적의 투명성, 누진조세, 법치국가에 그다지 관심이 없다는 것이다. 그리고 공공 이익을 위해 자신의 특권을 내려놓을 준비가 되어 있는 일부 지도층마저도 정치민주화의 요구가 커지면서 국가통합이 심각하게 위협받게 될 거라고 생각하고 있는 듯하다. 정치민주화는 경제민주화, 조세 투명성과 금융 투명성에 없어서는 안 될 과정인데도 말이다. 확실한 것 하나는 다른 국가들과 마찬가지로 중국도 이런 모순점에서 자신에게 맞는 단 하나의 확실한 선택을 하게 되리라는 것이다. 이런 흐름 속에서 현재 홍콩에서 벌어지고 있는 시위 사태는 중국 정부의 향후 정치적 선택에 결정적 역할을 하게 될 것이다.

카를로스 푸엔테스가 생각하는 자본

1865년 카를 마르크스는 자본주의와 돈의 권력에 대해 가장 잘 이해하게 된 것은 발자크 소설을 통해서였다고 말했다. 2014년 현재 이와 똑같은 말을 해야 할 것 같다. 다만 소설 속의 주인공과 배경 국가만이 다를 뿐이다. 카를로스 푸엔테스Carlos Fuentes는 사망하기 몇 년 전인 2008년 출판한 웅장한 대서사시와 같은 소설 『의지와 운명La voluntad y la fortuna』에서 오늘날 가장 큰 문제로 떠오른 '마약 국가narco-nation' 멕시코에 만연해 있는 멕시코식 자본주의와 사회경제적 폭력 행위를 훌륭한 필치로 그려내고 있다. 이 작품을 읽다보면 코카콜라 홍보에 열을 올리는 대통령—그는 결국 통신업계의 거물이자 세계 최고 부자인 카를로스 슬림Carlos Slim처럼 막강한 권력을 쥔 억만장자에 의해 구현된 영원한 자본 권력에 빌붙어 사는 가엾은 기숙생에 불과하다—같은 각양각색의 상류층 사람들을 만날 수 있다.

소설 속에 등장하는 젊은이들은 체념한 채 살아갈 것인가, 섹스에 몰입할 것인가 아니면 혁명을 일으킬 것인가를 놓고 갈등하다가, 결국 그들의 유산을 노리는 아름답고 야망이 큰 한 여인에게 살해당한다. 이 여인은 이런 악행을 저지르는 데 보트랭[1]과 같은 인물의 도움을 필요로 하지 않는데, 이는 1820년 이후 폭력성이 한층 증가했다는 증거다. 이 소설의 주제는 곧 재산 상속이 가족이라는 특권을 누릴 수 없는 자들에게겐 탐욕의 대상이 되고, 가족이라는 범주 안에서 특권을 누릴 수 있는 자들에겐 인간성 말살의 요소가 된다는 점이다.

또한 소설 여기저기서 비非라틴계 외국인의 횡포를 볼 수 있는데, 이 북미의 자본가들은 멕시코 영토와 자본의 '30퍼센트'를 소유하고 있으며 불평등을 더욱 심화시키고 있다. 사실 재산에 얽힌 인간관계는 복잡한 문제이며, 동일한 정치 공동체 안에서 편안한 관계가 설정된다는 것은 어려운 일이다. 임대인에게 임대료를 지불하거나 이를 둘러싼 제도적 방식과 이런 상황의 영속성에 잘 대처하는 것이 결코 단순한 문제는 아니다. 하지만 국가 간에 임대료와 배당금을 지불하는 것이라면, 이는 매우 고통스러운 상황이 된다. 이렇게 되면 의기양양한 극단적 자유주의와 권위주의, 짧지만 혼란스런 공용징수 양상이 번갈아 나타나는 끝없는 정치 사이클이 생기게 마련인데, 이것이 오래전부터 라틴아메리카 국가들의 발전을 가로막고 있다.

그럼에도 이 중남미 국가에서 사회적 발전과 민주적 발전이 이루어질 가능성은 여전히 남아 있다. 브라질 대통령 지우마 호세프Dilma Rousseff는 얼마 전 가난한 지역에 사는 주민들과 사회적 혜택을 거의 받지 못하는 서민층 덕분에 가까스로 재선에 성공했다. 호세프를 지지하는 서민층은 노동당(2002년 룰라Lula 대통령 이후 계속 권력을 잡고 있다)에 대한 실망과 반감에도 불구하고 사회적 발전—이를 통해 서민들은 혜택을 받았다—에 매우 집착하고 있으며, 정권이 '우파'(라틴 아메리카의 거의 모든 사람은 좌파에 속한다고 할 수 있기 때문에 여기서 말하는 '우파'란 실제로는 사회민주당을 가리킨다. 또한 사회민주당이 지도층에 많은 것을 요구하지 않는다는 의미에서도 '우파'에 속한다고 볼 수 있다)로 넘어감으로써 발생하는 문제에 대해 걱정했다. 실제로 룰라 대통령이 실행한 '보우사 파밀리아bolsa familia'(최극빈층을 지원하는 프로그램) 정책 및 최저임금 인상정책과 호세프 대통령이 지속하고 있는 사회투자전략을 통해 지난 15년간 빈곤율이 상당히 낮아졌다. 하지만 이 불안한 사회적 소득은 오늘날 브라질 경제를 짓누르면서 경기후퇴 상황으로 몰아가고 있는 국제적 요인(원자재, 특히 석유 가격의 폭락, 미국 통화정책의 불확실성, 유럽의 긴축정책)과 국가를 좀먹고 있는 커다란 불평등 구조 때문에 위협을 받고 있다.

여기서 우리는 카를로스 푸엔테스가 이야기하는 역사의 저주에서 벗어나기가 쉽지 않음을 다시 발견하게 된다. 브라질은 노예제도를 가장 늦게(1888) 폐지한 국가다. 당시 노예는 브라질 인구의 약 3분의 1을 차지하고 있었는데, 이 중요 재산인 노예를 해방시키는 데 노예 소유주들은 아무것도 하지 않았다. 최대 다수에게 열려 있는 공공서비스, 초등학교와 중학교 교육의 질은 여전히 미약한 상태다. 브라질의 세제는 매우 역진적이며, 정부는 보통 이 세제의 범위 내에서 공공경비를 조달한다. 서민층은 간접세 부담이 더 큰데, 서민층에 부과되는 전기에 대한 간접세 인상률이 30퍼센트까지 이르는 반면, 부유층에는 단지 4퍼센트밖에 부과되지 않는다. 국립대의 등록금은 무료이지만 국립대에 주어지는 혜택은 매우 미미하다. 서민층과 흑인, 혼혈인 등을 위한 대학특례입학제도가 룰라 대통령 당시 시행되었지만(물론 인구조사나 행정자료 등에 자동으로 인종이 분류됨으로써 발생하는 문제에 대한 끊임없는 논의를 이어가면서), 실제로 이 제도를 통해 대학에 들어간 학생은 극히 적다. 역사의 저주를 끊고 정치적 의지가 이런저런 운명보다 더 가치 있다는 것을 보여주려면 아직도 많은 난관을 극복해나가야 한다.

1. 발자크의 『고리오 영감』에 등장하는 냉혹한 현실주의자로, 가난하지만 야심찬 청년 라스티냐크에게 자산가의 딸과 결혼해 그의 오빠를 살해하고 막대한 유산을 상속받는 편이 출세의 유일한 길이라고 충고한다.

국제정치

2015년, 유럽을 깨우려면 어떤 충격이 필요한가?

유럽이 직면하고 있는 난관 가운데 가장 안타까운 점은 현 지도자들이 고집스럽게 자신의 정책을 실행 가능한 유일한 것이라고 주장하거나 자신들이 정치적 소용돌이에 휘말려 지금까지의 입지가 흔들리지 않을까 걱정하는 것이다.

이런 파렴치한 지도자 가운데 가장 대표적인 인물은 아마도 장클로드 융커일 것이다. 그는 룩스리크스Lux Leaks[1]가 폭로된 이후 다음과 같은 놀라운 사실을 털어놓았다. 즉 자신이 룩셈부르크 총리로 재임할 당시 인근 국가의 조세를 이용하는 것 이외에 다른 선택의 여지가 없었다는 것이다. 왜냐하면 잘 알다시피 산업이 기울었기 때문에 자신은 룩셈부르크를 위한 새로운 발전 전략을 짜야만 했는데, 룩셈부르크가 세계의 조세피난처 가운데 하나가 되는 것 이외에 다른 선택의 여지가 없었다는 것이다. 수십 년 전부터 탈공업화를 추진하고 있는 인근 국가들이 이를 평가할 일이다.

그러나 사과를 하는 것만으로는 충분치 않다. 왜냐하면 유럽의 제도 자체에 문제가 있고, 유럽의 민주적 재수립만이 사회적 발전을 가능케 하는 정책을 이끌어낼 유일한 방법이라는 사실을 인정할 때이기 때문이다. 룩스리크스 사건과 같은 일이 다시 발생하지 않기를 원한다면, 세무에 관한 만장일치 제도에서 벗어나고 대기업에 대한(그리고 이론적으로는 최고소득자와 최고재산가에 대해서도) 과세 결정을 다수결 원칙에 따라야 한다. 그리고 룩셈부르크나 다른 국가들이 이를 거절한다 할지라도, 이를 원하는 국가들이 새로운 방향을 추구하는 데 있어 핵심 그룹으로 부상하고 재정적 불투명성을 그대로 유지하려는 국가에 징계를 가하는 것을 방해해선 안 된다.

건망증이 가장 심한 나라는 독일이고 그다음은 프랑스다. 1945년 이 두 국가의 공공부채는 GNP의 200퍼센트를 넘어섰다가 1950년에는 30퍼센트 이하로 떨어졌다. 도대체 무슨 일이 있었던 것인가? 이만한 양의 부채를 갚을 수 있는 예산 흑자를 갑자기 끌어내기라도 했단 말인가? 절대 그렇지 않다. 독일과 프랑스가 지난 세기의 부채를 모두 청산할 수 있었던 것은 인플레이션과 단순한 부채 상환 거부를 통해서였다. 만일 이 두 국가가 GNP의 1~2퍼센트를 빚을 갚는 데 더 쓰려 했다면, 여전히 빚더미 위에 있을 것이며, 제2차 세계대전 이후에 들어선 정부가 성장하기 위해 투자하는 것도 매우 힘들었을 것이다. 하지만 남유럽 국가는 그들이 갖고 있는 공공부채를 최후의 1유로까지 갚아야 한다고 2010~2011년부터 주장해온 것이 바로 이 두 국가다. 이는 편협한 이기주의에 불과하다. 왜냐하면 지나치게 빠른 속도로 적자를 줄이고 전혀 작동하지 않는 징계 시스템을 그대로 유지함으로써 유럽을 긴축재정 상태에 빠트린 독일과 프랑스의 압력으로

2012년 가결된 새로운 예산조약은 유로존에 속하는 국가에 경기후퇴라는 결과를 안겨다주었다. 반면 미국과 유로존에 속하지 않은 유럽연합 국가들의 경제는 다시 활기를 찾기 시작했다.

이 두 국가 가운데 누가 더 위선적인가? 단연 프랑스 지도자들이 더 위선적이라고 할 수 있다. 왜냐하면 책임을 서로 나누어야 함에도 불구하고 프랑스는 모든 잘못을 독일에 떠넘기기만 했기 때문이다. 이전 조항 대부분이 수정되고 새로운 조항이 첨가된 이 새로운 예산조약은 독일과 마찬가지로 남유럽 국가에 대해 이기적인 선택을 한 프랑스의 동의가 없었더라면 채택되지 못했을 것이다. 왜냐하면 매우 낮은 이자율을 적용하기 때문에 이자를 서로 나누어 지불한다는 것이 아무 의미가 없기 때문이다. 실제로 금융시장이 마음대로 이용할 수 있는 서로 다른 18가지의 공공부채와 18가지의 이자율로는 단일통화가 제대로 작동할 수 없다. 교육, 혁신, 친환경기술에 대규모 투자를 해야 한다. 그런데 이와는 정반대의 현상이 나타나고 있다. 현재 이탈리아는 부채 이자를 지불하는 데 GNP의 6퍼센트를 쓰는 데 반해 대학 전체에 쓰는 비용은 GNP의 1퍼센트가 될까 말까 한 수준이다.

그렇다면 2015년 정책 방향에 영향을 줄 만한 것들에는 무엇이 있을까? 크게 세 가지 가능성이 있다. 새로운 금융위기, 좌파에서 유발된 정치적 대립 혹은 우파에서 유발된 정치적 대립이 그것이다. 현 유럽의 지도자들은 두 번째 경우가 단연 가능성이 높다는 것을 염두에 두어야 할 것이다. 왜냐하면 스페인의 포데모스Podemos당이나 그리스의 시리자Syriza당처럼 오늘날 좌파 여기저기서 나타나는 정치적 움직임은 기본적으로 국제적인 사안이며 유럽연합에 유리하게 작용할 수 있는 사안이기도 하다. 이런 정치적 움직임을 거부할 것이 아니라, 오히려 유럽연합을 민주적으로 새롭게 창립하기 위한 윤곽을 잡고자 이러한 움직임을 활용해 일처리를 해나가야 한다. 그렇지 않으면 우파로부터 발생하는 훨씬 더 골치 아픈 충격에 휩싸일 가능성이 있다. 왜냐하면 투표 방식을 고려해볼 때, 국민전선이 2015년 12월에 있을 지방선거에서 표를 쓸어갈 가능성이 매우 크기 때문이다. 물론 12월은 소원을 비는 달이기 때문에 이런 상황이 발생하지 않기를 바랄 수도 있다. 극우파인 국민전선이 표를 쓸어가게 되면 프랑수아 올랑드는 2012년 자신이 저지른 잘못을 인정하고 결국 유럽 대륙을 위한 혁신적인 계획안을 만들기 위해 남유럽 국가에 손을 내밀 것이다.

1. 다국적기업 340곳이 유럽 여러 나라에서 발생한 수익을 세율이 낮은 룩셈부르크로 옮겨 수십억 달러의 세금을 탈루했다는 국제탐사보도언론인협회ICIJ의 폭로로 촉발된 탈세 스캔들을 이른다.

국제정치

나머지 유럽 국가에 민주혁명 전파하기

그리스 시리자당[1]의 이번 총선 승리는 아마도 유럽의 정세를 변화시키고, 유럽의 활기를 갉아먹고 있는 긴축재정 상태를 타파할 수 있는 전환점이 될 것이다. 더구나 포데모스당[2]의 상승세가 두드러지면서 2015년 말 스페인에서 치러질 선거에서도 이와 비슷한 결과가 나올 것이 예상되는 상황이므로 더욱 그렇다. 하지만 남유럽 국가에서 시작된 이 민주혁명이 문제의 흐름을 실제적으로 바꿀 수 있으려면, 현재 프랑스와 이탈리아에서 정권을 잡고 있는 중도좌파 정당이 적극적인 태도를 취하고 현 상황에서 자신들이 책임져야 할 부분을 정확히 판단해야 한다.

구체적으로 말하자면 이 정치권력들이 2012년에 채택된 예산조약은 실패작이라는 것을 강력하게 주장하고 유로존의 진정한 민주적 재수립을 위한 새로운 계획안을 안건으로 제시하기 위해선 이번 기회를 움켜잡아야 한다. 적자에 대한 엄격한 기준과 세제에 관한 만장일치 규정 때문에 옴짝달싹 못하는 현행 유럽 제도 안에서 사회적 발전을 끌어낼 수 있는 정책을 실행한다는 것은 완전히 불가능하다. 독일과 벨기에에 불평을 늘어놓는 것만으로는 부족하다. 새로운 규정을 제시해야 한다.

사실, 단일 통화를 사용하는 순간부터 적자 등급의 선택과 우리의 사회경제적 정책이 지향할 방향을 일치시켜야 한다. 간단하게 말해서 공동 선택은 공개 토론을 거쳐—물론 반대 의견도 수용하면서—공정하고도 민주적인 방법으로 이루어져야 한다는 것이다. 단, 2011~2012년 이후 적자를 지나치게 빠른 속도로 감축하고 유로존 국가의 전반적인 경기후퇴 현상을 야기했던 기계적인 규정과 자동적인 제재를 적용하지 않는다는 조건 하에서 말이다. 이런 조치의 결과는 다음과 같았다. 즉 처음 목표로 했던 것과는 반대로 유로존 이외의 지역(미국을 포함한 유로존 이외의 국가)에선 실업률이 낮아진 반면 유로존 지역의 실업률은 급격히 치솟았고 공공부채 또한 증가했다.

적자 등급과 공공투자 수준을 결정하는 것은 정치적 결정 사안으로, 경제 상황에 빨리 적응할 능력을 갖추어야 한다. 이 선택은 유로존 의회 내에서 이루어져야 하며, 각 국가의 유로존 의원 수는 정확하게 그 국가의 인구에 비례해 결정된다. 이런 시스템을 이용했더라면, 지금 우리가 맞닥트리고 있는 긴축재정 상태의 어려움이 지금과 같이 크지는 않았을 것이고, 성장은 증가하고 실업률은 낮아졌을 것이다. 이런 공공경영(거버넌스)을 통해 GNP의 60퍼센트가 넘는 공공부채의 공동관리(동일한 이자율을 결정하고 앞으로 있을 수 있는 난국을 예방하기 위해)와 유로존에 속하는 기업에 대한 동일한 법인세 부과(이는 조세덤핑을 막을 수 있는 유일한 방법이다)가 가능해질 것이다.

안타깝게도 현재 프랑스와 이탈리아 정부가 유로존 조직을 근본적인 면에서 문제 삼지 않은 채 그리스 부채를 가볍게 다루면서 이번 그리스 사태를 특별한 경우로 취급하려고만 하고 있어 자못 불안하다. 그들이 이런 행동을 취하는 이유는 계속해서 2012년 채택된 예산조약이 잘 작동되고 있다는 식으로 몰고 왔는데, 이제 와서 자신들이 한 말을 취소하기가 겁이 나기 때문이다. 그래서 그들은 조약 변경은 너무나 복잡한 일이라고 설명할 것이다. 2012년 새로운 예산조약이 만들어지는 데 6개월밖에 안 걸렸고, 새로운 규정이 실행되기 전이라도 긴급한 조치를 얼마든지 취할 수 있음에도 불구하고 말이다. 그렇더라도 지금이야말로 극우파의 새로운 공격을 받기 전에 서둘러 잘못을 인정해야 할 때다. 만일 프랑스와 이탈리아가 유로존을 민주적으로 새롭게 정립하자는 취지에서 그리스와 스페인에 손을 내밀면, 독일은 결국 이런 타협안을 받아들일 수밖에 없을 것이다. 오늘날 유로존의 재정립을 위한 건전한 토론이 이루어지지 않고 있는 것은 확실한 주장과 예측이 결여되어 있기 때문이다.

또한 이 모든 것은 현재 반대 입장에 서 있는 스페인 사회당의 태도에 따라 달라질 수도 있다. 스페인 사회당이 그리스 사회당보다는 자신의 목소리를 더 확실하게 낼 수 있는 위치에 있는 것이 사실이긴 하지만, 최근 여론조사에 의하면 제1정당으로 등극할 가능성이 높은 포데모스당과 연합하지 않고서는 다음 선거에서 승리를 거두기 힘들다는 사실을 받아들여야 한다. 여기서 "정당의 쇄신은 가끔 필요하다. 그리고 이 모든 것에서 나오는 실행 프로그램만이 중요하다"라는 말은 큰 의미가 없다.

그리고 특히 유럽중앙은행이 발표한 새로운 계획이 문제를 해결하기에 충분할 거라는 예단은 금물이다. 각기 다른 18개의 공공부채와 18개의 이자율이 존재하는 곳에서 단일 통화 시스템을 적용한다는 것은 기본적으로 불안정하다. 유럽중앙은행이 자신의 역할을 하려고 하지만, 인플레이션과 성장을 재활성화하기 위해서는 예산 활성화가 필수적이다. 그렇지 않으면 유럽중앙은행이 새로 발행한 수십억 유로는 소비자물가 상승에 대해선 아무런 영향을 끼치지 못한 채 몇몇 자산에 거품만 끼게 할 우려가 있다. 현재 유럽에 있는 재산은 혁신과 교육에 투자되어야 한다. 이를 위해서는 의회 내에서 다수결 원칙에 따라 결정된 사항에 의해 보장되는 유로존의 정치연합과 예산연합이 필요하다. 하지만 이 모두를 일개 중앙은행에 요구할 수는 없다.

1. 그리스의 정당으로, 정식명칭은 '급진좌파연합'(줄여서 '시리자')이다. 2004년 그리스의 좌파, 급진좌파 정당의 연합체로 시작해 2015년 1월 총선에서 승리해 집권당이 되었다. 반자본주의, 사회주의, 세속주의를 표방하며 현 유럽의 정책인 긴축정책에 반대하고 있다.

2. 2014년 1월 창당한 신생 좌파정당으로, 당명은 '우리는 할 수 있다'라는 뜻이다. 불과 1년 만에 스페인의 양대 정당을 위협하는 정치세력으로 약진했으며, 2015년 12월 총선에서 돌풍을 일으킬 전망이다. 긴축정책에 반대하는 급진좌파정당이라는 점에서 그리스의 시리자와 함께 큰 주목을 받고 있다.

언론사 구하기

언론과 민주주의를 새로운 기반 위에 올려놓기 위한 디지털혁명의 최상의 방안은 무엇일까? 쥘리아 카제[1]는 활기차고 긍정적인 관점으로 가득 찬 그다지 두껍지 않은 저서에서 우리에게 이런 질문을 던진다. 그녀는 이 책에서 현 위기 상황을 연대기적으로 설명하면서, 권력 분할과 적극적인 출자에 기반을 둔 디지털 시대를 위한 새로운 형태의 발전이 가능하다는 것을 보여준다.[2] 물론 최근의 상황이 그리 녹록지만은 않다. 광고 판매와 수익이 줄어들면서 언론은 점차 백만장자의 탐욕스런 주머니 속으로 들어가고 있는데, 이렇게 되면 보통 언론의 질과 독립성 훼손이라는 문제가 발생한다. 이미 오래전에 프랑스 국영방송 TF1이 건설업과 방송통신사업 기업인 부이그Bouygues 그룹으로, 『르피가로』는 항공기 제작 기업인 다소Dassault 그룹—이 기업 또한 국가 주문생산에 강한 집착을 보이고 있으며 정치권과 깊은 관계를 맺고 있다—으로 넘어갔다는 것은 주지의 사실이다.

프랑스 최고 경제일간지인 『레제코Les Echos』는 2007년 이후 프랑스 최고 부자인 베르나르 아르노Bernard Arnault(LVMH 회장)의 소유가 됐다. 최근에는 베르제Bergé-니엘Niel-피가스Pigasse[3]가 『르몽드』를 매입했고 르두Ledoux-드라이Drahi[4]는 『리베라시옹』을 사들였다. 명품, 통신, 금융, 부동산 분야 등에서 대부호들은 많은 자산을 확보했고 사람들은 이 마음씨 좋은 대주주들이 신문을 구해줄 거라고 생각하고 있다. 쥘리아 카제가 지적하는 문제점은, 이렇게 되면 권력이 몇몇 사람에게만 집중되는데, 이들이 항상 능력을 갖추고 있거나, 특히 이해관계에 무심한 것은 아니라는 사실이다. 이 '구원자들'은 특히 회사에 필요한 정원 이외의 직원은 가차 없이 해고하는 경향이 있으며, 권력을 남용하는 좋지 않은 버릇을 갖고 있다. 최근 『르몽드』 기자들이 '스위스리크스Swiss Leaks' 스캔들이라는 이름으로 세금 도피에 관한 폭로기사를 낸 것에 대해 불편한 심기를 드러내면서, 베르제는 "내가 그들에게 '독립성을 부여'했던 것은 이런 기사나 쓰라는 게 아니었다"라고 담담한 어조로 말했다(이는 베르제가 인수하고 나서야 『르몽드』가 독립성을 얻게 됐다는 얘긴데, 그렇다면 창간인인 뵈브메리Beuve-Méry와 편집위원들은 무덤 속으로 들어가야 한다). 『리베라시옹』의 주주인 르두 또한 기자들을 무시하는 발언을 한 사실을 사람들은 또렷이 기억하고 있다. "나는 이자들에게 돈을 지불하는 모든 프랑스인을 증인으로 삼고 싶다." 또한 이들은 혹평을 받는 살아 있는 신문이 호평은 받지만 폐간된 신문보다 낫다는 데 뜻을 같이하고 있다. 그렇다면 가만히 앉아서 탄식만 하고 있을 것인가? 우선 지금의 위기 상황을 장기적인 관점에서 바라봐야 한다. 언론은 스스로 새로운 모습으로 거듭나야 한다는 점과 언론의 현재는 과거에 의해 만들어진 것이라는 점에 대한 쥘리아 카제의 지적은 이번이 처음이 아니다. 그녀는 또한 1950년대 이후 미국 신문의 광고 수입(GNP의 몇 퍼센트로 표시되는)이 줄어들고 있다는 점을 지적한다.

하지만 신문이 거대 주주의 손아귀에서 확실하게 벗어날 수 있는 방법이 존재했던 것 또한 사실이다. 『가디언』(세계에서 가장 많은 판매부수를 기록하는 일간지 가운데 하나로, 한 재단이 이를 매입했다) 혹은 『우에스트-프랑스Ouest-France』(프랑스 최대 일간지로, 법률협회인 '아소시아시옹 루아 1901Association loi 1901'이 소유하고 있다)가 좋은 예가 된다. 이 두 경우를 참작해, 이를 디지털 시대에 적용하는 방법을 생각해볼 수 있다. 재단이나 협회의 장점은, 기부자들이 이바지한 부분에서 생기는 이익을 챙길 수 없다는 것(그래서 자본이 고갈되지 않는다)과 기부자들이 재단이나 협회에 많은 공헌을 했다고 해서 그들에게 의결권이 주어지지는 않는다는 것이다. 1956년 뵈브메리가 "이렇게 함으로써 기부자는 자신의 순수한 의지를 표시할 수 있고 모든 의혹의 눈초리에서 벗어날 수 있다"라고 지적했듯이 말이다. 이 모델이 갖고 있는 한계점은 경직성이다. 즉 최초 설립자들이 이사회를 구성한 이후 신입회원을 뽑지 않고 계속 자신들만이 협회나 재단을 운영한다는 것이다. 그래서 재단과 주식회사의 중간 형태인 비영리 언론 기업(혹은 주식회사 형태의 재단인 '퐁닥시옹fondaction')이라는 새로운 형태의 언론사를 만들자는 주장이 나오고 있다. 즉 자본출자가 제한되고 배당금이 주어지지 않지만(재단에서처럼), 의결권은 주어지는(주식회사에서처럼) 언론사 말이다. 단 의결권은 소액 자본출자자에게는 일정 비율 이상으로 상승하는 반면, 대주주에게는 상한선이 엄격하게 제한될 것이다(예를 들어 자본의 10퍼센트가 넘는 액수를 출자한 사람 가운데 3분의 1만이 의결권을 갖는 방식을 생각해볼 수 있다). 이렇게 하면 과거 수많은 언론사와 협력적 구조체계를 망가트렸던 평등주의적 환상에서 완전히 벗어나 적극적인 자금 조달(크라우드펀딩crowdfunding)을 활성화할 수 있다. 사실 1000유로 기부자가 100유로 기부자보다 많은 권한을 갖고, 1만 유로 기부자는 1000유로 기부자보다 더 많은 권한을 갖는 것은 당연한 일이다. 중요한 점은 1000만 유로 혹은 1억 유로를 기부한 사람들이 모든 권한을 행사하지 못하도록 해야 한다는 것이다. 또한 기부금에 대한 세금 감면 혜택을 볼 수 있는데, 이를 통해 언론사에 대한 불분명한 지원 시스템을 객관적이고 투명한 지원 시스템으로 대체할 수도 있다. 이 새로운 모델은 언론사 이외에도 개인 재산의 개념과 자본주의의 민주적 극복 가능성에 대해 다시 한 번 생각해볼 수 있는 계기를 마련해주고 있다.

1. 프랑스 여성 경제학자. 현 파리 정치대학 시앙스 포Sciences Po 조교수.

2. Julia Cagé 『Sauver les médias. Capitalisme, financement partipacif et démocratie』, Le Seuil, coll. la République des idées, 2015—원주.

3. 피에르 베르제는 이브생로랑 사의 창업자이자 사회운동가, 자비에 니엘은 좌파 성향의 인터넷 뉴스 사이트 두 개를 소유하고 있는 기업가, 마티외 피가스는 라자트 투자은행의 최고경영자다. 이 좌파 트리오가 2010년 『르몽드』를 인수했다

4. 브뤼노 르두는 영화 제작자이자 값비싼 부동산을 소유하고 있는 자산가, 파트리크 드라이는 프랑스 억만장자이자 통신기업 알티스의 회장이다.

룩스리크스 폭로자 앙투안 델투르를 지지하며

-토마 피케티, 에바 졸리Eva Joly, 다니엘 콩방디Daniel Cohn-Bendit, 에드워드 스노든Edward Snowden[1]

우리는 룩셈부르크 정부가 현지 다국적기업의 탈세에 은밀히 협조한 사실을 한 기자에게 폭로해 기소된 앙투안 델투르Antoine Deltour를 지지한다.

앙투안 델투르는 대형 회계사무소에서 근무할 당시 룩셈부르크 정부가 묵인한 탈세 시스템을 발견했다. 적법한 것처럼 위장된 이 시스템은 현행 세제의 결함을 이용해 많은 양의 세수稅收를 갈취함으로써 국민에게 손해를 입히고 있었다. 신중하고 온화한 성품의 소유자이며 회사 내에서는 능력을 인정받는 사원이었던 앙투안 델투르는 자신이 다니던 회사의 사장과 룩셈부르크에 오명을 뒤집어씌우려 했던 것이 아니라 시스템의 부당함을 알리려 했던 것이다. 이런 불공정한 세제 관행에 대해 반드시 공개 토론을 해야 한다고 생각했던 그는 아무런 사심 없이 행동했으며 최고 5년의 수감생활과 125만 유로의 벌금형을 받을 위험까지도 감수했다.

그의 폭로는 국제 세제에 관한 논의를 근본적으로 바꾸어놓았다. 독일, 프랑스, 이탈리아의 재무부 장관은 유럽위원회의 긴급조치를 촉구했다. 12월 유럽위원회의 재정경제부 집행위원인 피에르 모스코비치Pierre Moscovici는 "룩스리크스는 우리에게 '세제 조정에 힘쓰기 위한 정치적 기회와 책임'을 부여했다"라고 발표했다. 이렇게 탈세 혹은 세금 도피와 싸우면서 유럽위원회는 확실한 정치적 우위를 점할 수 있었고, 3월에는 조세 투명성에 관한 일련의 조치를 내놓을 것으로 보인다.

한편 2월 12일 유럽의회는 룩스리크스 사건에 따른 특별위원회 설치에 동의했다. 만일 이 특별위원회에 약 200명의 유럽의회 의원들이 처음에 주장했던 조사위원회의 광범위한 권한이 없다면, 이 위원회는 조사 권한을 위임받아 45명의 유럽의회 의원들에게 6개월간 유럽 세법 위반 가능성에 대한 조사를 하게 할 수 있다. 이런 정치적 결과는 룩스리크스 증거자료를 폭로하는 것이 공공의 이익에 부합한다는 사실을 보여준다. 우리는 사심 없이 룩스리크스의 위험 징후를 알린 앙투안 델투르의 용단에 박수를 보낸다. 이 사설을 통해 우리는 앙투안 델투르에게 가해진 제재가 정치적인 면에서 부당하며, 도덕적인 면에서도 받아들여질 수 없다는 사실을 분명히 한다. 왜냐하면 앙투안 델투르는 단지 책임 있는 시민으로서 행동했고 유럽 시민의 보편적 이익에 커다란 기여를 했기 때문이다.

서명자란에는 스위스리크스[2]의 폭로자인 에르베 팔치아니Hervé Falciani, 사회당 소속의 하원의원인 얀 갈뤼Yann Galut, UBS 스캔들[3]을 폭로한 스테파니 지보Stéphanie Gibaud, 프랑스 대중운동연합 소속 상원의원인 세드릭 페랭Cédric Perrin, 기자이자 작가인 드니 로베르Denis Robert

등이 포함되어 있다.

우리가 펼치는 활동에 참여하기를 원한다면, change.org/soutenonsantoinedeltour과 support-antoine.org를 참조하라.

1. 에바 졸리는 프랑스 녹색당 대표, 다니엘 콩방디는 1968년 프랑스 학생운동 주동자, 에드워드 스노든은 미 국가안보국 내부 고발자다. 이 칼럼은 피케티가 이들과 함께 발표한 공동성명의 성격을 띤다.

2. 영국 금융기관인 HSBC의 스위스 지점에서 발생한 탈세 방조 및 고객 정보 유출 사건.

3. 스위스의 금융기업인 UBS가 악덕 거래인으로 인해 20억 달러 이상 손실을 입은 사건.

서민층의 이중고

서민층은 왜 정부 여당에게서, 특히 그들의 입장을 옹호한다고 주장하는 중도좌파당들에게서 등을 돌리고 있는가? 이유는 간단하다. 중도좌파당들이 서민층의 입장을 오래전부터 옹호하지 않기 때문이다. 지난 수십 년 동안 서민층은 이중고를 겪었는데, 경제적 고통이 정치적 고통보다 더 컸다. 선진국에서 가장 혜택을 받지 못하는 사회집단에게는 경제적 변화가 그다지 긍정적인 요소로 작용하지 않았다. '영광의 30년'이라는 이례적인 성장 시기가 끝나고 신흥국가에서는 탈공업화 현상이 나타났으며 북유럽에서는 비숙련공에 대한 고용 상황이 매우 나빠졌기 때문이다. 반면 금융자본과 문화자본을 많이 소유하고 있는 집단은 세계화의 혜택을 최대로 받을 수 있었다. 두 번째 문제점은 정치적 변화가 이런 경향을 더욱 가중시켰다는 것이다. 가장 피해를 많이 입은 집단에게 보다 많은 혜택이 돌아갈 수 있도록, 시대 변화 속에서 가장 많은 혜택을 입은 계층에게 보다 많은 것을 요구함으로써 공공제도, 사회보장시스템 그리고 이에 따른 정책 모두가 새로운 상황에 적응하도록 하는 방법을 생각해볼 수 있었는데도 말이다. 어찌 됐든 결과는 그와는 정반대로 나타났다.

국가 간의 경쟁력 강화를 이유로 들어, 각국 정부는 정부의 결정에 그대로 따라야만 하는 집단(중산층과 서민층)의 불이익은 고려하지 않고 가장 유동성이 높은 납세자(매우 숙련되고 세계화된 임금근로자, 자본 소유자)에게 집중하는 현상을 보였다. 이런 현상은 모든 사회보장정책과 공공서비스에서도 나타난다. TER[1]에 대한 투자는 급격히 줄어드는 반면, TGV에 대한 투자는 계속 늘고 있는 것, 학교와 대학은 관심 밖으로 밀려나는데도 엘리트교육 전문과정은 계속 활성화되고 있는 추세 등이 그렇다. 그리고 이는 물론 전체적인 자금 조달 문제와도 관련이 있다. 1980년대 이후 세제 누진성은 많이 떨어졌다. 즉 최고소득에 적용되는 세율은 뚝 떨어진 반면, 최저소득에 적용되는 간접세는 점차적으로 증가했다. 반대급부가 전혀 없는 금융규제 완화와 자본유통의 자유화로 인해 이런 변화는 더욱 가중되었다.

지역과 국가 간에 점점 더 고조되고 있는 경쟁 원칙을 전적으로 수용하고 있는 유럽의 제도도 마찬가지로 이런 경향을 부추겼다. 이런 현상은 기업이윤세에서 확실하게 나타난다. 기업이윤세율은 1980년대 이후 반 토막이 났다. 또한 최근 룩스리크스 스캔들에서 나타났듯이 대기업은 보통 공식적인 세율을 적용받지 않는다는 사실을 분명히 알아야 한다. 실제로 중소기업에 적용되는 세율은 거대자본에 기초한 대기업에 적용되는 세율보다 훨씬 높다. 세금을 많이 낼수록 공공서비스를 덜 받는다니, 국민이 박탈감을 느끼는 것은 당연한 일이다. 이런 박탈감 때문에 유로존 국가에서뿐만 아니라 유로존 이외의 국가에서(스웨덴의 경우처럼) 극우 정당이 세를 불릴 수 있고 3당연립체제에 대한 바람이 커지는 것이다. 그렇다면 어떻게 해야 하는가?

우선 근본적인 사회민주적 개혁 없이는 유럽식 제도가 서민층을 대변하기가 점점 더 어려워진다는 점을 인정해야 한다. 유로존을 움직이는 '4명의 대통령'(유럽위원회, 유럽중앙은행, 유럽이사회, 유로그룹)에 관한 최근 보고서를 이런 관점에서 해석해보면 특히나 맥이 빠진다. 노동시장과 재화시장의 경직성을 줄이는 '구조적 개혁'에 대해 알고 있고, 개혁을 이끌어낼 방법을 찾아내는 것만으로 충분하다는 것이 일반적인 생각이다. 하지만 이에 관한 예측은 분명하지 않다. 지난 수년간 유럽의 실업률은 급격히 상승한 반면 미국의 실업률은 상당히 하락했는데, 이는 무엇보다도 미국이 예산을 훨씬 더 탄력적으로 운영했기 때문이다.

유럽의 앞길을 가로막고 있는 것은 무엇보다도 반민주적 속박이다. 예산 기준의 경직성, 조세 안건에 관한 만장일치 규정, 무엇보다도 미래에 대한 투자 부족 등을 해결해야 한다. 상징적인 예를 하나 들어보자. 에라스무스 프로그램Erasmus Programme[2]은 실행가치가 충분했지만 지원금은 턱없이 부족했다(연 20억 유로가 다였다. 반면 부채 이자로는 연 2000억 유로를 쏟아부었다). 유럽은 지금 혁신, 청년 문제, 대학에 대규모 투자를 해야 할 시점에 있는데도 말이다. 유럽을 다시 건설하기 위한 어떤 타협점도 찾지 못한다면, 유럽이 붕괴될 수도 있다는 상상이 현실로 나타날지도 모른다. 몇몇 지도자가 그리스를 유로존에서 탈퇴시키려는 움직임을 보이고 있다. 모든 사람이 2012년 협정 내용이 적용 불가능하다는 사실(그리스는 기초재정흑자를 통한 GNP의 4퍼센트를 지불하지 않을 것이다. 협정 내용에 따르면 그리스는 앞으로 수십 년 동안 이 정도를 지불해야 한다)을 잘 알고 있음에도 불구하고, 이에 관한 내용을 다시 검토하자는 제안을 거절하고 있는 사실을 보면 알 수 있다. 이런 모든 문제에 대해 프랑스가 아무런 대책도 내놓지 않고 있기 때문에 엄청난 욕을 듣고 있는 것이다. 12월에 있을 지방선거에서 프랑스가 극우 정당의 손에 넘어가는 것을 팔짱을 낀 채 바라보고만 있을 수는 없다.

1. 기차 여행 안내사이트.

2. 1987년부터 시작된 유럽연합의 학생교환 프로그램으로 점차 교수, 대학원 교류로 확대되고 있다.

재정

부채는 갚아야만 하는가?

물론 이 질문에 대한 답변은 분명하다. 즉 갚지 못한 부채에 대한 대가를 지불하는 것 이외에 다른 대안이 없는 경우, 특히 유럽조약에 내용이 명시되어 있는 경우에 부채는 어쨌든 갚아야만 한다. 하지만 흥미롭긴 해도 억울하게 사람의 이목을 끌지 못하고 있는 분야인 공공부채의 역사를 슬쩍 훑어보기만 해도 사안이 훨씬 복잡하다는 것을 알 수 있다.

첫 번째 고무적인 사실은 과거의 공공부채는 현재의 공공부채보다 훨씬 더 많았으며, 우리는 매우 다양한 방법을 통해 항상 이 부채의 늪에서 빠져나왔다는 것이다. 이런 방법은 예산 흑자를 지속적으로 쌓아나감으로써 이자를 조금씩 갚아나가다 나중에 부채 원금까지 갚는 장기 부채상환방법과, 상환 기간을 줄이기 위한 일련의 방법—인플레이션, 특별세, 단순 계약파기—을 사용하는 단기 부채상환방법으로 나눌 수 있다.

특히 관심을 끄는 경우는 1945년에 독일과 프랑스의 공공부채가 약 2년 치의 국내총생산(GNP의 200퍼센트)—이는 오늘날 그리스와 이탈리아의 공공부채보다 더 많은 수준이다—에 이르렀던 때다. 1950년대 말부터 이 공공부채는 GNP의 30퍼센트 이하로 떨어졌는데, 이 같은 공공부채의 급격한 감소가 예산 흑자를 축적했기 때문이 아니라는 것은 분명하다. 이 두 국가는 일련의 단기 부채상환방법을 사용했던 것이다. 1945~1950년 독일과 프랑스가 시행한 매우 강력한 인플레이션 정책이 주요한 역할을 했다. 『리베라시옹』에 따르면 1940~1945년 프랑스는 개인 자본에 특별세를 부과했는데, 이 특별세의 세율은 최고자산에 대해선 25퍼센트, 부당이득에 대해선 100퍼센트에 이르렀다. 이 두 국가는 다양한 형태의 '부채 구조의 재조정'이라는 방법을 사용했는데, 이 용어는 순수하게 채권 전체 혹은 일부를 파기하는 행동을 가리키기 위해 금융가들이 만든 기술적 용어다(보통 '헤어컷'이라고 하기도 한다). 1953년 영국이 독일에 대한 대외 부채의 상당 부분을 탕감한 것이 좋은 예다. 전쟁 이후 독일과 프랑스가 부채에 대한 부담 없이 국가를 재건하고 성장시킬 수 있었던 것은 바로 이 단기 부채상환방법, 특히 인플레이션 정책 덕분이었다. 이렇게 해서 독일과 프랑스는 1950~1960년대에 공공인프라, 교육, 경제발전 등에 투자를 할 수 있었다. 그럼에도 불구하고 이 두 나라는 오늘날 남유럽 국가들에게 공공부채는 인플레이션 정책과 같은 다른 예외적인 조치 없이 마지막 1유로까지 상환해야 한다고 주장하고 있다.

현재 그리스는 약간의 기초재정흑자 상태를 유지하고 있다. 즉 그리스인은 공공지출비용보다 약간 더 많은 세금을 내고 있는 것이다. 2012년 유럽협정에 따르면 그리스는 앞으로 수십 년 동안 GNP의 4

퍼센트에 해당되는 엄청난 양의 흑자를 빚을 갚는 데 쏟아부어야 할 것으로 추정된다. 이는 불합리한 방법으로, 프랑스와 독일은 (아주 운좋게) 단 한 번도 이런 방법으로 부채를 해결하려 한 적이 없다.

이런 어처구니없는 역사 건망증 환자인 독일은 분명 무거운 책임감을 느껴야 한다. 하지만 프랑스가 반대 입장을 표명하면 결코 독일에 책임을 물을 수가 없다. 우파에서 좌파로 이어지고 있는 프랑스 정부는 이 상황을 판단해 진정한 민주적 유럽을 다시 건설할 방법을 제안할 능력이 없는 것으로 보인다.

편협한 이기주의로 인해 독일과 프랑스는 남유럽 국가를 제대로 대우하지 않을 뿐만 아니라 자신들도 대우를 받지 못하고 있다. GNP의 약 100퍼센트에 해당되는 공공부채를 떠안은 채 인플레이션은 전혀 일어나지 않고 있으며 성장은 지지부진한 상태인 이 두 국가는 앞으로 수십 년간 미래에 대한 자신들의 경제활동 능력과 투자 능력을 확보하는 데 주력할 것이다. 가장 황당한 점은 2015년 유럽의 부채가 1945년의 경우처럼 주로 유럽 내부의 부채라는 것이다. 물론 국가 간의 교차 소유가 이루어지면서 다음과 같은 전대미문의 제안이 나오기에 이르렀다. 즉, 프랑스 은행 예금자는 독일과 이탈리아 부채의 일부를 소유하고 독일과 이탈리아 금융기관은 프랑스 부채의 상당 부분을 소유하는 식의 방법을 취하자는 것이다. 하지만 유로존을 하나의 전체로 생각한다면, 우리가 우리 자신의 빚을 소유하게 되는 것이다. 게다가 우리가 유로존 이외의 지역에서 소유하는 금융자산이 유로존 이외의 국가가 유로존에서 소유하는 금융자산보다 더 많아지게 된다. 앞으로 수십 년 동안 유로존 안에서 생긴 부채를 유로존 안에서 해결하느니 유로존을 재구성하는 것이 우리가 해야 할 일이다.

조세제도

근로 장려금: 또 다른 개혁 실패

정부는 아주 복잡 미묘해 보이는, 경쟁력 강화와 고용 촉진을 위한 세액 공제CICE 정책과 마찬가지로 대통령 임기 5년 가운데 가장 실패한 개혁 가운데 하나가 될 근로 장려금 정책을 가결할 예정이다. 우리는 이 두 가지 모두 즉흥적이고 무능력하며 파렴치한 정책이라고 생각하는데, 이번에 도입하려고 하는 근로 장려금 정책은 임금근로자에게 손실을 안겨줄 것이다. 정부는 야심찬 세제 개혁을 거부하는 오류를 범하고 말았다. 그나마 기대를 걸 만한 부분은 사회당 의원들이 조금이라도 정책 입안자의 모습에서 벗어나 정책 시행자의 모습을 보일 경우다. 그래야 이 정책은 보다 나아질 여지가 생긴다.

정부는 노동소득세액공제PPE 정책과 고용연대소득RSA: Revenu de solidarité active 정책—이 두 정책은 저임금근로자의 추가 소득을 보장하기 위해 만들어졌지만 모두 제 기능을 발휘하지 못하고 있는 상태다—을 근로 장려금 정책 하나로 통합하려 하고 있다.

노동소득세액공제의 장점은 절차가 간단하고 자동적이라는 점이다. 즉 임금과 가족 상황에 관한 조건을 충족시키고 소득 신고란에 표시만 하면, 임금근로자는 자동적으로 노동소득세액공제 혜택을 볼 수 있다. 반면 문제는 프랑스가 원천징수를 일반화하지 않은 유일한 선진국이라는 점으로, 따라서 소득세를 1년 뒤에 부과하고 이에 따라 노동소득세액공제 혜택 또한 1년 뒤에 받을 수 있게 된다는 것이다. 2000년대 초 노동소득세액공제율을 올린 이후 차기 정부들은 2008년부터 동결했는데, 이를 통해 정부는 저임금근로자에게 많은 혜택을 돌릴 수 있었다.

고용연대소득은 이와는 정반대의 문제점을 안고 있다. 최저통합수당RMI: Revenu minimum d'insertion을 받고 있는 이들에게 저임금 일자리를 마련해주기 위해 만들어진 고용연대소득은 원칙적으로 매 분기마다 총액을 조정할 수 있는 가족수당기금에서 관리한다. 하지만 여기에 해당되는 임금근로자 대부분이 고용연대소득을 요구하지 못하고 있는 실정이다. 아마도 절차가 너무 까다롭고 신청자가 저임금근로자라는 낙인이 찍히는 것을 두려워하기 때문인 것으로 보인다. 공식 평가에 따르면, 수당 수급 자격이 있는 임금근로자의 겨우 3분의 1만이 고용연대소득의 실질적인 혜택을 보고 있다. 이런 법적 권리를 거부하는 행위 덕분에 차기 정부들은 별 부담 없이 최극빈자들에게 혜택을 돌릴 수 있다.

그렇다면 정부는 어떤 조치를 취해야 할까? 대강 설명하자면, 노동소득세액공제를 없애고 그 공백을 현 고용연대소득과 같은 기능을 하는 근로 장려금으로 대체하는 것이다. 다시 말해, 정부는 청구 비율이 너무 낮은 시스템을 보편화하는 잘못을 저질렀다. 정부는 수많은 저임금근로자가 아무런 혜택도 받지 못할 거라는 사실을 분명히 알고 있는데, 이러한 사실을 고려해 제대로 된 정책을 수립해야 한다.

여기서 방법은, 최소한 근로 장려금이 보편적 사회보장분담금과 원천징수액보다 낮게 책정될 임금근로자를 위해 보편적 사회보장분담금과 사회보장분담금을 인하하여 근로 장려금으로 대체하는 것이다. 이렇게 함으로써 모든 해당 임금근로자는 보다 많은 실질임금을 받을 수 있게 되고 청구를 하지 않음으로써 발생하는 제반 문제가 사라질 것이다.

많은 사람이 관련된 이 정책의 구체적인 예를 하나 들어보자. 최저임금을 받는 상근직 근로자는 매월 약 1460유로의 총 급여를 받는다. 여기서 보편적 사회보장분담금과 사회보장분담금으로 약 300유로(총 급여의 약 22퍼센트)—이 가운데 약 120유로(총 급여의 8퍼센트)가 보편적 사회보장분담금에 해당된다—이상을 제해야 하기 때문에 결과적으로 손에 쥐는 실질임금은 1160유로가 된다. 근로 장려금 제도를 시행하게 되면 최저임금을 받는 독신 상근직 근로자는 신청을 한다는 조건 하에 매월 130유로의 근로 장려금을 받게 된다. 최저임금근로자의 실질임금에서 매월 300유로 이상을 확실한 방법(원천징수)으로 제한 다음 매월 근로 장려금 130유로를 불확실한 방법으로 근로자들에게 돌려주는 것은 어떤 의미를 갖고 있는가? 최저임금 생활자의 보편적 사회보장분담금과 사회보장분담금을 월 130유로로 낮추는 조치는 상당히 긍정적인 효과를 낼 것이다. 또한 이렇게 되면 저임금근로자는 국가의 혜택이나 보조를 받아 살아가는 자가 아닌, 무거운 세금(보편적 사회보장분담금, 분담금, 부가가치세 그리고 그 이외의 간접세)을 내는—조세피난을 하거나 세금 특혜를 보는 자들보다 대체로 훨씬 더 많은 세금을 내는—사람들과 동등한 대접을 받을 수 있게 된다는 점이 분명해진다.

그런데도 정부는 왜 저임금근로자를 위한 보편적 사회보장분담금 세율 인하라는 방법을 취하지 않고 있는가? 낮은 퇴직연금 수령자를 위한 세율 인하 정책이 이미 시행되고 있고 의원들이 결정만 한다면, 이 시스템은 임금근로자에게도 완벽하게 적용할 수 있다. 사실 정부는 이미 약속은 했지만 실행에 옮기기가 꺼려지는 세제 개혁 속으로 조금씩 끌려들어가는 것을 두려워하고 있다. 정부는 수많은 저임금근로자의 권리를 빼앗는 행위를 그만두어야 한다.

제2부

2010~2011

조세제도

헌법적 판단과 세금

헌법재판소는 국회에서 채택한 조세개혁안을 의결할 권한이 있는가? 물론 탄소세의 경우는 그렇다고 할 것이다. 사실 정부가 제정한 세금은 세금 앞에서 법적 평등이라는 원칙을 파기할 가능성을 충분히 지니고 있다. 오염 물질을 가장 많이 배출하는 대규모 산업체는 유럽 배출량 할당제를 따른다는 이유로 '사실상' 탄소세 대상에서 면제됐다. 하지만 이렇게 무료로 지급받은 할당량이 언제 유료로 바뀔지는 아무도 모른다. 이는 속이 뻔히 들여다보이는 술책이다. 그렇다고 해도 세제 논의에 특히 정치적인 측면이 부당하게 개입되는 것은 경계해야 한다.

세금 앞에서 법적 평등이라는 원칙은 상당히 모호하기 때문에, 무조건적으로 헌법적 판단을 하면 논리가 결여된 결정을 내리게 된다. 결국 2000년 조스팽 정부는 국회 의결을 통해 보편적 사회보장분담금에 대한 대대적인 개혁을 단행했는데, 이는 '사실상' 보편적 사회보장분담금을 비례세에서 누진세로 전환하는 것이었다. 훗날 보편적 사회보장분담금과 소득세를 통합한다는 가능성을 열어둔 채 법정최저임금의 1.4배보다 낮은 임금에 대해 세금 공제 혜택을 줌으로써 저임금근로자의 순임금과 구매력이 증가한다는 논리였다. 이에 대해 헌법재판소는 다른 결정을 내렸다. 즉 저임금근로자에 대한 보편적 사회보장분담금 인하는 가족 상황을 전체적으로 고려한 것이 아니라 오직 개인 임금 수준만을 고려한 것이기 때문에, 이 법안은 폐기되어야 한다는 것이다.

그럼에도 많은 의무징수액이 가족 상황을 고려하지 않는다는 점(부가가치세율 인하, 저임금에 대한 사회보장기금의 고용주 분담금 감면 등), 소득세와 재산세에 대한 큰 폭의 감세 조치에 대해선 아무런 언급도 없다는 이유로 헌법재판소의 판결은 호응을 얻지 못하고 있다. 더구나 의무세는 세금 앞에서 법적 평등이라는 원칙을 심각하게 훼손하는 세금상한제에 대해 침묵하고 있다(그렇다면 어떤 세금에 평등 원칙을 적용하고 어떤 세금에는 적용하지 않아야 하는지?).

2000년 불신임 결과는 다음과 같다. 보편적 사회보장분담금은 비례세로 그대로 두고, 대신 이에 대한 대응책으로 조스팽 정부는 노동소득세액공제를 도입했다. 그리고 고용연대소득(최저소득자 혹은 무소득자를 위한 사회보장제도)으로 보험료를 축적해갔는데, 오늘날까지도 이는 매우 복잡한 문제로 남아 있다(한편으로는 보편적 사회보장분담금 명목으로 최저임금 생활자에게서 한 달 치 임금을 떼고, 다른 한편으로는 이에 대한 보상으로 소득재분배 과정을 통해 그들에게 다시 분배된다). 이에 대해선 파리 정가의 '현자들' 책임이 크다.

키르히호프 사건은 이보다 더 극단적인 단면을 보여주고 있다. 기존의 세금 문제에 관해 분명하게 반대 입장을 표명하는 세무법률가 파울 키르히호프Paul Kirchhof는 2005년 선거 유세 기간 중 앙겔라 메르켈 총리 집권 시 재무부 장관으로 유력했던 인물인데, 그는 최고소득에 대한 세율을 25퍼센트로 제한하는 '일률과세'를 도입하자는 충격적인 제안을 내놨다. 정치적인 측면에서 볼 때, 물론 이 의견에 관심을 두는 사람은 아무도 없었다(이 의견에 대해 독일 국민은 거의 관심을 보이지 않았다. 그리고 메르켈은 독일 사회민주당과 연합 관계를 형성하고 이 정치 신출내기와는 거리를 두어야 했다). 하지만 이 사건의 중요한 점은 1995년 바로 이 키르히호프가 헌법재판소 재판관으로 있으면서 50퍼센트가 넘는 모든 (직접)세금에 위헌 판결을 내렸다는 사실이다. 이렇게 해서 수백만 유로를 세수로 잡아 금고에 넣고 나머지 절반은 인권이라는 명목으로 쓰였다.

1932~1980년 고소득층에 평균 82퍼센트가 넘는 세율을 적용했던 것과는 상관없이 미국은 반세기 동안 여전히 민주국가 체제를 유지하고 있지 않았던가? 이 사건은 독일에서 많은 소란을 일으켰으며, 헌법재판소 재판관들은 1990년 이후 키르히호프의 판결을 폐기했고 2006년에는 세율 책정 문제는 자신들의 권한 밖이라고 결정했다. 그런데 사르코지는 이 사실을 여전히 모르고 있었던 것이 분명하다. 이 일련의 사건이 주는 교훈은 세금 앞에서 법적 평등 원칙에 대해 일반인들은 쉽게 생각하고 말할 수 있지만, 재판관은 이 원칙을 매우 신중하게 고려해야 한다는 것이다. 그리고 특히 헌법재판소의 불안한 정당성을 유지하기 위해 지나치게 특정 정당에 치우치거나 특정 정치색을 띠는 법관을 임명하는 행위—현재 국가 지도부에 이런 경향이 매우 강하게 나타나고 있다—를 피해야 한다.

금융

전례 없는 은행 이윤: 정치적 문제

얼마 전, 프랑스는 물론이고 유럽에서도 가장 큰 BNP 파리바 은행은 2009년에 2007년 수준인 80억 유로의 이윤을 기록했다고 발표했다. 몇몇 사람은 벌써 승리감에 도취되어 있다. 어찌 됐든 은행이 파산하지 않고 건재하다는 것만으로 좋은 일이 아닌가? 물론이다.

하지만 이 이윤이 어디서 왔는지를 이해하려고 하는 것은 쓸데없는 짓이다. 유럽 10대 은행의 이윤은 2009년에 약 500억 유로였다. 여기에 미국 10대 은행의 이윤을 합치면 1000억 유로에 달한다. 2009년 미국과 유럽에선 경기후퇴 현상이 나타나고 있었는데, 어떻게 이만한 이윤이 발생할 수 있었을까? 설명은 간단하다. 즉 경제위기 상황에서 중앙은행은 일반은행에 매우 낮은 금리로 돈을 빌려주었는데, 일반은행이 이 돈을 다른 관계 집단—가계, 기업 그리고 특히 국가—에 높은 금리로 다시 빌려줬던 것이다.

주먹구구식이나마 전체적인 크기를 가늠할 수 있는 간단한 계산을 해보자. 2008년 9월에서 12월 사이 유럽중앙은행과 미 연방준비은행은 약 2조 유로(이는 미국과 유럽 GNP의 약 10퍼센트에 달하는 액수다)를 새로 발행했고, 일반은행에 3개월에서 6개월간 약 1퍼센트의 금리로 대부됐다. 대부기간은 대체적으로 2009년 내내 갱신됐다. 2010년 2월 미 연방준비은행과 유럽중앙은행의 결산보고는 2009년 초보다 약간 낮은 수준이었다.

일반은행에 대부된 이 2조 유로는 일반은행에 평균 5퍼센트의 이자 수익을 안겨줬는데, 그 이유는 일반은행은 이 돈을 관계 집단에 5퍼센트의 이자율로 빌려주었기 때문이거나 혹은 일반은행이 진 빚(이자율 5퍼센트)을 갚는 데—이는 결국 5퍼센트의 이자 수익을 얻는 것과 같다—썼기 때문이다. 그래서 여기서 생긴 이윤이 800억 유로(2조 유로의 4퍼센트)가 되는데, 이는 2009년 일반은행에서 얻은 이윤의 80퍼센트에 해당되는 액수다. 또한 보다 낮은 금리를 적용하면 이윤의 많은 부분을 설명할 수 있을 것이다.

중앙은행들이 처신을 잘못했다는 것은 아니다. 왜냐하면 새로운 유동성이 연이은 파산과 경기후퇴가 경기불황으로 이어지는 상황을 막았을 가능성이 있기 때문이다. 정부가 더 이상의 위기 발생을 막기 위해 금융을 강력하게 통제하고 은행에 회계자료(그리고 세금자료)를 요구할 수 있게 되었을 뿐만 아니라 정부가 은행에 진 빚을 갚을 수도 있게 됐다는 조건 하에서 말이다.

논리적으로 생각해볼 때, 이렇게 하지 못했더라면 국민은 이 같은 일련의 상황이 경제적으로 불합리하다는 생각을 갖게 될 가능성이 크다. 왜냐하면 은행 이윤과 상여금은 증가한 반면 일자리 공급과 임금은 여전히 열악한 상태를 벗어나지 못해 이제는 공공부채를 갚기 위해 허리띠를 졸라매야 하기 때문이다. 이 공공부채는 은행가들이 저질러놓은 터무니없는 금융 실책을 만회하는 과정에서 발생했는데, 아일랜드와 그리스 은행가들은 국가 경제 상황을 고려하지 않은 채 납세자들에게 약 6퍼센트의 이자율을 부과하기까지 했다. 그리스 납세자들은 이유도 모른 채 골드만삭스Goldman Sachs의 공공회계 조작에 3억 유로를 지불했다.

내 생각이 선동적이라고 보는가? 그렇지 않다. 이는 확인된 사실일 뿐이다. 국민이 은행을 신뢰하도록 하기 위해선 번지르르한 정치적 입장 표명 이외에 다른 것이 필요하다. 1월에 야심찬 은행 규제 계획을 발표한 것을 보면 오바마는 이를 잘 이해하고 있다. 하지만 이 계획을 발표한 이후 그의 정치적 입지는 좁아졌다. 유럽에서는 유럽중앙은행이 공채증권을 구입하기 위해 신용평가기관(그리스 사태를 서둘러 발표했던)에 계속 의지한다는 사실은—사실 유럽중앙은행 규약에는 이를 강제하는 어떤 내용도 들어 있지 않다—이제 더 이상 아무 의미가 없다.

그리스 사태가 터지자 유럽중앙은행은 이런 상황에서 자신이 꼭 필요한 존재라고 유럽을 설득했다. 시장이 프랑, 독일의 마르크, 이탈리아의 리라 등을 이용하게끔 내버려두는 것이 사태를 해결하는 데 아무 도움이 되지 않는다는 사실을 모르는 사람은 없다. 이제 유럽중앙은행은 진정한 유럽 경제 지배 구조에 의거해 행동함으로써 유럽 금융시장에 대한 자율권을 얻어낼 수 있다.

미국의 공권력은 신중하지 못하다. 미 연방준비은행이 자신의 의견을 시장에 물어보지도 않고 국고 채권을 매입하기 위해 1년 전부터 3000억 달러를 찍어낸 것을 보면 말이다. 유럽도 4~5퍼센트의 인플레이션 비율 유지가 부채 탕감보다 낫다는 사실을 받아들여야 한다. 그렇지 않으면 유럽은 또 한 번의 대가를 치러야 할 것이다. 유럽인들이 어떤 행동을 취할지는 두고 볼 일이다.

2010 / 3 / 23

재정

그리스인은 게으르지 않다

요컨대 그리스인이 생산하는 것보다 더 많이 소비한다는 면에서 보면 그리스인을 게으르다고 할 수 있다. 그들은 더구나 공공예금을 증가시킨다는 환상을 심어주면서 공공예금을 마음대로 사용하는 정부를 지지하고 있다. 당신의 이웃이나 형제가 자신이 버는 것보다 더 많이 소비한다면 그들에게 돈을 더 빌려주는 것이 과연 소용이 있을까? 이제 호의호식하는 생활을 그만두고 엄격한 노동과 가치 관련법Loi du travail et du mérite을 받아들여야 할 때가 아닐까?

대내적인 가족 윤리에 근거한 이런 형태의 은유(노동에 대한 게으름, 재벌 2세의 방탕한 생활)는 분명 전형적인 반어법이다. 예로부터 부자들은 가난한 사람들을 이렇게 비난했다. 그리스에서 상황이 바뀐 것이라곤 하나도 없다. 21세기 자본주의의 복잡성과 금융위기에 직면한 상태에서, 이런 교훈적인 은유법이 오늘날 일상의 고리를 넘어 퍼져나가고 있다는 점을 제외하곤 말이다. 세상이 어떻게 변화할지 전혀 알지 못할 때는 가장 단순한 원칙으로 돌아오고 싶은 마음이 들게 마련이다. 언론의 맹공격을 받고 있는 그리스 총리는 베를린 방문 당시 다음과 같이 말했다. "그리스인의 유전자는 독일 나치의 유전자보다 게으르지 않다." 정치동맹 관계에 있는 국가의 수반들 사이에서는 거의 사용하지 않는 이런 강력한 발언은 아직 그리스 사태에 관심을 갖고 있지 않은 사람들을 설득하기에 충분하다.

국내에서나 통할 법한 이런 은유적 표현은, 자본주의는 개인적인 차원과 마찬가지로 국가 차원에서도 가치를 따질 사안이 아니라는 주장을 내포하고 있다는 점에서 문제가 된다. 천만의 말씀이다. 두 가지 이유를 들어 간단히 요약해볼 수 있다. 즉 초기 유산의 전횡과 특히 자본수익과 같은 몇몇 물가의 전횡 말이다.

우선 초기 유산의 전횡에 대해 살펴보자. 그리스는 외국 지분율이 지속적으로 높다. 수십 년 전부터 다른 나라가 그리스에서 소유하는 기업, 부동산, 금융자산 등이 그리스가 해외에서 소유하는 것보다 많다. 그 결과 그리스 국민이 소비하고 저축하는 데 사용하는 국민소득은 국내생산보다 낮은 수치를 기록한다(이는 이자와 배당금을 다른 나라에 지불하고 난 뒤의 결과다). 따라서 그리스 국민은 자신이 생산하는 것보다 더 많이 소비할 수가 없다.

그리스의 경우, 국내생산과 국민소득 간의 차이는 위기가 발생하기 전 약 5퍼센트에 이르렀다(이는 현재 그리스에 요구하고 있는 예산 조정 비율의 두 배에 해당된다). 또한 이는 외국인 투자에 모든 것을 기대했던 아일랜드와 같은 나라나 몇몇 남유럽 국가에서 나타난 현상보다 20퍼센트나 높은 수치다. 이자와 배당금의 유출은 과거 투자의 결과물일 뿐이기 때문에 그리스의 채무자와 그의 자녀들이 외국 채권자에게 자국 생산량의 일정 부분을 떼어주는 것은 정당하고도 당연하다고 반박할 수도 있다. 물론 이와 마찬가지로 세입자의 자녀가 집주인의 자녀에게 끊임없이 집세를 내는 것이 정당하고 당연하다고 주장할지도 모른다.

자본수익의 전횡에 대해 살펴보자. 그리스 사태는 무엇보다도 그리스 납세자들에게 갑자기 이자율이 6퍼센트가 넘는 그리스 공공부채를 감당하게 함으로써 발생한 결과물이다. 그리스 국내생산은 2000억 유로 정도다. 세계 10대 은행이 각기 운용할 수 있는 자산은 2조 유로가 넘는다. 시장의 중개인이 조금만 조작을 해도 한순간에 특별 명목으로 3퍼센트가 아닌 6퍼센트의 이자율을 부과할 수 있는데, 이렇게 되면 한 국가에 위기가 닥치는 것은 시간문제다.

이런 시스템 때문에 우리는 커다란 난관에 부딪히게 되는데, 그러므로 가족적 도덕적 가치관에 의지하는 것은 우리를 위기에서 구할 수 있는 방법이 될 수 없다. 결국 해결책은 국가재정 상태에 따라 달라진다. 유럽은 예산 연방주의를 모색해야 한다. 하지만 이 제도는 IMF가 아닌 유럽 채권 발행을 통해, 언젠가는 통화주의 혁명을 통해 이루어져야 한다. 은행을 구하려고 통화기관은 은행에 0~1퍼센트의 저금리로 돈을 무한정 빌려주었다. 이는 잘한 일이다. 하지만 이후 유럽 납세자들(그리스나 독일 납세자들)에게 공공부채를 갚기 위해 몇 년간 허리띠를 졸라매야 하는 이유를 분명하게 설명하기가 힘들어졌다.

퇴직연금: 모든 것을 다시 상세히 검토하자

퇴직연금정책심의회COR: Conseil d'orientation des retraites는 일부러 극단적이고 비관적인 전망을 내놓았는가? 실제로 문제가 되는 것은 프랑스기업운동이나 공포감을 조장하려드는 단체들과 같은 우파가 만들어낸 기만적 설명이다. 요컨대 퇴직연금정책심의회의 보고는 우리가 이미 알고 있는 것을 재확인하는 데 그쳤다. 2030년까지 퇴직연금 문제를 해결하기 위해 분담금 비율을 5퍼센트 올리거나 5년을 더 일하거나 아니면 이 두 가지를 한꺼번에 실행하는 것으로 충분하다. 2050년이 되면 이 두 수치 모두 두 배로 증가하게 된다. 이런 예상치는 사실 매우 부정확하다. 하지만 퇴직연금정책심의회는 최선을 다했고, 이 대략적인 수치가 미래 예측의 유용한 안내서가 되기엔 충분하다. 현재 우리는 매달 총임금의 25퍼센트를 퇴직연금 분담금으로 내고 있다. 이 비율을 지금부터 2030년까지 30퍼센트, 2050년까지 35퍼센트로 늘린다면, 모든 부족분을 메울 수 있다. 물론 예상대로 되리라는 보장은 전혀 없다. 왜냐하면 여기엔 서서히 증가하는 미래 구매력의 상당 부분이 고려되지 않았기 때문이다. 이 증가율이 앞으로 20년 동안 연 1퍼센트를 넘지 않는다면, 분담금 인상 폭은 4분의 1로 줄어들 것이다. 그렇다면 이에 관한 논쟁을 벌일 필요가 없지 않은가?

여기에는 복잡한 문제들이 도사리고 있는데, 우선 몇 가지 선택이 가능하다는 것이다. 지금부터 2030년까지 한편으로는 분담금 인상 폭만을 조정하고, 다른 한편으로는 은퇴자의 고용률을 높이는 두 가지 방법을 동시에 취할 수 있다. 다행히 자기 직업을 좋아하는 사람들에게는(앞으로 이런 사람이 점점 더 늘어날 거라고 기대할 수도 있다), 퇴직연금을 받는다는 것이 직장에서 해방된다는 것을 의미하지 않는다. 문제는 노동시간 연장에 관한 논의가 있은 뒤 더 많은 시간을 일하지 못하는 노동자들에게 벌칙을 가할 수 있게 됐다는 점이다. 이런 관점에서 보면 퇴직연금을 수령하는 법적 연령을 높이는 것은 최악의 해결책이 될 것이다. 현 정부가 분담금 인상에 관한 그 어떤 논의도 허용하고 있지 않다는 점을 고려하면, 우리는 지금 불통의 벽에 갇혀 있는 것이나 마찬가지다.

두 번째는 지금과 같은 경기침체기에 근로자의 임금에서 분담금을 공제하는 정책은 극히 부적절하며 부당한 처사다. 2010~2020년 퇴직연금 적자의 많은 부분이 '베이비붐 세대'의 은퇴로 발생할 것이기 때문이다. 이 충격에 미리 대비를 해두어야 한다. 퇴직연금 예비비가 조스팽 정부 당시 만들어졌지만 2002년부터 적립이 끊겼다. 2007년에는 무책임한 예산편성이 극에 달했다. 수십억 유로를 아무 생각 없이 새로운 감세 조치와 불필요하며 해롭기까지 한 경비(추가시간, 대부이자) 지출에 책정한 반면 예비비에는 단 한 푼도 책정하지 않았다. 이런 조치를 없애는 것에서부터 개혁을 시작해야 한다. '베이비붐 세대'의 충격을 완화하기 위해 얼마 전 마르틴 오브리Martine Aubry가 제안한 특별자금 조달(금융 이윤과 소득을 통한)은 절대적으로 정당하다. 하지만 석유제품 수익과 은행 수익에 과세하는 것만으로는 2030년 혹은 2050년에 퇴직연금의 균형을 맞출 수 없다. 게다가 이는 정상적인 방법도 아니다. 왜냐하면 노동과 퇴직연금 간의 긴밀한 관계를 유지하려면, 분담금이 자금 조달의 주요 원천이 되는 것이 바람직하기 때문이다. 여기서 정책 복잡성의 세 번째 문제를 확인할 수 있는데, 이것이 가장 중요하다. 현행 시스템에서는 퇴직연금으로 돌아가는 분담금과 국민소득 비율에 관한 건전한 토론을 벌이기가 매우 어렵다. 이유는 간단하다. 관련 제도가 난립(임금근로자, 비임금근로자, 공공, 개인, 관리직, 비관리직)해 있고 현행 규정이 너무 복잡해, 아무도 분담금과 연금 총액 간의 관계를 이해하지 못하기 때문이다.

그래서 상세한 재검토가 필요하다. 공공정책연구소Institut des politiques publiques 소장 앙투안 보지오Antoine Bozio와 나는 퇴직연금 분담금 개인계좌 시스템을 적용해 많은 단점이 있는 스웨덴 시스템을 개선한 단일 제도를 제안했다.[1] 하지만 예전 임금에 대체비율을 적용하는 형태로 여러 제도를 하나의 제도로 통합할 수도 있다. 모든 근로연수를 고려하면, 이 방법이 장기근무를 하는 사람과 고된 직종에서 근무를 하는 사람에게는 가장 정당한 방법이며, 따라서 두 가지 선택이 동등한 가치를 갖게 된다. 퇴직연금 분담금의 보편화를 제안함으로써(건강보험과 가족수당에 대한 분담금의 보편화를 제안했던 것처럼 그리고 앞으로는 실업보험의 보편화—이를 통해 복지 사각지대를 많이 줄일 수 있다—를 제안해야 하는 것처럼 말이다), 좌파는 퇴직연금에 관한 주도권을 잡을 수 있고 자신들이 단기 금융정책뿐만 아니라 장기간에 걸친 균형정책에도 관심을 갖고 있다는 것을 보여줄 수 있다.

1. 토마 피케티는 앙투안 보지오와 함께 『새로운 연금제도에 관하여Pour un nouv-eau système de retraite』를 저술했다.

재정

유럽의 반시장정책

결국 유럽 국가들은 엄격한 정책 실행을 이어나가고 있다. 그 유명한 1935년 라발Laval 시행령 이후 잊혔던 공무원 임금 인하와 같은 강력한 정책이 늘어나고 있다. 그런데 이런 정책은 항상 실패로 끝난다는 것을 우리는 이미 학교에서 배워 알고 있다. 이런 정책은 경기침체 현상을 더욱 악화시킬 뿐이기 때문에, 결국 시행 전보다 더 큰 손해를 입힌 채 제자리로 복귀하게 될 것이다.

유럽은 어떻게 이런 불합리한 상황에 처하게 되었는가? 그리고 이를 극복하기 위해 앞으로 어떻게 해야 하는가? 가장 중요한 점은 유럽 정부가 금융시장과 대등한 관계에서 싸울 수 있는 능력을 갖추어야 한다는 것이다. 이를 위해 유럽의회를 위시한 유럽 기관의 국가재정법 계획 심사를 받아야 한다면, 그렇게 해야 한다.

자체적으로 만든 금융상품에 대해 가격 책정조차 하지 못하는 시장을 27개 회원국의 공공부채라는 이름으로 계속 편승하도록 내버려두는 것은 아무런 의미가 없다. 유로화가 탄생하자 사람들은 시장의 신축성이 줄었다고 생각했다. 실제로 시장이 프랑, 마르크, 리라 환율에 따라 움직였다면, 오늘날 상황은 훨씬 더 안 좋았을 것이다

하지만 이제는 다음 단계, 즉 진정한 유럽 공채의 발행 단계로 넘어가야 한다. 그럴 경우, 유럽연합은 2008~2010년 위기 때 생긴 부채 초과량—국가별로 GNP의 20~30퍼센트에 달한다—을 감당할 수 있게 된다. 그리고 각 회원국은 이를 통해 지속적으로 공공재정을 안정화시킴으로써 재기의 발판을 마련할 수 있다.

각국은 점차 이런 방식으로 해결책을 찾으려는 방향으로 나아가고 있는데, 그만큼 이 방법이 확실하다는 뜻이다. 유럽의 지도자들은 이제 법률 문구에 지나치게 구속되는 경향에서 벗어나 조약의 해석에 유연성을 보여줄 준비가 되어 있는 것으로 보인다. 이는 사실 거의 모든 부분에 예외적 상황을 허용하는 것이나 마찬가지다. 하지만 진행이 너무 느리다. 사람들은 여기에 7500억 유로를 쏟아부을 것이라는 5월 10일 계획안에 벌써 도취되어 있다. 이 액수는 사실 유럽 GNP의 5퍼센트를 겨우 넘는 정도밖에 안 된다. 요컨대 지나치게 느슨한 공약이라고 하지는 않겠다. 위원회에서 유럽연합 이름으로 어느 정도 직접 대출이 가능한 액수는 500억 유로(이는 유럽 GNP의 0.5퍼센트에도 못 미친다)밖에 되지 않는다. 또한 국가 쌍방 간 융자에 관한 애매한 계약 문제가 남아 있는데, 이런 경우는 IMF를 통해 문제를 쉽게 해결할 수 있다.

또한 자금 조달에 관한 문제를 분명히 해야 한다. 유럽연합이 GNP의 20퍼센트를 국채로 갖고 있다고 가정해보자. 그러면 어떤 자금으로 이 부채를 갚을 수 있단 말인가? 각 국가는 자국의 GNP에 따라

유럽 예산 분담금을 내기 때문에, 이는 뱀이 자신의 꼬리를 무는 형국, 즉 아무것도 해결할 수 없는 상태가 되는 것이다. 국가 세금을 올리는 대신 유럽 세금(예를 들어 유럽 기업의 이윤세로 10퍼센트를 책정하면 충분할 것이다)을 만들어야 하는데, 이에 관한 논의가 이미 진행 중이다. 특히 중요한 점은 유럽 공채를 통해 낮은 금리로 대출을 해줄 수 있다는 것이다. 더구나 이미 국채를 사들이기 시작한 유럽중앙은행이 유럽 공채를 낮은 금리로 구매하는 방법을 유지하는 것 외에는 다른 선택의 여지가 없다는 상황에서는 말이다. 이것이 바로 미 연방준비은행이 2009년 초부터 써왔던 방법이다. 연방준비은행은 수천억 달러의 국채를 제로 금리로 구입함으로써 자국 납세자의 부담을 줄여주었는데, 이를 통해 미국은 유럽보다 일찍 경기침체에서 빠져나왔다. 현재 상황에선 공채의 일부분을 통화로 정하는 것 외에는 다른 해결책이 없다.

그리고 기존의 생각과는 달리 높은 인플레이션이 화폐 발행의 판도를 바꾸는 것은 아니다. 불경기에 접어들었을 때는 특히 디플레이션 소용돌이에 말려드는 것을 조심해야 한다. 2008년 9월부터 12월까지 유럽중앙은행과 미 연방준비은행은 약 2조 유로(유럽과 미국 GNP의 10퍼센트에 해당되는 금액이다)에 달하는 돈을 새로 찍어내 이 돈을 일반은행에 제로 금리로 빌려주었다. 이로 인해 추가적인 인플레이션 없이 일반은행의 줄도산을 막을 수 있었다. 현재로서도 국가를 구하기 위해선 이와 같이 해야 한다. 결국 이런 해결책을 취하게 될지 혹은 시간이 얼마나 걸릴지 내기를 한번 해보자.

금융

중앙은행에 대한 재고

중앙은행은 우리를 구할 수 있을 것인가? 확실치는 않지만 불가능할 것이다. 하지만 중앙은행이 현 위기 상황을 극복해나갈 해결책의 일부를 갖고 있는 것은 사실이다. 과거의 기억을 더듬어보면, 예전부터 국가가 돈을 마련하는 데는 두 가지 방법이 있다. 세금을 내게 하거나 화폐를 찍어내는 방법이다. 일반적으로 세금을 내게 하는 것이 바람직한 방법이다. 인플레이션이 발생하면 돈을 많이 찍어내게 되는데, 이로 인해 소득이 저평가됨으로써 비싼 대가를 지불해야 하는 결과를 제어하기가 힘들다는 점, 무역과 생산의 구조 체계가 혼란에 빠진다는 점이 문제다. 인플레이션이 한번 진행되면 이를 멈추기가 힘들 뿐만 아니라 이익이 발생하지도 않는다.

1970년대 연 인플레이션 비율은 10~15퍼센트에 달했는데, 이로 인해 경기침체 현상이 발생하고 실업률이 올라갔다. '스태그플레이션' 국면이 지속적으로 이어지면서 정부와 국민은 중앙은행이 공권력으로부터 '독립적으로' 운영되어야 한다는 데 공감했다. 낮은 인플레이션 비율(1~2퍼센트)을 유지하기 위해 중앙은행은 통화량을 서서히 그리고 규칙적으로 늘려나가는 것에 만족해야 한다는 의미에서 볼 때 말이다. 그렇다고 해서 중앙은행이 민영화되어야 한다고 주장하는 사람은 아무도 없었다(1936년까지 프랑스 은행은 개인 주주가 소유했다). 미국과 마찬가지로 유럽중앙은행은 전적으로 국가 소유다. 그리고 국가는 중앙은행의 위상을 결정하고 은행장을 임명한다. 대신 중앙은행에서 생기는 이윤을 챙긴다. 국가는 중앙은행에 인플레이션 비율을 낮게 유지하라는 제한적인 위임 권한만을 부여했다. 민간 분야와 마찬가지로 국가에 대규모 융자를 해주던 시절은 마침내 끝난 것 같았다. 중앙은행은 더 이상 현실 경제에 끼어든 시도를 해선 안 되었던 것이다.

2008~2010년 세계 금융위기는 1970년대의 스태그플레이션에서 유래된 중앙은행에 대한 소극적 견해를 완전히 무산시켰다. 리먼브라더스가 파산한 이후 2008년 9월부터 12월까지 세계에서 가장 큰 두 중앙은행의 규모는 두 배로 커졌다. 미 연방준비은행과 유럽중앙은행의 총 대부 자산은 대략 미국과 유럽 GNP의 10~20퍼센트를 넘었다. 줄도산을 막기 위해 이렇게 몇 달 만에 조성된 약 2조 유로의 새로운 유동자산은 제로 금리로 민간은행에 대부되었고, 채무 지불만기일은 점점 더 늘어났다. 이렇게 많은 돈을 찍어냈는데도 왜 추가적인 인플레이션은 발생하지 않았을까? 이는 아마도 세계경제가 디플레이션 경향의 경기불황에 막 접어들었기 때문일 것이다. 중앙은행은 은행의 운영 정지와 물가의 폭락 그리고 경제활동의 와해와 같은 상황의 발생을 막아냈다. 중앙은행은 독보적인 그들의 역할을 각인시켰다. 결론

을 말하자면 중앙은행의 개입에는 그 어떤 대가도 지불되지 않았다. 즉 소비자나 납세자 그 누구도 아무 대가를 지불하지 않았던 것이다.

국가가 쌓아놓았던 적자를 이제 곧 갚아야 한다는 사실을 제외하곤, 아무도 대가를 지불하지 않았다. 이 적자분은 은행 융자의 결과가 아니라(이는 중앙은행 적자분에 비하면 제한적이다), 경기후퇴에 따른 조세 수입의 급격한 감소의 결과다. 부담을 덜기 위해 미 연방준비은행과 유럽중앙은행은 공채증권을 다시 사들여 국가에 직접 빌려주기 시작했다.

하지만 제대로 받아들여지지 않은 이런 변화는 매우 느리게 진행됐다. 공권력에 대한 비방이 불거진 지 수십 년이 지난 뒤에 사람들은 지폐를 찍어내는 것이 국가를 구하기 위한 것이 아니라 은행을 구하기 위한 것이라는 사실을 분명하게 깨달았다. 그럼에도 이 두 경우 모두 인플레이션 발생 위험은 매우 낮으며, 설사 발생한다 하더라도 통제가 가능한 상황이었다. 유럽중앙은행은 인플레이션 비율이 5퍼센트를 넘어서면 자체 금리를 인상함으로써 GNP의 20퍼센트를 경기후퇴로 인해 발생한 공채로 소유할 수 있을 것이다. 그것도 낮은 금리로 말이다. 그렇다고 해서 유럽 국가들이 자국의 국가 재정을 억제하지 않아도 된다는 의미는 아니며, 특히 언젠가는 유럽 공동채권을 발행하고 여기에 낮은 금리를 적용하기 위해 힘을 합쳐야 한다는 것을 의미하기도 한다. 하지만 유럽 국가들이 매우 경직된 채 정치적으로 문제를 해결하려 한다면, 참담한 결과로 이어질 가능성이 매우 높다. 금융위기는 자본주의와 불가분의 관계에 있다. 그리고 이런 중요 위기에 직면한 상태에서 중앙은행은 독보적인 기관으로 자리매김을 하고 있다. 물론 중앙은행이 갖고 있는 화폐발행권이라는 엄청난 권한은 철저하게 관리되어야 한다. 하지만 현 시점에서 중앙은행을 철저하게 이용하지 않는 것도 비생산적이고 비합리적인 전략이 될 것이다.

릴리안 베탕쿠르는 세금을 내는가?

현 정권과의 이권 다툼이라는 분명한 문제를 넘어, 릴리안 베탕쿠르 Liliane Bettencourt 사건은 현대사회가 직면하고 있는 몇몇 근본적인 과제를 완벽하게 설명하고 있다. 부자의 노령화, 유산의 중요성 증가, 능력주의라는 이상과 깊이 관련된 장기적인 변화, 무엇보다도 우리 조세제도에 대한 우려점 등 말이다. "사회적 차별은 오직 공익에 바탕을 둘 때만 가능하다"라고 프랑스의 인간과 시민의 권리에 관한 선언 제1조는 밝히고 있다. 80대의 릴리안과 50대인 그녀의 딸 프랑수아즈 Françoise가 로레알의 자본을 관리하고 이사 직위를 갖고 있다는 사실이 프랑스 사회와 경제에 거의 도움이 되지 않는다는 것은 분명한 사실이다. 그들은 기업인이 아니다. 그들은 단지 상속녀이자 금리생활자일 뿐이며 무엇보다도 재산 분쟁에만 몰두해 있는 질 나쁜 부류에 불과할 뿐이다. 조세제도가 합리적으로, 즉 공익에 근거해 공정하면서도 효율적으로 정비되어 있다면 논리적으로 당연히 이들에게 무거운 세금을 물려야 한다. 이렇게 함으로써 그들보다 부유하진 못하지만 그들보다 활동적인 주주들은 그들이 소유하고 있는 유가증권을 단계적으로 매입할 수 있게 된다.

하지만 상황은 정반대로 전개되고 있다. 물론 릴리안은 10년 동안 소득세와 재산세로 3억9700만 유로를 납부했다고 단호한 어조로 말했다. 그녀는 자신에게 적용된 세율이 로레알의 임금근로자를 포함해 노동으로 생활해야만 하는 모든 사람에게 적용되는 세율보다 낮다는 사실을 이해하지 못하고 있는 것이다. 몇몇 잡지에서 발표한 내용에 따르면, 그녀의 재산은 150억 유로로 추산된다. 그렇다면 10년 동안 그녀는 자산의 2.5퍼센트, 그러니까 매년 0.25퍼센트를 세금으로 냈다는 얘기가 된다. 그녀의 재산을 관리하는 재산관리인이 연평균 4퍼센트의 수익—이는 그다지 대단한 것은 아니다—을 안겨준다고 가정해보자. 이는 지난 10년 동안 그녀에게 적용된 평균세율이 연소득의 6퍼센트보다 약간 높다는 것을 의미한다(4퍼센트의 6퍼센트는 0.24퍼센트다). 이런 상황에서 릴리안 베탕쿠르가 어떻게 세금상한제 혜택을 받을 수 있었으며, 어떻게 이런 일이 벌어지고 있는가? 이유는 매우 간단하다. 세금상한제를 활용한 조세소득이라는 개념이 실질경제소득과는 아무런 관계가 없기 때문이다. 이념 때문에 혹은 무능력하기 때문에, 현 정권이 만들어낸 세금상한제는 사실상 금리생활자를 돕는 역할을 하고 있다. 릴리안이 재산을 150억 유로로 신고한다고 가정하면, 이론적으로 그녀는 재산세 명목으로 재산의 1.8퍼센트, 즉 2억7000만 유로를 세금으로 납부해야 한다. 4퍼센트의 수익률 기준으로 보면, 그녀가 매년 재산에서 얻는 실질경제소득은 6억 유로다. 하지만 릴리안에게는 그만한 돈이 필요하지 않다. 그녀의 집사, 가정부

등에 봉급을 주기 위해선 그녀의 재산을 관리하는 소시에테 클리멘 société Clymène에서 매년 나오는 이익배당금 1000만 유로로 충분할 것이기 때문이다(소시에테 클리멘은 나머지에 대해 비공개에 붙인다). 이 경우 국세청은 그녀의 과세신고소득을 1000만 유로(6억 유로가 아닌)로 책정한다. 소득세의 40퍼센트, 즉 400만 유로를 포함해 릴리안은 총 2억7400만 유로의 세금을 납부하는데, 이는 1000만 유로의 과세신고소득의 절반을 훨씬 넘는 액수다. 프랑스 대중운동연합의 지도자들이 우리에게 설명하는 부분은 편파적이다. “릴리안은 세금을 내기 위해 1년에 6개월 이상을 일한다. 릴리안이 열심히 일하는 것은 사실이다. 그래서 그녀는 세금상한제 혜택을 받을 자격이 있다. 즉 2억6900만 유로의 상속세 대부분을 그녀에게 되돌려주어야 한다.”

이런 식으로 이 세상의 릴리안들은 지극히 합법적으로 6억 유로의 소득에 대해 500만 유로 미만의 세금을 내게 된다. 이 경우 세율은 1퍼센트도 되지 않는다. 구조적으로 볼 때 금리생활자는 부를 축적하면 할수록 과세신고소득을 이용할 필요를 덜 느끼게 되고 초과징수액의 환불은 더 요구하게 된다. 이 제도는 정말로 멋진 발명품이다. 이 경우 베탕쿠르는 세금 감면 명목으로 단지 3000만 유로를 받았는데, 이는 아마도 상속세 납세신고 대상이 되는 그녀가 받은 유산이 10억 혹은 20억 유로를 넘지 않았기 때문이었을 것이다. 재산의 나머지 부분은 ‘직업’과 관련이 있다는 이유로 혹은 그녀의 딸(그녀 또한 세금상한제의 혜택을 많이 보고 있을 것이다) 이름으로 신고됐다는 이유로 세금 감면 혜택을 받았다. 안녕히 주무시길, 모든 것은 예정대로 흘러가게 될 테니 말이다.

사회보장

퇴직연금: 2012년이 빨리 오길!

정부가 주장하는 퇴직연금 '개혁'을 어떻게 규정할 것인가? 이는 장기적인 재정 균형에 대해선 아무것도 해결하지 못하는 한낱 임시방편적 조치에 지나지 않는다. 이전 개혁안(1993년 발라뒤르Balladur, 2003년 피용)과 비교해볼 때, 2010년 사르코지의 주장은 파렴치하고 불공정하기 그지없다.

정부는 믿을 수 없는 국제적 비교를 믿게끔 하려고—정부는 이에 관해 무능력하고 너그러운 미디어의 도움을 받는다—그리고 가장 설명하기 힘든 부분은 더욱 설명하기 힘들게 하려고 퇴직연금제도의 복잡성을 철저하게 활용한다. 프랑스는 연금을 계산할 때 여러 기준을 적용한다. 즉 완전노령연금을 받기 위한 분담금 납입 기간(41년), 연금 수령 최소 연령(60세), 그리고 중간에 일하지 않은 연수를 포함한 완전노령연금 수령 최소 연령(65세) 등의 기준을 적용한다. 기간에 대한 수정 조치 없이 나이를 모든 것의 근거로 삼기로 결정한 정부는, 일을 일찍 시작한 사람(60세에서 62세로)과 비정규직 근로자(65세에서 67세로)에 대한 연령 조정에 무게를 두는 규정을 선택했다.

18세부터 일을 시작한 임금근로자를 예로 들어보자. 현재 법안대로라면 그가 완전노령연금을 받으려면 60세가 될 때까지 기다려야 하는데, 이는 42년간 분담금을 납입해야 한다는 뜻이기도 하다. 하지만 개혁 법안을 적용하면 그는 62세가 될 때까지 기다려야 하고 44년간 분담금을 납입해야 한다. 반면 학업을 마치고 21세 혹은 그 이상의 나이에 일을 시작한 근로자는 개혁 법안의 저촉을 전혀 받지 않는다. 왜냐하면 이 근로자가 완전노령연금 혜택을 받으려면 41년간 분담금을 내면서 62세가 될 때까지 기다려야 하기 때문이다. 그리고 프랑스 대중운동연합에서 지겹도록 주장하는 장기 직업에 관한 대책은 이 불가피한 현실을 전혀 변화시키지 못할 것이다. 왜냐하면 이 대책은 17세 이전에 일을 시작하는 근로자만 관련 있고 분담금을 모든 경우에 41년 이상 납입하도록 하고 있기 때문이다. 더구나 어린 나이에 일을 시작하는 사람들은 보통 근로 환경이 열악한 직업을 선택하게 되고, 기대수명 또한 다른 근로자들보다 짧다는 사실을 고려해보면, 이 대책은 사리에 맞지 않는다. 흔히 쓰는 표현으로, 죄수의 머리를 물속에 처박은 다음 그가 '감사합니다!'라는 말을 할 수 있게끔 잠시 머리를 물 밖으로 꺼내는 것과 마찬가지인 것이다. 개혁안에 찬성하는 유일한 조합이 관리자총연맹CGS: Confédération générale des cadres이라는 사실은 놀랍지 않다.

마침내 진정한 대체 개혁안의 윤곽이 그려지기 시작했다는 점은 그나마 다행스럽다. 반복적으로 행해지는 임시방편적 대책에 대해 프랑스의 양대 노총(프랑스 민주노동동맹CFDT과 노동총동맹CGT)은 이제부터 프랑스 퇴직연금제도에 대해 전반적이고도 상세하게 검토할 것을 주장하고 나섰다. 이것이 장기적인 균형 상태를 보장하고 젊은 세대에게 믿음을 주며 현 위기 상황에서 확실하게 빠져나올 수 있는 유일한 전략이다. 왜냐하면 기간과 연령에 관한 규정의 복잡성 이외에 프랑스 시스템은 10여 개의 제도로 이루어져 있는데, 이로 인해 국민이 국민소득 가운데 얼마를 퇴직연금 분담금으로 내는 것이 바람직한가에 대한 건전한 토론이 불가능해지기 때문이다.

물론 다양한 관점이 구체화되고, 서로 접근을 이루어야 할 필요가 있다. 프랑스 민주노동동맹은 여러 제도를 통합하기 위해 '조직적인 개혁'을 공공연하게 주장하는 반면, 노동총동맹은 '퇴직연금 공동사무소'를 거론한다. 공무원들은 이에 대한 보장을 확실히 해야 한다. 특히 임금 보상에 관한 문제는 더욱 그렇다. 물론 이런 중요한 사회적 재창조는 강력한 민주적 정당성 없이는 이루어질 수 없다. 그래서 2012년 대선에서 법적 유효성을 인정받기를 바라는 것이다. 이런 관점에서 보면 노동조합과 정치권의 협력은 불가피하다. 퇴직연금을 받을 권리의 보편화와 '제도통합위원회' 설립을 주장하면서 사회당은 이미 이 방향으로 들어섰다.

아직도 할 일이 많이 남아 있다. 정치인들이 책임을 회피하고 분명한 목표에 가능한 한 빨리 접근하지 않는다면, 아무것도 이루어지지 않을 것이다. 왜냐하면 선거 이후에는 이런 형태의 개혁이 신속하게 이루어지는 법이 없기 때문이다. 하지만 이에 대한 기대를 저버릴 수는 없다.

재산세에 대한 차분한 논의를 위한 요소

재산세에 대한 논의는 주로 이념적이고 불합리한 다툼으로 이어지곤 한다. 최근 일어난 사건을 예로 들어보자. 프랑스 대중운동연합 소속 의원 100명이 공공재정 위기 상태를 극복하기 위해 30억 유로 이상의 세수를 포기할 것을 제안했다. 모든 사람이 국가가 이 빚을 어떻게 갚을 것인가를 걱정하고 있는 상황에서 상위 2퍼센트에 속하는 프랑스 부유층에게 30억 유로 상당의 수표를 끊어준다는 것은 생각해볼 문제였다.

토론이 특정 인물에 대한 풍자 수준에 국한된다는 것은 안타까운 일이다. 공정하고 효율적인 세제의 중요한 요소인 자산에 대한 직접 과세는 모든 선진국에서 중요한 역할을 하고 있다. 이는 주로 고정자산세라는 형태를 취하는데, 다른 선진국들은 프랑스보다 훨씬 더 높은 세율을 적용하고 있다. 프랑스 재산세는 모든 형태의 자산을 동일한 방법으로 취급하고—이는 보다 효율적이다—자산에 누진적 기준을 적용하는—이는 보다 공정하다—경향이 있다. 특정한 세금을 함부로 폐지해서는 안 될 일이다. 반대로 이 세금은 차분한 논의가 이루어진다는 조건 하에서 개정되고 개선될 수 있어야 한다. 이 부분에 많은 관심을 기울여야 할 것이다.

국립통계경제연구소와 프랑스은행에 따르면 프랑스 가계는 현재 약 9조2000억 유로의 부동산자산과 금융자산(부채를 포함하지 않은)을 소유하고 있다. 프랑스 국민의 재산은 그 액수가 9조5000억 유로에 달했던 2008년 이후 약간 줄었지만 지금도 여전히 6년 치 국민소득에 해당된다. 반면 1980년대 프랑스 국민의 재산은 4년 치 국민소득에 못 미쳤고, 1950년대에는 3년 치가 채 안 됐다. 벨 에포크 시대 이후 자산이 이렇게 중요한 위치를 차지한 적은 없었다. 반면에 임금, 소득, 생산은 30년 전부터 매우 낮은 속도로 증가해왔는데, 아마도 이런 추세는 계속될 것 같다. 이런 맥락에서 보면 근로세 부담을 줄이기 위해 자산에 훨씬 더 많은 부담을 주는 것이 사리에 맞지 않는 것은 아니다. 하지만 이에 반하는 프랑스 대중운동연합의 주장은 사리에 맞지 않는다.

현재 가계가 소유하고 있는 약 9조 유로 가운데 약 10퍼센트가 매년 재산세 명목으로 신고되고 있다. 이론적으로 볼 때 과세 대상이 되는 79만 유로 이상의 자산을 소유하고 있는 모든 가계—50만 가구(전 인구의 2퍼센트)를 약간 넘는다—는 그들이 소유하고 있는 부동산자산과 금융자산(부채를 포함하지 않은)을 신고해야 한다. 실제로 여러 위반 규정 때문에 재산세에 신고되어야 할 자산이 실질적인 경제자산보다 훨씬 적게 나타나는 현상이 발생한다. 이런 현상은 주主 주거지에 대한 30퍼센트 공제, 다양한 감세 조치, 특히 재산 소유주의 직업

유무와 상관없이 거대 재산에서 중요한 역할을 하는 '직업'에 관련된 재산의 면세 등으로 인해 나타난다. 지금부터 그 유명한 예를 하나 살펴보자. 릴리안 베탕쿠르는 자신이 소유하고 있는 실질자산을 150억 유로로 신고했지만, 재산세 명목으로는 매우 합법적인 방법을 통해 10억 혹은 20억 유로만 신고한 것이 틀림없다. 여러 자료를 비교해보면 재산세 납세의무가 있는 사람들의 실질자산은 약 2조5000억 유로로 평가되는데, 이는 프랑스 국민 총자산의 약 30퍼센트에 해당되는 액수다.

어쨌든 총 재산세 징수액이 과세 대상 자산 9000억 유로의 0.3퍼센트를 겨우 넘는 것이 현실이다. 세금을 징수하면 기업가 정신을 망가트리고 국가의 경제적 균형을 위협한다는 주장은 분명 신중하지 못하다. 대대적인 지역 편중 해소정책을 제시하는 것 또한 이와 마찬가지다. 왜냐하면 영국의 경제학자 가브리엘 주크먼의 통계자료는 재산세로 신고되는 자산이 세무 기반을 뒤흔들 수도 있다는 가정은 거의 고려하지 않은 채, 1990~2000년 내내 약간은 세무 기반을 뒤흔들 수 있을 정도의 매우 빠른 속도로 증가했다는 사실을 보여주기 때문이다. 따라서 재산세가 아파트 한 채를 소유한 불쌍한 파리 시민에 대한 세금이 된다는 것은 결코 옳지 않다. 왜냐하면 750만 유로 이상의 과세 대상 자산은 총 재산세 징수액의 약 50퍼센트의 면세 혜택을 받는 반면, 130만 유로 이하의 과세 대상 자산은 겨우 10퍼센트밖에 면세 혜택을 받지 못하기 때문이다.

아무튼 재산세가 중대한 결점을 갖고 있다는 것은 사실이다. 여러 위반 규정으로 인해 많은 자산을 갖고 있는 자산가들이 실제로 내야 할 세금보다 훨씬 적은 세금을 내고 있으며, 종종 실질자산과는 아무 관련이 없는 자산을 신고하기도 한다. 이를 '베탕쿠르 신드롬'이라고 하는데, 사실 이런 상황은 생각보다 훨씬 더 일반화되어 있다. 훌륭한 개혁이란 이런 감세 혜택을 없애고, 그 근원을 뿌리뽑아야 한다. 공적 재정 상태가 안정적이라면 이런 개혁을 통해 적자를 줄일 수 있고 적은 자산에 부과되는 세율을 낮출 수 있을 것이다.

재정

미 연방준비은행을 두려워해야 하는가?

지난주 미 연방준비은행에서 발표한 새로운 운영 계획은 갖가지 환상과 정신적 혼란을 불러일으킨다. 무엇보다도 연방 정부의 영원한 적이라는 입장에 서 있는 초강력 기관이 발표한 계획안이기에 더욱 혼란스러운 것이 사실이다. '티파티'[1] 성향의 공화당 당원들은 연방준비은행을 없애고 금본위제로 복귀하자고까지 주장했다. 보다 놀라운 것은 일반적으로 더 많은 정보를 갖고 있는 몇몇 유럽 참관인 사이에서 이에 관한 우려가 더 많이 감지된다는 것이다. 가장 극단적인 경우는 '조폐기'를 다시 사용해 세계 균형을 위협한다는 것이다. 경제 전문 기자인 피에르앙투안 델로매Pierre-Antoine Delhommais는 이번 주말 『르몽드』에 미 연방준비제도이사회 의장인 벤 버냉키Ben Bernanke의 정신상태를 의심하기까지 하는 글을 실었다. 놀라운 일이다. 좀 더 자세히 들여다보자. 분명히 말하자면, 현재 세계는 인플레이션 위협을 전혀 받고 있지 않다. 현재 인플레이션 비율은 유럽에서와 마찬가지로 미국에서도 1퍼센트를 넘지 않고 있다. 미 연방준비은행이 발표한 국채매입 프로그램의 총액은 6000억 달러(4310억 유로)인데, 이는 미국 GNP의 5퍼센트가 채 안 된다. 통화 창출이 극심한 인플레이션을 일으켜 경제를 뒤흔들 거라는 생각은 당치 않다. 통화 창출은 기껏해야 몇 퍼센트만의 인플레이션 효과를 내는데, 이는 현실적으로 바람직한 현상이다. 오늘날 위협이 되는 것은 오히려 엄격한 예산정책으로 인해 악화되고 있는 디플레이션 성격의 장기적인 경기침체다. 이런 맥락에서 보면 미 연방준비은행과 유럽중앙은행이 금융위기와 경기후퇴로 인해 공공재정이 엉망이 된 국가에 돈을 빌려주는 것은 매우 당연한 일이다. 중앙은행의 이런 조치를 통해 공채증권 이자율을 낮출 수 있고 예산 압박을 어느 정도 줄일 수 있으며, 이는 시기적으로도 적절하다. 또한 그리스 사태에서 보듯이, 이를 통해 시장 투기를 근절시키는 효과를 거둘 수 있다. 공공적자를 줄여야 하는 것은 분명하다. 하지만 중앙은행의 도움 없이 밀어붙이는 것은 어리석은 짓이다. 최초의 목표와는 반대로 경기후퇴 현상을 더욱 악화시키기 때문이다.

2년 전 중앙은행이 세계 금융위기의 책임자인 사금융 분야에 자금 지원을 해주었을 때, 이상하게도 모두가 중앙은행을 옹호하고 나섰다. 수십 년간 공권력의 조직적인 중상모략이 이어졌던 것이 분명하다. 그리고 그 결과 중앙은행이 그동안 사태 해결에 수수방관만 하고 있었던 것은 아니라는 사실을 사람들은 잊고 있었다. 심각한 위기 상황에서 중앙은행은 결국 중요한 대부기관의 역할을 한다. 앞으로 몇 년 동안은 중앙은행의 이런 역할이 더욱 커질 것이다.

다행히도 유럽은 이런 현실을 받아들이기 시작했다. 인플레이션에 대해 그다지 관대한 편이 아닌 유럽중앙은행이사회는 공채증권을 매입하겠다는 장클로드 트리셰Jean-Claude Trichet 유럽중앙은행 은행장의 정책을 따르기로 결정했다. 이에 반대하는 독일연방은행 은행장 알렉스 베버Alex Weber는 가차 없는 비판을 받았는데, 독일 내에서도 그에 대한 비판의 목소리가 높았다. 그러므로 지금은 미 연방준비은행을 비판할 때가 아니다. 왜냐하면 우리도 몇 달 안에 혹은 몇 년 안에 미 연방준비은행과 같은 유럽중앙은행이 필요할 것이기 때문이다.

중앙은행이 현 위기를 극복할 해결책의 일부분을 갖고 있다 하더라도, 그 능력을 과대평가해선 안 된다. 중앙은행을 위시한 그 누구도 가난한 국가가 부유한 국가를 따라잡는 역사적 시점에 서 있다는 현실을 확실하게 바꿀 수 없기 때문이다. 다시 말해 오늘날 유럽과 미국은 연 1~2퍼센트의 성장률을 기록하는 반면, 중국, 인도, 브라질은 연 5~10퍼센트의 성장률을 기록하고 있다. 이런 상황은 아마도 가난한 국가가 부유한 국가를 따라잡을 때까지 계속될 것이다. 이후 따라잡기 과정이 끝나면 아마도 이들 국가는 비교적 느린 성장세를 기록할 것이다. 전 세계에 책임을 떠넘기는 것보다 이런 불가피한 현실에 적응하는 편이 더 낫다.

1. 1773년 차에 부과된 세금에 반대하는 보스턴 시민들의 과격한 거리 시위에서 유래된 말로, 2009년 이후 정부 지출과 세금 축소를 주장하는 공화당 주도의 거리 시위를 지칭하게 되었다.

금융

아일랜드 은행 구조 소동

원래 아일랜드는 기적을 일으킨 나라였다. 그러나 얼마 전 파산에 이르렀고 지금은 치욕스런 상황에 처해 있다. 유럽연합이 아일랜드 은행과 국가재정을 되살리기 위해 사전에 법인세율 인상의 조건 없이는—현재 법인세율은 12.5퍼센트이지만 인상 요구가 있을 경우 적어도 25~30퍼센트로 인상해야 한다—지금 당장 900억 유로를 빌려줄 것 같지는 않다. 그 이유는 무엇보다도 아일랜드에 뿌리를 내리고 있는 은행과 기업이 유럽 원조계획의 도움으로 결국에는 다시 이윤을 창출해낼 것이기 때문이다. 이 경우 요구할 수 있는 최소한의 것은 이 이윤이 의미 있게 쓰여야 한다는 것이다. 다음으로는, 특히 이 부분이 중요한데, 조세덤핑에 근거한 발전 전략은 금세 실패로 이어지고 이웃 국가에도 해를 끼칠 것이다. '조세덤핑'을 실행했던 국가들의 사례에서 이를 쉽게 확인할 수 있다. 지금은 유럽연합이 유로존 전체의 금융 안정성을 확고히 하기보다는 이런 문제를 떠맡아 해결해야 할 시기다.

물론 이 문제에 진심어린 관심을 쏟는다는 조건이 전제되어야 한다.

모든 유럽 국가의 의무징수액은 적어도 GNP의 30~40퍼센트에 이르고 있는데, 이 의무징수액을 통해 인프라, 공공서비스(학교, 병원) 그리고 사회보장(실업수당, 퇴직연금) 등에 대한 자금 조달이 보다 원활하게 이루어지고 있다. 만약 기업 이윤에 대해 12.5퍼센트밖에 안 되는 낮은 세율을 적용한다면, 노동에 과중한 세금을 부과하는 방법을 제외하곤 이와 같은 상황이 제대로 이어질 수 없다. 그러므로 이는 정당하지도 효율적이지도 않은 방법이며, 특히나 실업률을 높이는 중요한 원인이 될 것이다.

유럽 내 무역 덕분에 부자가 된 국가가 이웃 국가의 세제의 근간을 뒤흔들도록 내버려두는 것은 시장경제 원칙 혹은 자유주의 원칙에서 크게 벗어나는 처사다. 이는 도둑질이라고 부르는 편이 마땅하다. 그리고 우리에게서 도둑질을 해간 자들에게 이런 일이 또다시 일어날까 두려워 아무 대가도 요구하지 못한 채 돈을 빌려주려 하는 행위는 바보짓이다.

가장 우려해야 할 부분은 '덤핑' 행위가 이를 실행하는 약소국 자신에게도 해를 끼친다는 사실이다. 물론 이들 국가는 저마다 악순환의 고리에 빠져 있다. 군비경쟁을 하듯 아일랜드는 낮은 법인세율을 유지하려 했다(오늘날엔 폴란드, 에스토니아 등이 이런 세율을 유지하고 있다). 유럽연합만이 이런 우스꽝스런 제로섬게임을 멈추게 할 수 있는 이유다. 완전 유럽식 법인세 혹은 각 국가에 25퍼센트의 최소세율을 적용하며, 그 가운데 10퍼센트는 유럽식 할증세로 보충되는 이원화된 시스템을 고려해볼 수도 있다. 이렇게 되면 유럽연합은 위기 상황에서 발생한 공공부채가 증가하는 것을 막을 수 있고 국가 공공재정이 탄탄한 기반 위에 다시 설 가능성을 제공하게 될 것이다.

덤핑 행위가 아일랜드의 거품경제나 현재 위기와 매우 직접적인 관련이 있는 만큼 이 문제를 시급히 다뤄야 한다. 특히 덤핑 행위는 대대적이고 인위적인 회계장부 조작으로 이어졌는데, 이로 인해 아일랜드 은행 종합평가와 국민계정을 전혀 파악하기 힘들게 되었다. 오늘날 아일랜드의 국민계정은 심각하게 오염됐는데, 이는 다른 유럽 국가에 본사를 두고 있는 회사의 자회사에서 창출해낸 이윤을 아일랜드에 묶어두려는 이전移轉가격조작transfer pricing이 만연했기 때문이다. 게다가 누구도 이에 대한 정확한 내용을 알지 못한다. 여기서 나타난 회계 불투명성은 그리스가 군비지출과 공공적자에 관해 조작했던 과정에서 나타났던 불투명성보다 더 심각한 상태였다. 이 두 가지 상황 모두를 깨끗이 정리한 것은 '유럽'이었다.

하지만 부여된 권한은 제대로 사용해야 한다. 이런 면에서 보면, 몇몇 과도한 공공부채는 완전히 탕감되지 않는다(헤어컷haircut[1])는 사실을 암시한 메르켈-사르코지의 발언은 분명 바람직한 것이 아니었다. 그 이유는 우선 은행과 금융자산가가 자신들의 잘못을 직접 보상—이는 매우 바람직한 현상이다—하도록 하려면, 은행의 잘못으로 인해 국가가 파산에 이른 경우에 적용하는 '전면적인 헤어컷haircut sauvage' 방식보다 '세무 헤어컷haircut fiscale' 방식(빚은 갚지만 유럽식 법인세를 '통해' 금융 이윤에 과세를 하는 방식)을 취하는 것이 훨씬 낫기 때문이다. 이 방식은 결과에 대해 최종적으로 누가 책임질 것인가를 그 누구도 알지 못하는 불확실한 방식인 것이다. 다음으로는, 이 부분이 특히 중요한데, 강대국의 이런 전략이 유럽 27개국의 각기 다른 이자율을 하나로 통합하는 결과를 초래하기 때문이다. 그리고 이런 방식은 투기를 조장하기만 할 뿐이다. 이는 단일 통화 논리 자체의 문제이기도 하며 단일 통화 시스템에 참여하고 있는 약소국의 이익에 관한 문제이기도 하다. 프랑스와 독일의 지도자들은 시급히 현 위기 상황을 극복할 야심찬 유럽의 비전을 제시하고 실행에 옮겨야 한다.

1. 가치가 하락한 주식이나 채권과 같은 유가증권의 가격을 현실화하는 것.

사회보장

35시간 근로제에 대한 잘못된 논의

몇 주 전부터 프랑스 대중운동연합에서 극우 노선을 취하고 있는 사람들 사이에서 나온 이상한 소문이 프랑스 전역에 퍼지기 시작했다. 독자적인 입장에 서 있는 유능한 기자들의 펜 끝에서 나온 글귀 가운데 다음과 같은 내용이 주목을 끈다. "주 35시간 근로제로 인해 국가는 연 200억 유로 이상의 세금을 감면해야 한다."

하지만 이 주장은 틀렸다. 저임금에 대한 사회적 분담금 완화정책은 1993년 발라뒤르 정부에서 도입됐고, 이후 1996년 쥐페 정부에서 강화됐다가 곧바로 주 35시간 근로제가 도입됐다. 목표는 저임금근로자의 부담을 줄이자는 것이었다. 물론 1998~2002년의 완화정책은 근로시간 단축(부분적으로 그리고 임시적으로)을 조건으로 했다. 다른 기업보다 빨리 주 35시간 근로제에 서명한 기업은 보다 많은 감면 혜택을 받았다. 하지만 이런 장려정책은 모든 근로자에 대한 법정근로시간이 35시간을 넘어서면서 2002년에 사라졌다. 그래서 라파랭 정부는 '피용 감면정책'(당시 노동부 장관 이름으로)을 실행했다. 약 10년 동안(2002~2011) 실행되고 있는 이 새로운 저임금에 대한 사회보장분담금 인하정책은 1993~1998년 발라뒤르-쥐페 정부가 실행했던 조치를 보다 발전시켰으며 근로시간과는 상관없이 운영되고 있다. 이런 감면정책들이 우파 정부에 의해 실행되고 발전되며 존속됐다는 사실을 무시한 채, 이를 주 35시간 근로제 덕분으로 돌린다는 것은 철저하게 사실을 왜곡하는 것이다.

더구나 세금 부담을 줄이는 것이 중요한 문제가 되고, 사회보장기금의 고용주 분담금 계산 방식 개선책과 함께 이에 관한 심도 있는 논의가 필요하다는 사실을 생각해보면 더욱 안타까운 일이다. 근로비용을 줄이는 것이 불법은 아니다. 왜냐하면 사회보장에 대한 자금조달 비용이 임금, 특히 저임금에 과도한 압박을 주어선 안 되기 때문이다. 피용 감면정책의 문제점은 저임금근로자에게는 함정이 된다는 것이다.

이에 관한 논의를 시작해보자. 현재 사회보장기금의 고용주 분담금은 전체의 45퍼센트—임금에 근거한 징수액 전체를 포함할 경우 50퍼센트—를 차지한다. 다시 말해 매월 2000유로의 총임금에 대해 고용주는 약 1000유로에 상당하는 사회보장기금의 고용주 분담금을 내는데, 이렇게 되면 총 근로 비용은 3000유로가 된다. 이 분담금의 절반은 퇴직연금과 실업수당에 쓰이고 나머지 절반은 사회보장 비용(건강보험, 가족수당, 교통세,[1] 주택, 교육 등)에 쓰이는데, 이 비용은 모두에게 혜택이 돌아가며, 오직 임금에만 근거를 둘 이유는 전혀 없다.

피용의 감면정책에 따라 사회보장기금의 고용주 분담금은 최저임금의 경우에는 절반으로 줄었지만 최저임금의 1.6배 수준의 임금의 경우는 45퍼센트 비율로 급격히 상승했다. 구체적으로 보면, 법정최저임금(총 월급 1350유로에 순 월급 1050유로)과 법정최저임금의 1.6배(총 월급 2100유로에 순 월급 1650유로) 사이에 속하는 임금근로자의 임금을 올리려는 고용주는 순임금 증가 비율보다 두 배 이상 높은 비율로 근로 비용을 높여야 한다는 것이다. 그럼에도 생산 인구의 약 절반이 이런 급여 체계에 속해 있다.

안타깝게도 이런 상황에서 벗어날 수 있는 간단한 해결책은 없다. 모든 정파에서 일반적으로 주장하는 완화정책의 폐기가 선택사항이 될 수는 없다. 왜냐하면 어떤 정부도 최저임금에 대한 과세액을 대폭 인상하는 데 대한 책임을 떠맡으려 하지 않을 것이기 때문이다. 좌파나 우파 모두에서 많은 사람이 신봉하고 있는 시회보장기금의 고용주 분담금을 부가가치세(이전에 언급한 '사회보장적' 부가가치세)로 이전하는 방법은 현명한 해결책이 되지 못할 것이다. 왜냐하면 부가가치세는 소득의 대부분을 소비하는 최저소득층에 부담을 주기 때문이다. 즉 저임금근로자(그리고 퇴직연금과 수당을 조금밖에 받지 못하는)는 급여명세서에 있는 고지 금액보다 더 많은 액수를 내게 되는 것이다. 그래서 '사회보장적' 부가가치세라는 잘못된 묘안은 커다란 반대에 부딪히고 있는 것이다.

가장 좋은 해결책은 임금에 근거해 부과하는 고용주 분담금을 점차 소득 전체(비임금소득, 자산소득, 연금)로 확대하는 것이다. 이런 '보편적 고용주 분담금CPG: Contribution patronale généralisée'은 20년 전 로카르 정부에서 만들었던 보편적 사회보장분담금과 동일하다. 이는 저임금에 나타나는 역효과를 제거함으로써 임금에 관한 세율을 많이 낮출 수 있다.

새로운 개혁이 2012년에 실행되려면, 이념적 함정에서 벗어난 공공 토론을 통해 주 35시간 근무제를 뛰어넘는 논의가 필요하다. 물론 개혁을 통해 2007년에 실행된 추가시간에 대한 세금 부담 완화정책에 필요한 약 50억 유로의 재조정 또한 필요하다. 이 조치는 아마도 지난번 대통령 선거에서 공약으로 나온 모든 감세 조치 가운데 가장 바보 같은 조치일 것이다. 그런데 이상하게도 현 정부는 이 조치에만 집착하고 있다. 앞으로 많은 노력이 필요하다.

1. 대중교통에 자금을 조달하기 위해 고용주가 내는 지방세.

조세제도

세제 혁신에 필요한 네 가지 열쇠

세제 혁신에 관한 사이트인 'revolution-fiscale.fr'를 개설한 지 2주도 되지 않아 약 20만 명의 네티즌이 사이트에 접속했고, 조세개혁에 관한 35만 회 이상의 시뮬레이션이 이루어졌다. 이들은 세율과 세금의 손익분기점을 35만 회 이상 수정해 사회집단 간의 예산 적자나 불평등에 대한 조세개혁의 효과를 알아보고 싶었던 것이다. 이는 정확하고 수치화된 세제 논의에 대한 국민의 욕구를 보여준다.

문제는 정치인들이 주로 세금에 관한 일반 원칙에만 만족하고 그 이외의 것엔 거의 아무런 약속을 하지 않아 선거 이후에는 심도 있는 개혁 논의가 이루어지지 않고 있으며, 우리 세제의 특징인 감세 조치와 임시방편적 조치만이 계속되고 있는 현실이다. 이렇게 사회당 책임자들은 소득세와 보편적 사회보장분담금을 통합하자는 의견에 동의하는 척하고 있다. 그러면서 실제로는 이 통합 과정이 왜 그리고 어떻게 이루어져야 하는지에 대해선 그 누구도 말하지 않고 있다. 즉 개인적이고 원천징수가 되는 보편적 사회보장분담금이 가족구성원과 연관되며 선언적 성격을 띠는 소득세를 흡수 통합해야 하는가, 아니면 그 반대의 경우가 되어야 하는가의 문제에 대해서 말이다. 나는 카미유 랑데Camille Landais, 이매뉴얼 사에즈Emmanuel Saez와 함께 다음과 같은 분명한 해결책을 주장한다.[1] 즉 보편적 사회보장분담금이 소득세를 흡수 통합해야 한다는 것이다. 단 점진적인 방법을 통해서, 일련의 과정이 중간에 멈추지 않고 지속되어야 한다. 현행 소득세는 감세 조치와 더 이상 개정이 불가능한, 그래서 폐기되어야 할 복잡한 규정으로 인해 그 기반이 많이 흔들리고 있기 때문이다. 대안이 되는 해결책이 정확하게 수치로 나타나 있다면, 누구든 해결책을 내놓을 수 있다.

첫 번째로 해결하기 어려운 점은 원천징수에 관한 문제다. 원천징수를 적용하지 않은 상태에서 세제를 현대화하고 소득세와 보편적 사회보장분담금을 통합하자고 주장하는 정치인은 우리에게 어떤 신뢰도 주지 못할 것이다. 프랑스의 세제상 소득세는 GNP의 2.5퍼센트를 넘지 않는데, 이는 다른 유럽 국가(이 국가들은 수십 년 전부터 원천징수제도를 시행하고 있다)의 소득세에 비해 3분의 1에서 4분의 1 수준밖에 되지 않으며, 보편적 사회보장분담금의 약 2분의 1, 부가가치세와 그 이외의 소비세(이는 모두 원천징수된다)의 4분의 1 수준밖에 되지 않는다. 우리는 지금 이 세금이 종말을 고하길 기대하고 있는 것은 아닐까? 아니면 확실한 해결책을 찾기 위해 소득세가 GNP의 1퍼센트를 밑도는 상황을 기대하는 것은 아닌가? 원천징수가 납세 행위를 간편하게 하고, 그 효과가 바로 나타난다는 점은 여기서 논외로 치자. 현 시스템에서 최저임금근로자는 우선 한 달 치 급여를 보편적 사회보장분담금 명목으로 납입한 다음 1년 뒤 노동소득세액공제 명목으로 반달 치 급여를 받는다. 이것이 과연 합리적인 방법이라고 생각하는가?

두 번째로 해결하기 어려운 점은 개별화에 관한 문제다. 즉 새로운 통합 세금을 개인 수준에서(보편적 사회보장분담금처럼) 계산할 것인가 아니면 부부 수준에서(현행 소득세처럼) 계산할 것인가에 관한 문제 말이다. 선택을 해야 한다. 그렇지 않으면 통합 세금은 불완전한 상태로 남게 된다. 우리가 개별화를 주장하는 이유는, 이를 통해 정치적 대립관계에서 개인의 삶과 가족의 삶에 대한 다양한 형태의 문제점을 끌어낼 수 있기 때문이다. 사회당 대표들의 생각은 서로 엇갈리고 있다. 프랑수아 올랑드는 부부(정식으로 결혼한 부부나 시민연대협약Pacs: Pacte civil de solidaité을 통해 맺어진 이성 혹은 동성 부부)의 몫을 유시하기를 원하는 것 같다. 보다 혁신적인 생각을 갖고 있는 마르틴 오브리와 세골렌 루아얄은 개별화를 선호하고 게다가 남녀평등에 중점을 두는 듯하다. 2012년 사회당 후보가 분명한 계획안을 가질 수 있도록 1차 선거에서 입장이 분명하게 결정되었으면 하는 바람이다.

세 번째로 해결하기 어려운 점은 가족정책이다. 우리는 가족계수를 부모의 소득에 관계없이 모든 자녀에게 동일하게 적용되는 세금 공제 시스템으로 대체할 것을 주장한다. 가족정책에 동일한 예산을 책정함으로써 프랑스 가정의 95퍼센트가 사실상 첫째 아이부터 가족수당을 받는 이 개혁안의 혜택을 입게 될 것이다. 풍요로운 삶을 즐기는 상위 5퍼센트는 당장에는 혜택을 받지 못하지만 적어도 머지않아 폭넓은 가족수당 혜택을 받게 될 것이다. 또한 몇몇 사람은 겉으로 드러나는 '현상'을 선호할 것이다. 어떤 경우든 문제를 해결하는 것이 중요하다.

네 번째로 해결하기 어려운 점은 과세표준이다. 대부분의 프랑스인은 사르코지 정권이 부자에게 많은 세금 혜택을 주고 있다고 생각한다. 하지만 우파가 국민들로 하여금 좌파는 중산층을 홀대한다는 생각을 갖게끔 할 수 있다면, 좌파는 세금 문제에 관해 힘을 잃고 말 것이다. 해결책은 오로지 기준의 완벽한 투명성밖에 없다. 우리는 월 7000유로 이하의 개인 총소득에 대해선 세금을 낮추고, 8000유로 이상의 개인 총소득에 대해선 세금을 적당히 올리는 지속적인 세제 개혁을 주장하고 있다. 우리는 이 기준이 완벽하다고 주장하는 것이 결코 아니다. 단지 이는 논의를 시작할 확실한 근거가 될 뿐이다. 좌파가 정확하게 수치화된 제안을 채택하지 않는다면, 손안에 들어온 승리를 놓칠 가능성이 크다.

1. 토마 피케티는 카미유 랑데, 이매뉴얼 사에즈와의 공동연구 결과물을 『세제 혁명을 위하여Pour une révolution fiscale』라는 책으로 출판한 바 있다.

여론조사기관을 통제해야 한다

1차 대선투표까지는 아직 1년도 더 남았다. 매주 혹은 매일 우리는 대선 후보 지지에 관한 여론조사의 대상이 될 것이다. 그리고 대선 후보자의 모든 말과 행동은 여론조사 결과의 원인이 될 것이다. 문제는 2002년의 참담한 실수(아무도 조스팽이 패배하리라 예상하지 못했다)에도 불구하고, 여론조사는 마치 조사는 꼭 그래야만 한다는 듯이 여전히 통제 범위를 벗어나 있다. 일반적으로 각 조사기관은 오차범위나 '여론조사 방법'에 대해 아무런 설명 없이 그들이 원하는 숫자를 꾸준히 발표하고 있다.

국회에서 이에 관한 사안을 검토하고 여론조사에 관한 법안이 상정되어 이를 다룰 위원회가 구성된다는 것은 반가운 소식이다. 여론조사기관과 언론매체에서 첫 번째로 변화를 시도해야 할 부분은, 후보자의 지지율 수치만을 제시하는 것이 아니라 신뢰구간을 함께 제시하는 것이다.

대선 후보 지지에 관한 질문에 대해 1차 조사 표본 집단 1000명에 응답률 70퍼센트를 보이는(즉 700명이 질문에 답하는) 전형적인 여론조사를 예로 들어보자. 표본 집단이 응답률에 어떤 편차도 없이 프랑스 전 국민을 대표할 만큼 완벽하게 추출됐다는 가장 바람직한 경우를—너무 낙관적인 생각이긴 하지만—상정해보자. 기본적인 통계 계산에선 여론조사 오차범위를 약 4퍼센트로 잡는다. 다시 말해 후보자 A가 2차 결선 투표에서 51퍼센트의 지지율을 얻는다면, 신뢰구간은 '49~53퍼센트'가 되는 것이다. 이는 곧 '진정한' 수치(즉 전 국민을 대상으로 여론조사를 했을 경우 얻는 수치)가 '49~53퍼센트'의 신뢰구간에 속하려면 확률이 90퍼센트에 이르러야 하고 신뢰구간 밖의 범위는 10퍼센트에 해당해야 한다는 것을 의미한다. 한편 여론조사에서 49퍼센트의 지지율을 얻은 후보자 B의 신뢰구간은 '47~51퍼센트'가 된다.

새로운 법안에 따르면 여론조사기관과 언론매체는 두 후보자 A와 B의 두 신뢰구간 '49~53퍼센트'와 '47~51퍼센트'를 발표해야 한다. 51퍼센트와 49퍼센트라는 수치의 지지율이 아니라 신뢰구간으로 말이다. 이렇게 함으로써 우리는 신뢰구간이 서로 겹친다는 사실과 여론조사가 우리에게 믿을 만한 것은 거의 아무것도 말해주지 않는다는 사실을 확인할 수 있다. 이는 흔히 여론조사라는 것이 사람들의 의견을 어느 한순간 '사진촬영'하는 것에 불과하다고 비난하는 것 이상의 문제다. 설사 유권자가 생각을 바꾸지 않는다 할지라도, 여론조사는 믿을 만하지 못하다.

각 후보자의 신뢰구간을 발표하는 데에는 두 가지 이점이 있다. 우선 각 후보자 간의 격차가 통계학적인 면에서 봤을 때 그리 중요하지 않다는 것을 깨닫게 된다. 특히 지난 주말의 여론조사는 23퍼센트를 얻은 국민전선의 마린 르펜이 똑같이 21퍼센트를 얻은 마르틴 오브리와 니콜라 사르코지보다 지지율에서 앞섰다고 발표했는데, 이 결과는 아마도 모든 사회당 후보자 선거에서처럼 이 세 후보자의 신뢰구간이 겹쳤기 때문일 가능성이 높다. 즉 모든 가능성은 열려 있는 것이다. 그리고 지금은 민주토론이 그 역할을 대신할 수 있는 여론조사에 의지하기보다는 아이디어와 계획에 집중할 때다.

결국에는 여론조사기관으로 하여금 모든 조사 결과를 도출해내는 데 이용한 세부적인 통계 방법을 공개하도록 한다는 점이 두 번째 이점이다. 여론조사라는 방법 자체가 불합리하지는 않다. 왜냐하면 국민전선에 투표할 의사를 밝힌 사람의 수가 선거 당일 국민전선에 투표한 유권자 수의 절반밖에 되지 않는다면, 이는 여론조사에서 국민전선이 얻은 예상득표수가 실제의 두 배가 됐다는 사실로 설명될 수 있기 때문이다. 문제는 조사 결과가 조사가 이루어지는 시점과 조사기관에 따라 매우 다르게 나타난다는 것과 조사기관이 결과를 도출해내는 데 이용하는 방법을 공개하는 것을 계속해서 거부하고 있다는 점이다.

사기 행각은 더 이상 지속될 수 없다. 원래 수치를 교정 수치와 함께 언론에 공개하면 혼동을 불러일으킬 수 있으며, 조사 방법을 단 몇 줄로 완벽하게 설명할 수 없다는 논지를 부득이하게 받아들일 수도 있겠지만, 최소한 조사기관에 원래 수치와 사용한 통계 방법에 대한 모든 세부사항을 공개하게끔 압박을 가해야 한다. 게다가 신뢰구간 계산이 모든 오차범위를 정확하게 고려한다는 사실을 공개적으로 확인할 수 있으려면, 이런 압박이 절대적으로 필요하다. 더구나 보다 확실한 자료를 기반으로 신뢰구간을 훨씬 넓힐 수 있는 조사 기술이 발달해 있는 현 상황에서는 더욱 중요하다.

끝으로 이 법안은 조사기관이나 언론매체로 하여금 조사 결과 발표 횟수는 더 적게 하고 신뢰도는 더 높이도록 부추기는 효과를 낳을 수 있다. 예를 들어 조사 횟수를 5분의 1로 줄이고 표본 집단의 수를 5배로 늘리면(즉 1000명에서 5000명으로), 오차범위는 약 3분의 1로 줄어든다. 이런 조건에서 벌어지는 공공토론은 질적인 향상을 보일 것이며, 여론조사기관의 신뢰성 또한 향상될 것이다.

재정

일본: 개인은 부유하나 공공부채는 많은 나라

유럽의 관점에서 보면 일본은 계속해서 이해할 수 없는 상황을 야기해 다른 국가를 놀라게 하고 있다. 일본의 공공부채가 GNP의 200퍼센트(즉 2년 치 GNP)를 상회하는데도 아무도 이에 대해 걱정하지 않는다고 한다. 어떻게 이럴 수 있을까? 이런 대규모 부채는 어떤 현실과 어떤 정치적 선택 때문에 발생한 것인가? GNP의 몇 퍼센트 혹은 몇 조라고 표시되는, 우리가 일상적으로 접하는 이런 수치들은 어떠한 의미를 갖고 있는가? 아니면 아예 무시를 해야 하는가?

위 수치에 의미를 부여하려면 국민계정을 참조하는 것이 가장 좋은 방법인데, 국민계정은 현재 대부분의 국가에서 생산과 소득의 유통량뿐만 아니라 여러 집단(가계, 기업, 정부, 외국)이 소유하고 있는 자산(부동산과 금융)과 채무(부채) 보유고를 대상으로 한다.

물론 이 국민계정이 완벽한 것은 아니다. 예를 들어 세계적인 수준에서 보면 순금융은 총체적으로 네거티브 상태가 되는데, 이는 화성인이 지구를 소유하는 것만큼이나 이론적으로 불가능한 얘기다. 보다 확실히 하자면, 이런 모순된 상황이 나타나는 것은 조세피난처로 흘러들어간 금융자산과 외국인이 소유하는 금융자산이 있는 그대로 정확하게 기록되지 않기 때문이다. 최근 가브리엘 주크먼이 보여주었듯이, 이런 현상은 특히 유로존 바깥 지역의 순포지션에 영향을 끼치는데, 이 지역의 순포지션은 공식적인 통계보다 훨씬 더 많은 것으로 예상된다. 돈이 많은 유럽인은 자신의 자산 일부를 숨기는 데 관심을 쏟고 있는데도 유럽연합은 현재로서는 이를 막기 위해 불가피한 조치를 전혀 취하지 않고 있다.

그렇더라도 이 때문에 실망해서는 안 된다. 오히려 희망을 가져야 한다. 왜냐하면 국민계정을 검토함으로써 이 같은 불완전한 조치를 개선해나갈 방법이 가능하기 때문이다. 경제에서 통용되어온 것처럼 가장 낮은 곳에서부터 시작한다는 원칙을 받아들여야 한다. 이것이 바로 경제규범에 많은 관심을 갖도록 하고 잠재되어 있는 대규모 발전을 가능하게 하는 길이다.

이런 사안에 관심을 집중하지 않으면, 항상 초고소득층에게 그리고 노력으로 부를 형성하는 이들보다 기존의 부를 많이 소유하고 있는 부류들(이들은 항상 자신의 부를 지키려고만 한다)에게 이득이 돌아가고 만다.

일본 이야기로 다시 돌아와보자. 공공부채에 관해 말할 때, 첫 번째로 주목할 점은 개인 자산이 항상 부채(개인부채와 공공부채)보다 훨씬 많다는 것이다. 유럽이나 미국에서와 마찬가지로 일본에서도 가계는 GNP의 약 500~600퍼센트에 달하는 부동산자산과 금융자산(부채는 제외)을 소유하고 있다. 일반적으로 부유한 국가의 1인당 국민소득은 약 3만 유로이고, 1인당 평균자산은 6년 치 소득에 해당되는 약 18만 유로다.

두 번째로 주목할 점은 물론 일본 정부는 GNP의 200퍼센트가 넘는 총부채를 안고 있긴 하지만, GNP의 약 100퍼센트에 해당되는 비금융자산(부동산과 토지)과 GNP의 약 100퍼센트에 해당되는 동일한 규모의 금융자산(공기업, 예금공탁금고Caisse des dépôts 형태의 준準공공기관인 저축은행과 금융기관에 대한 출자금)을 소유하고 있다. 그래서 자산과 채무는 거의 균등한 상태에 있다.

그렇다고 해도 일본 공공분야의 최근 몇 년간 순자산 포지션은 약간 네거티브 상태에 있는데, 이는 사실 매우 이례적인 것이다. 왜냐하면 정부는 자체 자산을 매각할 수 없기 때문이다. 참고로 말하자면 프랑스와 독일의 공공행정은 확실히 포지티브 상태를 유지하고 있다. 이는 금융위기 이후에도 마찬가지다. 프랑스의 공공부채는 GNP의 약 100퍼센트에 이르지만, 공공자산(비금융자산과 금융자산)은 GNP의 약 150퍼센트에 이르고 있다.

공적 분야와 사적 분야가 섞여 있는 일본이 다른 나라에 비해 극도로 포지티브한 순포지션을 소유하고 있다는 점을 고려해보면 일본은 매우 특이한 국가임에 틀림없다. 지난 20년간 일본은 약 1년 치 소득과 맞먹는 해외순자산을 쌓아놓았다. 개인의 부와 공공부채 간의 불균형은 이미 '쓰나미'가 있기 전부터 시작됐다. 일본의 사적 분야(GNP의 약 30퍼센트)에 대한 세금 압박을 강화하는 수밖에 없다. 논리적으로 생각해보면 최근 발생한 천재지변과 그에 따르는 어려움 때문에 일본은 유럽과 가까운 관계를 유지하면서 1990년 이후 계속 지지부진하던 이런 변화를 가속화했던 것이 틀림없다.

조세제도

재산세: 정부의 거짓말

규모가 클수록 일은 순조롭게 진행된다. 현 정부의 논리는 아마도 이것일 것이다. 2007~2010년 3년 동안 사르코지는 프랑스 TV 시청자 수백만 명 앞에서 세금상한제가 독일에도 존재한다고 주장하면서 이를 정당한 제도라고 옹호했는데, 사실 독일에는 세금상한제가 존재하지 않았다. 정부의 첫 번째 거짓말이다.

그런 것은 아무래도 좋다고 치자. 2010년 대통령은 세금상한제를 폐지한다고 발표했지만, 곧바로 두 번째 거짓말을 지어냈다. "프랑스는 자산에 세금을 물리는 유일한 국가다." 그러니 재산세를 없애거나 대폭 인하해야 한다는 것이었다. 이 유치하고도 단순한 거짓말을 모든 언론매체에 계속해서 유포함으로써 결국 일부 반대 의견을 잠재우는 데는 성공했다. 그 말이 거짓이라는 것은 달라지지 않은 채 말이다. 사실 모든 국가에는 가계자산에 근거한 세금이 존재하는데, 특히 토지세 형태를 취하는 부동산자산에 대한 세금은 재산세보다 훨씬 무겹다. 프랑스 가계가 내는 토지세는 약 150억 유로, 재산세는 40억 유로다. 만일 우리가 미국이나 영국식 세제를 취한다면, 약 250억 유로를 토지세('property tax')로 내야 한다.

그렇다면 우리 세제가 더 우수하다는 말인가? 꼭 그렇다고만 할 수는 없다. 결점이 있음에도 불구하고 재산세는 19세기에 생겨난 오래된 토지세보다 적절하고 보다 효율적이며, 21세기에 더 잘 적용할 수 있는 제도다. 그 이유는 우선 재산세는 모든 형태의 자산(부동산 혹은 금융)을 동일한 방법으로 다루려는 경향을 띠고 있기 때문인데, 이는 경제적 불균형을 최소화할 수 있다. 물론 감세 조치가 너무 많다는 점이 사실이긴 하지만, 그래도 토지세나 금융자산에 대해 100퍼센트 면세하는 것보다는 낫다.

다음으로 재산세를 통해 부채를 줄일 수 있기 때문이다. 만일 당신이 80만 유로를 빌려 100만 유로의 아파트를 한 채 구입했다면, 과세 대상이 되는 당신의 자산은 20만 유로밖에 되지 않기 때문에, 당신이 내야 할 재산세는 없다. 반면 토지세의 경우는 돈을 전혀 빌리지 않은 사람이 내는 토지세와 같은 금액을 내야 한다.

끝으로 재산세는 모두에게 균등하게 적용된다는 장점을 가진 시장 가치에 근거를 두고 있기 때문이다. 반면 대부분의 국가에서는 토지세를 거의 개정되지 않는 토지대장의 가치에 근거를 두고 책정하는데, 이 때문에 거주 도시 혹은 구역에 따른 납세자 간의 불합리한 불평등이 발생하게 되는 것이다. 게다가 독일이나 스페인이 최근 낡은 누진자산세를 폐지한 것도 이 때문이다. 이 누진자산세는 토지대장 가치에 근거를 두는 완전히 시대에 뒤떨어진 세금이었다. 세계적으로나 역사적으로나 이 세금은 1980~1990년에 만들어진 프랑스식 재산세와는 아무 관련이 없다. 당시 사람들은 현실적으로 자산 가치는 지속적으로 상승한다고 생각하는 한편 자산에 부과되는 세금은 매년 개정되는 시장가치에 근거를 두어야 한다고 생각했다. 순전히 이념적인 이유로 재산세를 폐지하는 것보다 토지세를 재산세에 가깝게 개정하는 쪽이 더 나을 것이다.

세 번째 거짓말은 이렇다. 정부는 최고 부자에 대한 세율을 3분의 1 이하로 줄이려 하고 있다. 즉 1700만 유로 이상에 적용되는 1.8퍼센트의 세율을 0.5퍼센트로 줄이겠다는 의미다. 이것이야말로 최고 부자에게 안겨주는 엄청난 선물이 아니고 무엇인가? 우리가 www.revolution-fiscal.fr을 이용해 추정한 결과, 개혁안을 받아들일 경우 재산세 징수액은 41억 유로에서 18억 유로로 줄어들게 된다. 하지만 이때 발생하는 실제 손실분은 개혁안 도입 효과를 부풀려야 하기 때문에 예상보다 큰 액수가 될 것이다(30억 유로). 1700만 유로 이상의 자산을 갖고 있는 약 1900가구—이들이 신고하는 과세 대상 자산은 평균 3500만 유로다—의 재산세는 평균 37만 유로(그들 자산의 약 1퍼센트)로 줄어들 것이다. 재무부에서 발표한 통계자료에 따르면, 이들은 2007년부터 평균 21만 유로의 세금상한제 혜택을 본 것으로 되어 있는데, 이 세금상한제는 사라질 것이다. 그래서 결국 현행 개혁안은 부자들에게 가구당 16만 유로(2007년 이전에는 37만 유로)의 추가 혜택을 주는 결과를 초래할 것으로 보인다.

우리의 계산이 완벽하다고 주장하는 것은 아니다. 하지만 우리는 모든 사람이 적어도 세부 내역을 명확하게 확인하고 검증할 수 있도록 이를 온라인상에 올리는 것이다. 이는 극도로 혼란스럽고 불완전한(예를 들면 과세구분에 관한 상세 내역이 전혀 없다) 공식적인 계산에 관한 문제가 아니다. 예산부 장관인 프랑수아 바루앵François Baroin은 새로운 재산세 징수액이 28억 유로를 넘을 거라고 발표했는데(『르몽드』 4월 22일자), 며칠 후에는 이 수치를 23억 유로로 수정해 발표했다(『레제코』 4월 29일자). 조금만 더 노력하면 지금부터 일주일 안에 우리가 추정한 18억 유로가 공식적으로 발표될 것 같기도 하다. 어쨌든 국고는 비어 있고, 자산 상태는 전혀 예전 같지 않으며, 소득은 정체되어 있는데, 재산세 징수액 수십억 유로를 날려버린다는 것이 이치에 맞는 얘기인가? 최소한 정부가 정확한 수치를 발표하고 이에 걸맞은 정책을 수용하기를 기대해보자. 좀 더 욕심을 부리자면 프랑스식 세제 논의가 더 이상 거짓말을 기반으로 하는 것이 아니라 정확한 평가를 기반으로 이루어지도록, 정책 연구자들이 모든 유용한 자료를 활용하게끔 정부가 제몫을 다해주기를 기대해보자.

조세제도

근로가치를 회복시키기 위한 세제 개혁

프랑스 대중운동연합 부총재인 보키에Wauquiez가 '사회의 암적 존재'로 지칭하는 구호활동과 고용연대소득에 관한 논쟁에서 우리가 주목해야 할 것은 어떤 부분인가? 우선 극히 폭력적이고 극우적인 성향을 띠는 자들의 연령이 점점 젊어지면서 프랑스 대중운동연합에 대한 추종 현상이 맹위를 떨치고 있다는 사실이다. 다시 말해 취약 계층을 밟고 올라서서 조금이나마 명성을 얻으려는 새로운 정치 지원자들이 나타났다는 것이다. 그다음으로는, 이 부분이 더 중요한데, 도를 넘는 현 정부의 뻔뻔스러움이다. 왜냐하면 구호활동에 드는 비용을 충당하면서 평균근로자와 하층근로자들의 구매력을 높이려면 모든 가용 예산의 여유분을 사용해야 하는데, 이 액수가 충분하지 않기 때문이다.

보편적 사회보장분담금, 부가가치세, 그 이외의 소비세(유류세 등) 그리고 임금에 붙는 분담금과 여러 세금을 포함하는 모든 법정세(의무징수액)를 고려해보면, 법정최저임금과 그 금액의 두 배 사이의 임금을 받는 근로자에게는 현 조세제도 아래 전체적으로 40~50퍼센트의 세율이 적용되고, 최고 부자들에겐 30~35퍼센트의 세율이 적용된다. 말뿐만 아니라 행동으로 근로에 새로운 가치를 부여하길 진정으로 원한다면, 방법은 하나밖에 없다. 저소득과 평균 소득에 대한 과세율을 낮추기 위한 모든 방법을 강구하는 것이다.

하지만 정부는 이렇게 하기는커녕 2007년 이후 최고 부유층에 대한 세제 혜택을 늘리고 있다. 국고가 비어 있는데도 정부는 납세자에게 수십억 유로의 재산세를 부과하고 최고 부유층에 대한 재산세는 거의 4분의 1로 줄이려 하고 있다(이렇게 되면 1700만 유로 이상의 자산에 적용되는 재산세율은 1.8퍼센트에서 0.5퍼센트로 줄어들 것이다). 이런 결정은 제도의 불공정성과 퇴행성을 가중시키기만 할 뿐인데, 이는 대표적인 비개혁적 기구인 법정세심의회가 이미 보여주었던 것처럼 현행 제도에서 흔히 나타나는 맹점이기도 하다. 그리고 추가적인 세금이 어쩔 수 없이 저소득층에 부과될 것이다. 왜냐하면 여기서 생기는 부채를 갚아야 하기 때문이다.

모든 계층의 근로자가 피부로 느낄 수 있는 정책을 실행함으로써, 우파는 자신이 노동시장을 보호한다고 주장할 수 있어야 한다. 좌파는 저임금근로자와 평균임금근로자의 근로가치 및 구매력을 회복시키는 데 소신을 다할 수 있는 단체임을 증명해야 하고, 또 그럴 만한 능력도 갖고 있다. 더구나 우리 조세제도가 분배 측면에서는 불공정하고, 기능 측면에서는 복잡하고 비효율적이기 때문에 문제를 포괄적이면서도 상세하게 재검토하는 것이 시급한 상황이다. 저임금근로자는 보편적 사회보장분담금 명목으로 임금의 8퍼센트를 납입하고 1년 뒤 노동소득세액공제 명목으로 이에 대한 환불금을 받는데, 이 액수는 보통 월급의 2분의 1에서 4분의 3 정도밖에 되지 않는다. 이런 애매한 제도 때문에 약 800만 명에 달하는 저임금근로자들이 매년 손해를 보고 있다.

보편적 사회보장분담금, 소득세, 노동소득세액공제를 개별화되고 보편적이며 원천징수 가능한 단일 세금으로 통합한다면, 최저임금에 대해서는 단지 2퍼센트(8퍼센트가 아닌)만을 과세할 수 있게 된다. 따라서 순임금에 매월 약 100유로가 추가될 것이다. 환불금을 받는 것보다 훨씬 더 만족스럽기 때문에, 이 방법은 우파의 겉만 번지르르한 약속과는 달리 근로가치를 실제적이고 구체적으로 향상시킬 수 있을 것으로 보인다. 이 시점에서 중간 타협점을 찾아볼 필요가 있다. 그런 뒤에야 노동소득세액공제 문제를 상세하게 검토할 수 있는 대체 방안을 제시하지 않은 채 이런 '조세혁명'에 반대하는 입장에 서 있는 자들이 이에 대해 다시 한 번 생각해볼 것이다.

좌파는 서민층, 사회정의와 조세정의 편에 서야 하고 또 그럴 만한 능력을 갖추고 있다. 하지만 이를 위해서는 결국 정확한 수치에 기반한 제안을 해야 한다. 좌파는 지난 25년 동안 10년에 걸쳐 정권을 잡았다(1988~1993년과 1997~2002년). 집권 때마다 좌파는 우파가 주장하는 소득세 인하를 반대한다고 선언했다. 좌파는 이 선언을 하고 나서 단 한 번도 권력을 잡은 적이 없다. 그리고 소득세에 대한 심도 있는 개혁을 시작한 적도 없다. 몇몇 좌파는 재산세를 맹렬하게 비난했고, 심지어 재산세가 사라질 거라고 말하기까지 했다.

지난 몇 년간 자신들의 사회경제적 이익이 사회주의자들보다 극우주의자들(사회당보다 극우 정당)에 의해 더 보호받고 있다고 생각하는 서민층의 신뢰를 다시 얻기 위해서는, 현재 조세개혁에 대한 애매한 약속이 아닌 다른 방책이 필요하다. 1차 선거에서 분명하고도 납득할 만한 답이 나오길 기대해보자.

그리스: 유럽식 은행과세

독일이, 매우 높은 금리로 그리스에 돈을 빌려주었던 은행이나 다른 금융기관이 현 재난에 드는 비용의 일부도 감당하기를 바라는 데는 나름 이유가 있다. 단 이 과정을 그리스 부채에만 부분적으로 적용하는 것이 아니라, 유럽은행에 유럽식 과세액을 적용하는 방법으로 꼼꼼하고 정당하게 그리고 냉정하게 실행해야 한다.

둘의 차이점이라면, 각각의 방법이 가져올 결과가 완전히 다르다는 것이다. 문제는 이 부채의 본질을 파악할 수 없고, 그 결과를 예측할 수 없다는 점이다. 모든 그리스 유가증권의 가치는 100퍼센트에서 50퍼센트로 내려가기 시작했다. 즉 100을 빌려주면 50밖에 받지 못하는 것이다(관용적인 표현을 빌리자면 50퍼센트의 시세 하락 혹은 '헤어컷'이라고 한다). 은행과 은행이 서로 연결되는 보험계약을 많이 함으로써(특히 그 유명한 '신용부도 스와프CDS: Credit Default Swap'는 '결국' 그리스 사태를 운에 맡기는 역할을 하고 있다) 은행이 수많은 어려움을 극복했듯이, 그리고 관계자들이 그리스 채권인지도 모른 채 가끔 구입하듯이(예를 들어 많은 예금자가 최근 몇 년간 생명보험을 계약하면서 약관은 거의 읽어보지도 않은 채 유럽채권 패키지상품을 떠맡는 경우가 생긴다), 결국 누가 빚을 갚게 되는 것인지 아무도 모른다. 노력의 대가가 정당하게 분배될 거라고 믿을 만한 근거는 전혀 없다. 금융과 관련해서 보자면, 금융 전문가들은 이 분야에 대해 더 많은 정보를 갖고 있기에 유해 상품을 적절한 시기에 처리해버릴 수 있기 때문이다. 그리고 특히나 은행 대차대조표에 근거해 낙수효과를 기대한다면 유럽 금융시스템에 두려워할 만한 변화가 일어나고, 금융기관의 줄도산이 있으리라는 사실을 믿을 만한 근거는 충분하다. 그만큼 시장은 같은 디폴트 전략과 '전면적인 헤어컷' 전략이 곤경에 처해 있는 다른 국가의 부채에 적용될 거라는 예측을 내놓기 시작했다.

대형 은행은 커다란 능력을 갖고 있는 것처럼 보이지만 실제로는 매우 불안정하다. 왜냐하면 이런 은행은 자기 명의로 소유하고 있는 것이 거의 없기 때문이다. 즉, 매우 빈약한 자체기금(약 100억 유로)에 비해 너무도 많은 자산과 부채를 관리하고 있다(한 은행에서 평균 1조 유로를 다루는데, 이는 그리스 GNP의 500퍼센트에 달한다). 그리스 부채는 엄청난 사태를 불러올 수도 있다.

당연히 프랑스와 유럽중앙은행은 디폴트 사태가 벌어지기를 원치 않고 있다. 하지만 은행의 자발적 협력만을 기대하고 있는 프랑스의 해결책은 전혀 현실적이지 않다. 나 개인적으로 은행가 친구에게 전화를 걸어 그리스 채권을 좀 더 오래 소유하고 다시 대부금을 더 지급하라고 부탁하고 싶은 생각까지 든다. 무역화폐는 명시적인 것이 아니다. 유럽에서 발생한 문제가 이런 식으로 해결되진 않을 것이다. 반면 프랑스는 실제 유럽은행의 세금 혹은 분담금 제도에 관한 협상을 위해 '은행이 직접 지불'해야 한다는—이렇게 함으로써 금융 분야가 현 재건 과정에 참여할 수 있게 된다—강력하고도 정당한 독일의 의지에 기반을 두고 행동해야 한다.

'전면적' 헤어컷과 비교해 '세무' 헤어컷의 커다란 장점은 능력 있는 은행으로 하여금 돈을 지불하도록 하고, 모든 재난을 피하기 위한 세금의 근기와 비율을 잘 책정할 수 있다는 것이다. 그리고 이와 같은 세금은 미래 유럽 조세제도의 소박하지만 현실적인 시금석이 될 수 있을 것이다. 왜냐하면 사람들이 세금을 만들어내는 것은 위기의 시기이거나 분명한 요구에 대답해야만 할 때이기 때문이다. 이에 대해 분명히 논의된 부분은 없다 하더라도, 유럽중앙은행이 유럽재무부를 설립하자는 제안을 하는 것은 바로 이런 맥락 속에서 이루어지는 것이다(세금 없는 재무부를 만들 수 있을까?).

구체적으로 말하자면, 이 세금은 어떤 형태여야 하는가? 만약 분담금을 여러 금융기관이 소유하고 있는 그리스 자산의 비율로 계산하면, 세금은 구조적으로 부채와 정확히 같은 액수가 될 것이며 이와 똑같은 부정적 효과를 만들어낼 것이다. 유동성이 거의 없는 그리스 자산을 많이 소유하고 있는 몇몇 은행은 위기에 처할 수 있다. 반대로 오직 능력 있는 은행만이 이에 공헌할 수 있다는 사실을 확실히 하기 위해선, 세금은 오직 이윤에만 근거해서 책정된다는 사실을 분명히 해야 한다. 그래서 은행의 분담금은 이윤세에 대한 유럽 세제의 부수적 수단이 되고 마침내 진정한 유럽 법인세의 시초가 될 것이다. 이 두 가지 기준에 부분적으로 기반을 둔 중간 형태의 해결책을 생각해 볼 수 있다. 혹은 각 은행의 순수자본에 기반을 둔 기준 또한 고려해볼 수 있는데, 이는 금융과 보험 통제에 대해 장점이 매우 많다. 하지만 어찌 됐든 지금 가장 시급한 사안은 유럽 수준에서 이에 관한 토론이 이루어져야 한다는 것이다.

오브리와 올랑드: 분발하길!

유권자로서 사회당 1차 선거를 잘 활용하려면, 후보자의 공약이 무엇인지, 각각 어떻게 다른지를 알아야 한다. 두 명의 주요 후보자 간의 대립점이 드러난다 할지라도 당장은 판단을 유보해야 한다.

예를 들면, 마르틴 오브리의 경우 국회의원이나 공무원의 겸직을 못 하도록 막는 데는 자신이 가장 적격이라고 주장하고 있다. 이는 프랑스 민주주의와 선거를 일신함과 동시에 입법부와 행정부 간의 균형을 재정립하는 데 중요한 문제다. 하지만 국회의원이 자신의 업무에만 충실하고 단지 기록보관소 직원처럼 처신하는 것을 막기 위해선, 어쩔 수 없이 그들의 겸직을 금지해야 한다. 특히 시장 혹은 도의회나 지방의회 의원직 겸직을 금지해야 한다. 마르틴 오브리와는 반대로 프랑수아 올랑드는 유명 사회당 인사들에게 어떤 규정을 항상 강요하는 것 같지는 않다. 올랑드도 이에 관한 분명한 입장을 밝히기를 기대해보자.

또 다른 대립점은 올랑드가 주장한 '세대협약Contrat de génération'이다. 이는 고용주가 퇴직자를 그대로 고용하면서 젊은이들을 새로 고용할 경우 이와 관련된 사회보장분담금을 3년간 완전 면제해주는 제도다. 하지만 사람들은 이미 이와 같은 시스템의 영향을 경험했기 때문에 새로운 감세 조치와 비슷한 이런 조치를 격렬하게 비판하는 오브리가 옳다고 생각하고 있다. 임금근로자의 나이와 관련된 사회보장분담금 면제와 같은 정책은 이미 여러 기업에서 적용해왔는데, 매번 커다란 반향을 일으켰지만 효율성은 매우 낮았다. 이런 조치를 실행하는 데 드는 비용이 상당하다는 것은 논외로 하자. 올랑드 진영에서 발표한 자료에 따르면 80억~110억 유로의 비용이 드는데, 아마도 정확한 계산이 아직 나오지 않아 이렇게 범위가 느슨한 것으로 보인다. 참고로, 2007년 사르코지가 실행한 형편없는 추가시간에 대한 면제—모든 좌파는 이를 폐기할 것을 공약하고 있다—에 드는 비용은 '단지' 45억 유로밖에 되지 않았다. 현재 예산을 고려해볼 때, 우파의 감세 조치를 돈이 더 많이 드는 좌파의 감세 조치로 대치한다는 것은 좋은 방안이 아닌 것 같다.

마르틴 오브리는 이와는 다른 조치를 강력히 주장하는데, 이 또한 비용이 많이 들고 효과 면에서도 나을 것이 거의 없다. 오브리는 기업이 재투자하는 이윤에 대한 세율을 현재 33퍼센트에서 20퍼센트까지 낮추자고 주장하고 있다. 발상은 좋지만 현실적으로는 잘못된 결과를 가져오는 조치의 대표적인 예다.

그 이유는 첫째, 생산투자와 금융투자(이는 주로 배당금보다 세율을 낮게 적용함으로써 가계에 시세차익을 가져다준다)를 현실적으로 구분하기가 거의 불가능하기 때문이다. 이런 조치들은 프랑스를 포함한 여러 나라에서 이미 시행된 적이 있었지만 납득할 만한 결과를 끌어내지는 못했다.

둘째, 오늘날 가장 중요시되는 것은 법인세 징수액을 정상적인 수준으로 끌어올려서(금융위기 당시 500억 유로에서 200억 유로로 줄어들었는데, 이는 그야말로 붕괴 수준이었다) 그대로 유지하는 것이기 때문이다.

끝으로 앞으로 관심을 집중해야 할 부분이 유럽연합 지역에 뿌리를 내리고 있는 모든 기업에 통일 기준과 공통과세 규정을 적용하는 유럽 법인세를 실행하는 것이기 때문이다. 이런 맥락에서 보면 프랑스가 재투자된 이윤에 부과되는 세율을 일방적으로 너무 많이 낮추는 것은 사리에 맞지 않는 부분이 있다. 이렇게 되면 아일랜드의 조세 '덤핑'을 비판하기도 쉽지 않을 것이다.

마르틴 오브리가 사회당원 모두가 동의하는—하지만 현 단계에서는 가능성이 희박한—대대적인 세제 개혁(누진소득세 실행을 위한 보편적 사회보장분담금과 소득세 통합)을 2012년 이후로 연기하고 싶어하는 듯한 인상을 풍긴다. 안타까운 일이다. 게다가 프랑수아 올랑드는 개혁의 이유를 거론하지만, 방법에 대해선 아무 말도 없다. 두 후보자는 선거가 시작되면 정확한 계획을 밝히겠다고 약속했다. 사회당 예비선거의 1차 투어는 10월 9일에 열린다. 이제 모든 것을 밝힐 때가 된 것 같다.

재무부가 신문을 조정한다면

결국 부자들은 다른 사람들보다 세금을 적게 낸다는 말인가? 9월 19일 일간지 『레제코』에서 과감하게 발표한 내용을 보면 적어도 이는 사실이다. '재무부 연구'라는 기사가 시의적절하게 발표된 것은 좋은 소식이지만, 안타깝게도 아직 인터넷에는 게재되지 않았다. 궁금해진 나는 이 문제의 연구서를 얻기 위해 기사를 쓴 기자에게 연락을 시도했다. 그녀는 그 연구서가 비밀평가서이기 때문에 제공할 수 없다고 대답했고, 나는 다른 곳에는 공개하지 않겠다고 약속했다. 자료를 달라고 요청하면서, 나는 이 기자가 정확치 못한 몇몇 숫자를 임의로 수정하고 있다는 사실을 알았다. 너무 급하게 처리하면서 기사에는 아무런 수치도 제시하지 못했던 것이다.

그렇다면 재무부는 평가서를 통해 실제로 어떤 주장을 펼치고 있는가? 더 나아가 최근에 작성된 세무제표에는 최상위 소득계층에 대한 실질세율이 낮아지는 현상은 멈출 것인가? 최상위 납세자 10만 명에게 해당되는 '소득세와 과세표준에 따른 소득 간의 비율에 따라 결정되는' 세율은 약 30퍼센트로 고정될 것이며, 매우 더딘 추세로 상승하게 될 것이다(최상위 1만 명에 대해선 31.4퍼센트, 최상위 100명에 대해선 32.5퍼센트). 문제는 소위 실질세율이라는 것이 실질경제소득이 아닌 과세소득의 비율로 계산됐다는 점이다. 그럼에도 프랑스 세제에서 매우 잘못된 점은 자산소득의 대부분이 면세받기 때문에, 과세소득과 실질소득 간의 비율이 소득분배의 정점에서 급격히 낮아진다는 것이다. 구체적으로 말하자면 최고소득에 대한 세금은 과세소득의 30퍼센트이지만, 실질소득에 대해선 15퍼센트도 되지 않는 것이다. 이유는 간단하다. 총 금융소득(배당금과 이자)은 누진소득세를 기준으로 과세소득에 포함시키면 200억 유로가 채 되지 않는 반면, 원천징수액과 시세차익에 따른 소득을 포함시키면 400억 유로가 넘기 때문이다. 그리고 보편적 사회보장분담금이 부과되는 금융소득 전체를 계산하면 800억 유로가 넘는다(이렇게 하더라도 국민계정의 절반밖에 되지 않지만, 세율표에 따른 과세금융소득의 4배에 이른다는 이점이 있다). 모든 세부사항은 revolution-fiscal.fr에서 확인할 수 있다.[1]

이런 측면을 수정하려 하지도 않고 과세소득 연구에만 집중한다면, 분명 우리 세제의 누진성을 실현하기는 힘들어진다. 게다가 프랑스 세제는 최근 재산세를 인하함으로써, 더욱 악화되고 말았다. 이 모든 것이 방법론적인 관점에서 보면 그리 심각한 것은 아니다. 그리고 이런 커다란 혼동이 발생한 것은 『레제코』의 기자들 때문이라는 것이 일반적인 견해다.

여기서 몇 가지 교훈을 얻을 수 있다. 우선 몇몇 신문기자가 최소한 전화 통화로 사실을 확인하지도 않은 채 이런 종류의 대수롭지 않은 비밀평가서에 의지해 기사를 쓴다면, 시대에 걸맞은 투명한 세제 논의가 이루어지기 힘들다는 것이다. 카미유 랑데, 이매뉴얼 사에즈와 함께 나는 프랑스 세제의 진상을 밝힐 매우 세부적인 자료와 프로그램을 인터넷에 올려 공유하고자 애썼다. 또한 우리는 파쿤도 알바레도Facundo Alvaredo, 앤서니 앳킨슨Anthony Atkinson 그리고 10여 명의 연구원들과 함께 1세기에 걸친 23개국의 세무제표를 체계적으로 활용했다. 불평등의 역사적 변화에 관해 오늘날 가장 완벽한 자료를 갖고 있는 '세계 최상위 소득 계층 데이터베이스WTID: World Top Incomes Database'에서 제공하는 숫자는 세계 어디에서나 참고할 수 있다. 이는 인터넷에서도 확인할 수 있다.

이 자료가 완벽하다고 주장하는 것은 아니다. 개개인이 우리가 이 자료에서 끌어내 권장하는 세제 개혁 방안에 얼마든지 공감하지 않을 수도 있는 것이다. 하지만 필요한 경우 누구나 세부사항에 공개적으로 접근해 내용을 확인할 수 있는 장점이 있다. 그리고 이를 통해 우리가 권장하는 사항을 개선시킬 수도 있다. 물론 모든 사람이 투명성과 엄격성을 지키기 위한 공동의 노력을 기울인다는 조건 하에서 말이다. 또한 행정기관이 새로운 익명의 세무제표를 갖고 있다면, 그래서 아무런 기술적 문제점이 없다면, 이 세무제표는 연구원들이 공정하게 이용할 수 있도록 공개되어야 한다.

이 사안은 또한 자금 조달과 언론의 독립에 관한 문제를 제기하기도 한다. 2007년 『레제코』의 기자들은 그들의 신문사가 베르나르 아르노의 LVMH 그룹에 매각되는 것에 계속해서 반대했다. 기자들은 당연히 언론의 독립성을 걱정했고 수많은 연구원이 서명한 다수의 청원서를 제출했다. 이런 노력에도 불구하고 프랑스 최초의 경제일간지인 『레제코』는 2007년 이후 프랑스의 주요 재산이 됨으로써 프랑스 대통령의 생각을 대변하는 수단이 되고 말았다. 이 때문에 이 신문이 현 정권이 옹호하는 주장에 점점 더 호의적인 자세를 취하는지는 잘 모르겠다. 언젠가는 프랑스 대중운동연합 소속의 상원의원 세르주 다소Serge Dassault 소유로, 거의 정부 공식 기관지가 되어버린 『르피가로』를 읽고 있다는 인상을 받게 될 것 같다. 혹시 그럴 리야 없겠지만, 『레제코』 신문기자들이 일반 대중에게서 점점 멀어져가면서 독자들에게서 금융이득을 얻는 데에만 만족하고 있는 것은 아닐까? 어찌 됐든 이 신문사의 많은 기자가 보여주고 있는 유감스런 행동들은 민주주의를 위해선 상당히 걱정스런 일이다.

1. http://www.revolution-fiscale.fr/annexes-simulateur/Donnees/pdf/CN16.pdf — 원주.

가엾은 스티브 잡스

모든 사람이 스티브 잡스를 좋아한다. 지금까지도 빌 게이츠보다 더 많은 사랑을 받고 있는 그는 훌륭한 기업인과 칭찬받는 재산가의 상징이 됐다. 왜냐하면 마이크로소프트의 창업주가 컴퓨터 운영체제를 사실상 거의 독점함으로써 기업을 번성시켰던 반면(그래도 윈도 체제의 발명은 의의가 크다), 애플의 창업주는 정보기술의 기능과 디자인 모두에 창의적인 요소를 가미함으로써 여러 혁신적인 제품(아이맥, 아이팟, 아이폰, 아이패드……)을 만들어냈기 때문이다. 물론 이 두 개인의 천재성과 이미 이름이 잊힌 수많은 엔지니어가 이 작업에 얼마나 기여했는지는 그 누구도 정확히 알 수 없다(중요한 전기와 정보과학 분야의 연구원에 대해선 아무 말이 없다. 그들의 노고가 없었다면 그 어떤 혁신도 불가능했을 것인데, 그 누구도 그들의 과학적 이론에 학위를 부여하지 않았다). 그럼에도 좌파든 우파든 각 국가, 각 정부는 이러한 기업인이 나타나길 기대할 수밖에 없는 것이 사실이다.

게다가 형식적인 차원에서 보자면 잡스와 게이츠는 현재 존중받는 부자의 모습을 보여주고 있다. 우리는 그들의 재산(『포브스』의 부자 순위에 따르면 잡스는 80억 달러, 게이츠는 500억 달러의 재산을 소유하고 있다)은 이상적인 세계에서나 가능한 액수라는 사실과 결국 최상의 상황에서 최상의 결과가 도출된다는 결론을 얻을 수 있다. 하지만 재산을 많이 갖고 있다는 것이 존중받을 일은 아니며, 재산은 하늘이 내린 복이라는 생각에 빠져들기 전에 사안을 더 가까이에서 바라봐야 할 것이다.

첫 번째 미심쩍은 부분은 혁신가 잡스는 윈도 체제 금리생활자인 빌 게이츠보다 6배나 가난하다는 것인데, 이는 아마도 완전한 경쟁체제가 이루어지지 않았다는 증거인 것 같다.

더 답답한 부분은 잡스가 만든 훌륭한 제품들이 세계에서 수천만 대나 팔리고 있고, 최근 수년간 애플이 급성장하고 있음에도, 결국 잡스는 80억 달러의 재산밖에 모으지 못했다는 것이다. 이 액수는 일은 전혀 하지 않고 상속재산으로만 생활하는 프랑스의 릴리안 베탕쿠르의 재산(250억 달러로 추산)의 3분의 1밖에 되지 않는다. 『포브스』의 부자 순위(이론과 방법을 가리지 않고 부자들의 유산 수치를 최소화하기 위해 모든 노력을 기울이고 있다)에 따르면, 상속재산을 잡스보다 더 많이 갖고 있는 부자는 10여 명이나 된다.

더 혼란스러운 부분은 상속재산이 어느 수준 이상에 이르면 기업가 재산과 같은 추세로 (그리고 매우 폭발적으로) 증가한다는 것이다. 1990~2010년 사이에 빌 게이츠의 재산은 40억 달러에서 500억 달러로 늘었고, 릴리안 베탕쿠르의 재산은 20억 달러에서 250억 달러로 뛰었다. 이는 두 경우 모두 재산이 연평균 13퍼센트 이상 늘었다는 뜻이다(인플레이션을 제외하면 실질수익은 약 10~11퍼센트에 달한다). 이 극단적인 예를 통해 좀 더 일반적인 현상을 알 수 있다. 보통 실질 자산수익률은 평균 3~4퍼센트를 넘지 않고, 자산 규모가 작을 경우의 수익률은 이보다 낮게 나타난다(프랑스 국민저축통장인 'Livret A'의 현 이자율은 2.25퍼센트인데, 이는 인플레이션 비율보다 0.5퍼센트 낮은 수치다). 하지만 커다란 위험에 노출될 수 있으며 관리인이 따로 관리를 해야 하는 대규모 자산에 대한 평균 실질수익률은 이보다 훨씬 높은 7~8퍼센트에 이르고 최상위 재산에 대해선 10퍼센트에 육박한다. 하지만 이런 수익률은 재산가의 전문적인 활동이나 능력 혹은 특별한 재능과는 상관이 없다. 결국 돈이 돈을 버는 것이다.

또한 대학의 국부펀드나 기부금에서도 같은 현상이 나타나고 있다. 1980~2010년 기부금이 1억 달러가 되지 않는 북미대륙 대학의 연평균 실질수익률은 '단' 5.6퍼센트밖에(이는 인플레이션과 모든 운영 비용을 제외한 수치인데, 이 정도로도 과히 나쁘지 않은 수치다) 되지 않는 반면, 1억~5억 달러의 기부금을 받는 대학은 6.5퍼센트, 5억~10억 달러의 기부금을 받는 대학은 7.2퍼센트, 10억 달러 이상의 기부금을 받는 대학은 8.3퍼센트의 실질수익률을 나타내고 있으며, 하버드, 프린스턴, 예일 등 3대 명문대학의 경우는 10퍼센트에 가까운 실질수익률을 나타내고 있다(1980년대 각 대학의 기부금은 수십억 달러 선이었는데 2010년에는 수백억 달러로 늘었다. 빌게이츠와 릴리안의 재산이 엄청나게 늘어난 것처럼 말이다).

구조는 단순하지만 그 규모는 어지럽다. 이런 추세가 계속되다보면, 자산 분포의 격차가 더욱 벌어져 결국 커다란 경제력 차이로 이어질 것이다. 위험을 초래할 가능성이 있는 이 역학 구조를 조절할 수 있는 훌륭한 대책은 세계적인 수준에서 누진재산세를 도입하는 것이다. 이때 계속 발전하는 기업에 혜택이 돌아가도록 소규모 재산에 대해선 세율을 완화하고 스스로 수익을 창출해내는 대규모 재산에 대해선 세율을 훨씬 높게 책정해야 한다. 분명히, 아직 갈 길이 멀다.

국제정치

유럽 차원의 프로젝트를 구상해보자

간단히 얘기하자면 삭막했던 사르코지-메르켈 회담에서 확인한 것은 이제 유럽식 설계를 시작할 시점에 다다랐다는 것이다. 이 두 정상이 매달 정상회담을 개최한다고 발표하고 지속적인 해결책을 내놓았지만 몇 주 지나지 않아 곧 거짓으로 드러난 게 벌써 2년이 지났다. 10월 27일 유로존에 불어닥친 위기에서 벗어나기 위해 중국과 브라질에 돈을 빌려달라고 요청하는 지경에까지 이르렀다. 이 비장한 원조 요청은 아마도 5년 임기 대통령인 사르코지의 경제적 무능력과 정치적 무력감을 가장 잘 보여주는 사례로 남을 것이다. 그 이유는 세상에서 가장 부유한 경제구역을 갖고 있는 유럽이 유럽보다 경제력이 낮은 나라에 도움을 요청할 하등의 이유가 없기 때문이다.

실제로 유럽연합의 GNP는 12조 유로를 넘는 반면(유로존의 GNP는 9조 유로), 중국 GNP는 4조 유로, 브라질 GNP는 1조5000억 유로에 불과하다. 특히 유럽연합 가계의 총자산은 50조 유로가 넘는다(이 가운데 25조 유로는 금융자산이다). 이는 중국 가계자산(2조5000억 유로)의 20배에 해당되며, 유럽 총 국가부채(10조 유로)의 5배에 달한다. 유럽연합이 조금이라도 더 정치적 입지를 강화하고 세무 문제에 관심을 기울인다면, 우리는 국가재정에 관한 문제를 스스로 완벽하게 해결할 방법이 있다.

현재 유럽연합은 미국, 영국 그리고 일본보다 적은 부채를 안고 있는데도, 국가부채 위기를 느끼는 쪽이 정작 유럽이라는 사실은 실상 심각한 문제다. 프랑스는 약 4퍼센트의 이자—이 이자율은 앞으로 몇 달 안에 아마 5~6퍼센트 혹은 그 이상으로 오를 수도 있다—를 지불하고 있는 반면, 위에서 언급한 3개국의 부채 이자율은 단 2퍼센트밖에 되지 않는다. 왜 이런 현상이 나타날까? 그 이유는 유럽중앙은행은 정치권력과 경제적 지배에 기반을 두고 있지 않은데(이는 유럽중앙은행만의 특징이다), 이로 인해 유럽중앙은행은 최종 대출자로서의 역할과 시장을 안정시킬 수 있는 기관으로서의 역할을 충분히 할 수 없기 때문이다. 그래서 우리는 영국보다 부채가 적음에도 불구하고, 훨씬 더 많은 이자를 지불하게 될 것이다. 유럽연합이 존재하는 이유는 우리를 보호하기 위함이지 우리의 상황을 취약하게 하거나 예산 문제를 악화시키기 위한 것은 아니지 않는가!

그렇다면 어떻게 해야 할까? 서둘러 새로운 조약을 만들어야 한다. 이 조약을 원하는 국가들이(프랑스와 독일을 위시해) 공공부채를 공동으로 관리하게 하고, 그 대신 이 국가들의 예산 결정을 강력하며 합법적인 연방 정책기관에 위임하는 취지의 조약 말이다. 그렇다면 이 연방정책기관은 어떤 모습이 되어야 할까? 이 부분이 시급히 논의되어야 할 중심 사안이다.

분명한 점은 정부 간의 논리와 정상 간의 짧은 밀담에서 벗어나야 한다는 것이다. 이제는 사라진 유럽공동체조약TCE: Traité instituant la Communauté européenne에 대한 논의 당시 우리에게 제시했던 것과는 달리, 국가지도자회의는 절대 상원이 되지 않을 것이다. 예산 권한을 유럽사법재판소의 재판관들에게 위임한다는 것은 더 이상 의미가 없다. 현 유럽의회에 권한을 주는 것이 더 나은 해결책이다. 약 750명의 하원의원이 현재로서는 실질적인 재정 권한을 행사할 수 없다는 점과 이 하원의원들이 유로존뿐만 아니라 27개 유럽연합 회원국 출신이라는 점을 제외하면, 실제로 유럽의회는 유럽연합의 유일한 민주적 기관이다.

점점 더 자주 거론되는 해결 방안은 각 국회의 재정경제위원회와 사회보건복지위원회 출신의 의원들을 통합하는 새로운 의회를 구성하는 것이다. 이렇게 구성된 '유럽 상원'은 유럽 채권단에 강력한 영향력을 행사하고 매년 발행하는 채권의 총량을 확정하게 된다. 이는 또한 유럽의회보다 더 유기적으로 운영될 수 있고, 각 관련 국가에서 한 결정의 결과를 정치적으로 수용할 사람들을 모을 수 있다는 장점을 동시에 갖고 있다.

이는 아마 훌륭한 해결 방안이 될 것이다. 이를 위해 의원의 수, 투표 및 임명 절차 등에 관한 상세한 내용이 담긴 정확한 계획안을 서둘러 작성해야 한다. 아무튼 유럽채권이 공평하게 분배되어 혜택을 보기 위해 유럽연합의 핵심정책에 합류하기를 바라는 모든 국가가 단계적으로 참여한다는 전제 아래, 이(유럽 상원)를 기대하는 몇몇 국가에서 이 시스템이 속히 운영되도록 하는 해결책을 찾아야 한다.

그리고 이 모든 것을 해결할 수 있는 국가가 독일이라고 생각해선 안 된다. 세계화된 자본주의를 조절하기에는 자신의 국가 규모가 너무 작다고 생각하는 독일은, 실제로는 필수불가결한 유럽연합의 갑작스런 정책 변화에 대해 프랑스보다 진보적인 생각을 갖고 있다. 11월 9일 독일의 '현자들'(혁명적 성향 때문에 평판이 좋지 않은 사무국 경제자문 집단)은 GNP의 60퍼센트가 넘는 모든 부채—물론 여기엔 독일 부채도 포함된다—는 유럽에 공평하게 분배되어야 한다고 주장했다. 11월 14일 독일 기독교민주연합은 유럽위원회 의장을 뽑는 데 보통선거 원칙을 채택했다(이는 분명 프랑스 대통령을 조롱하는 행위다). 현재 진행 중인 협상 과정을 보면 사르코지는 자신의 권한을 조금도 양보하지 않은 채 순수 정부 간 논리에만 집중하고 있다고 생각할 수밖에 없다. 그래도 사르코지가 상황의 심각성을 깨닫고 결국 훌륭한 결정을 내리길 기대해보자.

무역

보호주의: 부득이한 선택

대부분의 경제학자는 왜 자유무역을 신뢰하는가? 최대의 비교우위를 얻기 위해서는 첫째로 자유시장과 경쟁시장에 근거해 가능한 한 많은 부의 생산에 집중하는 것이 가장 효과적이라고 배웠기 때문이다. 두 번째로, 투명한 조세와 소득재분배라는 방법을 통해 무역이익을 각 국가에 공평하게 분배해야 한다고 배웠기 때문이다. 학교 경제학 수업시간에 배운 바는 이렇다. 다시 말하면, 세금재분배가 효과적인 재분배다. 그리고 시장과 물가는 인위적 조작을 최소한으로 줄인 채 그냥 내버려두어야 한다(위에서 언급한 왜곡되지 않은 '자유경쟁'). 그리고 위에서 언급한 '두 번째 과정'인 재분배를 실시해야 한다는 것이다.

이 훌륭한 설명이 다 틀린 것은 아니다. 전혀 그렇지 않다. 그럼에도 이 설명은 중대한 문제점을 안고 있다. 지난 30년 동안 재화와 서비스 무역은 주로 이 논리에 따라 많이 자유화된 것이 사실이다. 하지만 두 번째 과정, 즉 세금재분배 과정의 확장은 전혀 이루어지지 않았다. 반대로 조세경쟁은 지난 10여 년간 끈기 있게 형성되어왔던 누진세를 약화시켰다. 최고 부자들은 무역자유화와 세계화를 통해 이미 최고의 혜택을 받았음에도 불구하고, 상당한 양의 감세 혜택까지 받았다. 최하위층은 임금과 고용이 정체되어 있는 상황 속에서 사회보장분담금과 소비세의 인상을 지켜보고만 있어야 했다. 자유화에서 생기는 이익을 공평하게 나누기는커녕, 세금재분배 과정은 불평등 효과를 가중시키는 경향을 보였다.

몇몇 사람은 다음과 같이 말할 수도 있다. "안타까운 일이긴 하지만, 그렇다고 이런 상황에서 할 수 있는 일이 무엇이란 말인가?" 세금재분배의 효과를 낮추는 것이 유권자들의 정치적 선택이라면, 물론 이를 애석하게 생각할 수 있다. 하지만 관세장벽을 복구하지는 않을 것이다. 왜냐하면 이렇게 하면, 이미 많이 약화된 성장세를 둔화시키는 결과만을 초래하기 때문이다.

이는 분명한 사실이다. 또한 자세히 들여다보면 절대적인 자유화와 조세덤핑은 서로 관계가 있다는 것을 알 수 있다. 무역을 통해 아무것도 얻지 못한 채 공권력은 무너지고 말았다. 수입세를 금지하고 수출에 대해선 보조금을 지급함으로써, 국가로 하여금 국내생산을 늘리고, 특히 외국인 투자와 전문직종에 대해 감세 조치(물론 이는 완전한 허락이 이루어진 상태에서 가능하다)를 취하게 하는 효과를 볼 수 있다. 금융서비스와 자본유동의 자유화가 개인과 기업의 탈세 행위를 쉽게 하는 데 직접적인 영향을 끼쳤다는 사실은 차치하고라도 말이다. 국가 간의 정확한 협조가 없다면, 이는 국가가 자율적인 조세정책을 이끌어가는 데 커다란 제한 요소로 남게 될 것이다.

예를 하나 들어보자. 2005년에 실행된 예금강령은 해외에 거주하는 자국민의 투자금액과 그에 상응하는 이익을 실시간으로 각 국가가 알 수 있도록, 유럽 세무행정에 관한 정보의 자동 교환을 가능하게 하는 방침으로 간주되었다. 룩셈부르크나 스위스가 항상 이 강령을 적용하는 것은 아니라는 사실을 제외하곤 말이다. 게다가 스위스는 얼마 전 이 강령에 위반되는 자신만의 규정—이를 통해 스위스는 합법적으로 은행 고객의 신원을 밝히지 않아도 된다—을 연장하려는 협상을 했다. 그리고 이 강령은 어쨌든 은행 예금과 채권에만 관련이 있고 이에 따라 외국인이 소유하는 금융투자금(그리고 특히 주식계좌 comptes titres en actions)의 대부분을 배제한다는 사실은 제외한 채 말이다.

이런 상황이 제대로 바뀌려면, 특이사항 없이 진행되는 G20 정상회담과 여기서 발표하는 의도만 좋은 선언문과는 다른 조치가 필요하다. 조세피난처를 없애고 더 나아가 비정상적으로 세계화된 자본주의를 통제할 금융규제, 사회규제, 환경규제를 실행하려면, 상업적인 방법을 택해야만 한다. 만일 유럽이 한목소리를 내고 정치적으로 힘을 얻는다면, 통상금지 위협에서 벗어나고 보호관세제도 실행을 막을 수 있을 것이다. 이런 상황이 전개되는 것은 바람직하다. 왜냐하면 보호주의가 국가가 쥐고 있는 경찰력과 같은 강제력의 한 방편이 된다면 보호주의는 그 자체로 발전 요소가 될 수 없기 때문이다('반세계화'를 열렬히 지지하는 사람들이 상상하는 것과는 달리 말이다). 하지만 이런 정책 방향을 추구하는 과정에서 실제적인 진전 없이 유럽식 구조를 구체화하려고 한다면, 극우 세력의 격렬한 반대에 부딪힐 가능성이 있다.

제3부

2007~2009

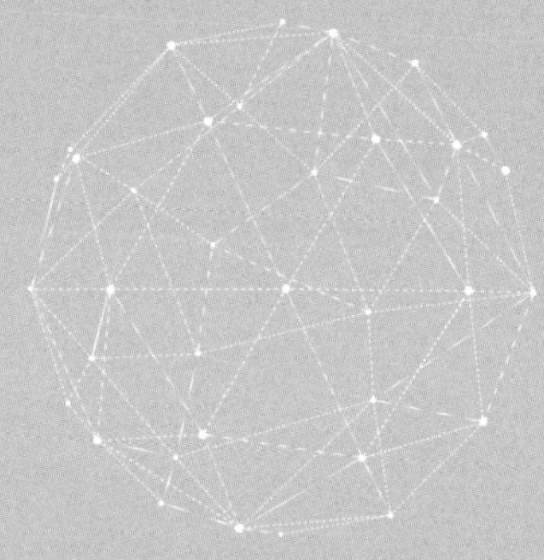

거주 대항권

거주 대항권을 주장하는 것만이 가장 낙후된 지역의 주거환경을 개선시키는 효과적인 방법이 될 수 있을까? 많은 관계자가 이를 매우 회의적으로 보고 있다. 만일 자신이 원하는 것을 이루기 위해 이와 관련된 권리를 주장하는 것만으로 충분하다면, 바라는 것을 모두 이룰 수 있을 것이다. 1946년 헌법에서 규정한 고용권은 실업률 감소에 거의 도움을 주고 있지 못하는 실정이다. 가장 낙후된 지역에 실질적인 도움을 주려면 원칙을 주장하는 것에만 만족해선 안 된다. 이를 위해선 공공건축이나 주거수당과 같은 적합한 정책을 재정적으로 지원하는 방법을 동원해야 한다. 별다른 노력을 기울이지 않고도 모두에게 동등한 이론적인 권리의 존재를 주장함으로써 간혹 세금과 세무이전 비용의 부담에서 벗어날 수 있는데, 이렇게 되면 최소한 생활환경에서 나타나는 현실적인 불평등을 완화시킬 수 있다.

하지만 주거에 관한 문제는 전통적인 경제정책이 그 한계를 드러낼

만큼 겉으로 보기보다 더 복잡하다. 1960년대까지 정부가 대규모 주택건설 프로그램에 직접 참여해 몇 번의 성공을 거두기도 했지만, 대단위 건축사업이나 지금은 사라진 임대아파트HLM: Habitation à loyer modéré의 경우에서 보듯이 쓰라린 실패를 맛보기도 했다.

1970년대 이후 주거수당은 건물 지원에서 개인 지원으로 옮겨갔다. 이는 주거수당을 단계적으로 올리고, 주거수당 지급을 모든 빈곤계층으로 범위를 확장하며, 사회복지형 주거시설에서처럼 사설시장에서도 그들의 요구를 가능하게 하는 형태로 진행됐다. 이렇게 주거수당은 프랑스 시스템 가운데 가장 중요한 위치를 차지하는 소득재분배 시스템이 됐다. 2006년 주거수당의 총합은 150억 유로에 달했는데, 이는 무소득자에게 주어지는 수당인 최저통합수당과 노동소득세액공제를 합친 액수의 두 배에 해당되는 수치다. 파리 1대학 교수인 가브리엘레 파크Gabrielle Fack의 연구논문에서 알 수 있듯이, 주거수당의 약 80퍼센트가 집수리를 하는 데는 거의 쓰이지 않은 채 집주인이 받는 임대료 역할을 하고 있다. 이런 실망스런 결과는 주택 공급의 탄력성이 매우 약하다는 사실로 설명될 수 있다. 즉 개인 건축은 새로운 부양책에 대해 거의 반응하지 않는다는 것이다.

이런 실패를 극복할 새로운 방안이 모색되고 있다. 거주 대항권은 어떤 결과를 가져올 것인가? 이 질문에 골몰해 있던 협회와 위원회의 제안은 주거 밀집 지역 공동체의 경우, 열악한 환경에 거주하고 있는 사람에게 가장 적절한 재정 등급을 요구할 수 있는 권한을 주자는 것이다. 즉 열악한 환경에 거주하는 대가로 주택정책에 관한 가장 중요한 권한, 특히 건축 지원(사회복지형 주거시설과 개인 주거환경 개선에 대한 지원)과 주택 배급, 주택 청구에 관한 권한을 위임받는 것이다.

이런 예상을 해볼 때, 거주 대항권을 실행한다는 것은 여러 공무원의 책임을 분명히 하고 주거시설의 수준을 높이는 방법에 집중하도록 해줄 것이다. 또한 이를 통해 건축업이 다시 활성화될 수도 있을 것이다(주거수당에서 얻은 경험에서도 알 수 있듯이, 이런 방법이 모든 문제를 한꺼번에 해결할 수 있는 열쇠가 될 것이다). 왜냐하면 정부가 주거시설 같이 특별하고도 복잡한 재화를 생산해내는 과정에 완전히 적법하게 개입한다 할지라도, 이는 단지 도시화를 위한 것이기 때문에 거주 대항권을 효과적으로 이용해야 한다.

또한 거주 대항권을 통한 소송 절차에서 승리함으로써 지역 활성화를 기대해볼 수 있다. 사회경제정책의 결정을 법적 판단에 맡김으로써 성과를 낼 수 있다는 생각이 프랑스의 전통적 사고방식으로는 다소 이상하게 보일 수도 있지만, 이는 외국의 예에서 이미 증명된 바 있다.

이 권한이 오늘날 실제적인 효력을 갖게 된 것은, 각 학교에 공평하게 적용되는 무상급식법에 관한 2001년 인도 대법원 판결과, 인도 정부 및 공동체 위원회에서 제기한 여러 소송 절차에 따른 것이다. 어쨌든 이 예는 반대 권한(거주 대항권)의 성격이 매우 간결하게 정의되어야만 소송 절차에서 이익이 되는 결과를 얻을 수 있다는 점을 주지시킨다. 거주 대항권의 경우, 조건(외관, 집세, 예정 주거시설의 위치)을 규정해야 한다. 왜냐하면 입주세대가 잘못 입주했다고 불평을 토로할 수도 있기 때문이다. 특히 사회당에서 제안한 조세보호막(집세가 소득의 25퍼센트를 넘지 않는) 경우의 집세처럼, 단 하나의 기준만을 취하는 것은 불가능하다. 소송 적용 조건을 분명하게 규정하고 모두에게 적용되도록 노력하는 것은 거주 대항권의 생존 가능성을 보여주는 중요한 도전이 될 것이다.

조세제도

불가능한 세금 약속

니콜라 사르코지가 제시한 프로그램 가운데 가장 신뢰할 수 없는 것은, 아무런 논의 과정도 거치지 않고 의무징수액 세율을 GNP의 4퍼센트만큼 낮추겠다고 공약한 것이다. 매일 통계라고 하는 어려운 작업을 해야 할 필요가 없는 사람들이 목표를 평가하기란 애매하고 어렵다. 요컨대 세금, 분담금, 각종 세금 형태의 GNP의 약 44퍼센트에 해당되는 포괄적 의무징수액 세율로는 왜 4퍼센트를 인하하는 것이 불가능할까? 하나의 아이디어를 떠올리고, 하나의 목표가 다음 국회의원 임기 동안 성취될 가능성이 전혀 없다는 것을 이해하려면, 이와 비슷한 상황을 생각해보는 것이 좋다.

예를 들어 GNP의 4퍼센트는 모든 소득세, 상속세, 재산 연대세의 누적 수익 이상에 해당된다. 그런데 세상 물정 모르는 사르코지가 이 세 가지 세금을 없애려 하다니! 참고로 시라크는 2002~2007년 임기 동안 소득세를 20퍼센트 이하로 낮추었다. 특히 소득세 감축은 다른 세금과 분담금의 상승을 불러일으켰고 그 결과, 1985년 이후 42~44퍼센트 주위를 맴돌았던 프랑스의 포괄적 의무징수액 세율은 2002~2007년 실제 약 1.5퍼센트 올라갔는데, 특히 현 대중운동연합 대권 후보[1]가 재무부 장관을 역임할 때 이런 현상이 두드러졌다. 적자 폭을 줄이면서 GNP의 4퍼센트를 감축하려면, 공공비용에서 그만큼을 줄이고 이에 대한 설명을 정확하게 할 수 있어야 한다.

하지만 GNP의 4퍼센트라는 숫자는 예를 들어, 고등교육 및 연구 예산의 4배 혹은 보건 비용의 50퍼센트에 해당된다. 그렇다면 사르코지의 속내는 무엇일까? 오늘날 어렴풋이 언급되는 총 저축액—GNP의 0.1퍼센트 미만인—만이 중요한 금광이라 할 수 있는 재무부의 일상적인 세무 관리와 그로 인해 예상되는 혼란 상황을 말해주고 있다. 우리의 대담한 대통령 후보는 재무부의 나약함을 고려해 원천징수세를 구상하고 있는데, 이것이 실현될 가능성은 거의 없다. 건강보험과 퇴직연금(이는 지속적이고 혁신적이며 대담한 조정 과정을 통해서만 안정화될 수 있다), 새로운 요구(교육, 연구 등)를 고려해보면, 이와 같이 거대한 비용을 삭감하겠다고 공약하는 것은 바람직하지 않을뿐더러 그 이행 또한 가능하지 않은 것이 사실이다. 경제가 성장하면 GNP에서 국가 운용 부문이 차지하는 비율이 감소할 거라는 막연한 생각은 기본적인 경제 메커니즘을 전혀 이해하지 못하기 때문에 생긴다. 공무원임금이 대폭 삭감되는 경우(효율적인 경영을 바라는 국가에겐 바람직하지 못한 전망이다)를 제외하고, 국가가 건강, 교육, 퇴직연금 등에 일정한 서비스를 제공하기 위해서는 항상 GNP의 일정한 몫을 소비해야 한다. 성장이 세율을 급격히 낮추는 효과를 가져온다면, 이는 외국에서처럼 프랑스에서도 검토 대상이 될 것이다.

실제로 사르코지의 공약을 전혀 신뢰할 수 없다는 사실을 알 수 있는 가장 좋은 방법은 다른 국가의 경험에 눈길을 돌리는 것이다. 그 어떤 선진국도 의무징수액을 4퍼센트 낮춘 경우는 없었다. 대처의 혁명 효과가 극에 달했던 1985~1995년에도, 의무징수액은 영국 GNP의 총 2퍼센트만 낮아졌을 뿐이다(블레어가 다시 2퍼센트를 올린 이후 현재는 1985년 수준인 약 37~38퍼센트 수준을 유지하고 있다). 그렇다면 니콜라 사르코지는 마거릿 대처가 10년에 걸쳐 한 일을 그 절반밖에 안 되는 기간 동안 그것도 감축 비율은 두 배나 되는 정책을 고려하고 있다는 말인가? 성공적인 선진화 과정을 거친 것으로 평가되는 나라들의 경우를 보면 의무징수액의 안정화를 보다 선명하게 확인할 수 있는데, 이런 국가들 가운데 그 어떤 국가도 의무징수액을 GNP의 4퍼센트 낮춘 국가는 없었다. 스웨덴은 1990년 이후 징수액을 GNP의 50~52퍼센트로 안정적으로 유지하고 있으며, 덴마크는 49~50퍼센트를 유지하고 있다. 다른 나라보다 더 나을 것이 없는 프랑스의 경우, 어떤 정부도 앞으로 몇 년 안에 GNP의 4퍼센트를 감축하지는 않을 것이다.

고려하고 있는(사실은 고려할 수밖에 없는) 정책의 시행 방법과 동기에 대해 아무런 설명도 하지 않은 채 공약만을 발표함으로써, 니콜라 사르코지는 자신의 결점을 또 한 번 드러냈다. 진실을 말하지 않으며 드골주의 실현에는 전혀 관심을 두지 않은 채, 프랑스 대중운동연합의 대선 후보는 권위주의적이고 인기영합주의적인 드골-부시주의를 구현하고 있다. 자신의 감세정책(애매모호한 워싱턴 수학fuzzy Washington math)이 극단적인 불평등을 불러왔다고 규탄하는 자들을 비난하는 부시처럼, 사르코지 역시 자신을 비난하는 통계와 분석을 무시한다. 이처럼 '민중'이 그를 원한다는(사실은 몇몇 압력단체가 여기저기서 충돌하고 있다) 대권 주자로서의 직관적인 신념 때문에 사르코지는 도를 넘은 행동을 취할 수 있는 것이다.

1. 니콜라 사르코지를 이른다.

교육제도

학교 벤치에서 치러지는 대통령 선거

프랑수아 바이루François Bayrou[1]는 과연 프랑스인들이 원하는 좌파와 우파 간의 이상적인 통합을 이루어낼 것인가, 아니면 정당의 압력에서 자유로운 그가 거대 정당 앞에서 유권자들이 느끼는 무력감 덕을 볼 것인가? 이에 대해 정확히 판단하려면, 교육 관련 분야—기본적으로 이 분야는 중도파 후보들이 많은 관심을 보인다—의 여러 후보가 내놓은 계획안을 살펴보는 것이 좋다. 그만큼 두 주요 후보 간의 대립이 특히 이 분야에서 극명하게 드러나기 때문이다.

니콜라 사르코지의 생각은 분명하다. 학교 간의 경쟁을 일반화함으로써 모든 교육 시스템의 질을 향상시킬 수 있다는 것이다. 특히 학교 등급표에서 교육우선지역을 없애고 '아무런 표시도 하지 말자'는 것만으로 충분하다는 주장이다. 초등학교와 중학교에서 경쟁하는 것만으로도, 각 학교가 자신의 교육 프로젝트를 자유롭게 발전시키고 교육 시장에서 자신의 지위를 찾아감으로써 학교의 질을 높일 수 있다는 것이다.

이와는 반대로, 세골렌 루아얄Ségolène Royal은 '낙후지역을 없애고 사회적 통합을 이루기 위해서는 학교등급표를 재검토하는 것'만으로 충분하다고 생각한다. 특히 그녀는 프랑스에서는 처음으로, 가장 안 좋은 상황에 처해 있는 학교를 배려하는 실제적인 방법을 찾기 위한 목표 설정을 제안한다. 또한 그녀는 대선 공약을 통해, 교육우선지역 초등학교 1학년과 2학년 학급당 학생 수를 현재 약 22명(그리고 교육우선지역 이외의 학교는 23명)에서 17명으로 줄이자는 계획안을 발표했다. 이렇게 되면 학급당 5명이라는 적지 않은 수의 학생이 줄어들게 되고 성적이 중간인 학생의 수는 6명이 늘어나게 된다. 교육우선지역으로 분류된 모든 학교(전체 학교의 약 15퍼센트에 해당되는데, 매년 25만 명 이상의 초등학교 1~2학년 학생들이 이곳 학교에 들어간다)에—단 이 가운데서도 최하 등급으로 분류된 학교는 제외—연관되는 이 정책은 낙후지역의 학교에 실제적인 추가 방법을 제공하는 첫 번째 시도다.

이를 가장 최근에 이루어진 교육경제에 관한 연구와 비교해보면, 상반되는 이 두 관점은 서로 다른 부분에서 나름대로 설득력을 갖고 있다. 특히 이 두 관점 모두 초등학교 수준에서의 경쟁 효과는 제한적이라는 데 생각을 같이한다. 대립 추론 방식[2]으로 생각해보면, 가장 최근에 이루어진 연구는 낙후지역 학교에 혜택을 주는 방법의 목표 설정ciblage des moyens 정책은 확실한 효과를 거둘 것이라는 점을 시사한다. 교육우선지역 초등학교 1학년과 2학년 학급당 학생 수를 17명으로 줄임으로써, 3학년으로 올라갈 때 치르는 수학시험에서 나타나는 교육우선지역과 그 이외의 지역 학교 간의 격차를 45퍼센트가량 줄일 수 있다. 7억 유로도 되지 않는 돈으로 시행되는 정책치고는 그 효과가 매우 커 보인다.

그럼에도 대립 관계에 있는 이 두 관점은 일관성 있고 명확하다는 장점이 있다. 또한 지금껏 토론에서 제대로 거론되지 않았던 진정한 문제점을 제시하고 있다. 교육적인 측면에서 경쟁의 장점을 주장하는 것은, 비록 그것이 특권을 기대하기보다는 고등교육의 측면을 강조하는 것일지라도 정당하고도 유용하다. 학교에 방법의 목표 설정을 명시함으로써 커다란 혁신을 이룰 수 있고, 15년 전부터 프랑스에서 다루어온 오랜 주제인 평등-형평의 문제를 극복할 수 있을 것이다. 비록 이에 관한 논의가 끝나려면 아직 많은 시간이 필요하긴 하지만 말이다.

일관성 있고 대립되는 이 두 관점에 대해 프랑수아 바이루는 어떤 계획을 갖고 있는가? 그가 제시한 목표는 야심차다. 즉 '학습부진학생은 둘로 나누고 우수한 학생은 둘로 곱하자'는 것이다. 하지만 이런 결과에 이를 수 있는 구체적인 제안과 방법에 대해서는 미흡해, 그것을 갈망하고 있다는 것 외에는 더 할 이야기가 없는 것이 사실이다. 바이루는 특히 방법의 문제를 강조하고(교사와 대표기구 등이 없이는 어떤 교육개혁도 이루어질 수 없다) 교육경쟁에 관한 문제나 교육우선지역에 관한 문제에 대해선 분명한 입장을 취하지 않았다. 대부분의 현 사회경제적 문제의 경우와 마찬가지로 이 부분에 대해 중도파 후보는 새로운 통합을 이끌어내려는 지도자의 자세가 아니라 '이것도 아니고 저것도 아닌' 어정쩡한 입장을 취하고 있는 것으로 보인다.

1. 중도 정당인 프랑스 민주연합의 의장. 2007년 프랑스 대선에서 우파 정당인 대중운동연합의 니콜라 사르코지와 좌파 정당인 사회당의 세골렌 루아얄과 함께 3파전을 벌이며 '킹메이커' 역할을 했다.

2. 대립되는 가정들을 통해 대립되는 결론을 유도하는 추론 방식.

남녀평등

경제 분야에서의 남성우월주의

세골렌 루아얄은 여자다. 그래서 경제를 전혀 모른다? 이런 생각은 잠재의식 속에 깊이 자리잡고 있고 있는 구시대의 고루한 연역법적 사고의 산물이다. 몇몇 정황으로 판단하건대 다수의 현학적이고 깐깐한 학자가 남성월주의적 선입견에서 벗어나지 못하고 있다.

남성 후보들은 어리석은 경제정책을 펼치거나(사르코지) 속이 텅 빈 계획안을 주장(바이루)하곤 한다. 하지만 여성 후보 루아얄의 경제에 관한 능력을 문제삼다보면 오히려 그녀의 장점을 부각시키지 않을 수 없다. 대통령 임기 동안 GNP의 4퍼센트에 해당되는 세금을 감축하겠다는 사르코지의 공약을 생각해보자. 마거릿 대처가 강력하게 추진했지만 10년 동안 단지 2퍼센트만을 감축했다는 사실을 보면, 이 약속은 실현 불가능한 것이다. 만약 루아얄이 이와 같이 경망스럽고 무식한 식견을 자랑했다면 사람들은 어떤 반응을 보였을까? 아마 엄청난 욕설을 퍼부었을 것이다. 프랑스 대중운동연합의 후보는 상속재산세를 없앰으로써 노동을 재평가하려고 하는데, 많은 기자가 이 공약의 경제적 모순을 지적하기를 주저하고 있다. 바이루와 마찬가지로 사르코지도 누진세 인상을 고려하고 있는 듯하다. 1995년 시라크와 총리였던 쥐페Juppé가 성장을 망가트리고, 이로 인해 구매력이 정체됨으로써 프랑스 가계의 사기를 꺾었다는 사실을 잊은 채 말이다. 만일 이와 같은 미시경제적 판단의 오류가 여성 후보에 의해 이루어졌다면, 이보다 훨씬 강한 비난이 쏟아질 것이다.

반면 세골렌 루아얄이 실시한 최초근로계약CPC: Contrat première chance[1]에 대해 최근 비판이 일고 있는 이유를 경제 분야에서의 남성우월주의 탓으로 돌리기는 힘들다. 그리고 소송자료를 책임지고 있는 사회적 지위가 높은 여성[2]이 여성으로 산다는 것(그리고 어린아이에게 많은 영감을 불어넣어주는 엄마로서 산다는 것)에 대해 호감을 갖고 있지 않다는 사실 또한 도움이 되지 않는다. 사람들은 이 새로운 최초근로계약 기준이 애매하다고 여전히 비난하고 있다. 그렇다고 해도 최초고용계약CPE: Contrat première embauche[3]과 비교한다는 것은 아무 의미가 없다는 사실엔 변함이 없다. 왜냐하면 최초고용계약은 모든 젊은이에게 해당되며 젊은이들이 기업에서 정기적으로 급여를 받을 수 있는 시스템인 반면, 최초근로계약은 특별한 능력 없이 학교를 졸업하는 소수의 젊은이들에게만—이 시스템은 이들에게 일자리를 위한 교육을 받을 것을 권한다—관계되기 때문이다. 특히 이 맞춤형 정책은 사르코지와 바이루가 설교하고 다니는 새로운 세금 면제 대책보다 훨씬 더 많은 경제적 수익을 가져다줄 것이다. 프랑스 대중운동연합 후보가 지지하는 추가시간 면제는 이미 직장을 얻은 '내부인'에게는 도움이 되지만, 첫 직장을 구하고 있는 구직자들에게는 거의 도움이 되지 않을 것이다. 프랑스 민주연합UDF: Union pour la Democratie Française이 지지하는, 한 기업에서 두 개의 일자리를 가질 경우 세금을 완전히 면제해주는 시스템에 대해 사람들은 환상에 불과하다고 생각한다. 왜냐하면 회사 규모와 상관없이, 임금근로자의 능력과 임금에 상관없이 모든 기업과 근로자에게 적용할 수 있는 대책, 최고의 효과를 얻어낼 수 있는 대책을 상상하기란 어렵기 때문이다. 이렇게 되면 근로자를 520명에서 522명으로 늘린 기업은 혜택의 이유를 알지도 못한 채 정책 혜택을 볼 것이다. 이런 제안들과 비교해보면 루아얄이 제안한 최초근로계약은 분명 비용이 적게 들고 대상을 보다 정확하게 정할 수 있으며, 능력을 갖추지 못한 젊은이들에게—현재 정책은 젊은이들이 직장을 구하고 교육을 받을 기회를 거의 주지 못하고 있다—집중할 수 있다는 커다란 장점이 있다.

보다 일반적인 관점에서 말하자면, 루아얄이 사실상 프랑스의 중요한 경제적 도전—즉 교육, 연구, 혁신 분야에 대한 투자의 심각한 부족 현상—에 맞서는 데에 가장 신뢰할 수 있는 후보라는 것이다. 무엇보다도 그녀는 뿌리 깊은 교육실패에 맞서 싸움과(요컨대 낙후지역에 혜택을 주는 방법의 목표 설정을 통해) 동시에 고등교육기관과 연구기관에 국제경쟁에서 우위를 차지하는 데 필요한 자치성과 융통성을 부여하는 두 개의 목표를 달성할 수 있는 유일한 후보이기 때문이다. 그리고 대학혜택자금을 늘릴 수밖에 없다는 사실을 받아들여(세금을 낮춘다는 비현실적인 약속 때문에 곤경에 처한 우파의 경쟁 후보와는 달리) 구조개혁을 할 수 있는 유일한 후보이기 때문이다. 그녀의 경력과 계획안 때문에 남성 후보는 그녀의 기술적 신뢰성을 공격할 기회를 거의 얻지 못할 것이다. 그녀의 승리는 프랑스 경제 분야에서 나타고 있는 남성우월주의를 종식시키는 계기가 될 것이다.

1. 직장을 구하지 못한 채 매년 사회로 나오는 12만 명의 학생을 위한 시스템. 25세 이하의 청년이 6개월 이상 실직 상태로 있지 않도록 일자리를 알선해주는 제도다.

2. 루아얄은 정치에 입문하기 전에 판사 생활을 했다.

3. 26세 미만의 직원을 고용할 때 적용되는 고용제도로 무기간제 계약의 한 형태다. 다만, 기존의 무기간제 계약이 수습기간을 2개월로 둔 반면, 최초고용계약의 수습기간은 2년이며 이 기간 동안 정당한 사유 없이 해고가 가능하다. 시라크 정부가 2006년 1월 노동시장의 유연성을 확보하기 위해 추진한 정책으로, 학생과 노동계의 반발로 무산되었다.

두 번 다시 일어나지 말아야 할 일

좌파는 지난 일요일의 패배에서 어떤 교훈을 얻을 수 있을까? 몇몇 사람은 패배가 오래전부터 예견되었다고 한다. 즉 프랑스는 우파 성향으로 돌아섰고 사르코지를 대통령으로 열망하기 시작했으며, 이런 현상을 그 무엇도 막지 못했다는 것이다. 하지만 이런 논리는 거의 설득력이 없다. 왜냐하면 모든 연구는 대부분의 프랑스인이 여전히 사르코지와 그의 예기치 못한 행동에 두려움을 갖고 있다는 사실을 보여주기 때문이다. 바이루의 득표율은 새로운 대통령에 의해 야기되는 불안함(여기엔 우파도 포함된다)을 분명하게 보여준다.

패배의 원인이 잘못된 대선 후보를 선택했기 때문이라고 말하는 이들도 있다. 즉 경험이 많지 않고, 특히 경제 분야에 관한 신뢰도가 높지도 않은 세골렌 루아얄은 대통령에 당선될 역량이 부족하다는 것이다. 하지만 이런 논쟁은 다음과 같은 사실을 간과하고 있다. 즉 사회당 후보(루아얄)는 교육과 연구 분야에 우선 투자를 하자는 논지를 이어가면서, 법과 의무 사이에서 서로 보완적 관계에 있는 지방분권과 중앙집권 거부에 대한 관계자의 책임을 강력하게 주장하면서 좌파 경제의 소프트웨어를 개혁할 능력과 의지를 갖고 있었다는 사실 말이다. 세골렌 루아얄은 사회당과 비교해봤을 때, 사회당 특유의 성향과 다른 점을 많이 지니고 있다는 면과 당원들의 투표로 정당성을 부여받았다는 점 덕분에 차기 대선 승리를 조건으로 한 정치적이고 민주적인 필요에 의해 바이루와의 회동을 이끌어낼 수 있었다(뷔페 Buffet는 1.9퍼센트, 베이루는 19퍼센트의 지지를 얻은 사실을 무시한 채 어떻게 대중의 열망을 고려할 수 있을까?).

사실 좌파는 무엇보다도 시기 선택에 있어 많은 문제점을 안고 있었다. 대선 프로그램을 구상하는 데도 몇 달씩이나 걸렸던 것이다. 경제와 사회 분야의 커다란 문제들(고등교육, 연구, 퇴직연금, 건강보험, 조세, 노동시장 등)—이런 문제들은 모두 많은 좌파 당원과 지지자의 고통스러운 지적 조정 과정을 요구한다—에 관해 강력하고도 납득할 만한 사회민주적 입지를 발전시켜나가기 위해서는 수년에 걸친 논의와 신뢰를 쌓는 끈질긴 노력이 필요하다. 11월에 대선 후보로 지명된 세골렌 루아얄이 그녀가 주장하는 실용주의와 그에 관한 능력과는 별도로, 당시부터 3월까지 이 일을 성사시킨다는 것은 전혀 불가능했다. 특히 친절한 사회당 대선 후보 경쟁자들이 경제 분야에서 그녀가 무능하다고 비난하고 나선 이후부터는 더욱 그랬다. 2002~2007년 사회당이 저지른 중대한 과오는 후보를 대선 프로그램 작성 이후에 선택하는 것이 가능하다고 믿었거나 혹은 믿는 척했다는 것이다(왜냐하면 사실 그 누구도 이것이 가능하리라고 믿지 않았기 때문이다). 객관적인 사실은 2002~2006년 4년 동안 사회당원들은 이에 대해 아무런 이의 제기를 하지 않았다는 것이다. 이유는 간단하다. 어려운 주제에 관해 분명한 입장을 취하는 사람은 다음날 아침 대선 경선 후보에 의해 사라지지 않을까 하는 두려움을 생각하지 않을 수 없기 때문이다. 결론은 다음과 같다. 2006년 사회당이 채택한 프로그램은 답변이 곤란한 질문은 교묘하게 피해가는 애매모호한 방식이었다는 것이다. 이 무미건조한 프로그램에 세골렌이 새로운 색깔을 입혔지만 프랑스인의 눈높이에 맞추기에는 역부족이었다.

이를 명확히 설명하는 예를 들어보자. 퇴직연금에 관한 일련의 TV 토론에서 사르코지는 루아얄이 증권 소득에 과세하자는 제안을 하게끔 유도했다. 하지만 이런 세금 자체가 고려 대상에서 제외된 것은 아니었다. 왜냐하면 퇴직연금 준비금은 이미 투자 소득에 관한 사회보장분담금(많지는 않지만)—이는 우리의 조세 시스템 안에서 노동과 자본의 균형을 회복하는 데 꼭 필요한 요소다—의 보조를 일정 부분 받고 있기 때문이다. 하지만 짧은 답변 때문에 많은 프랑스인은 앞으로 수년 동안 사회당이 '피용 법안'을 폐기하는 것에 만족하지 않을까 하는 생각을 갖게 됐다(실은 2007년 5월 피용 정부가 들어섰다). 게다가 몇 년 전부터 국민의 대다수가 우리의 퇴직연금 시스템이 지속되려면 세밀하고도 과감한 개혁이 필요하다는 생각을 갖고 있었음에도 불구하고 말이다.

오늘날의 우선 과제는 2007~2012년 대통령 임기 동안 이런 과오가 재발하지 않도록 하는 것이다. 그러려면 2007년 말 이전에 어떤 형태로든 당원(경우에 따라서는 당지지자들까지 포함해서) 표결이 이루어져야 한다. 이 표결 과정을 통해 모든 당원이 승복할 사회당 정책을 결정하고, 2012년 차기 대선까지 당을 이끌 대표를 확정해야 할 것이다. 그런데 벌써부터 개별화 정책이 당의 집단 정체성 등에 반한다고 주장하는 허황된 논쟁이 발생하고 있다. 실제로는 이와 정반대다. 왜냐하면 개인에 관한 문제는 프로그램이나 이념(사르코지를 포함한 프랑스 대통령이 될 자질을 갖고 있는 많은 정치인이 품고 있는 이념과는 반대의) 논쟁에 비하면 전적으로 이차적인 문제에 해당되기 때문이다. 그리고 이차적인 문제로 빨리 넘어가려면 일차적인 문제를 민첩하게 해결해야 한다. 당 지도자급 인사들 간의 논쟁에서 가능한 한 빨리 벗어나고 재앙이 발생하는 것을 피하려면, 지금 당원과 당지지자들이 결집해야 한다.

집주인에 대한 불합리한 보조금

간단히 말해, 피용 정부가 내놓은 대부이자에 대한 감세정책은 정치적 인기영합주의와 경제적 비효율성을 초래할 것이다. 물론 주택보조금을 지급한다는 것이 근본적으로 전혀 불합리한 것은 아니다. 만약 가계의 저평가가 원인이든(예를 들어 부모가 자녀에게 주택을 물려줌으로써 생기는 영향을 잘못 계산한다면) 생산과정의 비효율성 때문이든 특별한 재산이 시장의 부산물이 된다면, 특히 과세 대상이 되는 소득에 해당되는 비용을 공제하는 방법으로 보조금을 지급하는 것은 적법하다. 또한 이런 방법을 분명히 해야 한다. 그렇지 않으면 각종 감세조치에 드는 세금을 다른 부분에서 거둔 세금으로 충당해야 할지도 모른다. 하지만 대부이자에 관한 정책이 이 두 번째 논리에 속하는지는 모든 방면에서 생각해봐야 한다.

임차인이 지불하는 집세에도 똑같이 적용하지 않는다면, 집주인이 지불하는 대부이자를 인하한다는 것은 경제적인 면에서 거의 의미가 없다(명목상의 집세—즉 집주인이 소유하고 있는 주택의 임대수입—에 과세를 하는 경우를 제외하고는 말이다. 이런 경우는 1960년대까지 계속됐다). 주택보조금을 지급받기를 원한다면, 주택 제공에 대한 보상이 수익의 형태든 집세의 형태든 중요하지 않다. 그래서 사르코지의 정책은 주택에 대해 보조금을 지급하는 것이 아니라 집주인 개인에게 보조금을 지급하는 것인데, 이에 대한 경제적 정당성이 확실치 않다. 정부는 왜 전세를 사는 사람들보다 차를 사는 사람들에게 혜택을 주는데 쓸데없는 비용을 지불해야 하는가? 더군다나 자신의 집을 소유하기 위해 경제적 역동성을 발휘하는 것이 아니라 가만히 앉아 금리생활을 하는 것이 더 손쉬운, 그러니까 주택 판매세가 극도로 높은 프랑스에서 말이다(1999년 세율이 낮춰졌음에도 불구하고 여전히 5퍼센트 이상이다). 게다가 프랑스 근로자와 주택시장의 유동성을 활성화하기 위해 우선적으로 없애야 할 세금이 거리통행세와 같은 성격을 갖고 있는 이 세금이다.

특히 주택에 대한 조세 지원을 통해 얻는 경제적 수익은 매우 미약하다는 것을 지난날의 경험으로 알 수 있다. 임차부동산에 대한 보조금, 주택수당, 혹은 대부이자 인하(이는 프랑스에서 1997년까지 시행됐다) 등에 관한 평가는, 이런 종류의 거의 모든 지원이 주택건설이나 주택환경에 실제적인 효과를 미치지 못한 채 부동산 인플레이션으로 이어진다는 사실을 보여준다. 이런 맥락에서 가브리엘 파크는 주택수당이 80퍼센트 상승한다 하더라도, 이는 집세 상승에 묻혀 아무 효과를 보지 못했다는 사실을 강조했다. 같은 메커니즘을 대부이자에 적용할 수도 있을 것이다. 이유는 간단하다. 이런 지원은 가계에 자신들이 지불 능력을 갖고 있다는 환상을 심어주거나 주택에 대한 요구를 증가시키기 때문이다. 하지만 낮은 주택 공급 탄력성과 매우 낮은 주택 보유고 상승률을 감안하면, 이런 부차적인 요구는 가격상승을 부추긴다. 극단적인 경우를 예로 들면, 모든 토지 구입 혹은 일정 크기의 토지 임대에 대한 보조금은 100퍼센트 최초 소유주에게 돌아가게 된다. 국민 모두가 다른 사람들과 비슷한 수준에서 살기 위해 비싼 값을 치를 준비가 되어 있는 나라에선 주택 탄력성이 토지 탄력성과 거의 비슷하다. 현재 쟁점은, 특히 가장 낙후된 지역의 주택 건설을 재개할 수 있는 목표 설정을 이행할 새로운 방법을 찾아내는 것이다. 그리고 물론 현재 부채와 이미 입주한 주택에 대한 새로운 조세 지원을 중단해야 한다. 그 이유는 이 조세 지원의 확대를 유권자에게 약속하는 순간부터 지원 범위가 확장될 수밖에 없는데, 여기엔 매년 약 50억 유로의 비용이 들 뿐 수익은 거의 없기 때문이다.

이처럼 니콜라 사르코지는 예전에 경찰서를 방문하던 때와 같은 속도로 50억짜리 수표를 남발하고 있는 것이다. 이는 추가시간 면제에 드는 비용과 거의 같은데, 그 어떤 나라에서도 이와 같은 비용을 쓰지는 않는다. 그만큼 이 비용은 경제적으로나(모든 노동시간은 동등한 가치를 갖는다. 특히 직업이 없는 사람들에겐 최고의 가치를 갖는다) 세무상으로나(이 비용은 끝없는 관리를 필요로 한다) 터무니없는 비용이다. 이는 또한 부시와 베를루스코니가 지금까지 과감하게 추진했던 불평등 구조 정책인 상속세 폐지 정책에 드는 비용과 거의 맞먹는다. 그리고 이 수표의 단일 가치는 무시할 만한 것이 아니다. 50억 유로는 고등교육 총예산의 절반에 해당되는 규모다.

이 정책은 부채를 증가시키고, 경제 동향이 급변할 경우 모든 예산을 고갈시키며, 미래의 개혁에 심각한 장애요소로 작용하게 된다. 호의를 베풀고 난 뒤 환자에게 의료부담금 가격을(예상되는 부가가치세의 상승에 대해선 알리지 않고), 대학생에게 개혁에 필요한 10~20억 유로의 추가 비용을, 철도 종사자에게 자신의 전문직종을 포기해야 한다는 사실을 설명하는 것은 어려운 일이다.

사회보장 부가가치세, 잘못된 대답

몇 달간의 고심 끝에 사르코지-피용 정부는 드디어 사회보장 부가가치세를 테이블에 올릴 모양이다. 올봄 이 주제는 15억 유로—이는 부가가치세의 2퍼센트에 해당된다—를 인기영합적이고 비효율적인 감세 정책(대부이자, 세금상한제, 추가시간)에 다 써버리고 난 뒤에야 가장 좋지 않은 모습으로 토론 테이블에 올라왔다. 이런 상황에서 유권자는 단지 부가가치세만을 올림으로써 선거 공약을 이행하겠다던 우파를 의심하지 않을 수 없다. 이런 의심은 유권자들이 1995년 시라크-쥐페 정부가 몇 달 만에 성장률을 완전히 추락시킨 사실을 기억하고 있기에 더욱 그렇다. 하지만 15억 유로가 낭비됐다는 사실은 잠시 잊기로 하고 사회보장 부가가치세가 어떤 형태로 집행되어야 하는지에 관해 고개를 돌려보자. 이 형태는 국가 수익을 올리는 쪽으로 방향을 전환하는 것이 아니라, 사회보장제도 자금 조달 구조를 변함없는 수익을 올릴 수 있게끔 복합적으로 개혁하는 것이어야 한다. 그렇다면 어떻게 해야 하는가? 현재 사회보장제도는 거의 임금에 근거한 분담금에만 기반을 두고 있는 실정이다. 임금 100유로에 대해 임금근로자는 순임금으로 80유로(20퍼센트는 임금근로자의 사회보장분담금)를 받고, 고용주는 145유로(45퍼센트는 고용주의 사회보장분담금)를 지불한다. 장기적으로 봤을 때(케인스는 '우리 모두가 죽었을 때'라고 말한다), 이 모든 분담금은 '결국' 임금근로자에 의해 지불된다. 이는 기업의 부가가치에서 고용주의 사회보장분담금이 포함된 임금이 차지하는 부분(약 70퍼센트)이 모든 국가와 모든 시대에 매우 동일하게 나타난다는 사실에서 입증된다. 이 많은 분담금의 태반이 출자금이라고 하는 할당금(퇴직수당, 실업수당)에 해당되는데, 이 수당이 임금에 근거하고 있다는 사실을 그 누구도 문제삼지 않는다. 즉 사람들은 임금을 기준으로 할당금을 내고 은퇴하고 난 다음에는 지불했던 할당금을 기준으로 수당을 받는다고 생각하는 것이다. 문제는 건강보험 할당금(병원보조금, 의약 처방조제 상환금)과 가족 할당금(가족수당, 독신자수당)에 자원을 조달해야 하는 은퇴 이후의 시기에 있다. 이런 할당금은 보편성과 국가 연대성이라는 논리로 설명될 수 있다. 이 부담금에 대한 자금조달을 임금에만 의존해서 근로에 대한 세무 압박을 가하는 것은 아무 의미가 없다. 더구나 불완전고용의 경우는 더욱 그렇다. 그래서 건강보험부담금과 가족부담금 근거의 범위 확대에 대한 논의가 이루어지고 있는 것이다. 1991년 총리 미셸 로카르Michel Rocard가 보편적 사회보장분담금을 만듦으로써 사회보장분담금 차원에서의 논의는 이미 결론이 났다. 하지만 이 논의는 고용주 부분에 관해선 합의점에 도달하지 못했고, 건강/가족 부담금에 관한 자금 조달은 항상 임금의 18퍼센트 이상에 해당되는 고용주의 사회보장분담금에만 의존하고 있는 실정이다. 그래서 분담금을 점차적으로 낮추고, 여기서 생기는 손실분을 보다 기반이 넓은 보조세—예를 들면 부가가치세—로 충당하자는 의견이 반복적으로 나오는 것이다. 이런 점을 고려해볼 때, 사회보장 부가가치세는 실제적인 문제에 관해 답을 줄 수 있는 방법으로 보이기도 한다. 하지만 최고의 해법은 아닌 듯하다. 특히 프랑스 민주노동동맹에서 지지하고 있는 보다 나은 해결책은 기업 부가가치 전체—즉 임금과 이윤의 합—에 기반을 둔 보편적 고용주 분담금CPG을 만들자는 것이다. 가장 간단한 해결책은 법인세에 따라 이윤을 책정하는 것인데, 이는 보편적 고용주 분담금 1퍼센트당—즉 부가가치세 1퍼센트당—약 70억 유로에 달한다. 사실 위에서 설명한 두 가지 방법은 같은 것이다. 왜냐하면 부가가치세는 부가가치를 기업이 판매하는 상품과 다른 기업이 구매하는 상품 사이에서 발생하는 차이로 규정하고, 이에 대해 과세하는 것이고, 보편적 고용주 분담금은 부가가치를 기업이 노동과 자본에 분배하는 소득의 합으로 규정하고, 이에 대해 과세하는 것이기 때문이다. 부가가치세가 소비자가 지불하는 가격의 100퍼센트에 달하고, 보편적 고용주 분담금이 고용주 소득의 100퍼센트에 달한다는 생각은 할 필요가 없다. 왜냐하면 현실에서 모든 세금은 관련 분야의 상품시장, 노동시장 그리고 자본시장의 경쟁 기반과 등급의 경제적 현실과 관련한 물가 및 소득에 어느 정도 근거하기 때문이다. 만약 사회보장 부가가치세와 보편적 고용주 분담금의 경제적 효과가 다르게 나타난다면, 이는 보다 미묘한 원인이 작용하기 때문이다. 프랑스의 부가가치세 과세 형태는 투자 비용의 완전 공제를 허용하는데, 이는 사실상 자본소득의 많은 부분에 면세 조치를 하는 것이다. 반면 부가가치세는 보편적 고용주 분담금과는 달리 퇴직연금과 많은 관련이 있다. 끝으로 저임금의 경우, 건강 사회보장과 가족 사회보장에 관한 고용주 분담금이 면제되고 부가가치세는 빠르게 상승한다. 반면 하위노동에 대한 조세 압박을 경감해주기 위해 15년 전부터 시행된 보편적 고용주 분담금은 면세 혜택을 받을 수 있다. 요약하자면, 보편적 고용주 분담금은 근로와 자본의 진정한 조세 평등화를 이룰 수 있게 하는 반면, 사회보장 부가가치세는 퇴직자와 최저임금생활자에게도 일정 세금을 내게끔 하는데, 이는 사회적으로나 경제적으로나 부당한 어리석은 정책이다. 즉 퇴직연금을 물가에 따라 분류하면, 결국 한 퇴직자에게 배당된 공공기금을 빼서 다른 퇴직자에게 주는 결과를 초래하게 되는 것이다. 정부가 적극 내세우는 사회보장 부가가치세의 유일한 장점은 수입 과세와 수출 면세뿐이다. 반면 보편적 고용주 분담금은 프랑스에서 생산되는 상품—그것이 수출용이든 내수용이든—에만 관련된다. 하지만 이 작은 차이 때문에 조세개혁의 폭을 줄인다는 것은 사려 깊은 행동이 아니다. 부가가치세를 2퍼센트 더 낮춘 가격을 설정해 중국이나 인도의 섬유제품과 경쟁할 수 있다고 생각하는가? 보호주의가 이렇게 수세에 몰리게 된 것은, 노동·고용·구매력 촉진법에 관해서와 마찬가지로 이 문제에 관한 사르코지-피용 정부의 대응책이 단지 세계화 과정에서 프랑스가 직면하고 있는 경제적 도전 수준에서만 이루어진 것은 아니라는 사실을 보여준다.

배당금: 고리가 채워지다

지난주 프랑스 대중운동연합 당원의 과반수 찬성으로 새롭게 채택된 배당금에 대한 18퍼센트 면세 법안은 외관상 기술적인 오류가 있긴 하지만 내용상으로는 매우 상징적인 의미를 띠고 있다. 이제부터 누진소득세는 거의 근로소득에만 관련될 것이고 자본소득의 준-총액은 세율 인하에 상응하는 특혜과세제도의 혜택을 보게 될 것이다. 노동의 재평가를 찬양하는 불편한 역설의 순간이 다가오고 있다!

어떻게 이런 제도를 생각해낼 수 있었을까? 1914년 일반소득세가 만들어졌을 당시는 세습재산과 그에 따른 소득이 너무 많아 그 누구도 특별면세 혜택을 받을 생각을 하지 않았다. 모든 자본소득(여기엔 명목상의 집세—즉 집주인이 소유하고 있는 주택의 임대가치—도 포함된다)은 전적으로 누진세율표를 따랐고, 1917년에 만들어진 이윤세(현 법인세의 예전 형태)와 1872년에 만들어진 유가증권소득(채권수익과 주식배당금)세—이는 공화국에서 새로운 계약을 체결할 때 중요한 요소가 되었다—가 증가함에 따라 자본소득이 증가했다. 그래서 당시 임금소득에는 매우 유리한 세제 혜택이 주어졌다. 하지만 제2차 세계대전이 끝나자마자 균형이 깨지기 시작했다.

양차 대전과 1930년대의 경제공황 시기 동안 세습재산이 쇼크를 겪고 난 뒤, 정부는 세습재산에 숨통을 틔워줄 필요성을 느꼈다. 1950년대부터 정부는 공공 대부이자의 증가분을 면제했고, 1963년에는 명목상 임대료를 면제했다. 특히 1965년에는 법인세 배당금 면세를 목표로 한 세금대변貸邊제와 원천징수세를 만들었는데, 이는 15퍼센트의 원천징수세를 면제하고, 특히 한계세율이 50~60퍼센트를 넘는 형편이 넉넉한 납세자들에게 유리하도록 모든 이자가 누진세율표에 적용되지 않게끔 하는 효과가 있었다.

벌어진 이 틈은 결코 다시 좁혀지지 않았다. 1980~1990년에는 면세 저금통장과 면세 금융상품에 대한 제도가 자본 성장과 국가 간의 조세경쟁의 유동성이라는 맥락 속에서 증가했다. 2005년 프랑스 세습재산 소득 약 1000억 유로 가운데 소득세의 누진세율표에 잡힌 액수가 단 200억 유로에 불과하다니!

이 장기간에 걸친 변화의 마지막 단계가 이제 막 이루어졌다. 누진세율표를 적용하는 분야 가운데 중요한 부분을 차지하고 있었으며, 2006년에는 50퍼센트 공제 혜택을 받은 배당금은 18퍼센트의 원천징수세를 면제받음으로써 2008년부터는 누진세율표에서 완전히 벗어날 가능성이 있다. 이후 모든 동산 소득(수익, 배당금, 그리고 시세차익)과 같은 취급을 받게 된다.

20세기 세제는 조만간 바뀔 것인가? 혹 21세기의 세제가 단지 근로에만 근거 두기를 기대하고 있는 것은 아닐까? 자본소득이 보통법 체계에서 완전히 벗어나 있는 지금, 이 법에 저촉되는 제도들의 세율은 자연스럽게 0퍼센트로 내려갈 것이다. 조세경쟁력을 갖춘다면 분명 이런 방향으로 가게 된다. 폴란드 우파의 선거 프로그램은 법인세율을 10퍼센트, 동산소득세율을 15퍼센트 낮추려고 하고 있다. 그리고 프랑스는 또 한 번 조세덤핑경쟁을 부추기고 있다(지금까지 그 어떤 선진국도 그 정도로 동산소득에 대해 감세하지 않았다).

어쨌든 한 가지 사실만은 분명하다. 세습재산이 1914년 이전의 성격을 띠고 있음에도 불구하고 세습재산에 대해 지속적으로 감세 조치를 취한 국가는 노령화되어가는 금리생활자 집단이 나타나 경제적으로 경직되고 사회적 분노가 폭발할 위험에 노출되어 있다. 법인세에 관해서는 유럽 차원에서 실행될 기미가 이미 나타나고 있다. 동산소득의 경우에는 20세기 누진성으로 돌아가는 것은 불안하다(국제적 흐름은 점점 더 파악하기 어려운 상태로 흘러가고 있다. 즉각 재자본화되는 상품의 성장 부분—즉 소득이 즉시 세습재산에 추가되는—을 고려하면 그렇다). 그래서 21세기는 자신만의 모델을 만들어내야 한다. 예를 들어 소득유통량이 아닌 세습재산 자체의 보유량에 대한 과세를 근거로 한 모델 말이다. 미래는 오늘 시작된다.

퇴직연금: 2008년 환영합니다!

새해 희망이 있다면, 2008년에는 국가 차원에서 퇴직연금에 대한 논의가 활발하게 이루어지고 특별한 범주의 사안에 대해 낙인찍기식의 대응에서 벗어났으면 하는 것이다. 왜냐하면 우선 특별한 제도의 표준화가 자금 조달에 큰 영향을 미치지 못하기 때문이다. 다음으로는, 이해하기 어려운 시스템을 상세히 검토하지 않고는 퇴직연금의 미래를 보장할 수 없기 때문이다. 분배를 통해 퇴직연금을 조달하는 정당한 근거는 무엇인가? 한편으로 금융시장과 부동산시장은 십수 년간 쌓아온 적립금을 이전할 능력이 없다는 것과, 다른 한편으로는 몇몇 자산은 퇴직자들의 은퇴 생활을 확실하게 보장할 만한 저축 능력을 갖고 있지 못하다는 것이다.

달리 말하자면 분배를 통한 퇴직연금은 국가가 강력하게 보증하는, 즉 굳이 다른 시스템의 도입이 필요치 않은 저축 시스템이다. 퇴직연금의 목표는 가난한 자에게 부를 재분배하거나 임금근로자의 낮은 임금이나 열악한 근로조건을 조정하는 것이 아니다. 이를 위해서라면 오히려 소득세, 최저통합수당, 기초노령연금, 임금정책, 산업재해 방지책 등 다른 시스템을 적용하는 것이 더 좋다. 수많은 복잡한 규정과 불투명하고 국민이 이해할 수 없는 재분배 과정이 누적된 상황에서 우리의 퇴직연금 시스템에 너무도 많은 것을 요구하기 때문에, 다른 시스템을 생각해보는 것이 합리적이라는 말이다. 이런 일반 원칙에서 모든 야심찬 개혁 방침이 나온다. 분담금이 지불되는 모든 연수는 퇴직연금을 계산할 때 고려된다. 그리고 각자는 자신이 근무한 기간 동안 납부했던 분담금에 따른 연금을 수령하면서—스웨덴에서 실행하고 있는 훌륭한 시스템을 본뜬 인구통계학적 변화(기대수명, 생산가능인구와 퇴직자의 비율)에 관한 급여계수에 따라—자신이 원하는 시기에 퇴직할 수 있다. 물론 어떤 시스템에 도달하기 위해서는 몇 가지 단계를 거쳐야 하지만 그것이 불가능한 것은 아니다.

공적 분야의 경우 근무기간 1년당 1.875퍼센트의 비율이 주어지는데, 40년을 근무하면 분담금의 75퍼센트를 받고 20년을 근무하면 37.5퍼센트를 받게 된다. 분담금을 납입한 연수에 따라 계산하는 이 간단한 원칙은 사적 분야에서도 어느 정도는 같은 방법으로 적용되고 있다. 다만 40년 근속 연수에 해당되는 75퍼센트의 퇴직연금을 받으려면, 기본제도 연금(50퍼센트)에 보조연금 'Arrco(일반근로자 대상)'와 'Agirc(관리직 근로자 대상)'를 추가해야 한다는 사실은 제외된다. 이 부분이 가장 먼저 제거되어야 할 부분이다. 왜냐하면 제도를 실행하지 못하고 방치해두기만 하는 결과를 초래하는 이런 복잡한 형태를 그 누구도 이해하지 못하기 때문이다. 더군다나 살아가면서 때에 따라 관리자가 되기도 하고 그렇지 않을 수도 있는 상황을 불편해하는 임금근로자에게 한마디 설명도 하지 않았다. 국가는 이에 대해 책임을 지고, 사적 영역에 있는 연금제도를 하나로 통합하는 방법으로, 'Arrco'와 'Agirc'를 공무원 연금제도와 같은 보편적 제도로 통합해야 한다. 또한 상한선을 대폭 낮추는 것도 이런 보편화 과정에 도움을 줄 수 있다(재분배를 통한 퇴직연금은 기대수명이 상승하면서 많은 연금을 받는 고위직 관리자의 적립금을 관리하기 위한 것이 아니다). 매년 납입하는 분담금을 계산하려면 공적 분야에서 시행하는 15년의 최소 분담금 납입기간을 없애고(공무원직을 그만둔다는 것이 결함이 되는 것은 아니다), 마지막 6개월간 받은 임금(공적 분야) 혹은 20년간 근속기간의 임금(사적 분야)이 아닌 근무기간 동안 받은 임금 전체에 소득대체율을 적용해야 한다. 투명성 차원에서 공적 퇴직연금(총임금의 60퍼센트) 자금 조달을 위해 국가가 면제해주는 고용주의 사회보장분담금은 사적 분야에서와 마찬가지로 임금명세표에 기록되어야 한다.

끝으로 이른 나이에 일을 시작해 40년이 넘는 근속 연수를 기록한 임금근로자에게는 분담금 환급을 받을 수 있도록 소득대체율을 적용해 계산해야 한다. 추가-감면 시스템은 전혀 다른 기능에 필요하다. 즉 이 시스템은 퇴직연금 수령을 1년 뒤에 시작하면 분담금을 1년 더 납입해야 할 뿐만 아니라, 특히 1년 치 연금을 덜 받게 된다는 사실(예를 들어 20세가 아닌 19세에 일을 시작했다면 전체 연금의 5퍼센트를 덜 받게 된다)을 고려한 것이다. 그래서 추가-감면 시스템은 분담금 납입기간이 아니라 퇴직연금을 받을 수 있는 나이와 예상되는 기대수명에 따라야 한다. 포인트 시스템을 통해 근로자들은 그들이 내는 퇴직연금 분담금이 세금이 아니라 지불이 지연된 소득이라는 생각을 갖게 될 것이다.

사회보장

35시간의 고통

니콜라 사르코지에게는 전략이 있다. 좌파에게 35시간이라는 술잔의 술을 한 방울도 남김없이 다 마시게 하는 것이다. 이 전략이 잘못된 것은 아니다. 그의 대통령 당선은 '보다 많은 소득을 위해선 보다 많은 노동을'이라는 슬로건에 힘입은 바가 크다. 하지만 이 슬로건은 선거가 끝나자마자 추가시간 면제로 이어졌다. 구매력을 다시 높이려는 취지로 발표된 새로운 정책(근로시간 단축RTT: Réduction du temps de travail 정책으로의 재전환 등)은 고통의 시간이 끝나려면 아직 멀었다는 사실을 보여준다.

이 전략은 이해할 만하다. 일정 규모의 개혁이 반드시 긍정적인 면을 내포하고 있다 할지라도, 특히 특정 기업의 노사 모두에게 유리하게끔 근로조건을 재편성한다 할지라도, 1997~1998년에 시행됐던 주 '35시간 근로' 정책은 경제적인 면에서나 사회보장적인 면에서 중대한 정책적 오류가 되는 것이다. 그렇다고 해서 근로시간에 대한 모든 공권력의 개입은 실패할 수밖에 없다거나, 구매력 향상과 자유 시간 증가로 인한 생산성 이익을 나누는 문제를 임금근로자와 기업 간에 자유롭게 협상하도록 내버려두어야 한다는 말은 아니다. 특히 이 이론이 자유 시간을 결정하는 데 있어 중요한 사회적 규범으로서의 역할을 무시했기 때문에, 이 순수 자유주의 이론은 그 자체만으로는 부족하다는 사실을 우리는 경험을 통해 잘 알고 있다. 유급휴가(1936년 2주에서 1982년에는 5주로 늘었다)에 대한 각종 법안이 나오지 않았다면 프랑스 임금근로자는 휴가를 떠나기보다는 영국인들처럼 구매력을 높이는 '선택'을 했을 것이다. 1982년에 비급여 생활자의 휴가일수도 똑같이 늘었다는 사실에서 알 수 있듯이, 이러한 '선택'이 행복이라는 관점에서 보면 최상이 아닐 수도 있다. 똑같은 추론이 주당 근로시간에 적용 가능하다.

하지만 근로시간에 대한 공공정책 구상이 얼마나 정교한 과정을 필요로 하는지 우리는 잘 알고 있다. 정책 책임자와 노동조합 책임자는 자유 시간에 대한 임금근로자의 희망사항 가운데 어떤 것이 비현실적인가를 알아내야 한다. 이때 특히 근로자의 구매력에 반하는 희망사항을 고려해야 하는데, 끝없는 개인의 열망이 자신에게 이익이 되게끔 하기 위해 모든 가변성을 충분히 고려해야 한다. 이런 관점에서 보면 주 35시간 근로는 분명 시기적으로 잘못된 것이다. 근로시간의 단축은 구매력이 지속적으로 상승하는 시기에 취해야 하는 정책이지, 1980년대 초 이후와 같은 심각한 임금 정체 현상을 겪는 시기에는 절대 취하지 말아야 할 정책이다.

물론 이 정체 현상은 주 35시간 근로와는 구조적으로 아무런 관련이 없다. 즉 '영광의 30년' 이후 퇴직연금과 건강보험에 드는 필수 비용이 증가함에 따라 나타나는 극심한 성장둔화 현상, 하이테크 제품 가격 인하에 혜택을 주고 1차 상품 가격 인하에는 혜택을 주지 않는 혁신제도, 인구통계학적 변화에 따른 임대료의 상승과 자산 시가의 엄청난 상승 등이 정체 현상의 원인으로 작용했던 것이다. 그럼에도 주 35시간 근로는 도움이 되지 않았다. 이는 유권자들이 '보다 많은 소득을 위해선 보다 많은 노동을'이라는 슬로건을 긍정적으로 평가했다는 맥락에서 보면 놀랄 일도 아니다.

사실 1997년의 사회당원들은 1936년 사회당원들의 경험에서 영감을 얻었다. 만일 2주의 유급휴가가 성공적으로 시행됐다면, 인민전선에서 선언한 40시간이 단계적으로 실행에 옮겨지는 데 수십 년이 걸렸다는 사실을 반복해서 주장하는 사람들은 없을 것이다. 왜냐하면 임금근로자와 근로자 대표가 추가근로시간 단축에 합의한 것은 생산성과 구매력이 증가한 지 수십 년이 지난 뒤였기 때문이다.

마찬가지로 1997년의 35시간이나 1936년의 40시간은 시기에 전혀 맞지 않은 정책이었다(경제 정체 현상에 대해 맬서스의 기준을 갖고 싸울 수는 없다). 2007년 사회당원들이 주 35시간 근로에 대해 근본적인 '뉘우침'을 거부하는 상황에서(세골렌 루아얄은 비난을 받기 이전인 선거 유세 초반에 이미 주 35시간 근로가 잘못됐음을 인정하려 했다), 사회당원에게는 이 주제가, 예를 들면 퇴직연금에 관한 주제만큼이나 와닿지 않을 것이다. 또한 탄탄대로가 펼쳐진 사르코지가 뭐든 뜻대로 밀어붙일 수 있는 만큼, 이는 더욱 안타까운 일이다. 추가시간 면제를 위해 매년 프랑스 전체 대학 예산과 맞먹는 액수인 약 100억 유로를 쓴다는 것은 그 어떤 나라에서도 시행하지 않는 경제적으로 비상식적인 행동이다.

프랑스에서 이루어지고 있는 논의가 이제는 근로시간에서 벗어나 교육과 혁신에 대한 대대적인 투자—이는 세계화에 의해 주어진 도전에 답할 수 있는 유일한 방법이다—에 집중되기를 기대해보자.

가계 문화 혹은 가계 사기士氣

구매력 정책에 관한 결과를 얻어내지 못하자 상상력이 풍부한 우리의 대통령은 문화정책을 제시한다. 오늘날 프랑스에서는 좋은 정책이 조금만 힘을 발휘해도 구매력이 상승할 수 있는 만큼 새로운 방안에 거는 기대가 크다. 또한 프랑스인은 이에 관한 질문을 받으면 명확히 답변하기도 한다.

보다 논리적으로 말하자면, 프랑스인은 부가가치세 완화정책을 구매력을 다시 높일 수 있는 정책의 최우선에 놓고 있다. 하지만 정부는 완화정책을 전혀 고려하지 않았다. 그뿐만 아니라, 국회의원 선거 기간에는 노동·고용·구매력 촉진법과 함께 이념적으로는 정당하지만 경제적 효과 측면에서는 의심스러운 일련의 감세 조치에 필요한 자금 150억 유로(이 액수는 부가가치세가 2퍼센트 상승하는 것과 같다)를 조달하려면 어쩔 수 없이 부가가치세가 오를 수밖에 없다는 사실을 은연중에 흘리기까지 했다. 지난 6개월간 나타난 가계의 사기 저하—특히 대통령 선거 이후 급속도로 떨어진—는 이 근본적 과오 때문이다.

하지만 소위 사회보장(여기서 이는 잘못된 표현이다) 부가가치세 인상 계획을 고집하고 있는 사르코지에게서, 그가 이번 여름이 오기 전에 금고를 말리는 데 전념할 것이기 때문에 다음 겨울에는 더 이상 금고를 비울 필요가 없을 것이라고 친절하게 설명하고 있는 듯한 인상을 받는다. '결국' 부가가치세를 그에 걸맞게 효과적으로 낮추는 방책, 즉 노동소득세액공제가 현재 존재한다는 것은 이 매미(사르코지)의 경제적 과오가 매우 심각하다는 것을 의미한다. 저임금에 대한 세금 압박을 완화하기 위해 2000년에 도입된 노동소득세액공제(사회당원들은 처음에는 보편적 사회보장분담금을 인하하길 원했는데, 이는 헌법재판소에서 특별한 이유 없이 부결됐다)의 목적은, 일찍 일어나 열심히 일하지만 소득은 얼마 안 되는 근로자들의 근로가치를 회복시키는 것이다. 2002년 이후 노동소득세액공제율은 몇 차례 인상됐는데, 이는 우파가 가끔 자기 죄를 고백—예를 들어 시민연대협정에 대해서와 마찬가지로 노동소득세액공제에 대해—할 줄 알고, 상대 진영의 개혁 방안을 고려할 줄도 안다는 증거다.

그럼에도 노동소득세액공제의 총액은 그리 많지 않다. 약 1000만 수익자 가구에 지불되는 평균 노동소득세액공제는 총예산이 50억 유로만 배정되었기 때문에 겨우 500유로(최고액은 900유로다) 정도밖에 되지 않는다. 이는 저임금근로자에게 부과되는 세금 총액에 비하면 매우 적은 액수다. 예를 들어 최저임금 소득 모두(연간 총소득이 약 1만2000유로)를 생계비로 쓰는 상근 임금근로자는 실제로 부가가치세 명목으로 두 달 치 임금, 보편적 사회보장분담금 명목으로는 한 달 치 이상의 임금을 납입하는 셈이 된다. 물론 이때 전체 세율의 50퍼센트를 넘는 부수적 간접세(기름, 담배, 술 등)와 사회적 분담금은 고려하지 않았다. 간단하면서도 이해하기 쉬운 조치로는 노동소득세액공제율을 두 배로 늘리는 것인데, 이는 최저임금에 가까운 임금을 받는 근로자가 내는 부가가치세의 '대략' 절반 정도를 감축하는 효과를 보게 된다. 이런 조치는 약 50억 유로의 비용으로 부채를 감면하고 미래 투자를 위한 노동력을 보호함으로써 세무 면에서보다 구매력 면에서 더 강력한 효과를 볼 것이다. 전면적인 현대화 과정에서는 임금명세서에 노동소득세액공제 월 공제액을 명시하는 세무 관리가 필요하다. 현재 노동소득세액공제 혜택은 1년 늦게 받을 수 있는데, 아무도 이런 사실을 알지 못한다. 또한 구매력에 효과적인 이 정책은 민주적 투명성과 세무 투명성에 기반을 둔 근로 문화 개념을 갖게끔 한다. 이 조치는 또 고용연대소득을 추구하는 사르코지-이르시Martin Hirsch[1] 프로젝트의 대척점에 서 있는데, 이 프로젝트는 결국 임금근로자를 생활 혜택을 받는 저임금근로자로 전락시키는 결과를 초래하게 된다. 반면 저임금근로자는 실제로 모든 소득재분배—여기엔 노동소득세액공제가 몇 번 중복된 이후를 포함한다—비용보다 훨씬 더 많은 세금을 면제받게 된다. 당을 이끌어 나가는 데 지도자가 꼭 필요한가에 대한 비현실적인 토론에 빠져드는 대신, 사회당원들은 그들 자신이 만들어낸 훌륭한 정책에 다시 적응하고 이를 발전시켜 나가고자 하는 마음을 갖게 될 것이다.

1. 빈곤퇴치위원회 위원.

아탈리, 아틸라Attila[1]보다 더한 장광설

간단히 얘기하자면, 아탈리Attali 위원회[2]의 보고서는 전반적으로 실망스럽다. 가장 비난을 받은 정책(택시, 무역 등의 자유화)이 정당하지 않기 때문이 아니다. 위원회 입장에서는 여러 분야에 존재하는 규제의 벽을 비난할 근거가 있다. 그리고 사람들은 고용 창출에 관해서와 마찬가지로 사용자의 삶의 질에 관해, 프랑스식 반反팽창주의로 야기되는 손해를 저평가하는 잘못을 저지를 수도 있다. 가장 좋은 평가를 받고 있는 연구에 따르면, 새로운 업종의 진입을 규제하고 있는 루아예-라파랭Royer-Raffarin법안을 폐기하면 추가적으로 10퍼센트의 고용 창출을 거둘 수 있을 것이다.

이러한 맞춤형 정책 말고도 사람들은 보고서의 전체적인 일관성을 이해하는 데도 어려움을 느낀다. 아탈리 위원회는 우리에게 앞으로는 지식경제, 교육경제, 혁신경제에 중점을 두어야 한다는 점을 강조하는데, 이것이 잘못은 아니지만 이미 수천 번도 더 언급한 것을 재탕했다는 것이 문제다. 그런 와중에 이 보고서는 인적자본에 대한 투자 비용을 높이기 위해 추구해야 할 정책 기조에 어떠한 참신한 기여도 하지 않았다. 미래 투자 전략에 대한 자금 조달 문제와 거시경제적인 측면에서의 문제 그리고 예산에 관련된 문제에 대해서는 일절 말이 없다. 구체적으로 현재 북유럽 국가에선 학생 한 명당 2만 유로를 투자하는데 반해 프랑스는 8000유로밖에 투자하지 않으면서 어떻게 미래 경제에 전념할 수 있겠는가. 이는 상상도 할 수 없는 일이다. 특히 이 보고서는 사르코지가 미래를 준비하는 것 이외에 취한 모든 정책—대부이자, 추가시간, 세금상한제, 상속세 인하—에서 매년 파생되는 순손실액에 드는 비용 150억 유로의 득과 실을 다루고 있다. 250페이지로 된 '성장자유화'에 관한 이 보고서는, 절묘하게도 '성장쇼크'를 야기하는 정책은 채택하면서도 조세정책에 관해선 단 한 마디도 언급하지 않고 있다. 보고서 내용을 잘 읽어보면 위원회가 앞서 나온 쇼크를 거의 이해하지 못했지만, 보고서 작성자는 이런 사실을 분명하게 밝히려 하지 않는다는 것을 알 수 있다. 이는 이런 형태의 위원회가 갖는 슬픈 한계다. 더구나 노동·고용·구매력 촉진법이 없다면 징수액을 올리지 않고 같은 액수의 분담금을 낮출 수 있다는 사실은 언급조차 하지 않은 채, 사회보장분담금을 낮추기 위한 150~200억 유로의 자금을 조달하기 위해 부가가치세와 보편적 사회보장분담금의 증액(성장 효과가 훨씬 더 의심스런)이라는 카드를 꺼내고 있으니 말이다.

특히 이 보고서는 프랑스의 고등교육과 연구 시스템에 활력을 불어넣는 데 꼭 필요한 구조개혁에 대해서는 거의 언급하지 않는다. 물론 구체적인 설명 없이 '10개 주요 대학dix grands pôles'[3]을 신설한다는 계획을 넌지시 암시하곤 있지만, 이 계획이 이미 우리 대학 시스템에 별 의미 없이 나열되어 있는 가상의 구조체계인 긴 대문자 약어표에 새로운 약어(즉 'PUPpôles universitaires pluridisciplinaires'[4]를 하나 더 추가하는 결과를 초래하지 않을까 걱정된다. 특히 이로 인해 프랑스 대학이 규모가 작아서 어려움을 겪고 있다는 매우 잘못된 생각을 갖게 되는데, 사실은 이와는 정반대의 현상이 나타나고 있다. 참고로, MIT의 학생 수는 겨우 1만 명이고 하버드 대학의 경우 2만 명인데 반해 파리 4대학의 학생 수는 3만 명이고 파리 1대학에는 4만 명이 넘는 학생이 있다. 오늘날의 쟁점사안은 규모를 키우는 것이 아니라 대학과 학교를 보다 효율적인 교육기관, 즉 공권력과 경제력에서 독립해 자율적인 지식을 생산해내는 기관으로 변모시키는 것에 중점을 두어야 한다. 하지만 자금 조달의 99퍼센트가 유일한 자금 출자자(이 경우는 국가)에 의해 이루어진다면, 진정한 자율성은 존재할 수 없다. 미래는 자금 조달의 다양화를 통해 이루어진다. 즉 지역, 기금(증여세는 재고되어야 한다. 왜냐하면 오늘날 백만장자는 세습 재산을 통해 자신의 자녀를 금리생활자로 전락시키고, 물려준 재산을 기금에 증여하지 못하게 만들기 때문이고, 급진적 민주주의 관점에서 보면 국가가 전체적인 수익을 독점할 수 있는 유산에 해당되기 때문이다), 기업, 사인私人 등에 의해 이루지는 자금 조달 말이다. 이뿐만 아니라 장학금과 융자의 혁신 시스템에 의해 자금을 조달받는 상당한 양의 등록금 인상(영화 관람이나 책 구입도 무료로 한다면, 예술적 창조 분야는 어떻게 하겠다는 말인가?)—이에 대한 전망은 이상하게도 아탈리 위원회에서 배제됐다—또한 마찬가지다. 대학 경영 방식은 점차적으로 이런 자금 조달의 다양성을 반영해야 하는데, 이 부분은 고등교육 연구부 장관인 페크레스Pécresse가 내놓은 법안만이 다루고 있다. 이사회에서는 임원 수를 60명에서 30명으로 감축했지만 자주관리형 구조를 전혀 수정하지 않았다(특히 외부 임원은 회장 선출에도 참여하지 않았다. 즉 이런 상황에서 자금 출자자를 끌어들이기가 어렵다는 것이다). 아탈리 보고서가 이런 문제를 전면적으로 해결해나가는 데는 실패했다 하더라도, 대학 경영과 자율권에 관한 문제는 여전히 쟁점으로 남아 있다.

1. 5세기 전반에 현재의 헝가리를 거점으로 삼아 유럽에 대제국을 건설한 훈족의 왕. 동쪽으로는 카스피해에서 서쪽으로는 라인강에 이르는 광활한 영토를 지배했다.

2. 프랑스 성장촉진위원회.

3. 일 드 프랑스 지역Ile-de-France(프랑스 중북부 파리 분지를 이루는 지역으로, 파리를 중심으로 하는 프랑스의 중심지)에 3개, 지방에 7개 주요 대학을 설립한다는 계획.

4. '주요 종합대학'을 뜻한다.

사회보장

건강보험에 관한 클린턴-오바마의 결투, 미국의 골칫거리

오바마와 클린턴 간에 결투가 예상되는 순간에 미국 국민에게 적용되는 보편적 건강보험 같은 주제에 관해 토론을 벌일 필요까지는 없다. 더구나 미국에선 논쟁의 중심에 서 있는 이 사안이 프랑스나 유럽에선 이해할 수 없는 것으로 비춰질 수 있기도 하다. 케이블과 인터넷을 통제했던 오바마를 비꼬기 위해 마련한 '버락 오바마, 창피한 줄 아시오!Shame on you Barack Obama!'라는 유명한 강연에서 힐러리 클린턴은 건강보험에 가입할 방법이 없는 미국인들에게 가입을 강요하고 있다고 오바마를 격렬하게 비난했다. 힐러리는 그를 민주당원의 자격이 없다고까지 비난했다. 즉 모두에 대한 보편적 건강보험을 추진했던 미국의 제33대 대통령 해리 트루먼Harry Truman의 꿈을 실현시키기 위해 민주당이 양분되어야 하느냐는 것이었다. 사실 클린턴이 의무 건강보험을 제안했다면, 이 의무 건강보험은 오바마 계획의 선택사항이 되어 현재 건강보험 혜택을 받지 못하고 있는 5000만 미국인이 혜택을 받을 수도 있을 것이다. 이에 대해 오바마는 위선적 행동이라고 대응하고 나섰다. 왜냐하면 오바마가 계획하는 것은, 클린턴이 계획하는 건강보험 시스템에 필요한 만큼의 돈을 투입해 건강보험을 의무로 하는 것이 아니라 낮은 가격으로 하자는 것이기 때문이다.

왜 미국은 이 골치 아픈 문제를 끝내는 데 어려움을 겪어야만 할까? 더구나 미국에서 의료보험에 가입되어 있지 않은 사람은 병원의 응급 의료 혜택을 받을 수 없는 열악한 상황인데도 말이다. 잘 알려진 최근 연구에 따르면, 만 65세가 되기 며칠 전의 환자(즉 1965년에 만들어진 노인을 위한 공공의료보험인 메디케어Medicare와 수입원이 없는 자들을 위한 공공의료보험제도 메디케이드Medicaid의 혜택을 둘 다 받지 못하는 환자)는 응급상황에서 65세가 며칠 지난 환자가 받는 것보다 훨씬 못한 치료를 받았고, 사망률도 20퍼센트 정도 더 높은 것으로 나타났다.

왜 이 두 경선 후보자는 분담금 혹은 세금으로 자금 조달을 할 수 있는 모두를 위한 의무보험에 합의하지 않는가? 문제가 그리 간단치 않다. 미국에선 민영보험이 건강보험제도에 깊이 관련되어 있어 처음부터 다시 손을 보기가 힘들기 때문이다. 물론 3억 인구 가운데 5000만 명의 미국인이 아무런 보험도 갖고 있지 못하고 4000만 명이 넘는 노인이 메디케어에, 약 5000만 명의 극빈층이 메디케이드에 의존하고 있기는 하지만, 1억6000만 명의 미국인이 민영보험 덕분에 매우 높은 수준의 보험 혜택(일반적으로 그들의 고용주가 자금을 조달하는)을 보고 있으며 대체적으로 이에 만족하고 있다(그들은 자신들이 가입한 보험 이외에는 아무것도 모른다).

만약 연방 정부가 메디케어 혹은 국민 전체를 대상으로 하는 공공정책을 갑자기 확장하기로 결정한다면, 따라서 이에 상당하는 사회분담금(현재 총임금비율이 퇴직연금에 대해선 12.4퍼센트, 실업보험에 대해선 6.2퍼센트인 반면 메디케어 자금 조달에 대해선 2.9퍼센트밖에 되지 않는다)이 급격히 인상될 수밖에 없다면, 고용주는 사회분담금을 두 배 더 내길 거부할 것이고 더 이상 직원들에게 민영보험을 제공하지 않을 것이다. 민영건강보험회사 간의 경쟁이 제대로 이루어지지 않고 극심한 가격 상승을 불러일으킨다는 것이 자명한 만큼, 결국 상황은 모두에게 더 좋은 방향으로 흘러갈 것이다.

하지만 서로 맞물려 돌아가는 고용주와 민영보험회사, 수많은 병원과 의사들이 당장 손을 놓아버린다면, 지속적인 혼란이 야기될 것이다. 이렇게 되면, 보험업자뿐만 아니라(사람들은 1994~1995년 모든 미국인에게 값싼 건강보험을 강요하는 국가 관료주의적 망령을 불러낸 광고를 기억하고 있다. 그리고 존 매케인John McCain은 2008년 이 당시의 광고 내용과 같은 말을 하고 있다), 특히 수년 전부터 그들의 건강을 책임지는 시스템이 사라지는 것을 원치 않는 1억6000만 명의 민영보험가입자들을 공포로 몰아넣게 될 것이다. 이것이 클린턴과 오바마가 건강보험이 없는 5000만 미국인에게 보험가입을 가능하게 하는 완만하면서도 단계적인 방법을 찾아야 하는 이유다. 고용주에게는 근로자를 위해 보조금을 받는 보험에 서명하게 하는 한편 비정규직 근로자들에게는 그들이 직접 보조금을 받는 보험에 가입하도록 하는 방법(이 부분이 가장 어려운 부분이다)을 통해서 말이다.

그럼에도 다음과 같은 좋은 소식이 있다. 두 경선 후보 모두가 건강보험에 새로운 자원을 투입해 미국 시스템의 새로운 단계로 힘들겠지만 실질적으로 도약하기 위해 부시 대통령 시절 만들어놓은 감세정책을 파기하기로 약속했다고 한다.

엄격성 혹은 개혁?

지난 금요일에 발표된 '공공정책에 대한 일반적 재검토'에 대해 어떻게 생각해야 할까? 솔직히 말하자면 정부가 배포한 176페이지에 이르는 이 자료를 꼼꼼하게 분석해 너그러운 평가를 내린다 할지라도, 하나의 견해를 추출해내기가 어렵다. 왜냐하면 투명성에 근거해 내놓은 정책에서 하나의 견해를 갖는다는 것 자체가 문제를 야기하기 때문이다. 전체적인 목표는 박수를 받을 만하다. 공공정책의 중복과 비효율성을 개선하고, 이를 보다 능률적이고 경제적으로 운영해나가려는 의지를 갖고 공공정책을 재검토하자는 생각을, 이를 실행하기도 전에 반대할 사람은 없을 것이다. 엄청난 비용이 드는 공공정책 사업에 이런 재검토 과정이 존재하지 않는다면, 오히려 그것이 놀라운 일일 것이다. 퇴직연금과 건강보험 비용이 구조적으로 증가하고 있으며 국가는 여유 인력을 끌어내 지식경제에 투입해야 한다는 맥락에서 볼 때, 정부는 공공비용에 단 1유로도 헛되이 쓰지 않는다는 확신을 심어주어야 한다. 권력을 잡은 첫해 여름부터 국고를 바닥내려고 덤비는 정부의 경우는 특히 그렇다.

문제는 공표된 일반적인 목표와 이후에 발표되는 일련의 정책 사이의 연관성을 찾기가 매우 힘들다는 것이다. "2011년까지 70억 유로의 공공 비용을 절약할 것이다"라고 공공연히 언명했지만, 이 70억 유로라는 숫자가 어떻게 나왔는지 단 한 번도 분명하게 설명하지 않았기 때문에 그저 예상 수치에 불과하다. 물론 이것이 공공 기능에서 2년에 대한 퇴직연금의 시작을 대체하지 않는다는 관례의 기준점이 된다. 하지만 70억 유로를 절약하려면 연봉 3만 유로를 받는 공무원이 차지하고 있는 자리 약 25만 개를 없애야 하는데, 이는 물론 바람직한 정책이 아니며, 또한 일반적으로 생각해볼 수 있는 수치(매년 2만 5000명의 해고자가 생기는)를 고려할 때, 원하는 시기에 퇴직연금 지급을 시작하면서 이런 정책을 실현한다는 것은 어찌 됐든 불가능하다. 발표안은 1년에 70억 유로가 아닌 3~4년간의 누적 총액, 즉 1년 내내 20~30억 유로의 저축액을 참조한 것이 아닌가 하는 의심이 든다. 참으로 불가사의한 일이다. 게다가 이런 질문이 176페이지의 자료에 전혀 나타나 있지 않다.

세부사항을 검토해보면, 이 같은 불가사의한 지점이 부지기수다. 국가의 어떤 임무를 실행하는 데 드는 예산을 절약할 수 있는 예상 비용을 전혀 암시하지 않을 뿐만 아니라, 발표된 상징적인 조치가 절약과는 거의 무관해 보인다. 예를 들어 임대아파트 주택을 소유할 수 있는 권한을 줌으로써 소득상한선 인하 방안(두 명의 자녀를 둔 가족의 경우 3만9698유로에서 3만5728유로로)에 대한 토론이 가능하다. 이를 통해 저소득층 가구를 위해 임대아파트 주택 보유고를 보다 효율적으로 분배하는 효과를 얻을 수 있을 것이다. 또한 구매력이 붕괴되고 있는 현 시점에서 중산층의 일부분을 배제하고 그 부분을 개인 임대차 거래라는 부동산 거품으로 내모는 것이 시급한 문제는 아닌 것 같다. 하지만 사람들은 어떤 조치를 취해 예산을 절약할 수 있는지를 잘 이해하지 못한다. 단지 국가가 임대아파트 보유고를 유지하거나 증가시킴으로써 자금 조달 부담을 줄이려 한다고 생각할 뿐이다. 정부는 이에 관한 조치를 발표하는 것을 매우 경계하고 있다. 그리고 이는 새로운 주택 공급과 건설 동결 조치를 해제하기 위해 모든 방법을 강구해야 하는 시점에서 실행하기에는 적절한 정책이 아니다. 이런 문제에 직면해 지난여름에 취해진 대부이자 공제 조치는 현재 시행되고 있는 많은 세금 혜택 조치만큼이나 비효율적이다. 또한 이 정책은 금요일 니콜라 사르코지가 비용이 많이 드는 이 조치를 이상한 논법으로 옹호하는 것을 막지도 못했다. 그의 논법을 요약하자면 다음과 같다. "사람들은 부동산 가격이 상승했다는 점을 지적하면서 나를 공격했다. 그런데 이후 부동산 가격은 붕괴됐다. 그러니 7월에 나를 비방했던 자들은 8월에 있을 상황을 전혀 예상하지 못한 잘못을 저지른 것이다." 반면 가격상승 폭이 작으면 구매지원금을 지급하는 것이 그만큼 시급하지 않다고 생각할 수 있다. 프랑스 대통령이 공공정책을 평할 때, 우리는 그가 정확히 무슨 말을 하려고 하는지 알기가 힘들다. 이 또한 불가사의한 일이다.

이 모든 것 때문에 사람들은 특히 다음과 같은 생각을 할 수밖에 없게 된다. 즉 경제 전략과 예산 전략 부문은 국가 수뇌부에서 즉흥적으로 결정하는 경우가 대부분이라는 생각 말이다.

퇴직연금: 눈가림의 중단

2003년 피용 개혁안이 사적 부문 분담금에 대한 공적 부문 분담금의 기간을 명시할 때(완전 노령연금을 받기 위해선 40년을 근무해야 한다), 정부는 노사 대표의 일부, 특히 프랑스 민주노동동맹의 동의를 얻어냈다.

하지만 5년이 지난 지금 그 누구도 정부에서 요구하는 40~41년의 근무기간을 원하지 않는다. 그렇다면 왜 2003년과 2008년 사이에 상황이 이렇게 바뀌었을까?

우선 2003년의 개혁안은 공적 부문과 사적 부문을 공평하게 다룬다는 원칙에 근거를 두고 있는데, 프랑스 퇴직연금 시스템을 장기적인 관점에서 균형 있게 유지하려면 사전에 이에 대한 철저한 논의를 거쳐야 할 것으로 보인다. 게다가 이 형평성은 프랑스 민주노동동맹이 장기근속 부분에서 강력하게 주장하고 있다. 이전에는 임금근로자가 퇴직연금을 받으려면 보통 44~45년을 근무해야 했던 데 반해 장기근속 부분은 젊어서부터 일을 시작하면 60세 이전에 퇴직연금을 받을 수 있기 때문이다.

하지만 2008년 '개혁안'에는 이와 같은 내용이 없다. 분담금 납입기간을 40년에서 41년으로 늘린다는 것은 현재의 적자를 메우기 위한 순수한 재정 논리에 해당되는데, 이는 미래 세대에 대한 예산 책임과 관련해 거의 아무런 실례도 제시하지 못하고 있는 정부 입장에선 특히나 받아들이기 힘든 사안이다. 그렇다면 매년 노령연금에 지급되는 비용이 50억 유로를 넘지 않는 반면, 지난여름 가결된 노동·고용·구매력 촉진법에 국가가 매년 150억 유로 이상의 세금을 쏟아부어야 한다는 사실을 염두에 두고 있어야 할 것인가? 프랑수아 셰레크 François Chérèque는 우선 정부에 실례를 제시할 것을 촉구하면서, 지금부터 2012년까지 분담금 납입기간을 41년으로 늘리는 데 필요한 25억 유로의 비용을 충당할 방법—예를 들면 고용주의 사회분담금을 0.5퍼센트 올림으로써—이 있다는 점을 매우 논리적으로 지적했다. 프랑스 민주노동동맹의 사무총장인 셰레크는 추가시간을 면제하는 것만으로도 매년 65억 유로 이상의 세수 효과를 볼 수 있는데, 그 가운데 25억 유로는 퇴직연금을 받지 못하는 근로자들을 위해 쓸 수 있다는 점도 지적했다.

또한 2003~2008년 대통령 재임 기간 중에는 분담금 납입기간을 연장하려는 정책이 한계를 드러냈는데, 그만큼 은퇴자 고용 비율을 높이려는 노력이 제대로 실현되기가 쉽지 않을 것이다. 퇴직연금 문제가 해결되는 순간, 임금근로자의 고용 비율은 실제 40퍼센트도 되지 않게 된다. 임금근로자 이외의 경우 분담금 납입기간을 41년으로 늘리면, 무엇보다도 실직기간이 늘어나게 되고 연금액이 줄어들게 될 것이다. 그렇다고 해서 퇴직자 고용과 퇴직자의 미래를 위해 분담금을 점차 늘리는 데 많은 예산을 책정한다면, 분담금 납입기간 연장에 모든 것을 거는 불만족스런 결과를 초래하게 될 것이다. 이 두 경우 모두 끝없는 정책 경쟁을 야기하고 퇴직자의 권리를 보장해줄 모든 정책이 무기한 연기되는 결과를 초래하게 될 것이다.

위원회에서 실시한 퇴직연금정책에 관한 모의실험이 얼마나 불확실하든 간에, 분담금 납입기간을 41년으로 늘린다거나 분담금을 0.5퍼센트 증가시킴으로써 앞으로 수십 년간 퇴직연금을 안정적으로 운영할 수 있다고 믿는 사람은 아무도 없다. 실제로 2030년 혹은 2050년에 퇴직연금을 받게 될 세대는 그들의 정확한 연금 총액, 재정적 불안과 수많은 제도와 계산 방법으로 이루어진 엄청나게 복잡한 시행 규정에 대해 아무것도 모르고 있다.

현재로써는 프랑스 퇴직연금제도의 전반적인 개정만이 연금의 당위성을 분명히 하고 현재 연금 부족액을 대충 메우는 고질적인 임시방편적 처방을 극복하는 유일한 방법이라 할 수 있다. 1994년에서 2008년까지 스웨덴에서 시행된 훌륭한 개혁을 본떠, 모든 근로자(공적이든 사적이든, 관리직이든 그렇지 않든, 임금근로자든 비임금근로자든 상관없이)에게 분담금 개인계좌 시스템에 근거한 분배에 의한 통합퇴직연금 시스템을 적용하는 것이 최고의 해결책이 될 것이다. 최근 연구는 기존의 생각과는 달리 프랑스에서 하나의 변화가 실현되어 저임금근로자에게 혜택을 줄 수 있는 가능성을 시사하고 있다.[1] 이 개혁안은 순수한 재정 논리를 뛰어넘어 현 퇴직연금제도가 갖고 있는 심각한 문제점을 해결하는 데 도움을 줄 수 있을 것이다.

1. 앙투안 보지오와 토마 피케티, '퇴직연금: 분담금 개인계좌 시스템', www.jourdan.ens.fr/~piketty 참조-원주.

사회보장

루아얄과 들라노에, 골자를 서둘러 제시할 것!

간단히 말하자면 세골렌 루아얄과 베르트랑 들라노에 사이의 토론은 당장 사람들이 기대했던 수준은 아니었다. 자유화에 관한 논쟁은 유용한 정책을 이끌어내기에는 너무 일반적인 계획에 그치고 말았다. 경제적 자유가 분명 정치적 자유와 분리될 수 없는 것은 사실이지만, 그 자체로 하나의 가치를 지니고 있는 것 또한 사실이다. 하지만 중요한 점은, 개개인이 자유로운 선택을 하고 그 선택에 책임을 지는, 권리와 기회를 현실적으로 가장 폭넓게 이용할 수 있도록 하는 구체적인 공공정책에 관한 토론부터 시작해야 한다는 것이다. 자유주의 혹은 반反자유주의를 표명하는 것은 하나의 정치 계획을 규정하기엔 불충분하다. 공포된 경쟁은 물론 정당한 것이다. 2002~2007년 동안 우리는 개인의 선택을 끊임없이 규제하는 것이 지적이고 계획적인 능력을 얼마나 마비시키는지 잘 보았다. 하지만 지금은 이 두 명의 사회당 대표 후보자가 일반 논리에서 벗어나 자신들의 계획안의 골자를 제시하는 것이 시급하다.

특히 세 가지 분야를 살펴보자. 그 가운데 가장 우선적으로 생각해봐야 할 부분은 인적자본과 지식경제에 대한 대규모 투자다. 프랑스가 세계화 과정에서 최선의 해결책을 마련하려면, 세계에서 가장 질 높은 고용을 창출하는 것을 목표로 삼아야 한다. 하지만 이것이 프랑스가 인도나 중국과 같은 수준의 추가 노동시간을 배정한다는 것을 의미하지는 않는다. 현실은 전혀 그렇지 않은데도 이 문제에 관해 합의를 이끌어낼 수 있다는 환상을 심어주는 것은 슬픈 일이다. 스칸디나비아 국가들은 학생들에게 프랑스보다 3배나 많은 투자를 하고 있다. 이런 뒤처진 상황을 극복하려면 예산 확보가 최우선 과제인데, 사실 이것이 유일한 방법이기도 하다. 이 문제에 관해 신뢰를 얻으려면 좌파는 현 정부의 위선을 증명하고 눈가림식 예산을 파헤친 다음 향후 10년에 걸친 정확한 자금 조달 계획을 제시해야 한다. 그러면 대학 자율성이라는 근본적인 문제가 확실한 기반을 유지할 수 있을 것이다. 빈곤 속의 자유는 원하는 결과를 낳지 못한다. 밀턴 프리드먼이 주장한 '선택의 자유free to choose'에 대해 미국 좌파는 '결핍의 자유free to lose'라는 말로 응수한다.

두 번째로 언급해야 할 분야는 프랑스 연금제도의 전반적인 개정이다. 제도 규정이 지나치게 많다보니 시스템이 매우 복잡해져 이해하기 힘들며 당사자들이 시스템에 대한 불안감을 갖게 만든다. 반복되는 임시방편적 처방에서 벗어나 시스템 전체를 상세히 재검토해야 한다. 해결책은 존재한다. 스웨덴 사회민주주의자들의 원칙은 분명하다. 즉 동일한 분담금에 동일한 퇴직연금이다. 수령할 퇴직연금은 분담금 개인계좌에 기록되는데, 이는 인터넷에서 실시간으로 확인할 수 있다.

결국 퇴직연금은 세습재산이 없는 이들의 세습재산이 되는 것이다. 만일 개인의 사회적 지위가 바뀐다 할지라도, 잃는 것은 아무것도 없다. 하지만 현재 프랑스 공직에서 근속 연수가 15년 이하인 공무원의 경우를 예로 들면, 수년 치에 해당되는 분담금이 사라지는 결과를 낳게 된다. 이런 시스템은 개혁운동에 동력을 불어넣고 주도적으로 개혁을 이루어나가는 데 걸림돌이 된다.

세 번째로 언급해야 할 분야는 국민에게 세금 납부를 이해시킬 수 있는 조세혁명이다. 이 분야 역시 형평성과 투명성이라는 단순한 원칙에서 출발해야 한다. 즉 동일한 소득에 동일한 세금. 하지만 이 최소한의 원칙은 감세 조치와 과세표준이 더욱 복잡해지면서 기반이 흔들리고 있는 상황이다. 따라서 소득과 보편적 사회보장분담금에 대한 과세 전체를 상세히 재고해야 한다. 구체적인 방법으로는 이 둘을 하나로 합쳐 원천징수 형태의 단일한 누진세로 대체하고, 납세자 각자가 누가 무엇을 내는지를 가장 명확하게 이해할 수 있도록 소득에 직접 적용되는 실질세율로 표현되는 납득할 만한 기준을 만드는 것(1936년 인민전선에 의해 도입된 원칙인데, 1942년 비시Vishy 정권에 의해 폐지됐다)이다. 이 세금은 부부가 아닌 개인 수준에서 계산되어야 한다. 왜냐하면 이는 여성노동에 대해 불이익을 주기 때문이다. 그리고 우리는 잘못된 합의사항에 대해 경계를 늦추지 말아야 한다. 이론적으로는 모든 사람이 세제를 현대화하고 감세 조치를 폐지하는 것에 동의한다. 하지만 정부는 새로운 감세 조치를 만들어내는 데 힘을 쏟고 있는 것이 현실이다. 이는 제로섬게임이다. 왜냐하면 감세 혜택을 받지 못하는 자들에게서 그만한 양의 세금을 만회해야 하기 때문이다. 이런 잘못된 고리에서 빠져나오려면 정책 책임자들이 분명하고도 확고한 약속을 해야 한다.

이 구체적인 세 분야에는 공통점이 한 가지 있다. 세 분야는 공히 국민이 정책 사안에 적응하고, 이를 통해 자신의 미래를 결정하게끔 하는 것을 목표로 삼고 있다.

고용연대소득: 또 다른 기만행위

결국 지난주부터 정부가 제안한 고용연대소득 시스템에 관한 면밀한 토론이 가능해졌다. 이에 관한 요점을 정리해보자.

현재 소득이 없는 독신자는 매달 최저통합수당 450유로를 받는다. 만일 이 사람이 법정최저임금을 주는 직장을 구하게 되면, 그가 받는 순 월급은 비상근직(20시간)으로 일할 경우 600유로, 상근직(35시간)으로 일할 경우 1000유로가 된다. 2000년 이후 저소득층은 임금의 8퍼센트에 해당되는 노동소득세액공제 혜택을 받는데, 이는 월급이 600유로인 근로자에게는 50유로, 1000유로인 근로자에게는 80유로의 추가 소득이 된다. 월급이 1000유로를 넘어서면 노동소득세액공제 혜택은 점차 줄어들다가 1600유로가 되면 완전히 없어진다. 또한 이 혜택은 배우자가 일을 할 경우 보다 빠른 속도로 사라지는데, 이는 경제적 관점에서 보면 거의 의미가 없는 것이다. 그렇다면 국가는 가족 상황과는 상관없이, 즉 누가 누구와 함께 사는가를 파악하지 않은 채 모든 사람이 일을 하도록 하는 데에만 신경을 쓰면 안 된단 말인가? 최저통합수당을 받는 수준에서 벗어난 비상근직 임금근로자는 노동소득세액공제 혜택 이외에 상여금제도 혜택을 받을 수 있는데, 이렇게 함으로써 최저통합수당의 일부를 임시로 보존할 수 있게 된다. 예를 들자면, 1998년에 유행했던 이 시스템은 600유로의 월급을 받는 근로자가 12개월간 최저통합수당 명목으로 150유로를 보존할 수 있게끔 하는 것이다.

이런 복잡한 조치들에 대해 고용연대소득은 어떤 변화를 일으킬 수 있을 것인가? 규모나 방향 면에서 그리 좋은 효과를 거두지는 못할 것이다. 고용연대소득은 노동소득세액공제에는 아무런 영향을 미치지 않지만 상여금 총액을 상승시키는 효과(600유로의 월급을 받는 근로자가 받는 150유로의 상여금을 200유로로 상승시키는)를 내는데, 이는 특히 모든 비상근직 근로자에게 상여금을 지속적이고 광범위하게 적용하는 효과를 낸다. 왜냐하면 12개월이 지나서도 이 제도의 혜택을 보려면 최저통합수당을 계속 활용해야 하기 때문이다. 이런 역효과를 없애는 것은 바람직한 일이다. 그리고 어찌 되었건 수익자의 구매력을 위해선 좋은 소식이며 의미가 있다. 하지만 사람들은 고용연대소득의 상여금이 150유로에서 200유로로 늘어나고 12개월이라는 한계선이 사라지는 것이 비상근직 근로자가 최저통합수당을 받는 비율을 갑자기 줄여줄 거라고 진정으로 믿고 있는 것일까?

고용연대소득 평가위원회 위원장인 프랑수아 부르기뇽François Bourguignon에 따르면, 고용연대소득에 대한 실험은 동기부여가 강한 자원단체에 의해 이루어지고 있음에도 불구하고, 당분간은 통계적으로 의미 있는 그 어떤 결과도 내놓지 못했다. 이미 비상근직 근무를 하고 있는 모든 근로자에게 상근직 근로자에 대한 노동소득세액공제율을 동결한다는 발표가 있은 뒤 만들어진 고용연대소득이 20시간 근로와 35시간 근로 사이에서 생기는 소득 격차를 상당량 줄여 비상근직 근로자를 상근직 근로자로 이동시키는 데 최소한의 효과를 볼 수 있을 것이다. 하지만 '실험'을 통해서는 평가할 수 없었던 이 부정적인 효과가 미약한 긍정적 효과보다 우세할 가능성이 매우 높다. 따라서 고용연대소득에서 규정하고 있는, 비상근직에 대한 새로운 보조금 개혁안—고용주는 여기서 파생되는 유리한 점을 이용하게 될 것이다—에서 다루는 노동력 제공에 관한 전체적인 효과는 부정적이라 할 수 있다. 즉 발표한 목표와는 정반대의 결과가 나타나는 것이다.

어쨌든 뒤죽박죽 상태인 이 개혁안은 몇 년 전부터 정책의 근간을 해치고 있는 구조적 문제점—즉 정책의 복잡성과 일반인이 이해하기 힘든 내용—을 전혀 해결하지 못하고 있다. 반면 개혁을 통해 별개인 두 정책을 조화시킬 수 있다. 하나는 비상근직 근로자를 위해 최소한의 사회보장 논리(고용연대소득)에 따라 가족수당기금을 관리하는 것이고, 다른 하나는 상근직 근로자를 위해 세금 공제 논리(노동소득세액공제)에 따라 세무稅務를 관리하는 것이다. 이 두 정책은 여러 규정과 주기성(어떤 경우에는 분기별로, 또 어떤 경우에는 연도별로)에 따라 운영되는데, 이는 기술적으로는 불합리하지만 각종 시스템 사이에서 방황하는 저임금근로자에게는 만족스런 결과를 안겨준다.

그렇다면 우리는 어떻게 해야 하는가? 결국 현대적이고 통일된 누진소득세를 징수하는 조세혁명에 기반을 둔 야심찬 개혁안이 그 답이 될 것이다. 보편적 사회보장분담금과 소득세의 융합, 월별 원천징수, 세금의 완전 개별화 등을 통해서 말이다. 이에 관한 내용은 잘 알려져 있지만 이를 실행하려는 용기와 의지가 결여되어 있다는 것이 문제다. 하지만 이런 방법을 통해 고용연대소득과 노동소득세액공제 정책을 세금 공제의 형태로 통합할 수도 있을 것이다. 이는 기술적인 면에서 매우 효과적인 방법이 될 수 있는데, 특히 민주적 투명성이라는 관점에서 볼 때 더욱 효과적이다. 그 이유는 무엇보다도 저임금근로자는 다른 사람들과 마찬가지로 납세자이지 구호 대상자가 아니기 때문이다. 상근직 근로자든 비상근직 근로자든 최저임금 생활자는 현재 부가가치세 명목으로 두 달 치 임금을, 보편적 사회보장분담금 명목으로 한 달 치 이상의 임금을 납부하고 있는데, 이는 전체 세율의 50퍼센트를 상회하는 수치다. 물론 여기에 부차적인 간접세(기름, 담배, 주류 등에 붙는)와 사회보장분담금은 고려하지 않았다. 그리고 정책입안자들이 주장하는 것과는 반대로, 노동소득세액공제 혹은 고용연대소득의 증가액이 수당 수령자에게 확실하게 돌아가지 않는다는 것이 문제다.

좌파는 니콜라 사르코지가 잘못된 세금정책으로 인해 매일 욕을 먹고 있는 만큼 세금 문제를 시급히 검토해야 한다. 이미 너무 많은 감세 조치를 시행한 시스템에 또다시 150억 유로가 넘는 세금을 감면하는 조치를 취한 뒤 고용연대소득에 자금을 조달하느라 국고가 텅 비었다는 것을 확인하고는 투자소득에 10억 유로를 과세한 것이 바로 우리 대통령이 생각해낸 이상한 조치였다. 과거의 프랑스 세금은 사회보장 재정 적자를 메우는 데 주로 사용됐는데, 이 세금은 또한 흉미롭게도 역진적이었다. 즉 세금상한제를 적용하면 대규모의 세습재산은 사실상 상속세의 1퍼센트를 감면받게 된다. 니콜라 사르코지와 마르탱 이르시(전 고용연대소득위원회 위원장)가 서로 의견 일치를 보이는 것이 놀랄 만한 일은 아니다. 왜냐하면 그들은 형식적이고 요란스런 정치 슬로건을 내걸고, 즉흥적이고 임시방편적인 정책을 내놓는 같은 취향을 갖고 있기 때문이다.

은행가들을 구해야 하는가?

금융위기로 인해 국가는 경제와 사회 분야에서 다시 힘을 발휘하게 될 것인가? 그렇게 말하기에는 너무 이르다. 하지만 적어도 몇몇 오해는 불식시키고 토론 주제를 정확히 해야 한다. 미국 정부에서 주도한 은행 구제와 금융통제 시스템 개혁이 그 자체로서 역사적 전환점이 되는 것은 아니다. 물론 미국 재무부와 연방준비제도이사회가 신속하고도 실용주의적으로 자신들만의 의견을 확립해 금융 시스템 전반을 임시적으로 국유화하는 데 매진한 일련의 과정은 인상적이다. 그리고 납세자의 최종 순납세액을 확정하는 데 시간이 걸림에도, 현재의 개입 규모가 과거 수준을 넘어설 가능성이 있다. 현재 여기에 드는 총비용이 7000억에서 1조4000억 달러가 될 거라고 예상하는데, 이는 미국 GNP의 5~10퍼센트에 해당되는 액수다. 반면 1980년대에는 저축대부조합Savings and Loans의 붕괴로 인해 GNP의 약 2.5퍼센트에 해당되는 비용이 삭감됐다.

그럼에도 금융 분야에 대한 이런 개입 형태는 어느 정도 과거에 이미 실행됐던 학설과 정책의 연장선상에 있다는 데에는 이론의 여지가 없다. 1930년대 이후부터 미국 지도층은 이런 사실을 알고 있었다. 즉 1929년의 경제대공황이 엄청난 규모로 발생하고 자본주의를 위기에 처하게 한 것은, 연방준비제도이사회와 정부가 실질경제의 신뢰성과 꾸준한 성장을 회복하는 데 필요한 유동자산 투입을 거부함으로써 은행의 붕괴를 방치했기 때문이라는 것이다. 미국의 몇몇 자유주의자는 연방준비제도이사회의 개입주의에 정당성을 부여하는 것은 금융 이외의 분야에 대한 국가 개입주의를 비관적으로 보는 것과 같다고 생각한다. 즉 자본주의를 구하기 위해선 유연하고도 탄력적인 훌륭한 연방준비제도이사회가 필요한 것이지, 루스벨드 정책을 지지하는 자들이 미국에 강요하려 했던 나약한 '복지국가'가 필요한 것이 아니라는 것이다. 이런 역사적 사실을 잊었기 때문에 사람들은 미국 금융기관의 신속한 개입을 놀라운 눈으로 바라보는 잘못을 범하는 것이다.

이에 관한 사안들이 여기서 그칠 것인가? 모든 것은 미국 대통령 선거에 달려 있다. 오바마와 같은 후보가 대통령이 되면 금융 이외의 다른 분야—예를 들면 건강보험정책이나 불평등 감소정책—에서 국가의 역할을 강화할 기회를 잡을 것이다. 그럼에도 부시 행정부에서 유발된 예산 탕진(군사비용, 금융구제비용)을 고려해보면, 건강보험에 관한 유연성은 제한적일 가능성이 있다. 왜냐하면 세금을 더 내는 것에 미국인이 동의하는 데에는 한계가 있기 때문이다. 게다가 바닥난 재정을 복구하는 것에 관해 현재 국회에서 벌어지고 있는 토론은 오늘날의 이데올로기적 맥락의 모순성을 보여주고 있다. 물론 더욱 많은 미국인이 지난 30년간 상류층과 기업인의 월급이 초고속으로 상승하는 것에 대해 분노하고 있는 것은 사실이다. 하지만 납세자에게서 자금 지원을 받는 재무제도 내에서 최대 40만 달러의 보수(미국 대통령의 연봉)를 모으는 것을 목표로 하는 방법은 부분적인 해결책밖에 되지 못하고, 특히 이는 쉽게 왜곡될 수 있는 것이기도 하다. 즉 보다 많은 월급을 다른 곳에 지급하는 식으로 충분히 왜곡될 수 있다.

하지만 1929년 경제대공황 이후 미국을 위기로 몰아넣었던 경제지도층과 금융 지도층의 부가 증가하는 것에 반발해 나온 루스벨트의 대안은 훨씬 더 단도직입적인 것이었다. 최고소득에 적용되는 연방세율은 1932년 25퍼센트에서 63퍼센트로 늘었고, 1936년에는 79퍼센트로, 1941년에는 91퍼센트로 늘었다가 1964년에는 77퍼센트로 줄었으며, 결국 레이건-부시 행정부가 집권했던 1980~1990년에는 30~35퍼센트(오바마는 이를 45퍼센트로 다시 올릴 것을 제안한다)를 유지했다. 1930년대에서 1980년대에 이르는 약 50년 동안 최고세율이 70퍼센트 이하로 내려간 적이 단 한 번도 없었을 뿐만 아니라 보통 80퍼센트 이상의 수준을 유지했다. 50퍼센트 이상의 세금을 내지 않고도 수백만 유로에 달하는 보너스와 상여금을 받을 권리가 인권이라고 여겨지고 있는 오늘날의 이데올로기적 맥락에서 보면, 많은 사람이 이 정책을 편협하고도 약탈적인 것으로 판단할 것이다. 그럼에도 이 정책은 세상에서 가장 민주화되었다는 국가에서 반세기 동안 적용됐다. 게다가 이 정책이 미국 경제가 작동하는 것을 방해하지 않았다는 것도 분명한 사실이다. 특히 이 정책은 기업인들이 예상보다 더 많은 이윤을 내도록 강력하게 촉구하는 장점을 갖고 있었다. 회계투명성 규정의 완전한 개정과 조세피난에 대한 가차 없는 조치 없이는 금융세계화라는 메커니즘이 작동할 수 없을 것이다. 안타깝게도 그런 단계에 이르기 위해선 아마도 또 다른 위기를 겪을 수밖에 없을 것 같다.

금융

1조 달러

프랑스 은행을 자본화하는 데 드는 비용 400억, 프랑스 은행의 부채를 보증하는 데 3200억, 유럽 수준에서 드는 데 1조7000억. 이 이상 부를 사람 없습니까? 가장 거대한 구제 계획이 포함되어 있는 과도한 경쟁체제에 뛰어든 부유한 국가들은 커다란 위험에 직면해 있다.

무엇보다도 이 커뮤니케이션 전략이 위기를 잠재우고 고통스런 경기후퇴를 막아줄 거라는 믿을 만한 근거는 어디에도 없다. 금융시장은 큰 숫자를 좋아한다. 동시에 돈이 어떻게 쓰이는지—얼마나 되는 돈이, 몇 년 동안, 어떤 조건에서 쓰이는지 등—를 정확하게 알려고도 한다. 그런데 이런 관점에서 보면 불투명성이 많이 드러난다. 사실 정부의 통제기관 역할은 최악이다. 대통령 특별담화가 발표되면 모든 회계운영 기술이 정부에 집중된다. 연 유동량과 보유량을 섞고 신규 유입자금을 단순 은행보증금으로 섞는 과정이 되풀이된다. 그리고 모두 한데 합친다. 이때 액수가 클수록 일처리가 보다 수월해진다. 그러면 미국이나 프랑스 정부는 은행이 원치 않는데도 불구하고 비非실질적인 공공비용의 보상물을 서둘러 은행에 제공하는 괴이한 상황을 연출한다. 지난주 프랑스 대규모 기관에 100억 유로를 대부해 신용을 회복하도록 하겠다고 한 약속은 순전히 말뿐이었다. 그럼에도 은행으로 하여금 중소기업에 기금의 일부를 빌려주도록 압박하는 방법이 존재한다. 이는 현 위기 상황에서 재해석되고 개선될 만큼 합법적이고 규정에도 맞는 방법이다.

그리고 특히 중요한 것은, 이런 전략은 착각을 불러일으킬 만한 수천억이라는 큰 단위의 숫자를 발표하기 때문에 국민을 혼란에 빠트릴 위험성이 크다는 것이다. 국고는 바닥나 있고 몇억 유로만 절약해도 국가 경제에 도움이 될 수 있다고 몇 달간 설명하고 난 뒤, 은행가들을 구하기 위해 정부가 무한정 빚을 내려는 모습을 보이는 꼴이라니!

설명할 수 있는 첫 번째 혼란 요인은 소득과 생산의 연 유동량을 계속해서 자산보유고와 섞는다는 사실에서 기인하는데, 사실은 자산보유고가 소득과 생산의 연 유동량보다 훨씬 더 중요하다. 예를 들어 연 국가소득—즉 GNP에서 장비의 소모 부분을 뺀 수치—은 약 1조 7000억 유로(국민 1인당 3만 유로)에 달한다. 반면 국가 자산보유고는 12조5000억 유로(국민 1인당 20만 유로)에 이른다. 미국이나 유럽 평균 수준에 이르려면 지금 수치의 약 6배는 되어야 한다. 즉 10조의 국가소득과 70조의 국가 자산보유고 말이다.

두 번째로 중요한 점은 국가소득과 자산의 80퍼센트가 가계자산에 속한다는 것이다. 정의상 기업이 소유하는 것은 거의 없다. 왜냐하면 기업은 생산의 대부분을 임금근로자의 가계와 주주에게 나누어주기 때문이다. 이를 통해 우리는 서브프라임 사태 때문에 생긴 최초의 손실액 약 1조 달러(이는 1000만 미국 가계가 각각 10만 달러의 빚을 지고 있는 것과 같다)가 총 가계자산과 비교해보면 그리 큰 규모가 아님에도 불구하고 전체 금융 시스템 붕괴를 위협할 정도의 파괴력을 지녔던 이유를 이해할 수 있다. 프랑스에서 가장 큰 은행인 BNP 파리바의 부채는 1조6500억인 데 반해 자산은 1조6900억이며, 즉 400억의 순자금을 보유하고 있다고 발표했다. 파산하기 전 리먼브라더스의 재정 상태는 이와 거의 비슷했고, 지구상 모든 다른 은행도 마찬가지였다. 중요한 사실은 은행이 1조 달러의 자산 가치 하락에도 큰 피해를 당할 수 있는 나약한 조직이라는 것이다.

이 같은 현실에서 조직의 와해를 피하기 위한 정부 개입은 정당하지만 몇 가지 조건을 충족해야만 그 정당성을 인정받을 수 있다. 우선 납세자에게서 자금 지원을 받는 은행 주주와 경영진 스스로가 그들의 잘못에 대한 대가를 지불하리라는 사실을 보장해야 한다. 하지만 최근의 정부 개입이 이를 항상 성사시킨 것은 아니었다. 그 다음으로는, 특히 이 부분이 중요한데, 식품안전부에서 새로운 수입상품을 검열하는 것처럼 시장에 유해성 주식을 아무 제재 없이 남발하지 못하도록 엄격한 금융통제를 실행해야 한다. 하지만 10조 유로 이상의 주식을 조세피난처에 그대로 방치해선 이를 성사시킬 수 없다. 끝으로 커다란 위험을 유발했던, 국가재정과 관련된 엉뚱한 보수 지급을 중단해야 한다. 이렇게 하면 필시 세금상한제에 관한 프랑스 정책과는 정반대로 최고소득에 대한 조세 누진성을 강화하는 반면, 납세의 의무를 제대로 지키려는 국민에게 최대의 혜택을 주는 결과를 얻게 될 것이다. 이와 같은 전략으로 보다 강력한 사회정치적 위기에 대비해야 할 것이다.

정당정치

사회당에선 어떤 투표를 할까?

현재 사회당이 맞고 있는 위기에서 우리는 적어도 고무적인 부분을 발견할 수 있다. 이 위기를 거치면서 선거 규정의 애매한 점이 드러난 것이다. 통합비례대표제를 통한 국회의원 선거(국회 동의를 얻어 치러진 11월 6일의 투표로, 200개의 국회의원 의석수를 배분하는 데 목적이 있었다)—그리고 당대표 선출을 위한 결선 투표가 11월 20일과 21일에 있었다—는 어떤 의미를 갖는가? 이는 후보 한 사람을 만장일치로 지지하는 것이 불가능하므로 다음 주에 또다시 투표를 해야 하는 번거로움을 피하기 위해 당 회의에서 두 번에 걸쳐 투표를 한 것인데, 한마디로 사이코드라마를 연출하는 식이 아니고 무엇인가?

어느 국가 어느 조직도 이런 운영 방식을 취하지 않는다. 당원들에게 투표권이 주어지는 순간부터 당원들은 투표권을 이용하려 든다. 이것이 고질적인 문제점이다. 사회당 유권자 13만4784명 가운데 6만7413명(50.02퍼센트)이 마르틴 오브리를 지지하고, 6만7371명(49.98퍼센트)이 루아얄을 지지했다. 기적이 일어난다면 모를까 어떻게 이렇게 이등분될 수 있단 말인가. 선거득표율이 동일하다고 가정하면, 백중세의 결과—표차가 50표도 되지 않는—이외의 돌발 상황이 발생할 가능성은 전혀 없다.

물론 금요일 저녁 돌발 상황이 나타날 수도 있다는 사실을 배제할 수는 없지만 또 다른 방식을 유추해볼 수 있다. 이를테면 주로 밤사이에 집계되는 지역 선거 결과를 조작하는 방법이다. 즉 상대방의 지역 득표수를 기다리고 있다가 자신에게 유리한 방향으로 자신의 득표수를 조정하는 것이다. 물론 조작 행위가 드러날 가능성을 최소한으로 줄이는 방법으로 말이다. 이번 주말 TV에서 방영된 보도 프로그램의 관점에서 보면, 이런 가정을 배제하기 힘들다. 보다 자비로운 이론을 적용해보자. 즉 중도 유권자 이론 말이다.

민주주의 체제에서 두 후보자가 서로 완전히 '다른' 입장에 서 있으면(이들은 다른 특별한 신념에 대해 말하지 않고 우선 선거에서 승리하려고 한다) 이들은 중도 유권자에게 초점을 맞춰 연설을 조정하는데, 이로써 선거 득표수가 양분되어 거의 50 대 50이라는 박빙의 선거 결과가 나오게 되는 것이다. 다시 말하자면, 마르틴 오브리와 세골렌 루아얄 모두 연설을 통해 당의 분열을 막기 위해 모든 당원을 만족시키는 상당히 느슨한 제안을 하는 데 집중했다. 사실 '당원 진영'과 중앙당 진영 간의 예상된 대결은 대체적으로 부자연스럽게 느껴진다. 왜냐하면 그 누구도 당이 당원들을 지극히 신뢰하고 있으며, '정치적 성숙도'가 부족한 계파 간의 논의가 이런 신뢰 속에서 풍요로워진다고 생각하지 않기 때문이다. 그리고 각 후보자는 중도 유권자를 포섭해 과반수를 확보하려 한다. 몇몇 평론가가 이미 지적했듯이, 두 후보자가 좌파의 미래에 대해 매우 다른 생각을 견지하고 있다면, 어떤 기적적인 일을 통해 이 두 후보자의 지지율이 정확이 양분될 수 있단 말인가? 물론 중도 유권자 이론이 이 두 여성 후보자가 어떻게 자신의 정당성을 확보할 수 있을지를 설명하는 것은 아니다. 하지만 이 이론은 적어도 범위를 조작하는 간단한 방법을 통해 투표 결과가 어째서 박빙으로 나오는지를 설명한다.

이런 설명이 어느 정도 맞는다면, 이 두 여성 후보자가 미래에 관한 자신의 선택을 분명하게 설명할 수 있는 민주적인 대결을 벌일 시간을 갖는 것이 해결책이 된다. 사실 처음부터 공공토론의 범위 내에서 이렇게 진행됐어야 했다. 어떤 후보자가 토론에서 유리한 고지를 점할지는 아무도 예상할 수 없다. 마르틴 오브리를 추종하는 당원들에게 토론은, 승자에게는 약속한 사회경제적 권한을 충분히 부여하면서 상대에게는 예상 외로 권한에 인색한 이 이상한 연합관계를 파헤칠 기회가 될 것이다. 반면 세골렌 루아얄을 지지하는 당원들에게 토론은 자연보호, 퇴직연금, 금융위기에 대한 대처 혹은 세제에 관해 그들이 내건 공약을 더 값어치 있게 하는 기회가 될 것이다. 이렇게 되면 후보자가 보다 잘 알려진 상태에서—즉 후보자를 다각도로 잘 파악한 상태에서—투표가 이루어질 것이다. 또한 6000만 프랑스인 모두가 이 두 후보자가 좌파를 다시 일으켜 세우는 데 어떤 다른 견해를 갖고 있는지를 파악하기가 수월해질 것이다. 현재 사회당 상황에서는 끝까지 민주주의에 기대를 거는 편이 더 낫다.

부가가치세를 인하해야 하는가?

영국이 발표한 계획안에 대해 격렬한 비난을 퍼붓는 프랑스와 독일의 평론가들은 무슨 생각을 하고 있을까? 프랑스가 유럽의회 의장국이 된 뒤 6개월간 한 일을 자화자찬하고 있음에도 불구하고, 유럽은 실제로 전혀 나아지지 않았다. 여기서 고든 브라운Gordon Brown이 부가가치세의 일반세율을 17.5퍼센트에서 15퍼센트로 낮춘 것이 경기후퇴를 기적적으로 막아내는 결과를 초래했다고 주장하려는 것이 아니다. 모든 나라에는 각자 고유의 특성이 있고, 세계적 위기 상황으로 재정에 커다란 타격을 입은 영국은 어찌 됐든 매우 어려운 시간을 버텨나갈 준비를 할 수밖에 없다. 하지만 브라운의 계획안이 아무런 논의 과정도 거치지 않고 프랑스 정부와 독일 정부에 의해 즉각 거부당한 것은 가슴 아픈 일이다. 더구나 부가가치세 인하에 반대하는 논리 또한 경제적 근거가 없는 사실 만큼이나 모순적이기 때문에 더욱 그렇다.

사람들은 무엇보다도 부가가치세 인하가 물가 인하에는 크게 영향력을 끼치지 못한다고 비난한다. 하지만 전반에 걸쳐 영향력을 발휘하는 동기라는 것은 존재하지 않는다. 부가가치세 인하를 재화의 수요와 공급 탄력성에 따라 여러 분야에서 기업과 소비자가 서로 분담하는 것이 경제적인 면에서 보면 지극히 정상적이다. 과잉생산 분야에서의 경쟁은 큰 폭의 물가 인하와 수요 활성화를 불러일으킨다. 반대로 생산량을 높이기 위해 필요한 신규 투자 분야에서 부가가치세를 낮추면 기업이 이윤을 내는 데 유리한 역할을 하는데, 이는 고무적인 일이다. 이처럼 부가가치세 인하는 세금효과이론에 따라 수요 활성화와 투자 활성화를 동시에 이끌어낸다. 영국인의 '조잡한 케인스 경제학'을 비난하기 이전에 사회민주당 소속의 독일 재무부 장관은 경제학 개론을 다시 읽어보는 것이 좋을 듯하다.

사람들이 부가가치세 인하를 비난하는 두 번째 이유는, 부가가치세가 특히 수입품에 혜택을 주기 때문이다. 물론 인하폭이 잘 조정되어 브뤼겔 연구소think tank Bruegel[1]가 모든 유럽 국가의 부가가치세를 동시에 적어도 1퍼센트 낮출 수 있게 된다면, 이는 바람직한 현상이다. 하지만 모든 세금과 예산에 관한 논의를 수입품에 관한 문제로 종속시킨다는 것은 이치에 맞지 않는 일이 아닌가! 섬유제품에서 신발, 완구류, 전자제품에 이르기까지, 2007년 소비재 총수입량은 700억 유로에 달했는데, 이는 프랑스 가계의 연 소비량인 약 1조 유로의 7퍼센트밖에 안 되는 수치다. 총수입 금액으로 보면 그 수치는 GNP의 25퍼센트로 상승한다(그 가운데 70퍼센트가 유럽 내 무역에서 발생한다). 왜냐하면 지난주 경제학자 필리프 마르탱Philippe Martin이 지적했듯이, 실제로 수입품은 소비재로서보다는 투자재와 중간소비재로서의 역할이 더 중요하기 때문이다. 결국 중요한 사실은 프랑스에서 생산되고 소비

되는(혹은 투자되는) 재화와 서비스가 GNP의 75퍼센트에 해당된다는 점이다. 부가가치세를 무역에 관한 파급효과의 문제로 제한하는 것처럼, 일반세금 수단에 대한 분석을 제한하는 것은 현실을 매우 단순화시키는 것이다. 프랑스인의 행복이 수입품에 대한 세율 증가로 달성되리라 진정으로 생각한다면, 수입품에 대한 세금 인상을 확실하게 받아들이고 이에 관한 세무 토론과 정치 토론은 모두 끝내는 게 옳다. 미국에서 폴 크루그먼이 잘 보여주었듯이, 수입품과 '경쟁력'에 대한 이런 망상은 결국 모든 형태의 경제적 사고를 약화시키는데, 이는 좌파에서와 마찬가지로 우파에서도 똑같이 적용된다(사회보장적 부가가치세를 주장하는 우파의 대표적 인물들은 부가가치세 인상안을 준비하고 있는 것 같다). 몇몇 프랑스 사회주의자가 부가가치세의 '특정 부분'을 인하하려는(분명히 하자면, 일반세율 인하가 아니라 거시경제적 관점에서 중요한 부분만을 인하하는) 제안을 조심스럽게 내비치는 것을 보면, 그들 또한 이와 비슷한 생각을 하고 있다.

이는 부가가치세 인하를 통한 경기부양책에서 생기는 추가적인 이익이 즉각적인 실효성(예를 들면 실효성이 나타나기까지는 수년이 걸리는 공공투자와는 달리 말이다. 이에 대해선 모든 대학개혁 관계자가 잘 알고 있다)과 투명성을 나타내는 만큼 더욱 안타까운 일이다. 부가가치세를 인하하면, 현재 통용되고 있는 모든 회계분식과 국립통계경제연구소와 통계청에서 제공하는 통계자료인 'operations de communication'과는 달리 결과에 확신이 없이 많은 돈을 경제에 투자하게 된다. 그래도 과감하게 예측하고 희망을 가져보자. 부가가치세 인하를 통한 경기활성화에 대한 논의가 2009년 다시 활기를 띠게 될 것이기 때문이다.

1. 2004년에 설립된 경제 분야의 순수 독립연구기관.

사회보장

오바마와 루스벨트, 유사성의 허상

오바마는 제2의 루스벨트가 될 것인가? 오바마와 루스벨트에게서 비슷한 점을 찾을 수 있어 사람들이 관심을 갖기는 하지만, 몇 가지 이유에서 보면 이런 유사성은 허구에 불과하다. 가장 분명한 이유는 정책을 실행한 시기 차이에 있다. 루스벨트가 1933년 3월 대통령에 취임했을 때는 경제 상황이 전적으로 암울했던 시기였다. 1929년 이후 불안한 국제 정세는 말할 것도 없고, 생산성은 20퍼센트 이상 떨어졌고, 실업률은 25퍼센트까지 올라갔다. 루스벨트의 전임인 후버Hoover 대통령이 '부실한' 은행을 하나씩 정리해나가는 '청산주의' 전략과 반反국가적 독단주의(1931년 예산은 흑자였지만 공공비용 활성화정책은 없었다)라는 자기모순에 빠진 지 3년이 지나자, 미국인들은 강력한 변화를 기대했고 루스벨트를 마치 메시아처럼 여겼다. 그가 새로운 정책을 과감하게 추진할 수 있었던 것은 이런 암울한 상황 때문이었다. 국가를 나락으로 빠트리면서 부를 축적한 금융 지도층을 단죄하고 거대한 연방국가의 확장에 자금을 조달하기 위해 그는 수년 내로 최고소득세율과 최고상속세율을 80~90퍼센트로 끌어올리기로 결정했고, 이 세율은 반세기 동안 유지됐다.

경제위기가 시작된 지 몇 달 안 되어 집권한 오바마는 루스벨트와는 완전히 다른 상황에 직면해 있었고, 정책 실행 일정을 잡는 데도 그리 유리한 입장이 아니었다. 경기후퇴 상황은 1930년대의 어려운 수준과는 여전히 거리가 있었는데, 이로 인해 오바마가 취할 수 있는 개혁 조치의 가능성이 제한됐다. 그리고 경기후퇴가 더욱 심각해질 경우 오바마가 책임을 져야 했는데, 루스벨트와는 또 다른 상황이었다. 사실 루스벨트보다 정당성 면에서 약한 입장에 서 있었던 오바마는 부시 정권의 감세정책을 단계적으로 폐지하는 방법을 취함으로써 최고소득에 대한 중과세정책을 이후에 조심스럽게 추진했다. 최고소득에 적용되는 세율은 2010년 말에는 35퍼센트에서 39.6퍼센트로 약간 오를 것인데, 이때의 가치상승률은 15퍼센트에서 20퍼센트로 오를 것이다.

오바마가 소속된 민주당의 당원들은 오바마가 중산층을 위한 감세정책—이는 공화국 체제에서는 인기 있는 정책이긴 하지만 공공비용 측면에서 보면 그리 야심찬 계획은 아니다—에 너무 집착하는 바람에 공공투자 계획이나 경기부양책이 부족하다고 벌써부터 비난하고 있다. '양당제의 몰락'이 우리 눈앞에 다가왔다고 폴 크루그먼은 며칠 전 『뉴욕타임스』에 기고했다. 그럼에도 오바마가 직면한 상황은 루스벨트가 직면했던 상황과는 근본적으로 다르다는 것을 생각해야 한다. 1929년 경제위기 이후, 당시에는 연방 정부가 존재하지 않았다는 단순한 이유로, 국가 개입 범위가 쉽게 확장된 것은 어느 정도 사실이다.

1930년대 초까지 미 연방 정부의 총 공공비용은 GNP의 4퍼센트를 넘지 않았고, 1934~1935년에는 루스벨트가 10퍼센트 이상 수준으로 끌어올렸으며, 제2차 세계대전 중에는 45퍼센트까지 올랐다가 전쟁 이후 지금까지는 18~20퍼센트로 안정적인 수준을 유지하고 있다.

연방 국가의 중요성이 역사적으로 증대된 것은 1930년대 이루어진 공공투자와 대규모 인프라 사업, 특히 분배를 통한 퇴직연금과 실업보험에 관한 공공 시스템의 창조와 맥을 같이한다. 오늘날 오바마가 직면한 문제는 더 복잡하다. 유럽과 마찬가지로 미국은 급속한 성장을 이뤄 이미 오늘날 최고의 국가로 자리매김했다. 따라서 현재 미국은 끝없는 건설과 확장보다는 복지국가 재정에 더 많은 신경을 써야 할 때다. 오바마는 위기를 극복하고 미래를 준비하기 위해선 새로운 형태의 공공투자, 특히 에너지와 자연보호 분야, 사회보장비용 분야—특히 건강보험 분야—에 대한 투자가 필요하다는 점, 그리고 이렇게 함으로써 미국이 복지 면에서 하위 국가라는 오명에서 벗어날 수 있다는 점에 대해 자국민을 설득해야 한다. 우리가 1930년대와 같은 대규모 경기침체를 겪지 않도록 오바마가 업무를 잘 수행할 수 있기를, 오바마와 세계를 위해 기대해보자.

대학 자율성: 위선

이론적으로는 매력적인 개념인 대학 자율성이라는 말은 왜 사람들을 화나게 만드는가? 니콜라 사르코지와 고등교육연구부 장관인 발레리 페크레스Valérie Pécresse는 도대체 어떻게 했기에 자신들이 '5개년 계획 우선분야', 즉 '제1 우선순위'라고 여기는 분야에 대해 좌파 지식인에서 우파 지식인에 이르는, 또 대학생에서부터 젊은 강사에 이르는 모든 사람을 적으로 돌려세웠을까? 그 이유는 단지 이데올로기, 무능력, 즉흥적인 업무 처리 관행이 국가 지도부에 뿌리 깊게 자리잡고 있기 때문이다.

하락 중이거나 기껏해야 정체된 인적자본과 금융자본으로 개혁을 시도한다는 것은 아무 의미가 없다. 예산은 모든 분야에 배정할 수 있다. 하지만 대학, 학교, 연구기관에 정기적으로 지급되는 자금이 정부의 주장과는 달리 증가하지 않은 것이 사실이다. 예산 배정이 확실하게 증가한 유일한 분야는 연구에 대한 세금 감면 조치(연구개발에 드는 내부 비용에 따라 기업이 취하는 이윤에 대한 세금 감면 조치)뿐인데, 이 조치가 갖는 장점에 대해 토의를 할 필요는 없다(대체적으로 이 조치는 충분한 효과를 볼 것 같다). 하지만 이 조치가 고등교육기관과 연구기관에 대한 예산과는 전혀 관련이 없다는 것이 문제다. 니콜라 사르코지가 반대 주장을 편다면, 대학 시설물을 개선해주지 않고 연구실에 연구 자금을 줄여나가는 것을 매일같이 체감하고 있는 이성적인 대학교수들을 무시한다는 인상을 깊게 할 뿐이다. 이들을 바보 취급해서는 자율성과 책임의 문화를 발전시켜나갈 수 있을 리 만무하다.

자금 정체 현상은 정치적 과오를 넘어 분석이 매우 잘못됐음을 보여준다. 프랑스 대학은 경쟁 관계에 있는 외국 대학과 비교해 훨씬 적은 자금을 지원받고 있다. 또한 자금이 규칙적이고 예측 가능하게 증가하지 않는 한 대학은 훌륭한 자율성을 얻을 수 없다. 빈곤과 결핍 속에서의 자유는 아무 의미가 없다. 부동산에 관한 문제가 이런 면을 잘 보여준다. 이론적으로 보자면 대학이 소유하고 있는 부동산 자산을 관리할 수 있는 모든 권한을 대학에 주는 것이 좋은 방법이다. 왜냐하면 장관직이라는 자리는 대학의 입장에 맞는 훌륭한 결정을 내릴 만한 능력이 없기 때문에, 이런 지나친 중앙집권화 정책은 정책 실행을 느리게 하거나, 계획안을 지나치게 부풀리거나 혹은 이해하기 어렵게 할 뿐이다. 하지만 정부가 건물 관리 비용으로 단 한 푼도 지불하지 않기 때문에, 그 어떤 대학도 소유주가 되길 원치 않는다. 이 경우 건물 소유권을 부여하면서 동시에 향후 10~15년간 건물을 유지보수하고 건물에 투자하는 데 필요한 기금을 마련해주어야 할 것이다. 이렇게 하려면 즉각적으로 지출해야 할 돈만 해도 약 100억 유로 정도로 상당한 액수다. 하지만 대학 자율성은 이만한 액수를 지출해 얻을 만한 가치가 있다. 왜냐하면 대학이 보조금으로 지불된 자금의 사용을 스스로 결정하지 못한다면, 그 대학은 절대 자율성을 가질 수 없기 때문이다. 그리고 개인 후원금이 제대로 된 역할을 하려면 10년이라는 시간이 필요하기 때문에, 중요한 초기 보조금을 각 대학에 지출하는 것은 국가가 부담해야 할 몫이다.

이런 대학 개혁안에 대해 정부는 결사반대의 입장을 취했다. 즉 투자 효용성이 미약한 것으로 분류된 몇몇 대학은 단 한 푼의 보조금도 지급받지 못했으며, 실제적인 대학 건물을 짓기 전에는 보조금을 절대 지출하지 않았던 것이다. 이를 통해 정부는 부동산과 기술적인 부분에 관해 나름대로 결정권을 쥘 수 있게 되고, 한편으로는 재정 부담을 다음 정부로 떠넘길 수 있게 된다. 이렇게 되면 '금고가 비어 있다'는 사실, 특히 대학에 써야 할 금고가 비어 있다는 사실은 잊히고 만다. 2007년 여름 급하게 표결된 '대학의 자유와 책임LRU: Libertés et responsabilités des université에 관한 법안'은 이사회의 회원 수를 60명에서 30명으로 줄이는 대체적으로 만족스런 결과를 이끌어냈지만, 공정한 대학 관리에 대해선 어떤 근거도 제시하지 않았다.

오늘날 이런 점은 분명히 드러났다. 대학 강사진은 총장의 지엽적 권한에 어떤 신뢰도 갖고 있지 않은데, 특히 대학을 변화시키고 대학의 질을 향상시키는 부분에 대해선 더욱 그렇다. 이런 상황은 많은 사람이 대학을 지나치게 중앙집권화된 국가기관이나 국가위원회에 위임하는 것을 선호할 정도로 심각하다. 이런 기관이나 위원회로는 대학 운영에 한계가 있다는 사실을 잘 알고 있음에도 불구하고 말이다. 자율성의 핵심인 이 지엽적 관리에 대한 신뢰는 한편으로는 대학에 자금을 제공해 부족분을 보충하는 것(이런 상황에서 신뢰를 구축하기란 쉬운 일이 아니다)이 아니라 계획안을 발전시켜나갈 자금을 지출함으로써, 다른 한편으로는 대학 내에 대항 세력을 구축하는 것을 조심스럽게 고려해봄으로써 단계적으로 이루어갈 수밖에 없을 것이다.

전 세계 대학총장들은 무엇보다도 경영인이라고 할 수 있다. 왜냐하면 여하튼 그들은 대학에 선택받아 들어온 것이고, 대학뿐만 아니라 이사회에도 회계보고를 하기 때문이다. 그 대신 대학총장은 여러 학과의 전문가를 선택하는 과정에만큼은 예외적으로 참여한다. 정부는 이런 세련된 균형 감각을 가져본 적이 단 한 번도 없다.

아무짝에도 쓸모없는 파렴치한 이 정책이 최소한 자유, 지방분권, 자율성의 가치를 깨트리지 않기를 바랄 뿐이다. 우리가 좌파인 타스Tass 통신사[1]에 관심을 가질 수밖에 없는 것은 우파인 TF1[2]에 대한 반감 때문이 아니다. 타스 통신사는 자유 라디오방송을 창안한 좌파 방송사다. 그리고 이 방송사만이 언젠가는 자율성에 토대를 두고 번영할 진정으로 자유로운 대학을 설립할 수 있을 것이다.

1. 구소련 국영통신사. 소련 붕괴 이후 다시 '이타르타스' 통신으로 명칭을 바꿨다.

2. 프랑스 국영방송.

사회보장

이윤, 임금 그리고 불평등

극심한 위기 상황에서 헛된 싸움만 하면서 시간을 허비한다는 것은 안타까운 일이다. 기업 부가가치의 이윤-임금 할당 몫을 놓고 벌이는 토론은 이따금 놀라울 정도로 격렬한 양상을 띤다. 몇몇 좌파인사는 이 할당 몫이 안정적으로 유지되는 것이 프랑스에서 소득불평등이 심화되고 있지 않다는 것을 뜻한다고 주장하는 이들을 의심하는 것 같다. 이것이 완전히 별개인 두 가지 문제와 관련이 있을지라도 사람들이 적합한 재분배정책 시행을 원하는지 아닌지를 알아내야 한다. 이 논쟁의 진짜 쟁점은 불평등에 관한 것이기 때문이다. 분명하게 말하자면, 지난 10년 동안 프랑스에서 불평등은 폭발적으로 증가했다.

프랑스의 경제학자로, 소득재분배 전문가인 카미유 랑데의 연구는 이런 점을 반론의 여지없이 잘 보여주고 있다. 1998~2005년 상위 약 10퍼센트 안에 드는 프랑스 부유층의 구매력이 약 10퍼센트 증가한 것을 확인할 수 있다(상위 1퍼센트는 약 20퍼센트, 상위 0.01퍼센트는 40

퍼센트 이상 증가했다). 반면 나머지 90퍼센트에 속하는 프랑스인의 구매력은 겨우 4퍼센트 증가하는 데 그쳤다. 2005~2008년 이런 상황은 계속해서 이어졌는데, 다른 점은 그 차이가 더욱 커졌다는 것이다. 이는 지난 10년 동안에는 나타나지 않았던 새로운 현상으로, 매우 중요한 의미를 지니고 있다. 왜냐하면 이런 추세가 1980년대 이후 미국에서 나타났던 규모와 비슷하기 때문이다. 당시 미국은 국민소득의 약 15퍼센트를 상위 1퍼센트에게 돌림으로써 나머지 국민의 구매력은 정체되고 말았다. 그렇다면 어떻게 이 첫 번째 사실(국민소득의 약 15퍼센트를 상위 1퍼센트에게 돌리는 것)과 두 번째 사실(나머지 국민의 구매력이 정체되는 것)이 양립할 수 있단 말인가? (이 두 사실이 양립한다는 데는 이론의 여지가 없다.) 즉 거시경제적 측면에서 봤을 때 어떻게 이윤-임금 할당 몫이 안정적으로 유지될 수 있는가?

국립통계경제연구소INSEE: Institut national de la statistique et des études économiques 인터넷사이트 국민계정 항목에 들어가보면 이를 확인할 수 있다. 2007년 프랑스 기업에서 지출한 임금 총액(사회보장기금 고용자 분담금 포함)은 총 6230억 유로인 반면 순이윤(기업이 근로자와 납품업자에게 돈을 지불하고 남은 금액)은 2990억 유로였다. 따라서 '부가가치'(이는 정의상 임금 총액과 순이윤의 합과 동일하다)는 9220억 유로가 되는데, 67.6퍼센트는 임금 몫이고 32.4퍼센트는 순이윤 몫이다. 1987년 이후 임금 몫 67~68퍼센트와 순이윤 몫 32~33퍼센트라는 비율로 대체적인 안정세를 유지해왔다. 국립통계경제연구소가 계산을 잘못했을 가능성을 제기할 수도 있겠지만, 위 수치들은 분명 믿을 만해 보인다.

1982~1987년 사이 임금이 차지하는 비율이 줄어들었다는 것 또한 주지의 사실이다(반면 1970년대에는 임금이 차지하는 부분이 증가했

다). 하지만 1990년대 말부터 불평등이 증가한 이유를 이처럼 1980년대의 현상 속에서 찾는 방법은 별로 바람직하지 않을 뿐만 아니라 오늘날의 문제들을 해결하는 데 거의 도움이 되지 않는다.

그렇다면 이윤-임금 할당 몫의 안정화 추세에도 불구하고, 1990년대 말부터 불평등이 심화된 상황은 어떻게 설명할 것인가? 우선 임금총액의 구조가 고임금근로자들에게 유리하게끔 왜곡되어 있음을 지적할 수 있다. 대부분의 경우 임금 상승이 인플레이션 때문에 별 효력을 발생시키지 않는 반면, 고임금근로자—특히 연봉이 20만 유로를 넘는 근로자—의 경우는 임금이 상승하면 상당한 구매력 증가의 효과를 볼 수 있었던 것이다.

이와 같은 현상은 미국에서도 목격됐다. 지도자급 관리자들은 기업을 지배하고, 자신들의 생산성(이는 본래 평가할 수가 없다)과는 무관하게, 계속 반복되는 세금 감면 혜택에 고무되어 터무니없는 소득을 스스로 결정했다. 게다가 금융 분야에선 정당치 않은 보수를 받기 위해 위험을 무릅쓰는 비상식적인 행태가 나타나기도 했는데, 이러한 면이 지금의 위기 상황에 한몫을 했다는 것은 분명한 사실이다.

이런 일탈 행위에 대해 한 가지 믿을 만한 대응책은 고소득에 대한 과세액을 늘리는 것이다. 사르코지가 임기 5년 동안 시행한 정책 가운데 세금상한제를 실패로 꼽는다면, 미국과 영국에서 시작된 이 해결책은 프랑스에서도 결국 시행될 것이다.

두 번째 요소는, 앞에서 언급된 이윤-임금 할당 몫의 안정성은 근로 과세액(특히 사회적 분담금) 증가뿐만 아니라 자본 과세액(특히 이윤에 대한 세금) 감면도 고려하지 않는다는 것이다. 가계실질소득의 관점에서 보면, 자본소득 부분(배당금, 이자, 임대료)이 끊임없이 증가한 것을 확인할 수 있다. 반면 순임금 부분은 상당히 하락하는데, 그만큼 불평등이 증가한 것이다. 증권 거품과 착시 현상을 일으키는 가치 상승으로 인해(그리고 세금을 거의 내지 않는 방법을 통해) 활성화된 기업들은 20년 전부터 배당금을 두 배나 받았다는 사실, 그래서 자체 자금 조달 능력이 네거티브 상태가 될 정도였다(분배되지 않은 이윤—즉 순이윤의 작은 부분—은 가용자본을 대체하지도 못한다). 또 다른 세무적 해답은 이윤을 건강과 가족 사회보장분담금에 포함시키는 것과 같은 방법을 통해 자본과 노동의 균형을 이루는 것이다. 이런 대단위 작업에는 강력한 국제적 공조가 필요하다. 위기가 방향을 바꾸는 데 최소한의 역할을 하기를 기대해보자.

재정

아일랜드의 재앙

프랑스에서는 거의 주목받지 못하고 지나갔지만, 아일랜드 정부가 4월 7일 비장하게 발표한 새로운 계획안은 우리에게 위기와 그 결과에 대해 G20 국가보다 더 많은 점을 시사하고 있다. 그렇다면 무엇이 문제인가? 부동산과 금융 분야에 많은 투자를 했던 여느 약소국들처럼 아일랜드는 현재 파국으로 치닫고 있다. 주택과 주식 거품이 걷히면서 건설과 금융 분야 그리고 종국에는 아일랜드의 전반적인 경제활동이 무너지고 말았다. 2008년에는 GNP가 3퍼센트 떨어졌고, 최근 정부가 예측한 바로는 2009년에는 8퍼센트, 2010년에는 3퍼센트가 떨어진 다음 2011년에 들어서서야 복구가 시작될 거라고 한다. 세수稅收는 엄청나게 줄었고 파산한 은행과 실업자(지금부터 연말까지의 실업률은 15퍼센트에 이를 전망이다)를 구제하기 위한 비용이 증가했으며, 그 결과 아일랜드는 2009년 예상 GNP의 13퍼센트—이는 공무원 임금과 퇴직연금의 총액과 같은 수치다—에 해당되는 엄청난 적자에 허덕

이게 됐다.

아일랜드 정부는 꼭 필요한 계획안을 연이어 시행하고 있다. 이미 2월에는 퇴직연금을 조달하기 위해 공무원 임금을 7.5퍼센트 삭감했다. 이 갑작스런 대책은 암울한 예산 상황과 앞으로 닥쳐올 디플레이션을 고려해 정당한 것으로 받아들여졌다(정부는 2009년 물가가 4퍼센트 하락할 거라고 예상한다. 하지만 임금근로자는 이에 큰 기대를 걸고 있진 않다). 지난 화요일 재무부 장관 브라이언 레니헌Brian Lenihan은 매우 강경한 새로운 대책을 발표했는데, 그 내용은 특히 소득세를 인상해 GNP 부족분을 13퍼센트에서 11퍼센트로 낮추는 것을 목표로 하고 있다. 평균 공제비율은 소득 전체의 약 4퍼센트가 되는데, 최저임금에는 2퍼센트(연소득이 1만5000유로인 근로자에게 300유로의 공제), 고임금근로자에게는 9퍼센트의 공제율을 적용한다. 그리고 이는 5월 1일부터 효력이 발생한다. 이 엄격한 새로운 대책이 마지막이 되지 않을 것이라는 사실은 분명하다.

극단적인 위기 상황에서 가장 인상적이었던 부분은 정부가 기업 이윤세를 12.5퍼센트 대폭 감면해주는 정책을 고집스럽게 유지하고 있다는 것이다. 4월 7일 브라이언 레니헌은 이미 그전에 밝힌 바 있는 자신의 견해를 다시 한 번 역설했다. 즉 1990년대 이후 다국적기업의 본사와 외국인 투자를 끌어들여 국가를 발전시켰던 전략은 더 이상 재고의 가치가 없다는 것이다. 해외자본이 빠져나감으로써 모든 것을 잃을 위험을 감수하는 것보다는 아일랜드 국민에게 세금을 많이 부과하는 편이 더 낫다는 주장이다. 유럽 선거에서 아일랜드 국민이 어떤 반응을 보일지는 예측하기 힘들다. 아일랜드가 부결표를 던질지 혹은 다른 유럽 국가가 부결표를 던질지, 아니면 이 두 가지 경우가 동시에 나타날지를 예측하기 힘들다는 것이다. 하지만 국제 시스템에 갇혀 어려운 상황에 몰린 아일랜드가 혼자만의 힘으로는 이 상황을 극복할 수 없다는 것은 분명한 사실이다.

많은 약소국이 채택하고 있는 조세덤핑을 통한 국가발전 전략은 재앙이나 마찬가지다. 아일랜드는 많은 나라가 택했던 이 길을 따라갔고, 혼자서는 원래 상태로 돌아올 수 없는 지경에 이르고 말았다. 거의 모든 동양권 국가가 현재 겨우 10퍼센트밖에 안 되는 기업이윤세를 적용하고 있다. 아일랜드가 경제 불황에 빠지자 세계적 컴퓨터 기업 델Dell은 2008년 아일랜드 생산 공장을 폴란드로 이전한다고 발표했다. 게다가 해외자본 축적은 많은 대가를 지불하기 마련이다. 현재 아일랜드와 같은 국가들은 매년 국내생산의 약 20퍼센트를 이윤과 배당금의 형태로 현지 사무실과 공장을 소유하고 있는 외국 기업에 지불하고 있다. 그래서 엄밀히 말하자면 아일랜드 국민의 실제 국민순생산NNP: Net National Product은 GNP보다 20퍼센트 적다. 아일랜드의 상황을 이렇게 몰고간 결정적인 요인은 유로화가 아일랜드 공공부채에 대해 터무니없는 이자율을 적용하고 있다는 점이다. 아일랜드 혹은 그리스에 10년간 적용된 이자율(5.7퍼센트)은 사실 독일의 경우(3퍼센트)보다 거의 두 배나 높다. 이런 이자율은 동일 화폐를 사용하고 있는 국가에 대해 완전히 비정상적인 형태로 적용되고 있다고 볼 수 있는데, 이는 시장이 이런 국가들의 파산과 통화동맹의 증가까지도 이용한다는 사실을 보여주고 있다. 물론 헝가리의 경우처럼 IMF는 급한 불을 끄기 위해 긴급 금융 지원을 준비했다. 하지만 이런 재앙을 발생시킨 원인을 다룰 정치적 정당성은 유럽연합만이 갖고 있다. 그래서 '거래'는 대체적으로 다음과 같이 진행되어야 할 것이다. 즉 유럽연합은 유럽의 금융 안정성을 보장하고, 필요하다면 약소국에 금융 지원을 하는 것이다. 단, 금융 지원을 받는 국가는 이에 대한 대가로 '조세덤핑' 전략을 포기해야 한다. 예를 들어 최소 이윤과세율을 약 30~40퍼센트로 책정하는 방법을 통해서 말이다. 통화주권을 포기하게 되면, 약소국이든 강대국이든 조세주권을 포기해야만 한다. 그 이외의 다른 해결책은 없다. 경제적 통제권 없이 통화동맹을 결성한다는 것은 위험을 자초할 공산이 크다. 하지만 중대한 위기에 직면한 국가는 전면적인 국가 붕괴 위험성이 높다는 사실을 심각하게 받아들여야 한다.

금융

중앙은행의 활약

우리를 위기에서 구하기 위해 중앙은행이 펼친 '비非관례적' 정책들에 대해 좀 더 자세히 들여다볼 필요가 있다. 사람들이 모르는 사이에 중앙은행이 한 일은 무엇인가? 중앙은행의 역할은 인플레이션 비율이 연 1~2퍼센트 수준으로 유지되도록, 총 통화량이 경제활동량과 같은 추세로 성장하게끔 하는 것이다. 또한 중앙은행은 일반은행에 단기융자—보통 며칠간—를 해주기도 하는데, 이런 융자를 통해 전체 금융시스템의 상환 능력을 보장해준다. 매일 가계와 기업에서 이루어지는 수많은 입출금 유동량의 균형을 각 은행에서 정확하게 맞춘다는 것은 사실상 불가능하다. 은행이 경제활동에 대한 자금 지원에 중점을 두고 있다는 점을 고려하면—반면 미국에선 금융시장에 대한 지원에 중점을 두고 있다—이런 역할은 전통적으로 유럽에서 더욱 중요시된다. 1년 전부터 중앙은행이 해온 일은 무엇인가? 중앙은행은 자신의 몸집을 대략 두 배로 불렸다. 미국의 중앙은행은 그 정도가 컸고, 유럽의 중앙은행은 그 규모가 작았을 뿐이다. 9월 초까지 미 연방준비은행의 총자산은 9000억 달러에 달했는데, 이는 미국 연 GNP의 6퍼센트에 해당되는 수치다. 12월 말에는 갑자기 약 2조3000억 달러를 초과했는데, 이는 GNP의 16퍼센트에 해당된다. 여기서 유럽과 비교될 만한 변화를 찾아보자. 2008년 9월과 12월 사이 유럽중앙은행의 자산은 1조4000억 유로에서 2조1000억 유로로 늘었는데, 이는 유로존 GNP의 15퍼센트에서 23퍼센트로 늘어난 것을 의미한다. 이렇게 3개월 동안 GNP의 약 10퍼센트에 달하는 자금 유동성이 유럽중앙은행의 개입에 의해 발생한 것이다.

중앙은행들은 이 돈을 누구에게 빌려주는가? 기본적으로 금융 분야에 대부해준다. 하지만 새로운 원칙에 의하면, 대부기간이 합의된 조건 하에서 일반은행에 대부해주는 것도 가능하다. 며칠간의 대부기간 대신 미 연방준비은행과 유럽중앙은행은 3개월 만기 혹은 6개월 만기로 대부해주었는데, 이렇게 되면 기간에 상응하는 대부금의 양이 증가하게 된다. 또한 같은 기간으로 비금융기업에도 대부를 해주기 시작했는데, 이는 특히 미국에서 활성화되고 있다. 중앙은행에서 최근 출간한 평가서에 따르면, 올 초부터 대부금의 양이 줄어들고 있다. 5월 1일 기준으로 미 연방준비은행의 자산은 GNP의 15퍼센트로 줄었고 유럽중앙은행의 자산 또한 GNP의 20퍼센트로 줄었다. 이를 통해 중앙은행들이 금융 분야에서 더 이상 특별 유동자산을 필요로 하지 않는다는 사실과 곧 상황이 원상태로 돌아가리라는 증거를 보길 기대하고 있다.

하지만 이런 자산 유출 현상을 두고, 은행이 그 돈으로 무엇을 해야 할지를 모른다는 뜻으로 해석할 수도 있다. 사실 기업 및 가계와 금융 관계를 맺고 있는 은행들이 항상 다시 정상적인 운영을 할 수 있는 것도 아니었고, 2008년 4분기에 있었던 성장 하락 현상이 2009년 1분기에 그대로 재연되고 있는 것 같다. 물론 중앙은행의 '비관례적' 정책이 적어도 은행 줄도산—1930년대 경제위기로 이런 현상이 나타났는데, 당시 중앙은행은 무기력한 모습을 보였다—을 막은 것은 사실이다. 이제는 은행에 9개월 혹은 12개월 대부를 해주고 비교적 만기가 긴 채권을 직접 구매하는 방법을 통해 새로운 혁신적 통화정책을 생각해볼 때다. 중앙은행들이 발표한 평가에 의하면 실제로 인플레이션이 발생할 가능성은 여전히 낮다. 돌이켜보면, 제2차 세계대전이 끝난 뒤 프랑스 은행의 합의 대부금은 당시 GNP의 100퍼센트를 훨씬 넘었는데, 그 가운데 80퍼센트는 정부에 직접 대부해준 것이었고, 그 결과 다음 몇 년 동안 매우 심각한 인플레이션 현상이 나타났다.

하지만 중앙은행이 지불 만기된 모든 어음과 모든 관계 은행에 직접 대부하는 것—이에 대해 중앙은행은 준비를 제대로 하지 못했다—을 상상해볼 수는 있지만, 비관례적 정책은 결국 언젠가는 한계를 드러내고 말 것이다. 중앙은행은 개인은행의 과도한 소비를 조장해 파산에 이르게 할 권한이 없다. 실제로 지난가을에 있었던 인플레이션을 통해 특히 공공적자 부분에 융자를 할 수 있도록 했다. 중앙은행은 정부에 직접 대부를 해주지 않았지만(유럽조약은 유럽중앙은행과 연방준비은행이 국고채권의 미결제 어음잔고를 줄이는 것을 엄격하게 금하고 있다), 사설은행은 직접 대부를 했다. 국가가 돈을 댈 수 있는 유일한 관계 당사자라면, 정부는 그에 대한 책임을 져야 하며 진정한 활성화 계획안 수립에 집중해야 한다.

잊힌 불평등

부가가치의 분열 현상과 임금 격차에 관한 거시경제정책 전문가인 장 필리프 코티Jean-Philippe Cotis의 보고서는 혁신적인 내용을 담고 있지는 않지만, 적어도 기본적인 사실을 매우 분명하게 지적했다는 점에선 살펴볼 가치가 있다. 보고서에서는 특히 20년 전부터 임금 총액과 이윤 사이의 일차적인 분열 현상이 공고해지면서 불평등과 구매력 정체 현상을 불러일으켰다는 점을 분명히 지적했다. 한편으로 고임금근로자는 1990년대 이후 평균 임금 총액보다 훨씬 더 많은 액수를 가져갔다는 점을 지적했다. 이런 추세가 계속 이어지면 사람들은 심리적 박탈감을 느끼게 되어 거시경제적 관점에서 봤을 때 사회 전반에 중요한 영향을 미치게 된다. 이런 현상이 결국 미국에서 나타나고 말았다. 다른 한편으로 사회보장분담금과 임금에 대한 과세액의 지속적인 증가가 저성장의 중요한 요인으로 작용해, 20년 전부터 자산소득은 상당히 증가한 반면 평균 순임금은 거의 정체되어 있다는 점을 지적했다.

국립통계경제연구소 소장이 대놓고 언급할 수는 없겠지만, 위 사실들이 정치적 영향을 미친다는 것은 사실이다. 따라서 부가가치의 일차적인 분열 현상에 관한 신기루에 집착하기보다는 구체적인 세무 조치를 활용해야 한다. 구매력이 정체되어 있는 이들을 위한 세금 감면, 성장 혜택을 가장 많이 본 이들에 대한 증세 조치 등의 방법 말이다. 즉 이는 고임금과 자산에 대해 세금 감면 혜택을 증대시켰던 현 정부의 정책에 정면으로 배치되는 정책이다. 현 정부 정책으로는 최고소득 세율의 인하, 세금상한제, 배당금과 상속에 대한 면세, 재산세의 인하 등이 있다. 그리고 포괄적 의무징수액 세율이 내려가지 않는다는 것이 분명하기 때문에, 고소득층이 내야 할 세금을 나머지 국민들이 묵묵히 울며 겨자 먹기로 내야 할 것이다.

이 사실들을 모두 분명하게 지적했다고는 하나, 이상하게도 코티 보고서에서 지적하지 않고 넘어간 것이 하나 있다. 즉 최근 몇 년간 기업이 주주들에게 너무 많은 혜택을 돌리는 바람에 투자에 쓰여야 할 이윤의 일정 부분이 줄어들었다는 사실이 그것이다. 이런 진실은 이 보고서가 총이윤—즉 자본의 가치 하락을 고려하기 이전의 이윤—에만 집중했다는 사실 때문에 은폐되었다. 그렇긴 하지만 생산자본의 가치는 끊임없이 하락하기 때문에 새로운 투자를 하려면 기존의 설비를 교체하는 것에서부터 시작해야 한다. 컴퓨터를 정기적으로 교체하고 건물과 다른 설비들을 유지 보수하는 행위 등등. 세무적인 면에서와 마찬가지로 경제적인 면에서도 순이윤, 즉 가치 하락 이후의 이윤이 적합한 개념이다. 순이윤을 추산하는 것이 보다 어렵긴 하지만, 국립통계경제연구소가 가치 하락을 가능한 한 가장 정확하게 평가하는 데 신경 쓰고 있기 때문에, 이 평가서를 묵과하기보다는 이용하는 편이 더 낫다. 총이윤에서 순이윤으로 넘어갈 때, 이윤의 분배 partage가 완전히 바뀔 수 있다는 점에서 보면 더욱 그렇다. 코티 보고서는 20년 전부터 기업의 총이윤은 부가가치의 32~33퍼센트, 임금 총액의 67~68퍼센트에 달한다고 발표했는데, 이는 맞다. 하지만 기업의 자본 가치 하락은 항상 부가가치의 약 15~16퍼센트에 해당했는데, 이는 '대략' 총이윤의 절반을 차지한다. 다시 말해 기업이 고맙게도 총이윤의 절반을 투자에 이용한다는 고무적 그래프를 제시한다면, 이것은 일종의 기만행위라 할 수 있다. 사실 이는 기업이 주주에게 급여를 지불하기 전에 기존 설비를 교체한다는 것을 의미하는데, 이는 기업이 할 수 있는 최소한이다. 순이윤에 관해 검토해보면, 기업의 거의 모든 이윤이 투자금과 배당금 형태로 기업주에게 돌아간다는 것을 알 수 있다. 순기업예금—즉 기업주가 자신의 몫을 챙겨가고 세금을 내고 기존 설비를 교체하고 난 다음에 남은 금액—은 부가가치의 단 몇 퍼센트 이상을 기록한 적이 한 번도 없었다. 순기업투자에 기본적으로 자금을 조달했던 것은 순가계예금인데, 이 순가계예금은 무역적자 상황이 발생하면 해외에서 들어오는 예금으로 보충된다. 최근 몇 년간의 걱정스러운 변화는 2004년 마이너스 상태가 됐던 순기업예금이 2004~2007년 부가가치의 약 1~1.5퍼센트에 해당했다는 것이다. 1990년대에는 부가가치에서 이윤이 차지하는 부분이 현재와 같았던 반면, 기업은 약 1.5~2퍼센트의 플러스 순예금을 기록할 수 있었다. 부가가치가 투자를 감안하지 않고 주주에게 유리하게끔 3퍼센트에서 4퍼센트로 이동한다는 것은 중요한 문제다. 왜냐하면 기업주는 기업 금고에 있는 돈보다 더 많은 액수의 이윤을 챙겨가기 때문이다.

국립통계경제연구소의 국민계정에 따르면, 이윤이 부가가치에서 차지하는 부분이 비정상적으로 적었던 1970년대 말과 1980년대 초를 제외하곤 이런 현상이 역사적으로 단 한 번도 나타나지 않았다. 그리고 최근 발간된 평가서에 따르면, 논란을 잠재우기 위해 위기 상황을 지나치게 고려해서는 안 된다. 2008년 프랑스 기업의 마이너스 순예금은 부가가치의 2퍼센트에 달했다.

이런 맥락에서 보면 예를 들어 노동분담금 감면에 드는 비용을 조달하기 위해 분배된 이윤에 대한 세금을 높이는 것을 생각해볼 만하다.

조세제도

탄소세의 미스터리

탄소세에 대해 뭔가 이해하고 있다면 참으로 대단한 사람이 분명하다. 아마 열렬한 자연보호 활동가일 수도 있겠다! 왜냐하면 일반 대중의 시선에서 보면, 지금 예상하고 있는 프로젝트는 공공토론으로 당장은 밝혀낼 수 없는 수많은 미스터리로 둘러싸여 있기 때문이다. 각자의 탄소배출량에 따라 에너지 소비세를 매긴다는 원칙에서는 모든 것이 타당해 보인다. 또한 '이중 배당'이라는 방법을 사용할 수도 있다. 즉 환경파괴 에너지에는 더 많은 과세를 함으로써 노동소득에 대한 세금을 줄일 수 있는데, 이렇게 함으로써 우리의 세제를 혁신할 수도 있는 것이다.

예전의 유류세 인상과 혼동될 정도로 매우 유사한 2010년에 시행될 구체적인 프로젝트를 생각해보면 문제는 복잡해진다. 사실 2010년 배기가스에 과세하기 위해 거론된 새로운 세금(약 90억 유로에 달하는데, 그 가운데 약 50억 유로는 탄소배출 차량에 대한 세금인상분에 해당된다)은 지난 몇 년간의 석유제품에 대한 국내소비세TIPP: Taxe intérieure sur les produits pétroliers 손실분을 정확하게 보상할 수 있을 것으로 보인다. 2002~2003년 250억 유로를 넘었던 석유제품에 대한 소비세는 유가 상승과 소비 하락 현상에 따라 현재 200억 유로로 줄어들었다. 이 손실분을 보충한다는 것은 좋은 생각이긴 하지만, 이것이 개혁적인지에 대해서는 의심의 여지가 남아 있다. 사실 프랑스에서는 오래전부터 환경보존세를 걷고 있다. 유럽연합 통계청에 따르면 프랑스는 GNP의 약 2.5퍼센트(그 가운데 절반이 석유제품에 대한 국내소비세 명목이다)를 환경세로 과세하는 반면 스웨덴은 3퍼센트(이것이 유럽 평균 수치다)를 과세하고 있다.

그렇다면 현 기획안에 과연 새롭게 추가된 내용이 있을까? 원칙적으로 제대로 된 '탄소세'는 정치적 사안이나 예산을 고려치 않고 전적으로 생태학적 목적만을 갖고 있다는 점에서 예전의 환경보존세와 구분된다. 이는 또한 두 가지 면에서 중요한 영향을 끼친다. 우선 모든 에너지에 오염 물질 발생량에 따른 과세를 하는 것이 중요하다는 것이다. 지금까지 프랑스는 석유에 대해선 비교적 높은 과세를 했지만 가스, 가정용 중유, 석탄에 대해선 분명 세금을 낮게 책정해왔다.

다음으로, 특히 중요한 부분인데, 전체적인 틀이 확정되어 모든 사람이 이를 인정하기만 하면, 기업이 배출하는 오염 물질에 대한 비용 평가—즉 이제부터는 그동안 여러 번 언급됐던 '배출탄소 톤당 가격'에 따라 비용을 책정하는 방법—에 따라 탄소세의 총액이 향후 수십 년 동안 지속적으로 증가한다는 점이다. 이 가상의 가격은 배출량 감축 관련 비용(예를 들어 1톤의 탄소를 흡수하는 데 필요한 나무를 심거나 적합한 기술을 개발하는 데 드는 비용으로 100유로가 든다면, 톤당 가격은 100유로로 결정된다)과 배출량 관련 비용(장기간에 걸친 기후변화와 인간 삶의 변화에 끼칠 영향을 평가해 결정)을 동시에 고려해 평가한다. 프랑스는 '탄소 보호 가치'에 관한 알랭 퀴네Alain Quinet 보고서에서 배출탄소 톤당 가격을 2010년 32유로에서 2030년 100유로로 그리고 2050년에는 200유로로 단계적으로 올릴 것을 제안했다. 구체적으로 말하자면, 이는 탄소세 총액을 기하급수적으로 올리겠다는 것을 의미한다. 매우 불확실한 이런 수치들은 분명 검토되고 수정되어야 한다. 하지만 중요한 점은 사회와 미래의 정부가 단기간에 걸친 정책과 예산과는 무관하게 탄소세를 계속해서 증가시켜야 한다는 것이다.

많은 전문가 또한 탄소세가 다른 것으로 대체되는 것이 아니라 기존의 환경보존세에 포함되어야 한다는 점을 강조한다. 특히 현재 석유제품에 대한 국내소비세 수준이 자동차와 관련된 오염(대기오염, 교통체증, 소음 공해)을 보상하는 데 충분하긴 하지만, 온실가스 배출량을 감당하기엔 역부족이다. 이에 대한 기술적 논의가 이어져야겠지만 설명 또한 반드시 필요하다. 그렇지 않으면 납세자들은 탄소세를 이중 배당금보다 훨씬 더 큰 고통을 안겨주는 제도로 여길 가능성이 있다.

탄소세 징수금을 어떻게 사용할 것인가를 놓고 벌인 토론이 처음부터 매우 잘못됐다는 점을 생각하면 더욱더 설명이 필요하다. 산업체들은 유럽의 배출량 할당제의 적용을 받는다는 이유로 간단하게 탄소세를 면제받았다. 세제와 할당제 모두에 유용한 기술적 논법이 존재하긴 한다. 하지만 당장은 거의 무료로 받는 할당량이 2013년부터는 유료화되고 또한 그 가격이 증가한다는 사실을 고려하면, 이는 모든 정책을 사회적으로 수용하는 것에 대해 걸림돌이 될 가능성이 있다. 이런 상황에서 2010년부터 한 기업에서 받은 탄소세 징수금을 그 기업의 사업세를 면제하는 데 사용하자는 제안은 이데올로기적 도발이자 사리에도 맞지 않는 것으로 보인다.

조세제도

베탕쿠르 사건이 주는 세무 교훈

릴리안 베탕쿠르는 오랫동안 프랑스 제일의 갑부로 군림했다. 하지만 딸의 소송으로 그녀는 지금까지와는 다른 모습을 보여주고 있다. 물론 지나친 면이 없지 않지만, 사실 이번 사건은 21세기에서 겪어야만 하는 세습재산과 상속이라는 가장 어려운 문제의 완결편이라는 점에서 시사하는 바가 크다. 사건을 요약하자면 이렇다. 로레알 그룹의 상속녀인 87세의 릴리안은 61세의 친구 사진작가에게 총 10억 유로—이는 그녀의 총재산인 150억 유로의 10분의 1에도 못 미치는 액수다—를 기부했다. 그녀의 외동딸인 58세의 프랑수아즈는 자신의 어머니가 권리를 남용했다고 비난하고는 어머니에 대해 법원에 '금치산 선고'를 신청했다. 릴리안은 자신의 심신이 정상이며 그녀의 딸이 적법한 절차를 통해 자신에게 강요하려 하는 의료 전문가의 검사를 받아들일 수 없다고 주장했다. 이 모녀는 모두 프랑스의 대표적 주가지수인 CAC 40에 상장되어 있는 로레알 이사회 이사로 있다. 이 이

야기에 등장하는 인물들의 정신 건강을 따지는 것이 중요한 문제는 아니다. 그럼에도 이번 사건이 어찌 보면 과거의 역사적 사건인 3대에 걸친 내부 갈등과 매우 흡사하다는 점을 지적하지 않을 수 없다. 사실 프랑스에서는 기대수명이 연장되고 자본수익이 지난 30년 동안 생산 증가율과 소득 증가율—생산 증가와 소득 증가에 대한 혜택은 주주들이 본다—을 확실하게 넘어섰다는 사실 때문에 세습재산의 쇠퇴 현상이 계속해서 일어나고 있다. 더욱 심각한 문제는 부를 축적하는 데만 신경을 쓰는 사람들의 저축 총액을 제한함에 따라 그만큼 근로소득에 대한 세금 압박이 증가하면서 이런 상황이 악화된다는 사실에 있다. 동시에 세습재산은 세습재산 소득 유통(배당금, 이자, 임대료, 시세차익)에서만큼 양도(증여, 상속)에 있어서도 계속 감세 혜택을 봤다. 이런 관점에서 볼 때 2007년 노동에 새로운 가치를 부여하자는 슬로건에 정면으로 배치되는 큰 폭의 상속세 인하 결정은 특히나 부적절한 처사다. 더구나 뾰족한 해결책이 없는 정부로서는 대부분의 경우 예정된 증여에 대한 중요한 세금 혜택 약속을 줄였으니 더욱 그렇다. 모든 가능성을 염두에 두고 봤을 때, 2007년의 조치는 현재 가용되고 있는 재산의 쇠퇴화 과정을 더욱 가속시키는 중대한 결과를 초래할 것이다. 이번 베탕쿠르 사건은 또한 유증의 자유—즉 자신의 재산을 물려줄 수 있는 자유—에 관한 문제도 제기했다. 나폴레옹 민법전을 보면, 상속은 프랑스에서 세밀하게 다뤄지고 있다. 부모와 어떤 관계이든, 총재산이 얼마든 자녀는 '상속분'을 가질 권리가 있다. 부모는 '가용 지분'이라 할 수 있는 상속재산의 지분만을 마음대로 처리할 수 있다. 자녀가 한 명인 경우 세습재산의 50퍼센트, 두 명인 경우 33퍼센트, 세 명 이상인 경우 25퍼센트만을 자신의 뜻대로 처리할 수 있다. 다시 말해 100억 유로의 재산을 축적한(혹은 이와 같은 재산을 상속받은) 사람은 50억 유로를 한 자녀에게, 75억 유로를 (균등하게) 세 자녀에게 나누어줄 수밖에 없다. 릴리안 베탕쿠르는 규정을 잘 지켰다. 하지만 릴리안의 정신 건강을 거론하지 않더라도 그녀의 딸은 릴리안이 많은 재산을 재단에 기부한 빌 게이츠처럼 행동하지 못하게 법적으로 막을 수 있었다. 게다가 프랑스 상속세는 가용 지분 범위 내에서 양도되는 세습재산에 훨씬 높은 세율을 적용한다. 이는 총액이 얼마든 간에 자녀에게 양도되는 상속액을 보다 유리하게 적용하는 것을 목표로 하기 때문이다. 이 모든 것을 폐지하고 영국과 같이 절대적인 유언 상속 시스템을 선택해야 하는가? 그렇게 하고 싶은 마음도 생긴다. 더구나 이 시스템이 상속재산의 대부분을 그대로 유지하면서 대부분의 경우 자녀들에게 균등하게 재산을 나누어줄 수 있도록 하는 장점이 있기 때문이다. 프랑스의 경우, 종종 이런 측면이 부족한데, 안타까운 일이다. 동시에 상속권을 박탈당하거나 부모의 학대를 받는 자녀를 보호하는 방향으로 만들어진 민법전의 논거는 노인복지 수준의 향상과 함께 실질적으로 강화될 것이고, 베탕쿠르 사건과 같은 형태의 소송 건수가 늘어나게 될 것이다. 최소한 상속권 메커니즘이 주요 사안으로 떠오를 만한 가치는 있다. 법은 왜 부모에게 그들의 자녀를 금리생활자로 만들도록 강요하는가?

GNP는 이제 그만, 국민소득으로 돌아가자

새로운 경제지표에 관한 스티글리츠 교수의 보고서는 새로운 견해가 없다는 이유로 비판을 받았는데, 특히 여러 조언이 담겨 있음에도 내용이 애매하다는 지적을 받았다. 그러나 그는 혁신적인 것은 아닐지라도 생각해볼 만한 구체적인 제안을 하나 내놓았다. 즉 경제지표에서 GNP보다 NNP를 중시하자는 것이다.

흔히 '국민소득'으로 통용되며 1950년까지 프랑스에서 보편적으로 쓰였던 NNP는 앵글로색슨계 국가에서는 오늘날에도 여전히 사용되고 있다. NNP는 국립통계경제연구소에서 작성한 국민계정 세부 통계표로 언제든지 계산할 수 있다. 하지만 국립통계경제연구소의 세부 자료는 공개되거나 공식적으로 출간되지 않으며, 이에 대한 공개 토론 또한 열리지 않는다. 이는 참으로 유감스러운 일로, 그 이유를 다음과 같이 간단히 요약할 수 있다. 한 국가의 국민이 처리할 수 있는 전체 실질소득을 측정하는 데 있어, 국민소득은 인간을 경제활동의 중심에 놓는 데 반해, GNP는 '영광의 30년' 당시의 생산제일주의 망상에서 벗어나지 못하고 있다.

GNP는 산업생산품을 만들어내는 것 자체가 목적이 되고 생산 증가가 모든 것을 해결해줄 거라 믿었던 시절의 모습을 반영한 것이다. 하지만 국민소득으로 다시 돌아가야 할 때다.

GNP와 국민소득에는 어떤 차이점이 있는가? 첫째, 생산을 이끌어냈던 자본의 가치 하락을 빼지 않은 채 모든 재화와 서비스의 생산을 합친다는 점에서 보면 GNP는 '총'생산을 의미한다. 특히 GNP는 주택과 건물, 설비와 컴퓨터 등의 훼손을 고려하지 않는다. 하지만 국립통계경제연구소는 이 가치 하락 부분을 꼼꼼하게 계산하는데, 이 과정이 분명 완벽하지는 않지만 사용할 만한 가치는 충분하다. 2008년 1조9500억 유로의 GNP에 대한 총 가치 하락은 2700억 유로였으므로 국내순생산NDP: Net Domestic Product은 1조6800억 유로가 된다. 예를 들어, 가치 하락을 고려해보면 현재 프랑스 기업의 적립금이 마이너스 상태인 것을 확인할 수 있는데, 기업이 배분할 수 있는 것 이상으로 주주들에게 이윤을 나누어줌으로써 기업에는 훼손된 설비를 교체할 자금마저 남아 있지 않게 되는 것이다. 몇몇 국가에서는 평가서에 자본의 가치 하락과 생산과정에서 생기는 환경 피해를 포함시키기 시작했다. 이런 노력은 다른 국가들도 본받아야 한다.

둘째, GNP는 국내에서 생산되는 부를 수출 종착지를 고려하지 않고—특히 국가 간의 유통과 이윤을 고려하지 않은 채—측정한다는 측면에서 보면, '국내' 생산을 의미한다. 예를 들어, 기업과 생산자본 모두를 외국인 주주가 소유하고 있는 국가의 GNP는 상당히 높지만, 이윤이 외국인에게 돌아가기 때문에 국민소득은 매우 낮아지게 된다.

2008년만 해도 프랑스에서 이러한 차이는 거의 없었다. 국립통계경제연구소와 프랑스 은행에 따르면 프랑스인들이 금융투자를 통해 해외에서 벌어들이는 부의 양과 외국인이 프랑스에서 가져가는 부의 양이 대략 같았다.

그러므로 국민소득은 국내순생산(1조6900억 유로)과 거의 동일하다. 하지만 많은 국가의 사정은 이와 다르다. 그리고 아일랜드의 경우에서 보듯이 이런 상황이 꼭 가난한 국가에서만 발생하는 것도 아니다. 2008년 6200만 인구에 대해 1인당 GNP는 3만1000유로를 넘은 반면, 1인당 국민소득은 2만7000유로밖에 되지 않았다. 이 액수는 물론 프랑스인의 실제 평균 소득보다는 높다. 왜냐하면 여기엔 세금(교육, 건강 등)에서 조달하는 재화와 서비스의 가치가 포함되기 때문인데, 이는 당연하다. 하지만 국민소득이라는 개념을 도입하면 이 격차는 줄어든다. 왜냐하면 국민소득이라는 개념은 통계와 실제 세금에서 생기는 틈을 메울 수 있기 때문이다. 단 국민소득 평균뿐만 아니라 국민소득 분배 상황까지도 공고하다는 전제조건이 필요하다. 최근 미국 버클리 대학 경제학과의 이매뉴얼 사에즈와 함께한 일련의 연구에서, 미국 최상위 1퍼센트에 돌아가는 국민소득 몫이 1976년에는 전체의 9퍼센트를 넘지 않았는데, 2007년에는 약 24퍼센트에 달한 것으로 나타났다. 이는 국민소득의 15퍼센트가 최상위 계층으로 옮겨갔다는 것을 의미한다. 1976~2007년 사이 미국에서는 성장 혜택의 58퍼센트(2002~2007년에는 이 수치가 65퍼센트에 달했다)가 전체 국민의 1퍼센트에게로 돌아갔다.

국민소득이라는 개념은 이런 형태의 성장의 사회적 분석 대상이 되는데, 이는 이 개념이 갖고 있는 중요한 장점 가운데 하나다.

조세제도

비합리적인 세금을 낮출 것!

어떤 세금이 비합리적이라고 지적하기는 쉬운 일이다. 이유는 간단하다. 이론적으로는 과세를 하지 않는 것이 바람직할 것으로 보이는 사람과 활동에 과세한다는 점에서 보면, 모든 세금이 어느 정도는 비합리적이기 때문이다. 비합리적인 세금을 철폐한다고 호언한 뒤, 정책 책임자들이 이에 드는 비용을 조달할 새로운 징수원, 예를 들면 그들이 과세 대상으로 바람직하다고 여기는 교육, 건강, 도로, 퇴직연금 등을 찾아나서게 되면 문제는 복잡해진다. 더구나 세금에 관해 이런 일을 감행하는 데에는 위험 소지가 있다. 왜냐하면 이런 행동이 비합리적 세금 자체보다 더 비합리적으로 비춰질 수 있기 때문이다. 사업세에 관한 최근의 토론이 이런 냉혹한 현실을 잘 보여주고 있다.

요컨대 현실적으로 사업세는 기업이 사용하는 자본(건물, 기계, 설비)의 가치에 근거한다. IMF 전 총재인 도미니크 스트로스칸Dominique Strauss-Kahn이 프랑스 세제 균형의 회복을 걱정한 나머지—많은 보고서가 프랑스의 세제가 지나치게 노동에 근거를 두고 있다는 점을 지적했다—사업세의 임금 부분을 삭제해버리기 전인 1999년까지 사업세는 임금 총액에도 근거를 두고 있었다. 모든 세금은 생산요소(자본 혹은 노동) 혹은 소비에 근거를 두고 있다는 점을 포괄적으로 생각해보자. 모든 세금이 자본에 근거를 두고 있다면, 모든 세금은 자본보유고(사업세처럼) 혹은 자본에서 생기는 소득(이윤, 배당금, 이자, 임대료)에 따라 좌우될 수 있다. 예를 들어 이윤세가 장점과 악점을 동시에 갖고 있는 것처럼 말이다.

기업이 내는 세금은 존재하지 않는다는 점 또한 생각해보자. 모든 세금은 결국 가계가 지불하는 현찰로 채워진다. 안타깝게도 가계에서 내는 세금은 금세 확인할 수 있는, 즉 있는 그대로 다 내야 하는 세금이다. 이론적으로 기업이 세금을 내야 할—즉 세무서에 수표를 보내야 할—의무가 있다는 사실이, 기업의 세금 부담 완수를 의미하는 것은 결코 아니다. 어쩔 수 없이 기업은 그들이 지불해야 할 몫을 임금 근로자(임금을 줄이는 방법을 통해), 주주(배당금을 줄이거나 주주 명의로 된 자본의 양을 줄이는 방법을 통해) 혹은 소비자(상품의 가격을 올리는 방법을 통해)에게 전가하게 된다. 최종 분석이 항상 확실하게 드러나는 것은 아니지만, 어찌 됐든 모든 세금은 결국 생산요소 혹은 소비로 전가된다. 예를 들어, 기업은 임금 총액에서 계산되는 사회보장분담금을 납부한다. 주로 임금에서 납부되는 이런 세금이 없을 경우, 임금이 상승할 거라는 사실에 사람들은 일반적으로 수긍한다.

다른 예를 하나 들어보자. 기업은 다른 기업의 총 구매 가치보다 적은 양의 총 판매 가치를 계산해 매 분기 부가가치세 명목으로 수표를 발행한다. '부가가치'라 불리는 이 차이는 노동(임금)과 자본(이윤)

에 보수를 지불하기 위해 기업이 이용할 수 있는 액수와 동일하다. 그럼에도 사람들은 부가가치세가 완전히 가격에 전가되는 것을 상상하는데, 이는 잘못된 것이다. 왜냐하면 모든 세금과 마찬가지로 부가가치세는, 최근 호텔-레스토랑업의 경우에서 보듯이 기업이 관심을 보이는 분야의 경쟁 수준과 협상 능력에 따라 일정 부분은 생산요소에 의해 그리고 또 다른 일정 부분은 소비자에 의해 지불되기 때문이다.

사업세로 다시 돌아와서, 제시된 개혁안에 의하면 사업세는 이제부터는 더 이상 자본에만 근거를 두는 것이 아니라 부가가치에 근거를 두게 된다. 이렇게 하면 1999년 개혁과는 반대로 자본에 대한 과세를 완화하고 노동과 소비에 관련된 과세를 무겁게 하는 결과를 가져오게 될 것이다. 이런 맥락에서 보면 여러 장점 이외에도 당시에는 프랑스에 보다 순조롭게 적용할 수 있고, 수익성보다 안정성이라는 장점을 갖고 있었던 현행 기준을 유지하는 것이 더 나았을 뻔했다. 끝으로 기업의 건물과 설비의 가치는 다른 지방세와 마찬가지로 1970년대 이후 전혀 검토되지 않았다. 알량하고 선동적인 세제로 성공적인 정책을 펴나간다는 것은 극히 어려운 일이다.

경제위기

위기의 승자는 누가 될 것인가?

2007~2009년의 세계 금융위기는 부의 분배에 어떤 영향을 끼쳤는가? 흔히 회자되는 것과는 달리 금융위기 때문에 불평등이 지속적으로 줄고 있을 가능성은 거의 없다. 물론 증권 가치와 부동산 가격의 하락이 우선적으로 자산 소유주에게 영향을 미친 것은 사실이다. 하지만 다른 재산 없이 직장만 다니던 사람들 또한 퇴직이라는 가혹한 조치에 심한 고통을 받았다. 이런 경기후퇴 현상은 모든 분야에서 비슷하게 드러났다. 즉각적인 영향은 전반적으로 중산층과 상류층 간의 불평등 감소(고위관리자의 이윤과 성과급 감소)와 중산층과 하류층 간의 불평등 증가(실업률의 증가)라는 두 가지 상반된 형태로 동시에 나타났다. 만약 지금 장기간에 걸친 평균적인 영향을 따져본다면 문제는 보다 복잡해진다.

물론 1929년 경제대공황 이후 모든 선진국에서는 불평등이 감소하는 현상을 보였다. 1928년 미국의 상위 10퍼센트 소득자가 국민소득에서 차지하는 부분은 50퍼센트에 달했다. 이는 1930년도에는 45퍼센트로, 1950~1960년에는 35퍼센트로 줄었다. 1928년과 같은, 혹은 이보다 약간 높은 불평등지수가 나타난 것은 2007년에 들어서였다. 하지만 이런 시나리오가 오늘날 자동적으로 재연된 것은 절대 아니다. 영국의 경제학자이자 불평등 연구의 대가 토니 앳킨슨과 함께 작업한 일련의 역사적 연구—이는 지금 20세기 23개국의 불평등 변화를 연 단위로 보여준다—는 금융위기 그 자체는 불평등이 지속되는 데 어떤 영향도 미치지 않았다는 사실을 분명하게 보여주고 있다. 즉 모든 것은 눈앞에 닥친 위기에 정치적으로 어떻게 대응하느냐에 달려 있다는 것이다. 예를 들면, 1991~1993년에 있었던 스웨덴의 금융위기는 1980년대 스웨덴의 일반적 '경향'이었던 소득과 세습재산에 대한 집중 현상의 증가를 전혀 막지 못했다. 1997~1998년 싱가포르나 인도네시아와 같은 아시아 국가에서 발생했던 금융위기에서도 마찬가지로 상위 10퍼센트가 국가 자산과 국민소득에서 차지하는 부분이 급격히 증가했다. 이용할 수 있는 자료가 여전히 불충분하긴 하지만, 가장 넉넉한 삶을 누리고 있는 이들이 유가증권을 적당한 시기에 재매입함으로써 금융위기에서 발생한 이익을 크게 가져갈 수 있었다는 사실이 가장 그럴듯한 설명이 될 것이다. 위험성이 높은 투자처에는 보통 대규모 자산이 투입되는데, 이런 투자를 통해 '주가 폭등'을 잘 이용할 수 있으며, 원칙적으로 위기 상황에서 발생하는 충격을 훨씬 더 완화시킬 수 있다. 단 100만 유로의 자산을 소유하고 있을 때는(1000만 혹은 1억 유로를 소유하고 있는 경우는 말할 것도 없다), 5만 혹은 10만 유로의 자산을 소유하고 있을 때보다 더 많은 보수를 중개인이나 금융상담가에게 지불해야 한다. 일반적으로 이 두 번째 효과는 스웨덴 경제위기 그리고 더 나아가 아시아 경제위기에서 주로 나타난 현상과 비슷하다. 또한 이와 같은 메커니즘이 현재 작동하고 있다는 것은 분명 가능한 이야기다. 단지 우리가 이에 대해 많은 것을 알지 못할 뿐이다. 그만큼 우리의 통계기구는 금융재분배라는 복잡한 현상을 실시간으로 연구하기에는 역부족인 상태에 놓여 있다. 보다 안타까운 점은 위기에 대한 정치적 대응을 고려할 때, 재분배가 오늘날 중요한 역할을 한다는 사실이다. 1929년 정부는 파산 상태가 증가하는 대로 내버려두었는데, 이로 인해 자산 순손실이 발생하게 됐다.

오늘날의 정부는 은행과 대기업에 재정 지원을 하는데, 이런 방법으로 경기불황을 피해갈 수 있다. 하지만 재정 지원을 받는 기관에 회계보고를 요구하지 않기 때문에, 이런 식의 재정 지원은 많은 경우 역逆재분배 현상을 불러일으킨다. 1929년 이후 정부는 세상을 불황의 나락으로 몰아넣고 자신들만 풍요로워진 기관에 회계보고를 요구했다. 이윤세, 소득과 최고자산에 대한 누진과세를 높게 올려 모든 형태로(엄격한 재무 규정, 임대료 동결, 국유화 등) 자본을 장악했다. 불평등을 역사적으로 크게 줄였던 것은 이런 정치적 대응이었지, 금융위기 그 자체가 아니었다. 오늘날의 쟁점은 기술적인 관점(스톡옵션, 조세피난 등)과는 다르게 제기되지만 근본적으로는 동일한 사안이다. 자본주의는 그대로 내버려두자. 자본주의 안에 깊게 자리잡은 불안정성과 불평등성은 자본주의를 자연스럽게 파탄으로 몰고 갈 것이다. 정부가 이런 사실을 제대로 이해하기 위해 또 다른 위기가 필요하다는 사실이 안타까울 뿐이다.

계획안을 수립할 것인가 말 것인가?

아무런 계획안 없이 선거에서 승리할 수 있을까? 물론 가능하다. 대중이 공약에 혹하지 않았어도 상대방의 실수와 상대방에 대한 유권자의 거부감 덕분에 선거에서 승리해 권력을 잡은 정당의 사례는 역사상 많다. 문제는 이 선택에 대한 엄청난 대가를 언젠가는 치러야 한다는 것이다.

1997년 사회당의 승리를 예로 들어보자. 물론 좌파가 주 35시간 근로와 청년고용 계획안 등의 몇몇 안건을 들고 있었던 것은 사실이다. 하지만 이런 조치들이 유력한 위치에 있는 대표가 갑작스럽게 해체를 결정함에 따라 생긴 여러 좌파 정당을 통합하기 위해 몇 주 만에 졸속으로 만들어졌다는 점을 알아야 한다. 그렇다고 해서 당시의 책임자들을 평가절하하려는 것은 아니다. 승리는 상대방에 대한 거부감 때문에 얻은 것이기 때문이다.

2000년부터 그 대가를 지불해야 했다. 이 상징적인 두 조치가 실행에 옮겨지자 다수의 좌파는 단지 그들이 동의한 적이 없다는 이유로 무엇을 해야 할지 혹은 국가에 무엇을 제안해야 할지 전혀 알지 못했다. 퇴직연금, 세제, 고등교육, 노동시장 등과 같은 주요 주제에 대해 여당은 그 어떤 계획안도 실행에 옮기지 못했다. 그들의 계획안이라는 것이 그만큼 정교하지 못했던 것이다. 그들은 결국 자신들의 무모한 행동이 2002년과 2007년 대선에서 패배하는 데 중요한 역할을 했다는 사실을 깨달았다. 급하게 만들어진 조치가 이따금 정치 일정을 상당히 지연시킨다는 것은 자연스러운 수순이다. 주 35시간 근로정책을 폐기하고 '보다 많은 소득을 위해선 보다 많은 노동을'—이는 장기적인 측면에서 보면 훌륭한 개혁안이다—이라는 정책을 생각해볼 수는 있지만, 프랑스와 다른 부유한 국가에서 1980년대 초부터 맞닥뜨리고 있는 임금 정체 현상을 생각하면 적용하기 힘든 정책이다.

미국의 경우를 예로 들면, 미국의 많은 전문가는 다음과 같은 사실을 잘 알고 있다. 만약 버락 오바마가 건강보험 시스템 개혁을 사적 압력단체에 양보하고 개혁의 본질을 왜곡한다면, 이는 오바마가 선거전에 충분히 납득할 만한 공약을 내걸지 않았기 때문이라는 것을 말이다. 사실 오바마가 당선된 것은 그의 공약 때문이 아니며, 이로 인해 현재 그가 약한 모습을 보이고 있는 것도 사실이다. 오바마의 당선을 한층 더 세계적인 관점에서 바라보고 있는 유럽의 입장에서 보면, 미국 대통령에게 보다 관용적인 입장을 취하고 싶은 마음이 든다. 물론 오바마는 자신의 공약보다 더 의욕적인 힐러리 클린턴의 건강보험 시스템을 비판하기 위해 예비선거에서 공화당이 강조하는 부분을 포기할 수도 있었다. 그렇게 했더라면 오바마는 오늘날 국회와 의료업계에 대해 보다 힘 있는 발언을 할 수도 있었을 것이다.

그렇다고 해서 오바마가 대선 최종단계에서 완벽한 공공 건강보험 프로그램을 제안해 유권자들을 겁먹게 하고 당선 이후 짧은 기간 동안 욕을 들어야 했다고 누가 주장할 수 있단 말인가? 개인 건강보험에 가입한 1억6000만 명의 미국인은 미국에서 단계적으로만 실행되고 있는 공공보험에 가입할 생각이 전혀 없다. 유권자들은 그들이 전혀 이해하지 못하는 훌륭한 공약보다는 보편적 세계관과 환경적응 능력을 기대한다는 사실을 잊지 말아야 한다.

정치는 정확한 수치로 나타낼 수 있는 과학이나 경제가 아니며, 타협과 양해 사이의 경계를 구분하는 것은 항상 어려운 일이다. 그렇다면 2012년 프랑스 대통령 선거에 대해선 어떻게 생각하는가? 프랑스 좌파는 사르코지 정권의 점진적인 쇠락에 기대를 걸어보는 것이 좋을 듯하다. 이미 많은 중도파와 우파에게 배척을 당한 사르코지 정권은 최근 급격히 극우 정당으로 회귀하고 있는 것처럼 보인다. 사르코지의 변신—이는 바람직한 일이다—이 국제 문제에 있어 부시와 같은 입장을 취하지 않는다는 점과 이 변신 자체가 하나의 목적이 되지 않는다는 점을 제외하곤 말이다. 최종 후보로 지명된 좌파 후보가 단순히 상대 후보가 유권자의 반감을 산다는 이유로 2012년 대선에서 승리한다면, 안타깝게도 반대 시나리오가 나타날 가능성이 더 크다는 사실은 불 보듯 뻔하다.

2010년 새로운 계획을 기대하면서 새해 복 많이 받으시길!

제4부

2004~2006

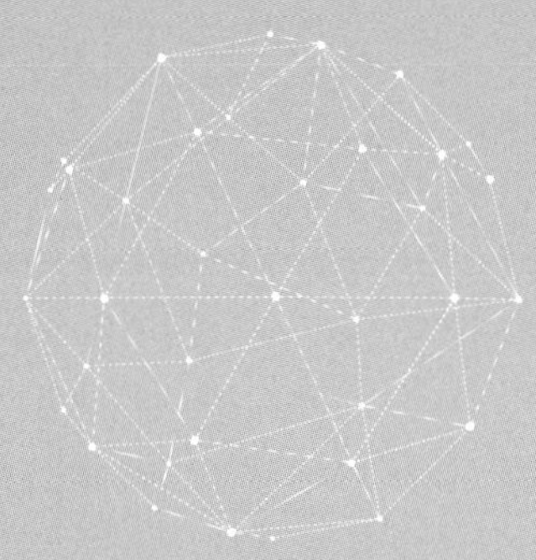

사회당: 결국 해명에 나서다

현재 사회당 내부에서 벌어지고 있는 대치 국면을 보면 적어도 한 가지 사실은 분명히 알 수 있다. 즉 이 사태가 1990년 당시 프랑수아 미테랑François Mitterrand[1]의 후계자가 되려는 사회당원들의 분열을 초래했던 렌Rennes 회의와는 아무런 연관성이 없다는 것이다. 따지고 보면 렌 회의에서 빚어진 수많은 불화의 원인은 당시의 주요 인물(조스팽Lionel Jospin과 파비위스Laurent Fabius[2])에 대항할 본질적인 문제가 무엇인지 아무도 알지 못했던 것에 있다. 하지만 오늘날의 사정은 이와 다르다. 즉 불완전한 유럽헌법과 함께 계속 앞으로 나아갈 것인지 아닌지를 선택하는 과정에서 불화의 원인이 분명하게 드러나고 있다. 그리고 모든 중요 정치 사안이 그러하듯이 불화를 통해 확실한 답을 얻기는 불가능하다.

모든 좌파는 다음과 같은 문제점을 인정한다. 즉 조세단일화 원칙을 밀고 나갈 경우 유럽 국가들은 계속해서 '덤핑'을 할 수밖에 없고,

이에 관한 정부의 영향력이 약해짐으로써 유럽헌법 초안은 매우 실망스런 법안이 될 수밖에 없다는 것이다. 그리고 이전 법안에 수정·보완 조치는 취하지 않은 채 새로운 법안만을 주장한다면, 공식적인 헌법에 있는 규칙을 법제화하는 것이 이런 규칙을 존속시킬 방법이 될 수도 있을 것이다. 문제는 현재 프랑스 사회당원들의 반대가 관련 내용을 발전시키는 데 기여할 것인가 하는 것이다. 거부 의사를 표하는 당원의 입장에서 보면, 헌법 초안을 다른 강대국들, 특히 영국(어쨌든 유럽 국가들은 거의 모든 것을 영국의 결정에 맡긴다)이 거부하는 시나리오를 상상해볼 수 있다. 이럴 경우 프랑스 사회당원들의 거부권 행사는 프랑스와 독일에게만 집중되어 있는 조약을 유럽연합 전체에 적용하는 것에 대한 논의에 다시 활기를 불어넣을 수 있을 것이다. 하지만 이런 가정이 현실로 나타날 가능성은 없어 보인다. 그리고 그 반대의 경우, 그러니까 다른 강대국들이 헌법을 채택하고 프랑스가 사회당의 반대로 부결하는(혹은 최악의 경우 사회당의 반대에도 불구하고 헌법을 채택하는) 경우에는 국가 차원에서나 유럽 차원에서나 통합 유럽의 장래를 의심하는 고리타분한 프랑스 사회당원들에게 끔찍한 결과를 가져오게 된다.

파비위스의 전폭적인 정치적 전향이 프랑스 사회당원이나 당의 확고한 신념에 크게 영향력을 미치지 못한다는 것은 논외로 하고, 이전 재무부 장관의 예를 돌아보자. 그는 재무부 장관으로 24개월(2000년 4월~2002년 4월)을 보내는 동안 유럽에서 벌어지는 조세덤핑에 반하는 어떤 중요한 결정도 내리지 않았다. 반대로 그는 사회당을 부추겨 고소득층에 대한 세금을 낮춤으로써(이후 자크 시라크는 다시 30퍼센트를 낮추었는데, 이는 관리자급에 맞게 세금을 재조정하는 결과를 낳았다) 끝없는 조세경쟁을 부추겼다. 2년 뒤, 그는 지역 편중 현상과 조세덤핑에 맞서 싸울 만한 근거를 갖고 있지 못하다는 이유로 이 헌법을 인정하지 않는다고 말했다. 이 얼마나 호화로운 말잔치인가! 그 정도로 사람들을 바보 취급하다니 정말 놀라울 뿐이다. 또한 최고의 관직을 맡으려면 적어도 20년의 행정 경험이 필요하다고 주장함으로써—이런 독특한 논법은 거의 유세 수준에 가까웠다. 그런데 이는 모든 외국의 사례(스페인의 사파테로Zapatero, 영국의 블레어Blair, 독일의 슈뢰더Schröder, 이탈리아의 프로디Prodi 등)에 비춰보면 사실이 아니다—파비위스와 그의 당원들은 프랑스 민주주의와 꼭 필요한 지도층 쇄신에 막대한 악영향을 끼쳤다.

그렇다고 해도 곧 있을 논쟁 과정에서 사회당의 입장이 분명하게 드러날 것이라는 사실에는 변함이 없다. 동료 후보에 의해 다음날 아침 공격의 대상이 되지 않을까 하는 두려움 때문에 사회당 대통령 후보자들이 현 중요 사안(퇴직연금, 대학, 세제, 보건 등)에 대해 언제까지고 정확한 입장 표명을 하지 못하고 있을 수는 없는 노릇이다. 이러한 속사정 때문에 사회당 대통령 후보자들은 당의 좌파 세력의 관심을 끌기 위해 공허한 공약을 계속 내세우지만 그 누구도 그들이 하는 말을 믿지 않는다. 지난 유럽 선거에서 보여준 사회당의 정치 프로그램이 그 좋은 예다. 여기서 사회당은 다른 유럽 국가에 주 35시간 근로와 프랑스식 최저임금제를 제안했다. 하지만 이 과정에서 유럽의 다른 사회당 및 민주당과 그 어떤 협의도 없었고, 이에 대해 모든 사회주의 지도자는 이 프로그램이 통과된 이후 프랑스 사회당을 향해 비공식적인 비난을 퍼부었다. 하나의 사례가 단지 그에 관한 부분만 드러내는 것은 절대 아니다. 왜냐하면 자유주의라는 파도에 맞서 유럽의 구원자로 나서는 대신에(사회국가 모델이 모든 사람을 설득할 수 없고 우리가 외국의 경험을 이해할 수 있다는 사실을 간과한 채), 사회당은 다른 유럽 정당들과 함께 공동 강령을 채택했는데, 여기서 사회당은 조세 조정과 유럽 예산의 새로운 방향에 대해 구체적이고도 야심찬 제안을 했기 때문이다. 또한 오늘날 사회당이 덤핑과 헌법에 관해 분명 신빙성 있는 입장을 취하고 있기 때문이기도 하다. 현재 직면한 사안이 어떤 것이든, 적어도 승자가 일을 시작하고 이 일에 걸맞은 계획을 세우기를 기대할 수는 있다.

1. 최초의 사회당 출신 대통령으로, 재임기간은 1981년부터 1995년이다.

2. 조스팽은 프랑스 사회당 소속 정치인으로, 1997~2002년 총리를 역임했다. 파비위스 역시 프랑스 사회당 소속으로, 2000~2002년 재무부 장관을 지냈으며 현재 외무부 장관으로 재임 중이다.

조세제도

사르코지, 상속세를 공격하다

연말예산 심의 과정에서 상속세에 대해 공격하기로 한 니콜라 사르코지는 그때까지 상속세에 대해 언급한 재무부 장관이 거의 없었다는 사실을 알게 되었다. 프랑스 국회에서 수많은 토론을 거쳐(누진상속세를 제정하려는 계획은 약 10년 동안 상원의 반대에 부딪혔다) 1901년 2월 25일 법으로 제정된 누진상속세는 제정 이후 거의 개정되지 않았다. 반면 1914년에 제정된 소득세는 법 제정 이후 매년 가을에 열리는 예산심의 때마다 법 개정의 대상이 되곤 했다.

프랑스 대혁명 이후 1901년에 이르기까지, 상속세의 비율은 엄격하게 규정되어 있었다. 즉 낮은 일반세율(직계상속—부모와 자식 간—일 경우 1퍼센트)이 상속액에 상관없이 모든 경우에 적용됐던 것이다. 사실 세습재산 없이 사망하는 사람이 많다는 사실을 고려해보면 사망자(자연사)의 50~60퍼센트만이 과세 대상이 되는 것이었다.

1901년 제정된 법령에 따라 도입된 누진세율은 처음에는 극히 낮게(1901년 상속에 가장 높게 적용된 세율은 2.5퍼센트였다) 적용됐다가 제1차 세계대전 이후 급격히 높게 적용된다(1920년 이후 직계상속의 경우 최고세율이 40퍼센트까지 이르렀다). 이후로 지금까지 아무런 변화가 없었다. 모든 실제적인 상속(그 액수가 적다고 할지라도)에는 과세를 했는데, 세금을 내는 사망자의 실제 비율은 약 50~60퍼센트에 이르렀다.

세습재산이 과세 대상에서 제외되는 세금 공제(당시 통화로 100만 프랑) 원칙이 도입된 것은 1956년에 들어서였다. 당시 젊은 나이의 재무관이었던 발레리 지스카르데스탱Valéry Giscard d'Estaing은 1959년 부부와 자식에 대해 추가적인 세금 공제, 즉 직계상속인 경우 최고세율을 15퍼센트까지 낮추는 법안을 제시했다. 1956년에 법이 개정된 이후 과세 대상이 되는 사망자의 비율이 곧바로 50퍼센트에서 15퍼센트로 떨어졌지만, 공제액의 상승 폭은 불규칙했다. 1970년에는 다시 30퍼센트로 올라갔으며, 1980~1990년대에는 약 50~60퍼센트까지 뛰었다. 이는 1950년대까지 기록했던 수치와 동일하다. 상속세에 관한 가장 최근 법 개정은 1983년에 있었다. 모루아Mauroy[1] 정부는 최고세율을 40퍼센트로 올렸는데, 이는 당시 화폐로 1120만 프랑에 달하는 최대 상속분에 적용하는 수치였다. 이후 세율과 세금공제액은 수정되지 않았다. 오늘날 부부 가운데 생존한 한 명은 7만6000유로를 공제받고 자녀 각각은 4만6000유로를 공제받는데, 이는 부부 가운데 한 명과 두 자녀가 내지 않는 상속세가 약 20만 유로(가구당 20퍼센트의 공제율을 고려해보면)에 달한다는 것을 의미한다.

역사적인 관점에서 보면, 2004년 사르코지가 시행한 세제 개혁은 미약하고 인기 영합적인 데다가 역량 부족을 드러낸 것에 지나지 않는 듯 보인다. 사르코지는 세율표에 손을 대지 않으려(이는 매우 위험한 일이다) 매우 조심했고, 특히 5만 유로의 추가 일반 공제액을 만들어 공제액을 '대략' 두 배로 늘리려고 했다. 구체적으로 말하자면 오늘날 과세 대상자 사망 비율이 약 60퍼센트로 줄었는데, 이는 개혁 이후보다 겨우 20퍼센트 높은 수치이며 1950년대와 비슷한 수치이기도 하다.

예전과 다른 점이 있다면, 양차 대전을 치르면서 세습재산이 크게 줄었다는 사실 때문에 1956년의 개혁이 정당한 것으로 받아들여질 수 있었다는 것과 이를 통해 납세자들에게 숨통을 터주어야 했다는 것이다. 오늘날 세습재산은 상당한 수준에 이르렀고 프랑스는 풍부한 저축액을 기록하고 있으며 상속에 관대하게 대처할 어떤 경제적 합리성도 갖고 있지 않다. 더구나 이런 세금은 세제경쟁(예를 들어 세금 징수액이 6억 유로 삭감되면 교육우선지역에 있는 초등학교의 학급당 학생 수가 5명 줄어든다)에 관한 문제를 야기하지도 않는다.

많은 감세 조치로 인해 이미 상당히 훼손된(특히 1990년 초 이후 자리를 잡은 여러 증여세 면제정책에 따라) 상속세에 관한 조세정책의 근간은 사르코지의 개혁으로 더욱 심하게 손상될 위기에 처해 있으며, 이런 과세는 얼마 안 되는 수익에 기반을 둔 누진세를 흉내 내는 것밖에 되지 않을 가능성이 매우 크다(우리는 앞으로 다가올 수년 내에 공제액이 다시 증가할 거라는 예상을 할 수 있다). 얼마 전에 상속세 삭감안을 표결에 부쳐 통과시킨 미국의 부시와 이탈리아의 베를루스코니의 경우에서 보듯이 상속세는 점차 줄어들 것이 분명하다(만약 이에 반대하는 그 어떤 안건도 표결에 부쳐지지 않는다면, 미국에서 상속세는 10년 안에 사라질 것이다).

앞으로 토론을 거쳐야 할 상속세의 구조적 문제(그 기반이 많이 손상됐다는 점 이외에도)가 상당수 존재하는 만큼 이런 반反개혁적 정책이 실행된다는 것은 유감스러울 수밖에 없다. 다른 나라와 비교해 프랑스의 상속세는 직계상속일 경우 항상 상대적으로 낮았다(배우자와 두 자녀에게 증여되는 사망자 재산의 0.3퍼센트에 해당되는 100만 유로의 상속재산의 실질세율은 오늘날 약 15퍼센트다). 하지만 방계가족(형제나 자매 등)과 자녀가 없는 부부에게는, 경우에 따라 35~55퍼센트에 이르는 공제액을 적용함으로써 무겁게 과세했다. 사르코지는 대중선동가라는 틀에서 벗어나야만 조세개혁의 역사를 새로 쓸 수 있을 것이다.

1. 프랑스 사회당 정치가. 1981~1984년 총리를 지냈다.

사르코지: 재무부 장관 시절 혼돈의 8개월

최근 통계를 보면 다음과 같은 사실을 알 수 있다. 프랑스 경제는 삼사분기에 예상에 훨씬 못 미치는 0.1퍼센트의 성장률을 기록했다. 연 경제성장률 2.5퍼센트 달성 목표는 이제 힘들게 됐다. 이런 수치만 봐도 사르코지의 경제정책이 실패했다는 것을 알 수 있다. 사실 모두가 오래전부터 알고 있던 사실을 분명하게 확인시켜준 것뿐이다. 내부적으로는 위원회에서 과장된 몸짓을 써가면서 설명하고, 미디어를 통한 관례적인 충격요법을 답습함으로써 대중의 눈을 속일 수는 있다. 특히 범죄율을 지속적으로 낮추는 것이 일반적으로 매우 어려운 반면(예를 들어 미국과 유럽을 비교한 자료에서 보듯이, 경찰력을 증강하고 수감시설을 확충하는 것과 범죄율 및 범법행위 감소는 장기적으로 볼 때 관계가 없다), 모든 국제 연구 자료는 단기간에 결과를 끌어낼 수 있는 비교적 간단한 방법(경찰 통계를 이용하는 방법 이외에)이 있다고 확신한다. 즉 짧은 시간에 수감시설을 범죄자로 채우면 되는 것이다. 이것이 2002년에서 2004년까지 내무부 장관 사르코지가 취한 방법이었다. 재무부 장관으로 재임할 때도 이와 비슷한 모습을 보였다. 즉 미디어를 통한 홍보는 별 효과를 거두지 못했으며, 적자를 줄이고 경제성장률을 높이면서 일자리를 창출하는 신속하고도 효과적인 해결책을 찾지 못했던 것이다. 수년에 걸쳐 적절한 경제정책을 채택하고, 이에 대한 인내심 있고 지속적인 진단이 있어야만 효과를 거둘 수 있다.

물론 당 의장직을 맡으면서 장관직을 겸임했던 인물(1986~1988년의 시라크, 1993~1995년의 쥐페Juppé)을 배출한 공화국연합RPR: Rassemblement pour la République의 오랜 전통을 무시한 채, 이전 내무부 장관에게 재무부 장관직을 단 8개월만 수행하고 자리에서 내려오라고 강요하는 것은 아무 의미가 없다![1] 왜냐하면 항상 내부 분열로 인해 선거에서 패배하는 어리석음을 보여주는 우익이라 할지라도 권력을 잡으려는 의지는 여전히 갖고 있기 때문이다. 그렇다고 해도 8개월이라는 기간이 사르코지가 일관성 있고 조화로운 정책을 채택해 시행하기에는 지나치게 짧은 기간이라는 사실엔 변함이 없다. 2005년 재정경제에 관한 예산 보고서에 나타난 수치에서도 이러한 사실을 알 수 있다. 2004년 새로 발표된 정책에 의하면 국세를 6억 유로 감축하고, 이 금액을 사회보장 과세(특히 보편적 사회보장분담금과 사회보장분담금)로 메울 계획이었다. 이 같은 부조리한 정책 때문에 사회보장 과세액이 높아질 수밖에 없었고 이는 성장과 일자리 창출을 저해하는 결정적 요인이 되고 말았다. 또한 시라크가 약속한 소득세 인하정책(이는 비용이 많이 들고 효용성이 떨어진다고 판단되었는데, 사실이다)을 포기했더라면 그리고 소득세를 어찌 됐든 완화했더라면, 사르코지가 굳이 인하할 필요도 없는 세금 명목을 찾느라 허둥댈 일도 없었을 것이다. 우리는 소비가 다시 활성화되고 상속세가 완화됨에 따라 기업이 일자리를 창출하는 것을 이미 확인하지 않았는가? 건강보험제도와 퇴직연금제도에 드는 재정적인 문제를 고려해보면, 불필요한 세금 인하로 인해 2년 전부터 전반적인 사회보장세와 사회보장분담금에 대한 종합과세율이 2퍼센트 이상 상승했음을 알 수 있다. 이런 추세라면 현재 65퍼센트(일반적으로 임금근로자의 총임금을 100으로 봤을 때 순임금은 80에 해당되며 고용주에 대한 근로가치는 145다)로 근로에 부과되는 종합과세율은 10년 안에 85퍼센트를 초과하게 되는데, 이는 간단하게 해결될 문제가 아니다. 정책이 공언한 목표와 정반대 방향으로 나아간다면 근로가치의 회복이 다 무슨 의미가 있겠는가?

사르코지가 내놓은 예산안이 모호한 숫자들과 회계조작으로 가득 차서 후임 장관이 일처리를 하는 데 상당히 애를 먹는다는 사실은 차치하고서라도 말이다. 프랑스 전력공사에서 쏟아부은 70억 유로의 벌충금—이는 규정상 보상되지 않는다—이외에 국가는 상속세를 더 거둬들일 것이다. 국세 6억 유로 감축이 크게 영향을 미치지 않는다는 것을 사람들이 믿게끔 하려고 사르코지는 서둘러 2004년 특별 세수를 참고로 제시했다. 이는 전년도에 비해 10퍼센트 상승한 것인데, 경제부의 설명에 의하면 '2003년 예외적인 상황'에 따라 비정상적으로 오를 수밖에 없었다는 것이다(다시 말해 2003년에 사망자 수가 급격히 증가했다는 것인데, 그렇다면 이런 일이 다시 일어나지 않기를 바랄 수밖에 없단 말인가!). 재무부 장관이 취임해 직원들에게 적은 비용으로 효과적인 일을 할 수 있는 방법을 물었다는 사실을 기억한다면, 재무부 장관이 상속세를 공격할 생각을 갖게끔 한 것이 무더위[2] 때문이었을까?

사르코지는 적어도 분명하고도 확실한 진보적 어젠다를 갖고 있었고 그의 의지를 관철하기 위해서는 위험도 감수할 준비가 되어 있었다. 그렇다고 해도 그가 프랑스 대중운동연합 총재직을 맡음으로써[3] 재무부 장관 재임 8개월 동안 했던 일들을 잊게 할 만한 강력한 프로그램을 발전시켜나가길 바라는 마음이 우리에겐 여전히 남아 있다.

1. 사르코지는 2002~2004년에 내무부 장관을, 2004~2005년에 재무부 장관을 역임했다.

2. 2003년 여름, 무더위로 많은 사람이 사망했다.

3. 사르코지는 2004년 11월 프랑스 대중운동연합 총재에 취임했다.

근로계약: 보를로, 혼돈에 빠지다

장루이 보를로Jean-Louis Borloo가 제시한 노동법은 놀라울 정도로 간단하다. 사람들은 이 노동부 장관이 피에르 카위크Pierre Cahuc와 프랑시스 크라마르즈Francis Kramarz가 제출한 직장사회보장제도에 관한 보고서 내용을 수용하기를 기대했다.[1] 위 두 사람은 특히 두 개의 주요 노동계약(기간제 계약CDD: Contrat de durée déterminée과 무기간제 계약CDI: Contrat de durée indéterminée[2])을 무기간제 계약 하나로 통일하는 방법을 제안했다. 즉 실업자에 대한 취업알선, 정보 제공, 보상 등에 관한 업무를 같은 장소, 같은 상담자로 일원화하는 '단일 창구' 시스템을 만들자는 것이다(현재 국립고용센터와 성인직업교육단체, 프랑스 실업자보험공사 등이 따로 운영되고 있다). 그런데 장관은 기존의 두 노동계약 이외에 제3의 노동계약(경제적 해고자[3]에게 실업기간 동안 적용하는)과 이미 지방에 설치되어 있는 4개의 국립고용센터 이외에 다섯 번째 센터를 하나 더 만들 것을 제안하고 있다.

물론 그 누구도 카위크와 크라마르즈가 권하는 강력한 정책—이에 대한 개괄적인 설명은 이미 블랑샤르Olivier Blanchard와 티롤Jean Tirole의 보고서에 나타나 있다[4]—이 즉각적으로 적용되길 기대하는 것은 분명 아니었다. 단지 이에 대한 토론회만이라도 열리길 기대했던 것이다. 이 두 경제학자의 보고서는 잘 알려진 실패의 기록에서부터 출발한다. 즉 해고 절차가 (다른 유럽국가와 비교해 상대적으로) 까다로움에도 불구하고, 프랑스는 고용불안감이 가장 높은 산업국가라는 사실 말이다. 이유는 간단하다. 프랑스에서는 매일 3만 명이 일자리를 잃는데(반면 3만 명이 새로운 일자리를 얻는다), 이 가운데 5퍼센트 미만만이 경제적 해고자에 해당되고 나머지 대다수는 CDD 기간이 끝나 해고된 것으로 분류되기 때문이다. 기업은 상대적으로 보호적 성격이 강한 CDI보다 CDD를 훨씬 더 선호했는데, 임금근로자들은 이 CDD의 노동소득세액공제에 대해 매우 불안한 생각을 갖고 있었다. 이렇게 CDD와 CDI 사이에 나타나는 역효과를 없애고, 특정 기간이 명시되지 않기 때문에 현행 CDD(18개월 뒤에는 CDD를 맺은 근로자들의 목이 달아나게끔 되어 있다)보다 더 보호적이지만, 기업이 직원 해고 시 새로운 세금을 내면 될 뿐 해고근로자를 재취업시켜야 할 의무는 없다는 의미에서 볼 때 현행 CDI보다는 덜 보호적인 단일 근로계약을 만들자는 제안이 나왔다.

물론 가장 논란의 여지가 많은 부분은 마지막 부분이다. 몇몇 조합은 벌써 ('근로악법'에 해당되는) '해고권한'을 통한 기업의 책임 면제를 규탄하고 나섰다. 조합의 대응이 이해가 안 가는 바는 아니지만 그들은 한 가지 중요한 사실을 간과하고 있다. 즉 능력을 평가해 해고근로자를 새롭게 교육시키고 새로운 분야에 새로운 일자리를 마련해주는 것이, 권한을 부여받고 특별조직 설립을 요구하며 기업이 마음대로 하지 못하도록 하는 조합 고유의 역할이라는 사실 말이다. 또한 재취업 의무는 종종 법적 의무의 범위에서 벗어나기도 하며, 판사는 항상 기업의 경제적 상황과 재취업에 대한 노력을 정확하게 평가하는 데 최선을 다하지도 않는다. 기업에 대해 알려면 기업의 작동원리를 알면 된다. 즉 부富를 창출하고 세금(경우에 따라서는 많은 세금)을 내는 것. 만일 이런 세금이, 국가가 양질의 실업자 교육과 취업알선을 담당하는 '단일 창구' 시스템의 범위 내에서 공공의 일자리를 만들거나 개선하는 데 쓰인다면, 기업과 봉급자 모두에게 이익이 되는 개혁이 될 것이다. 하지만 기업으로 하여금 임금을 더 많이 지불하게 하고 일자리에 관한 공공서비스를 근본적으로 개선하게끔 하지 않은 채 기업에 사회적 면책 특권을 주는 것에 만족한다면, 이런 개혁은 봉급자에게는 한낱 속임수에 지나지 않게 될 가능성이 농후하다. 프랑스 사람들이 CDI에 강하게 집착할수록(이 단계에 이르기까지 많은 시간이 걸리긴 했지만) 그리고 그들이 불확실성을 느끼면 느낄수록 제대로 된 삶을 영위할 수 없다는 사실은, 무엇보다도 시장에 대한 회의적인 태도(예를 들면 프랑스인은 '세계화'에 대해 가장 염려스러운 생각을 갖고 있는 국민 가운데 하나다)로 설명될 수 있다. 즉 우리의 노동법 자체가 실패작이어서가 아니라는 말이다.

따라서 선택의 폭은 그다지 넓지 않다. 하지만 선택을 시도하거나 최소한 토론이라도 해야 하지만 보를로는 전혀 절박함을 느끼지 못하는 것 같다. 물론 단순화한다는 것이 복잡한 문제를 야기할 수도 있다. 그리고 보를로가 보다 야심찬 목표(예를 들면 새로운 지역사무소를 설치해 기존의 사무소들을 통합하려 했던 것)에 단계적으로 다가가기 위해 치밀한 전략을 구상하고 있었다는 사실을 간과해서도 안 된다. 여기서 우리는 무엇보다도 그가 현행 시스템의 행정적 토대를 마련하는 데 기여했다는 사실을 인정할 수밖에 없다.

1. 모두 프랑스 경제학자로, 카위크는 에콜 폴리테크니크École Polytechnique 교수로 재직 중이며, 크라마르즈는 경제통계연구소CREST: Centre de recherche en économie et statistique 소장이다.

2. CDI는 한국의 정규직과 비슷한 반면 CDD는 한국의 비정규직과 비슷한 형태다.

3. 경제적 해고licenciement économique는 기업의 경영 상황이 악화되었을 때 경제적 이유로 노동자를 정리해고하는 것을 말한다.

4. 모두 프랑스 경제학자로, 블랑샤르는 IMF 수석이고, 티롤은 2014년 노벨경제학상을 수상했다.

행정

연구 프로젝트에 관한 잘못된 선택

지난 화요일 대통령이 발표한 신년사는 앞으로 연구 분야를 활성화하는 것이 이 시대의 중요한 과제임을 강조했다. 다시 생고뱅Saint-Gobain[1] 회장인 베파Beffa 보고서의 결론 부분을 읽어나가던 자크 시라크는 2005년이 프랑스 연구 시스템이 현대화되는 한 해가 될 것이며 연구 분야에서 뒤처진 유럽을 이끌 사람은 자신밖에 없다는 점을 역설했다. 그리고 그는 '지금부터 4개월' 안에 산업혁신기구AII: Agence de l'innovation industrielle를 설치한다고 발표했다. 이 기구는 올해부터 5억 유로(그리고 3년에 걸쳐 '최소 20억 유로'. 이는 고등교육 예산의 20퍼센트에 해당되는 액수다)의 세비로 운영되며, 중소기업과 공공 연구센터의 대단위 프로젝트의 일환인 기술혁신 프로그램에 연구비를 조달하게 되어 있었다.

보고서의 내용은 놀랍고도 걱정스럽다. 유럽의 연구개발 투자비용은 미국의 전통적인 연구개발 분야(화학, 자동차 등) 혹은 대단위 공공

프로그램(우주항공산업) 투자비용과 같지만 신기술(생물공학, 정보과학 등)에 비하면 10분의 1에도 미치지 못하는 수준이다. 따라서 이 새로운 기구의 목표는 아리안Ariane 인공위성과 미래의 에어버스에 대한 막대한 투자가 될 것이다. 여기서 우리는 기본적으로 다음과 같이 가정할 수 있다. 사업을 공공사업으로 추진함으로써 이 분야에 뛰어든 개인사업자가 장기간에 걸친 위험 부담을 감수할 수 있도록 한다는 것이다. 이는 이론상 몇몇 예상 프로젝트(무공해 자동차, 재생 에너지 등)가 더욱 정당성을 띠게 된다는 것을 의미한다. 시장의 사회적 비용이 완전히 내부화될 수 없고, 대부분의 기술혁신이 보통 실패로 끝나거나 다른 분야에 예상치 못한 결과를 야기하기 때문이다.

새로운 형태의 산업정책을 추진하기에 앞서 심도 있는 토론 과정을 거쳐야 한다. 사람들은 우선 기업인이 제시하는, 특히 대기업이 중심 역할을 하는 프로젝트의 외형에 관심을 보이기 마련이다. 놀라운 사실은 대기업은 돈을 어떻게 사용해야 할지 모를 정도로 돈이 많다는 것과 신용시장에 대한 압박을 통해 신흥 소기업을 강하게 압박한다는 것이다. 유럽 시장에서는 이 같은 소기업의 역동성과 생존율 따윈 신경도 쓰지 않는다. 또한 프로젝트의 성패는 신념과도 관계가 있다. 즉 혁신기술 프로젝트에 참여한 미래 산업전문가들이 적어도 10년에서 15년은 프로젝트에 매달려야 한다. 가장 비관적인 시나리오를 예로 들면, 1960년 프랑스에서 수립된 '컴퓨터 산업 조성계획plan calcul'을 본떠 만들었다가 1970년대에 몇몇 기업에 횡재만을 안겨준 채 참혹한 결과로 막을 내린 프랑스-소련 협력 프로젝트[2]의 악몽을 쉽게 생각해볼 수 있다.

공공예산은 시간적 제약을 받지 않는다는 점을 고려할 때, 기본적으로 연구의 현대화에 주안점을 두는 이런 방법은 고등교육기관이나 연구기관과는 대체로 반대 입장을 취하게 되며, 오히려 구조를 분열시키는(대기업이 특정 조직을 끌어들여 하나의 프로젝트를 일정 기간 수행하게 하는 것을 포함해) 역할을 한다. 여러 형태의 기관(대학, 전문학교, 연구기관 등) 사이에서 불가피하게 비생산적인 다툼이 벌어지기도 했다. 모든 대학 관계자가 미래에는 공공자금과 민간자금—현재 연구기관들이 겪고 있는 자금 부족에서 빠져나오려면 이런 자금이 꼭 필요하다—을 끌어오는 데 필요한 신뢰도와 효율성을 높일 수 있는 자율적이고 책임감 있으며 가능성 있는 기관을 설립해야 한다는 데 의견이 일치한다는 것을 생각하면, 참으로 유감스러운 일이다. 하버드, 프린스턴 혹은 MIT와 같이 규모가 큰 대학은 공공기관이나 민간인들이 대학을 믿고 연구비를 출자할 정도의 정체성과 평판을 구축했다. 예를 들면 이런 대학에 투자하는 출자자들은 돈이 특정 지역에 편중되지 않고 과학적으로 의심의 여지가 있는 분야에 쓰이지 않는다거나 혹은 가치 없거나 이미 한물간 연구 프로그램에 쓰이지 않는다는 사실을 잘 알고 있다. 그 대신 이런 기관의 연구자들은 그들에게 돌아가는 좋은 평판이 가장 값진 재산이며, 그 덕분에 연구 자원을 확보할 수 있다는 사실을 잘 알고 있다. 그래서 연구원들은 자신들의 명성을 훼손할 만한 일은 거절한다. 개인 기업도 마찬가지로 이러한 확실한 평가를 받기까지 수년 혹은 수십 년이 걸릴 수 있으며, 그것도 자율적인 역량을 갖춘 수준까지 올라갈 수 있어야만 가능하다. 이런 면에서 보면 프랑스는 상당히 지지부진한 모습을 보이고 있다(대부분의 대학은 확실한 자신만의 정체성을 갖고 있지 못하며 평판 또한 그리 좋지 못한 편이다). 이러한 점이 바로 고등교육기관이나 연구기관의 발전을 저해하는 첫 번째 요인이다. 이는 아마도 산업혁신기구의 부재보다 도 더 큰 걸림돌일 것이다.

1. 프랑스의 건축자재 생산업체.

2. 1971년 10월 소련 공산당 서기장 브레즈네프가 파리를 방문해 퐁피두 대통령과 공동으로 발표한 성명으로, 유럽의 기존 국경 존중, 핵군축 노력, 내정불간섭, 경제·기술·산업 협력 등 13개 항목으로 구성되어 있다.

쿼터제, 잘못된 선택

니콜라 사르코지가 제안한 이민 쿼터제에 대한 토론은 많은 반론을 일으켰다. 몇몇 사람은 쿼터제를, 이민 제로 상태라는 불합리한 독단적 신조를 버리고 프랑스와 같은 나라는 경제적·민주적 이유에서뿐만 아니라 인도주의적인 이유에서도 정기적으로 이주자를 받아들여야 한다는 사실을 공론화시키는 하나의 방법으로 여기고 있다. 반면 다른 사람들은 쿼터제 도입으로 인해 지식인이나 선진국 출신의 이민자가 3분의 1로 줄어들 가능성을 시사한다. 결과적으로 가난한 나라는 '두뇌유출'이라는 불리한 입장에 놓이게 되고 정의와 연대의 가치를 포기하는 것이 된다는 뜻이다. 그리고 이는 기업과 각양각색의 인종차별주의 단체에게만 유리한 제도라고 주장한다.

한마디로 말하자면, 쿼터제는 가장 잘못된 이민 조절 시스템 가운데 하나다. 모든 전문가(조지 보하스George Borjas, 파트리크 베유Patrick Weil[1] 등)가 미국에서 이 제도가 얼마나 많은 문제를 일으켰는지를 밝혔음에도 불구하고 이런 제안을 다시 꺼내든다는 것은 당혹스러운 일이다.

이 논의가 불합리하다고 생각하는 이유 가운데 하나는 실상을 정확히 알지도 못한 채 토론 과정에서 미국의 경우를 자주 인용한다는 것인데, 미국의 경우는 미국 자체가 기본 모델이 되는 경우와 그 모델의 보조 역할을 하는 경우가 번갈아가며 반복되기 때문에 정확성이 많이 떨어지는 약점이 있다. 예를 들어, 쿼터제를 국적(국가 혹은 지역에 따른)에 따라 결정할 것인지 아니면 이민 형태(가족 재결합, 근로, 추방 등)에 따른 기능적 분류를 통해 결정할 것인지에 관해 미국이 보여주는 모습을 떠올려보라. 국적에 따라 규정되는 쿼터제는 1965년 법령에 따라 기능적 분류로 대치되면서 미국에서 거의 존재하지 않는다는 사실을 기억하자. 2000년 미국에 입국한 85만 명의 합법적 이주자 가운데 35만 명은 배우자나 친척과 함께 살기 위해 온 이주자고, 26만 명은 그 이외 형태의 재결합 이주자, 11만 명은 근로 이주자(이 가운데 4만 명은 매우 높은 수준의 기술 보유자였다), 7만 명은 정치 망명자였다. 단 전체 이민자의 6퍼센트인 5만 명만이 앞에서 언급한 추첨 시스템에 의해 '다양한' 외국 출신으로 미국 국적을 취득했다. 프랑스가 40년 전에 미국이 포기한 국적에 따른 쿼터제를 선택한다는 것은 있을 수 없는 일이다. 사실상 기능적 분류는 국적에 따른 분류와 대체로 일치하기 때문에('망명자'는 주로 아프리카 출신이고, OECD 가입국의 고급인력이 미국으로 이주하는 경우는 드물다), 사람들은 사르코지나 그의 추종자들이 일단 시스템이 실행된 상태에서, 공공의 의견에 가장 잘 부합하는 '인종혼합'을 이루기 위한 다양한 쿼터제 적용을 잘 해나갈지 의심의 눈초리를 보내고 있다. 이런 시스템은 선동적으로

운영될 위험성이 큰 만큼 관련 수치를 파악하기가 힘들다. 프랑스 국민이나 국회의원이 망명자 혹은 가족 재결합 이민자의 수를 정확하게 파악한다는 것은 하나의 민주적 환상에 불과하다.

반면 이런 시스템이 갖는 또 다른 위험성은 경직성이다. 쿼터제는 한번 할당량이 지정되면 10여 년간 바뀌지 않을 정도로 강력한 정치적 목적을 띠고 있다. 미국에서는 1990년 법이 제정된 이후 할당량이 지금까지 바뀌지 않고 있다. 이런 할당량을 어기는 상황이 끊임없이 발생하긴 하지만, 법규 내용이 워낙 강력해 1990년에 규정한 할당량을 수정하기 위해 국회가 소집될 가능성은 거의 없다. 또, 매년 세계 각지에서 (5만 개의 자리를 놓고) 1100만 명의 지원자가 몰려드는 추첨 시스템 때문에 많은 사기행각과 불법행위가 자행되고 있다.

쿼터제의 또 다른 경직성으로는, 정부가 필요로 하는 자질을 갖춘 근로자를 정확하게 파악하여 그 수요를 예측하는 것이 불가능하다는 점이다. 이런 단점은 2000년 독일에서 2만 명의 외국인 컴퓨터 전문가에게 쿼터제를 적용했다가 실패한 사례를 보면 쉽게 이해할 수 있다. 이런 시스템에 유연하게 대처한 예는, 외국인 봉급자를 고용하려는 고용주가 따라야 할 절차를 간편하게 한 1998년의 오브리Aubry 법[2]이다. 고용주는 공공직업소개소에 등록된 실업자를 절대 고용할 수 없다는 이 법안의 기본 원칙은 사실 프랑스에서 엄격하게 적용되는 사항인데, 이 법안으로 인해 OECD 국가 혹은 남유럽 국가 출신의 자격을 갖춘 많은 외국인 노동자가 이득을 보고 있다. 다른 정책에 비해 이 정책은 1997~2001년 프랑스로 들어오려는 이주민에게 슬그머니 문을 개방하는 역할을 했다. 오브리 법은 프랑스 대중운동연합 총재직 출마 의도를 타진해보려는 사르코지에 의해 2003년 폐기됐다. 오브리 법은 스스로가 파놓은 함정에 빠질 수밖에 없었던 순진한 법안이었다.

1. 보하스는 하버드 경영대학원 교수. 베유는 프랑스 역사학자이자 이민 관련분야 전문가.

2. 노동부 장관 오브리의 이름을 따 제정된 주당 노동시간을 35시간으로 단축한 법.

조세제도

어린이 한 명의 가격

다른 스캔들은 논외로 치더라도, 매달 1만4000유로의 월세(1년이면 16만8000유로나 된다)를 내는 게마르Hervé Gaymard[1] 가족이 입주해 있는 600제곱미터의 복층아파트 문제는 오랫동안 지적됐던 정치인 가족 문제를 구체적으로 제기했다. 부모의 수입과는 상관없이 정부에서 지급하는 한 아이에 대한 가족수당은 똑같아야 되는 게 아닌가? 아니면 정부는 자녀가 없는 부부의 소득 수준에 맞춰 자녀를 많이 가진 부모의 생활수준을 유지하는 방법—이럴 경우 정부가 각 자녀에게 지급하는 수당은 부모의 소득에 따라 증가할 수밖에 없다—을 강구해야 하는 것이 아닌가? 수직적 상호의존관계 논리와 수평적 형평성 논리 사이에서 발생하는 이런 논쟁은 이미 1세기 전부터 정치적 대치 국면을 조성해왔다.

이전 재무부 장관은 단호하게 두 번째 논리를 밀어붙였다. 게마르는 생미셸 대로변에 있는 240제곱미터형 아파트는 '(그의) 아이들과 함께 일상적인 생활을 하는 데'(다시 말해 장관이라는 새로운 위상과 그에 적합한 생활을 누리는 데) 부적합하다고 생각했다. 또한 그는 그의 여덟 자녀가 파리 8구에 600제곱미터의 아파트를 소유할 만한 '부자'가 아니기 때문에, 그들이 누려야 할 호사스러운 생활을 납세자들의 세금으로 충당하는 것이 당연하다고 생각했다. 이 경우 납세자들을 조금만 압박하면 각 자녀에게 지급되는 수당은 매달 약 2000유로로 증가하게 된다. 이런 수치들을 예측하려면 관례적인 가족정책에 관한 수치들과 비교하는 것이 좋다.

첫 번째 논리는 특히 가족수당에 관한 것이다. 현재 모든 가정은 첫째 아이에 대해서는 가족수당을 전혀 받지 못하고, 둘째 아이가 있을 경우 매월 약 115유로, 셋째 아이는 260유로 그리고 넷째 아이부터는 아이 한 명당 약 145유로의 추가 수당을 받는다. 그렇다면 8명의 자녀를 두고 있는 게마르의 경우는 매월 1100유로, 즉 연 약 1만3000유로의 수당을 받는데, 이는 저소득층의 연간 소득과 같다. 이 액수는 저소득층에게는 상당히 중요하지만 게마르에겐 전혀 중요한 액수가 아니다(그의 과세 부분을 제외한 연봉은 20만 유로, 그의 부인도 부수입 이외에 최소한 이만한 액수의 소득이 있었던 것으로 밝혀졌다).

두 번째 논리는 가족계수QF: Quotient Familial에 따른 논리인데, 이는 유복한 가정의 해체와 저출산 현상을 방지하기 위해 1945년 세계에서 유일하게 프랑스에서 채택한 시스템이다. 원리는 간단하다. 각 가정에 특정 계수가 배정된다. 계수 2는 자녀가 없는 부부, 2.5는 한 자녀 가구, 3은 두 자녀 가구, 4는 세 자녀 가구 그리고 그 이상의 자녀가 있을 경우는 자녀 한 명당 추가적인 계수가 배정된다. 1953년까지는 결혼 이후 3년이 지나도록 아이가 없는 부부에게 배정된 계수가 2에서 1.5로 줄었는데, 이는 출산을 장려하는 입장에서 입법부가 얼마나 많은 노력을 기울였는가를 나타내는 증거다. 이후 배정된 계수에 따라 소득을 나누고 지불해야 할 세금을 계산한 다음 배정된 계수로 다시 곱한다. 배정된 계수로 나누는 것은 최고세율을 피하기 위한 것으로, 다시 말해 소득이 많으면 무조건 세금을 많이 내야 하는 상황을 피하기 위한 것이다.

구체적으로 살펴보면, 8명의 자녀를 둔(이에 배정된 계수는 9다) 저소득층은 과세 대상에서 제외되고—물론 계수 2를 배정받았을 때 이미 과세 대상에서 제외됐겠지만—따라서 가족계수는 제로가 된다. 즉 저소득층은 가족수당만으로 만족해야 한다는 것이다. 연소득 10만 유로에 8명의 자녀를 둔 가정은 약 2만 유로의 세금 공제 혜택을 받을 수 있는데, 사람들은 늘 이 점에 혹한다. 연소득이 (액수를 명확히 하자면) 약 40만 유로인 게마르에 대해 엄격하게 적용한 세금 공제액은 약 7만 유로에 달하며, 수당을 추가해서 적용하면 8만 유로 이상이 된다. 보통 사람이 1년에 16만8000유로를 월세로 내야 하는 복층아파트에 산다는 것은 여전히 불가능한 일이지만, 실제 부담할 액수가 엄청나게 큰 것은 아니라는 사실을 사람들은 잘 알고 있다. 결국 장관의 아파트는 엄청난 가족계수의 결과물이었던 것이다.

이것을 지나친 특혜라고 판단한 사회당원들은 1981년 세금 공제 상한액을 재조정했다(이런 결정은 1986년 셋째를 넘어가는 자녀에게 추가적인 계수가 아닌 절대계수를 배정함으로써 훨씬 균형잡힌 정책으로 자리잡았다). 현재 공제액은 자녀 한 명당 4200유로를 초과할 수 없게 되어 있는데, 이렇게 되면 게마르의 여덟 자녀에게 돌아가는 공제액은 (7만 유로가 아닌) 단지 3만 유로밖에 되지 않는다. 위기 상황에서 빠져나오려고 라파랭Jean-Pierre Raffarin[2]이 제정한 규정(각 부처의 장관은 봉급 이외에 80제곱미터 크기의 숙소를 제공받았는데, 자녀 한 명당 20제곱미터가 추가되어 8명의 자녀를 둔 경우 숙소의 크기는 240제곱미터가 되었다)은 장관들의 가족을 위해 가족계수의 효과를 거의 무효화시키는 결과를 초래한 것이다. 2002년 장관 봉급을 암암리에 두 배로 올린 이후 장관 가족숙소에 대한 권리를 성급하게 규정함으로써, 라파랭 정부는 한 번 더 공권력 범위 밖의 권력을 행사하는 모습을 보이고 말았다.

1. 2004년 9월 29일부터 2005년 2월 25일까지 재무부 장관을 역임했다.

2. 2002년 5월 6일~2005년 5월 31일에 국무총리를 역임했다.

국제세제로 갈 것인가?

지금부터 2015년까지 빈곤 계층을 절반으로 줄인다는 '새천년 목표'를 달성하려면 연 500억 내지 1000억 달러가 필요할 것으로 추정된다. 1000억 달러라는 수치는 별것 아닌 듯 보일 수 있으나(40조 달러에 이르는 세계 총생산의 0.3퍼센트에도 못 미치는 수치다), 부유한 국가의 빠듯한 재정을 고려해보면 이만한 액수를 따로 예산으로 책정한다는 것은 쉬운 일이 아니다. 물론 이런 부유한 국가들 대부분이 국내의 사회적 요구와 인기에 영합한 반反조세 정치 흐름에 직면해 있는 것이 사실이긴 하다.

그래서 진정한 국제 조세를 통한 지속 가능하고 새로운 자원 개발 필요성에 대해 현재 많은 논의가 진행 중이기도 하다. 금융거래, 다국적 기업의 소득, 무기 판매, 항공운송 등에 관한 세금 말이다. 지난 목요일 베르시Bercy에서 수많은 관계자가 모인 가운데 프랑스 개발기구AFD가 주최한 콘퍼런스에서 이 주제에 대한 공식적인 의견이 제시됐다. 게다가 어떤 해결책은 가난한 국가를 위해 활용 가능한 자원을 구축한다는 장점을 갖고 있기도 했다(가난한 국가에 대한 공적 지원은 매우 불안정한 상태다). 특히 '새천년 목표'에서 규정한 프로그램의 중요 부분은 진정한 '세계 공동가치'(전염병, 오염 퇴치 등)라는 개념에 부합하는 것이며, 이에 대해 재정 지원을 하려면 세계적 수준의 조세가 요구될 수밖에 없다. 그렇다면 앞으로 세계는 국제조세법을 만들어야 하는가? 아마도 그럴 것이다. 하지만 목표를 벗어나지 않는다는 조건이 전제되어야 한다.

무엇보다도 설사 이런 세금을 만들어 부유한 국가들이 앞에서 언급한 1000억 달러를 가용할 수 있다 할지라도, 이런 새로운 국제원조기금만으로 가난한 국가의 사회복지정책을 실현할 수 있다는 생각은 환상에 불과할 것이다. 오늘날 미국을 포함한 선진국의 현대화와 발전 과정은, 정부가 경제성장을 위해 적어도 GNP의 30~40퍼센트를 교육, 의료, 인프라 등에 집중 투자할 수 있는 능력을 갖추었느냐 그렇지 않느냐에 달려 있다. 많은 저개발 국가, 특히 아프리카나 동남아시아 국가들은 오늘날 빈약하고 비효율적인 공공 분야로 인해 고통을 받고 있으며, 주요 관건은 이런 국가들에게 그들만의 '복지국가' 모델을 만드는 데 도움을 주는 것이다. 프랑스 개발기구 위원장 장마르크 세베리노Jean-Marc Sévérino가 최근 지적했듯이, 국제기구가 가난한 국가에서 필요로 하는 수천만 명의 교사, 간호사, 의사를 확보한다는 것은 불가능한 일이며 바람직한 일이 아니기도 하다. 왜냐하면 이는 저개발 국가가 온전한 국가를 건설하는 과정을 도리어 취약하게 만들기 때문이다. 적합하고 역동적인 세제를 발전시켜나가도록 돕는 것이 오히려 이런 국가들을 진정으로 도울 수 있는 방법 가운데 하나다. (많은 가난한 국가의 세수稅收는 200년 전의 유럽처럼 GNP의 약 10~15퍼센트를 차지하는데, 이는 군대와 경찰을 유지하는 비용밖에 되지 않는다.) 하지만 지난 15년간 국제기구는 이런 방법에 거의 신경을 쓰지 않았다. 그리고 이런 방법을 채택한 국가들(지금부터 앞으로 몇 년간 소득세가 GNP의 5퍼센트 이상—이는 프랑스보다 높은 수치다—을 차지하게 되는 중국과 같은)은 우리의 도움 없이 발전을 이루었다는 사실을 인정할 수밖에 없다.

그렇다고 해도 국제세제의 기본 골격을 세우는 것은 오늘날 유용한 방법으로 받아들여지고 있다. 또 한 가지 사실을 지적하자면, 부유한 국가의 발전 과정을 반면교사 삼아 잘못된 전철을 다시 밟지 않을 수 있다는 상섬이 있다. 세계 각국에서 오랜 시간에 걸쳐 일어난 세제 변화는 동일한 경향을 보인다. 즉, 우선 단순한 세제(관세와 무역에 대한 간접과세) 이용에서 시작한다. 그리고 국가가 보다 복잡하고 간접적인 성격의 세금을 올리는 데 필요한 행정 능력과 정치적 합법성을 발전시켜나가는 것은 소득세 혹은 수익세의 경우처럼 점진적으로 이루어질 뿐이다. 전 세계 기업에 대한 수익세를 신설함으로써 국제세제의 역사를 시작한다는 생각은 환상에 지나지 않는다. 왜냐하면 우선 수익세에 관해 유럽 국가들 사이에 기본적인 합의가 이루어져야 하는데, 사실 이를 실현하기까지는 갈 길이 멀기 때문이다. 외환거래에 0.01퍼센트의 세금(국제금융관세연대ATTAC: Association for a Taxation of financial Transactions in Assistance to the Citizens에 따르면 100억 달러에 해당된다)을 부과하는 것 또한 부분적으로는 시기상조라는 똑같은 문제점을 안고 있다. 이는 폭넓게 운용할 수 있는 세제의 근거에 관한 문제다. 게다가 이를 통해 0.01퍼센트 이하의 세율을 적용하는 모든 단기 상거래를 배제해야 하는데, 하나의 납득할 만한 세금을 부과함으로써 이런 상거래는 즉시 사라지게 할 수 있다(장피에르 랑도Jean-Pierre Landau[1]에 따르면 외환거래 대부분이 이런 단기 상거래에 해당되는데, 그는 주식거래 총액만 해도 100억 달러에 이른다는 점을 지적한다). 모든 것을 한꺼번에 해결하고자 한다면 그 유명한 '토빈Tobin세'는 빛을 보지 못할 수도 있다. 덜 매력적이지만 보다 현실적인 해결 방안은 아마도 국제무역세(연간 세계무역량은 10조 달러에 이르는데, 여기에 0.1퍼센트의 세율을 적용하면 100억 달러 규모의 세금이 나온다)가 될 것인데, 이는 모든 국가가 동의를 얻기 전에도 적용될 수 있을 것이다.

1. 2001~2006년 유럽부흥개발은행EBRD의 프랑스 행정관을 역임했다.

프랑켄슈타인이 아니라 볼케스테인

여론조사에서 찬성표가 우세할 전망을 보이는 시점에서, 캠페인 기간 중 여러 오해를 일으켰던 프레데릭 볼케스테인Frederik Bolkestein[1]의 강령에 의해 제기된 논의를 이어갈 필요가 있다. 왜냐하면 이 강령이 헌법에 전혀 부합하지 않는다 하더라도, 적어도 유럽의 자유화정책이 띠는 복잡성을 분명하게 제시할 수 있기 때문이다.

애초에 이 네덜란드 집행위원이 발표한 강령은 유럽연합 내에서 서비스를 제공받는 국가의 법이 아니라 서비스를 제공하는 국가의 법에 따라 서비스 거래가 진행되어야 한다는 내용으로 알려졌다. 정확히 하자면, 서비스 거래의 대부분은 논쟁의 대상이 되는 조항에 저촉되지 않는 것이었다. 서비스가 전적으로 외국에서 온 것이라면—예를 들어 포르투갈(혹은 인도)에 기반을 두고 있는 정보유지 서비스 혹은 입찰 기관의 경우—관련 근로자에게 적용되는 법은 물론 외국법이다. 그리고 서비스가 이민이 허용된 이주노동자에 의해 이루어진다면—예를 들면, 필요한 증명서를 소지하고 있다는 전제 하에 파리에 거주하는 폴란드 배관공의 경우. 물론 증명서를 얻는다는 것이 쉬운 일은 아니다—물론 이민을 허용한 국가의 법이 적용된다. 상황이 불분명한 경우—이는 국적에 따라 발생하는 유일한 문제다—는 해외에 기반을 둔 기업의 경우다. 즉 서비스 제공의 일환으로 외국에 임금근로자를 파견하는 경우를 말한다. 예를 들면 라트비아의 기업이 경쟁입찰에 참가해 임금근로자를 스웨덴의 작업 현장으로 파견하는 경우가 여기에 해당되는데, 볼케스테인의 강령에 따르면 라트비아 노동자는 스웨덴 법이 아닌 라트비아 법에 따르게 되어 있다.

해외 파견근무 기간이 매우 짧거나 일시적인 경우(1996년 파견근무 강령에 의하면 8일), 모든 근로계약을 새로 작성해야 한다는 불합리성 때문에 어떤 규정이 정당화될 수 있다는 것 또한 원칙에 위배된다. 특히 상당수 분야(택시, 상업, 공공사업 등)에서 외부 노동력의 침투를 막기 위해 울타리를 만들고 노동조합원들이 사회적 발전보다는 연금을 지키려는 데—게다가 부패현상까지 나타나고 있다—신경을 쓰게끔 하는 절차와 규제가 존재한다. 이 점에 대해 한 폴란드 기업가는 분통을 터뜨리면서 다음과 같이 말한다. "기업가에게는 독일 화장실에 타일을 깔러 가는 것보다 폴란드에서 변호사 사무실을 여는 것이 더 쉽다"라고 말이다.

하지만 서양 근로자와 기업이 행하는 차별(해당 분야의 자국 근로자가 부족한 만큼 부당한 행위가 일어날 수밖에 없다)이라는 현실적인 문제를 해결할 것을 주장하며, 볼케스테인은 아기를 욕조 물속에 넣는 것과 같은 극단적인 해결책을 선택한다. 하지만 이 강령엔 파견근무 기간이 표기되어 있지도 않다. 특히 이는 곧바로 흔적도 없이 사라지는 현지의 법과 규제를 합쳐놓은 것에 불과하다. 이 강령은 '소셜덤핑'[2]과 '조세덤핑'이 끊임없이 발생할 수 있는 장을 열어주었는데, 이를 통해 기업은 예를 들어 기업이 활동하는 현지 국가의 사회적 분담금을 내지 않기 위해 자신의 직원을 현지에 형식적으로 거주시킬 수도 있다.

몇몇 부적합한 법규를 개정하는 데 결국 유럽형 복지국가 건설의 근간이었던 사회체계와 조세체계 모두를 이용했다. 이런 공세적인 정책에 맞닥뜨린 유럽 좌파는 역시 공세적인 사회-민주적 동맹을 조직해야 했다. 이들의 목적은 기존 규제가 부적절할 때 이를 문제삼고 반대로 기본 원칙—특히 조세덤핑과 관계된 원칙—이 흔들릴 때는 이를 보호하는 것이었다. 강령을 개정하자는 독일 사회민주당 소속의 유럽의회 의원들의 제안은 이런 의미에서 타당성을 지닌다. 하지만 프랑스 사회주의자, 특히 일반적으로 선동적이고 가장 적나라한 기회주의적 성향을 가진 당론과 반대 입장에 있는 당원은 건설적이고 유럽적인 자세를 취하는 경우가 드물다. 2001년 발표된 차자트Charzat[3] 보고서에 프랑스에 기반을 두고 있는 외국인에게 프랑스 세금을 면제하자는 제안(이 정책은 이상하게도 볼케스테인의 강령을 연상시킨다)이 있었다는 사실과 그의 후원자인 로랑 파비위스가 자신의 정치적 입장이 확고할 경우 이 정책을 적용할 준비가 완벽하게 되어 있었다는 사실을 상기해야만 할까?

이유야 어찌 됐든, 합헌적 계약에 반대하는 것은 경제대국(그리고 특이하게도 프랑스)의 선택 폭을 줄일 뿐이라는 사실을 반복해서 강조해야 한다. 물론 이전 계약에 비해 크게 개선된 게 없는 법적 문안(본래 새로운 규정은 과반수 충족요건을 '인구의 65퍼센트를 대표하는 의원의 55퍼센트'로 규정하고 있다)이 헌법에 게재되고 국민투표에 부쳐지는 것을 유감스럽게 생각할 수도 있다. 왜냐하면 이렇게 되면 어쩔 수 없이 많은 유권자가 유럽에 대한 일반적인 불만을 토로하게 되기 때문이다. 하지만 일단 뚜껑을 열면 찬성만이 이 과정을 제대로 된 방향으로 이끌어가는 선택이 될 것이다.

1. 네덜란드의 법학자, 정치인, 유럽연합 집행위원.

2. 개발도상국이 저임금·저원가로 생산하여 해외에 덤핑하기.

3. 프랑스 경제학 교수이자 사회당원.

고용

포르투갈산 포도주에서 폴란드 근로자까지

결과가 어찌 되었건 국민투표 캠페인은 유럽통합을 지지하는 당원들에게 씁쓸한 뒷맛을 남겼다. 사실 많은 프랑스 임금근로자가 반대표를 던진 주요 이유는 분명하다. 그것은 새로 유럽연합에 가입한 국가에서 이주해온 근로자들—대부분이 폴란드인 배관공이거나 지역 분산정책에 따라 이주해온 루마니아인 노동자—에 대한 두려움과 이들과의 경쟁이 시작되면 어쩔 수 없이 프랑스인의 임금과 일자리가 줄어들 수밖에 없다는 예상 때문이었다.

노동시장의 현재 상황과 20년째 오르지 않는 임금으로 고통을 받는 사람들이 자신들의 처지에 대해 아무런 대책도 내놓지 않는 정부에 분노를 표출한 것은 물론 당연한 결과다. 그리고 헌법에 명시된 문구가 이런 위기 상황을 타개할 만한 새로운 제안을 충분히 내놓지 못할 것이라는 사실을 반복해서 언급할 필요도 없다. 그렇다고 해도 이런 고통이 유럽통합과 유럽으로 들어오는 새로운 이주민 때문이라는 생각(혹은 유럽통합을 반대하는 것이 이런 고통을 완화해주리라는, 보다 놀랄 만한 생각)에 확신을 갖고 있는 지배계층이 막중한 역사적 책임을 져야 한다는 사실에는 변함이 없다. 캠페인 기간 중 많은 일이 있었는데, 그 가운데에는 정당 소속의 시장들(여기엔 좌파 정당 소속의 시장도 포함)이 지역구에 있는 폴란드 이주노동자들을 공략하는 현상이 나타나기도 했다. 또한 무조건적으로 이민을 반대하는 프랑스 공산당PCF도 상황이 최악의 수준에 이르자 이주노동자에게 표를 호소하는 상황이 연출되기도 했다. 우파 정당에 속해 있으면서도 반대의사를 표한 당원들은 좌파 정당에서 주장하는 것처럼, 새로운 나라들을 통합함으로써 '승리의 가치를 떨어뜨리는' 관례를 낳았으며 임금근로자의 상황을 전반적으로 악화시켰다고 끊임없이 개탄했다.

이런 두려움은 실제로는 심각한 경제 현실과는 아무런 상관이 없다. 통합 유럽의 새로운 회원국이 된 국가들의 실제 임금이 최근 몇 년 동안 예외적으로 약 5~6퍼센트 상승했던 것은 프랑스와 독일의 임금이 그만큼 줄어들었기 때문이 아니다(그들의 임금은 아주 적게나마 상승했다). 이러한 현상은 새로운 국가들이 생산량을 높이기 시작했고, 이로 인해 구매력이 높아졌으며 우리의 상품을 수입했기 때문에 발생했다. 이는 1986년 스페인과 포르투갈이 유럽연합에 편입되면서 나타난 상황과 정확히 일치한다. 이 국가들은 부유해졌고 유럽에서 중진국 수준으로 발돋움했는데, 이는 프랑스가 비용을 댔기 때문이 아니다. 하지만 당시에는 뒤얽힌 동맹관계 때문에 이 국가들의 유럽연합 편입이 반대에 부딪혔다. 이유는 프랑스 임금근로자들이 스페인이나 포르투갈 노동자와 경쟁하면서 피해를 입는다는 것이었다(동등한 근로조건에 주어지는 임금의 격차 때문에 폴란드보다 프랑스가 더 절실한 입장에 놓여 있었다). 이 동맹은 늘 그렇듯이 극좌, 프랑스 공산당, 독립주의 우파, 극우 등을 규합했다. 프랑스 근로자들이 스페인과 포르투갈 노동자들과 경쟁하면서 손해를 봤으며, 이 외국인 근로자들을 내쫓았다면 프랑스 실업률이 더 낮아졌을 것이라는 주장을 지금 와서 누가 진심을 담아 제기한다는 말인가? 실업률의 변화 과정(1970년대 5퍼센트, 1986~1987년 10퍼센트, 1989~1990년 8~9퍼센트, 1994~1996년 12퍼센트, 2000~2001년 8~9퍼센트, 현재 10퍼센트) 혹은 지역 실업률 조사를 통한 주장이나 견해는 전혀 없다. 지금 프랑스 근로자들이 받는 고통의 원인을 폴란드와 루마니아의 회원국 가입 탓으로 돌린다는 것은 끔찍한 일이다. 사실 프랑스 실업 문제는 그렇게 손쉽게 파악할 수 있는 간단한 문제가 아니며, 유럽통합 과정이 20년 전에 멈추었다 할지라도, 실업률은 아마 별로 달라지지 않았을 것이다.

그렇다면 유럽연합은 잘 운영되고 있고 헌법은 완벽한가? 분명히 말하지만, 그렇지 않다. 자본은 1986년 당시보다 훨씬 유동적이고(근로자에게는 이와 반대의 현상이 나타난다) 유럽은 '조세덤핑'과 맞서 싸우는 데 매달리고 있다. 합헌적 조약은 헌법의 취지에 맞는 방향으로 발전하기 위해 이전의 모든 조약보다 내용면에서 우수하긴 하지만, 충분히 개선된 것은 분명 아니다. 또한 '덤핑'은 모두에게 피해를 주는 행위일 뿐만 아니라 시장경제의 성장과 원활한 작동에 전혀 도움이 되지 않는다는 사실을 우리의 파트너에게 설득시켜야 한다. 지난 몇 달 동안 프랑스에서 나타난 고자세, 외국인 혐오증, 체계적인 반反자유주의 등이 시장경제를 유럽헌법이 추구하는 방향으로 흘러가게끔 할 것이라는 상상은 환상에 불과하다. 물론 우리가 국가적인 차원에서 저지른 모든 과오를 해결하는 데 유럽을 속죄양으로 이용하는 것은 오래된 전통이다. 1983년에 이미 유럽의 강압에 어쩔 수 없이 임금을 동결했다고—반면 프랑스는 이 당시 임금을 동결하지 않은 유일한 국가다—설명했는데, 실은 임금동결이 일어날 수밖에 없는 상황인데도 불구하고 굳이 부연 설명을 했다는 사실을 보면 이를 쉽게 알 수 있다(1968년부터 1983년까지 저임금 성장률은 생산 성장률의 3배에 달했는데, 이런 추세는 폐쇄경제뿐만 아니라 개방경제에서도 영원히 계속될 수는 없는 것이다). 희생양 유럽의 이런 화려한 말치레는 이 캠페인이 벌어질 때 절정에 달했고, 오늘날 그 대가를 치르고 있다.

국제정치

블레어의 함정에서 벗어나기

프랑스가 국민투표를 통해 유럽헌법을 부결시키자 예상대로 토니 블레어Tony Blair는 유럽에서 주도권을 잡을 기회를 즉각 움켜쥐었다. 현 영국 총리인 블레어는 1983년 (제도적 동결이 있은 지 몇 년이 지나) 마거릿 대처 총리가 얻어낸 유럽 예산의 환급금[1]이 낮아진 것에 대해 재검토해봐야 한다고 주장했다. 그는 전제조건을 달았다. 유럽 예산을 자세히 재검토하고, 특히 예산의 40퍼센트를 차지하는 유럽의 미래(교육, 연구, 인프라)에 대한 투자를 방해하는 공동농업정책PAC: Politique agricole commune[2]을 파헤쳐보겠다는 것이었다. 이 부분에 손을 댄다는 것은 꽤 버거운 일이긴 하지만(2002년 당시로서는 2007년 이전에 이 공동농업정책에 다시 손을 대지 않는 것이 바람직한 일이었다), 불가피한 일이기도 하다.

이렇게 자신만만한 태도를 취하면서 토니 블레어는 프랑스의 입장을 난처하게 만들고, 심지어 비난도 불사할 작정이다. 그는 공동농업

정책을 강조하면서 우리가 제시한 모델을 협동조합 성격이 강하고 복고주의적인 시스템—이런 시스템에서는 1950년대에 확보된 소득재분배의 특권을 지키려고 하는 소수에 의해 독점된다—이라고 왜곡하고 있다. 물론 많은 농산품을 고가로 수출하는 세계 최초의 국가가 된다는 것이 얼굴 붉힐 일은 아니다. 그리고 앞서 언급한 40퍼센트라는 수치가 절대적이지 않다는 것은 분명한 사실인데, 이는 무엇보다도 유럽연합의 전반적인 예산이 적다는 사실을 입증하는 것이다. 그럼에도 유럽 주민들을 상대로 유럽 전 인구의 2퍼센트에 해당되는 소수의 이익을 위해 현재 자원의 40퍼센트를 유용하는 유럽연합을 이해하라고 설득하는 것은 어려운 일이며, 토니 블레어가 남유럽 국가의 1차 농산품 생산과 수출이 공동농업정책에 얽매여 있는 바람에 이 정책이 남유럽 국가의 발전에 부정적인 영향을 준다고 비난하는 것 또한 틀린 말은 아니다. 여기에 영국이 공적개발원조 개혁 부문에서 선두에 서기를—예를 들면 개인 기업이 새로운 백신을 생산하도록 지원금을 주는 기발한 메커니즘을 유지함으로써—원한다는 사실을 추가한다면 블레어가 원하는 진실 왜곡은 완벽해진다.

프랑스는 남유럽 국가들과 마찬가지로 자국 경제를 위해 부적합한 정책을 옹호함으로써 경제사회적 발전이 시장의 힘에 달려 있다는 사실을 이해하지 못하는 경직된 국가로 인식되고 있다. 반면 영국에선 토니 블레어의 주장에 따라 긍정적이고도 자신만만한 세계화 과정이 진행되고 있다. 그는 시장을 옹호하고 방어하는 정책을 강요하는 대신, 근로자들에게 세계경제에서 가장 활력 있는 일자리를 얻는 데 필요한 방법을 제공하겠다고 발표했다.

프랑스는 리스본 유럽정상회의에서 발표한 '세계에서 가장 생산성이 높은 지식경제'를 구현하는 데 있어 실제로 영국보다 훨씬 우위를 점하고 있는 만큼 이런 함정에서 서둘러 빠져나오는 것이 시급하다. 이는 더 이상 언급할 필요가 없을 만큼 중요하다. 왜냐하면 현재 영국의 근로시간당 생산은 프랑스나 독일에 비해 여전히 25퍼센트 낮기 때문이다. 이는 단지 영국인의 근로시간이 프랑스인의 근로시간보다 25퍼센트 많기 때문인데, 이로 인해 영국 국민의 GNP는 25퍼센트만큼 올라간다. 프랑스에 실업자(평균적으로 실업자의 생산성은 채권 생산성보다 낮다)가 더 많다는 사실은 이런 격차의 작은 부분(3분의 1도 안 되는)만을 설명할 뿐이다.

마거릿 대처 총리가 정권을 잡고 영국 경제를 살리기 위한 구조적 개혁을 실시한 지 25년이 지난 지금, 영국의 현실은 다른 나라 수준으로 올라가기 위해 가난한 국가에서 적용하는 방법(조세덤핑과 장시간 근로)을 강요받는 생산성이 약한 저성장 국가 수준에 머물러 있다. 영국 노동자들의 지속적이고 낮은 생산성을 불러온 원인으로 전반적으로 보조금이 매우 미약한 교육 시스템과 뿌리 깊은 사회계층구조를 지목할 수 있는데, 이런 사회계층구조는 미국인이 2세기 전부터 조롱해온 귀족 시스템의 산물이며, 영국 왕조 쇠퇴의 원인이 되기도 했다.

그리고 영국이 프랑스보다 고등교육의 현대화에 앞서 있다고 해도, 프랑스가 높은 수준의 교육을 제공함으로써 초등교육과 중등교육 시스템에 확실한 초석을 마련했다는 사실에는 변함이 없다. 게다가 놀랍게도 지난 선거에서 토니 블레어가 제안한 주요 정책 가운데 하나는 영국에 '프랑스처럼' 바칼로레아 제도를 만들자는 것이었다.

또한 1997년부터 구체적인 조치를 취해왔음에도 불구하고 영국 노동자는 프랑스 노동자보다 의료사고에 대해 훨씬 더 취약한 상태에 놓여 있다. 프랑스 모델은 공동농업정책에는 적용되지 않는 보편적으로 높은 수준의 취학 시스템과 건강보험 시스템에 기초하고 있는데, 이는 유럽 전체로 확산시킬 필요가 있는 모델이다. 2007~2013년 회기에 공동농업정책 지원금에 관한 재협상이 이루어질 예정인데, 지원금 문제는 교육과 연구 분야에 관한 유럽의 야심찬 목표를 설정하는 과정에서 중요한 몫을 차지할 것이다.

1. 영국은 최초로 산업혁명을 이룩해 농민의 수가 가장 적으며 농산물을 유럽연합 회원국이 아닌 영연방에서 수입함에도 불구하고, 유럽연합의 규칙에 따라 상대적으로 많은 돈을 예산으로 납부했다. 반면 농민 수가 적기 때문에 공동농업정책 지원에 따라 돌려받는 돈은 적었다. 1979년 영국 총리가 된 마거릿 대처가 이에 문제제기를 했고, 1984년 열린 정상회의에서 영국이 유럽연합에 지불한 예산 가운데 3분의 2를 영국에 되돌려주는 것으로 논란에 종지부를 찍었다. 이렇게 영국이 돌려받게 된 돈을 '영국 예산환급금'이라고 한다.

2. 이 정책의 최대 수혜자는 프랑스다. 본문 다음 단락의 '유럽 전 인구의 2퍼센트에 해당되는 소수'란 프랑스를 이른다.

초라한 조세개혁

7월 14일 자크 시라크 대통령은 '실업률 감소를 절대적인 목표로 삼고' 2006년에는 잠정적으로 소득세를 인하하지 않겠다고 발표했다. 이어 9월 1일에는 도미니크 드빌팽Domique de Villepin[1]이 2007년부터는 다시 소득세를 낮추겠다고 발표했다. 그렇다면 이는 2007년 선거에서 유권자의 표를 의식해 2006년을 재충전의 시간으로 삼는 단순한 전력에 불과한 것인가. 사람들은 국무총리의 이 선언을 진지하게 받아들이면서도 확신하지는 않는다. 세금 공제율을 10~20퍼센트로 하고 세율표를 보다 투명하게 할 계획이라면서 드빌팽은 마침내 지난 몇 년간 이루어졌던 것들(이 기간에 사람들은 세율을 낮추는 것에 만족했는데, 이는 전형적인 비非개혁적 형태의 예다)과는 전혀 다른 야심찬 소득세 개혁안을 내놓았다.

문제의 근원을 생각해보자. 90년에 걸친 예산 논쟁 끝에 프랑스는 다른 모든 선진국보다 낮은 소득세율(GNP의 3퍼센트를 약간 넘는 수준이며, 20년 전에는 5퍼센트에 달했고 다른 나라에선 적어도 7~8퍼센트에 달한다)을 적용하는 놀라운 성과를 거두었는데, 이 세율은 언뜻 불가사의한 면이 엿보이며, 적은 소득 수준에서 보면 세율이 매우 높다는 인상을 풍기기도 한다. 예를 들면, 1만5004~2만4294유로의 소득에는 28.26퍼센트, 2만4294~3만9529유로의 소득에는 37.38퍼센트, 4만8747유로 이상의 소득에는 48.09퍼센트(2005년 세율표 기준)의 세율을 적용했다. 이런 어려운 일을 성사시킨 것은 실질소득이 아닌 '과세 대상 각자의 소득에서 과세 대상이 되는 부분'에 효과적으로 적용했기 때문이다. 즉 우선 소득의 대부분에서 10~20퍼센트(이 부분이 과세소득이다)를 공제한 다음 과세 대상 인원수로 나누는 방법(자녀를 한 명 둔 부부는 2.5로, 3명의 자녀를 둔 경우에는 4)을 사용한 것이다. 또한 세율은 소득 총액에 적용되는 것이 아니라, 소득의 초과분에만 적용되는 것이었다. 이는 '한계세율' 계산표라고 하는 애매한 시스템인데, 이 시스템 때문에 납득하지 못하는 문제가 생긴다. 납세자는 당장 '소득의 일정 부분이 빠져나간다는 사실'과 가처분소득의 순손실액을 감수해야 한다는 사실을 (잘못 알고) 걱정한다는 이야기를 우리는 수도 없이 듣는다. 만약 여기에 이해하기 어려운 여러 감세 조치와 합법적 감세 메커니즘을 추가하면, 세제는 복잡해지고 누가 무엇을 지불하느냐와 같은 간단한 문제를 이해하기가 힘들어진다. 이 이야기의 결론은 다음과 같다. 이런 난해한 시스템에는 비용이 많이 들고(게다가 현재 시행 중인 대책을 보다 잘 활용할 수 있을지에 대해서도 회의적이다), 소득세는 모든 프랑스 조세에 관한 토론을 오염시키는 환상이 된다고 생각한다.

이런 난감한 상태를 극복하려면, 드빌팽이 생각하는 것처럼 10~20

퍼센트의 세금을 공제해 이를 세금계산표에 집어넣어 계산표를 간단명료하게 해야 한다는 데는 의심의 여지가 없다. 하지만 프랑스인에게 수긍할 만한 소득세를 제시하기 위해선 '아홉 개 구간을 네 개로 줄이는 것'만으로는 충분치 않을 것이다. 결국 소득세에 대한 이해를 구하려면, 한계세율 시스템에서 벗어나 실질소득에 직접 적용할 수 있는 실질세율 계산표에 대해 설명할 필요가 있다. 연 6만 유로의 소득을 올리며 아이 하나를 두고 있는 부부를 예로 들어보자. 이 부부의 실질세율은 현재 8퍼센트이므로 세금은 5000유로에 조금 못 미친다. 이 세액은 소득 수준을 나타내는 계산표에 수치화되어 있다. 그리고 그 이외의 것은 아무것도 나타나 있지 않다. 연소득 13만 유로에 적용되는 실질세율은 15퍼센트이고, 30만 유로에는 30퍼센트, 100만 유로에는 40퍼센트, 500만 유로에는 50퍼센트의 실질세율이 적용된다. 각각의 세율 사이에 간단한 선만 그으면 그 구분은 명확해진다. 예를 들어, 연소득이 6만 유로에서 13만 유로로 올라가면 실질세율이 8퍼센트에서 15퍼센트로 올라가는데, 연소득 1만 유로당 세율이 1퍼센트씩 증가한다고 보면 된다. 만약 계산표를 이런 방식으로 설명한다면 누가 얼마나 내는지를 알 수 있고, 실질세율이 약 25퍼센트나 30퍼센트에 해당되려면 수십만 유로의 소득을 올려야한다는 것을 쉽게 확인할 수 있게 된다(반면 현행 계산표는 확인이 그리 쉽지 않다).

개혁이 당위성을 가지려면 민주적 논의를 거쳐야 한다. 즉 500만 유로의 소득에 적용되는 50퍼센트의 실질세율은 40퍼센트로 낮춰야 한다고 생각하는 사람이 있는가 하면, 또 다른 사람들은 6만 유로에 적용되는 8퍼센트의 세율은 7퍼센트로 낮춰야 한다고 주장하는 사람도 있는데, 이 모든 논의는 투명성을 갖춰야만 제대로 이루어질 수 있다는 것이다. 실질세율을 직접 알 수 있는 계산표 방식은 이미 몇몇 나라에서 시행된 적이 있다. 특히 1936~1942년 프랑스가 이 시스템을 사용했다. 민주적 투명성을 주장하는 인민전선에 의해 도입된 이 시스템은 한계세율 측면에서 볼 때 '지나치게 투명하다'는 이유로 비시Vichy정부[2] 때 사라졌다. 실제로 이 시스템은 너무 투명해 국민의 입장에서 분명 더 만족스러운 다른 실행방법이 있는데도 그 사실을 망각할 정도였다. 결국은 국민이 소득세에 관해 이해할 수 있도록 서정시와 같은 현란한 설명을 했던 총리에게, 밋밋한 조세개혁 실행에 소금과 같은 자극을 줄 수 있는 역사적 선례가 된 것이다.

1. 2005~2007년 프랑스 국무총리 역임.

2. 1940년 독일군이 세운 친독일 정부.

독일의 동결정책

독일 기독교민주연합과 사회민주당 간의 '대단위 동맹' 과정에서 나온 협상 결과가 무엇이든, 9월 18일에 치러진 선거는 조세 분야에 관한 그들이 생각이 정확히 드러났다는 점에서 중요하다. 독일의 유권자—물론 프랑스나 다른 나라들도 마찬가지겠지만—는 유럽의 조세 실용주의나 조세경쟁이라는 명분을 내세워 어떤 제도든 함부로 받아들이려 하지 않는다. 이에 관한 모든 여론조사나 연구가 이런 사실을 분명하게 보여준다. 앙겔라 메르켈은 여론조사에서 먼저 20퍼센트나 앞서나갔던 반면, 독일 기독교민주연합이 몰락했던 데는 법학자 파울 키르히호프의 선거 개입과 그의 급진적인 조세개혁안이 결정적인 역할을 했기 때문이다. 하지만 실제 결과가 나오자마자 메르켈은 그녀가 재무부 장관직에 임명하려 했던, 어제까지만 해도 '예언자'라고 추켜세웠던 자와 결별했다. 키르히호프는 다시 강단으로 돌아간다고 선언했고, 그의 개혁안이 오늘날까지도 빛을 보지 못하고 있는 것은 분명한 사실이다.

키르히호프가 제안했던 것은 정확히 무엇인가? 그가 제안한 정책 가운데 가장 눈길을 끄는 것은 단 두 종류의 소득세를 도입하자는 것이었다. 즉 소득 대부분에 대해 하위 소득자에겐 0퍼센트의 세율을, 상위 소득자에겐 25퍼센트의 세율을 적용하자는 것이었다. 이는 결국 비례세와 비슷한 세제를 도입하자는 얘긴데, 비례세는 19세기에 적용됐고 20세기의 중요한 조세 혁신적 성격인 누진성을 띠고 있다. 게르하르트 슈뢰더Gerhard Schöder 현 총리는 '기업의 사장과 사장의 가정부에게 똑같은 세율을 적용하자'고 주장하는 자들을 공격할 좋은 기회를 잡았다고 생각했다. TV 토론 내내 사회민주당은 이를 강력하게 밀어붙였으며, 효과적인 방법이라는 생각을 갖게 했다. 독일인은 조세 누진성과 재분배에 집착하고 있었음이 분명하다.

키르히호프의 제안에는 극단적인 면이 있긴 하지만, 어찌 보면 앞으로 유럽에서 있을 조세 논의의 자연스런 영역을 구성할 것이라는 사실을 깨닫는 게 중요하다. 독일과 프랑스뿐 아니라 세계 도처에서 조세경쟁이라는 냉혹한 논리 때문에 지난 20년 동안 기업이윤세율은 약 25~30퍼센트 낮아졌다. 대부분의 경제대국에서 책정한 40퍼센트 선의 높은 세율 때문에 같은 기간 동안 개인 소득세의 누진성이 많이 줄었다. 키르히호프가 2005년에 약 25퍼센트의 단일세율을 통한 비례세에 준하는 세금을 통과시키려고 했던 것이 우연은 아니었다. 이는 이론적 면에서 발전 이후의 단계에 관한 방법의 문제이며, 모든 국가는 이런 문제에 맞닥뜨릴 가능성이 있다(서유럽과 미국은 이미 이런 문제에 직면하고 있다). 슈뢰더 총리의 인기가 하락하고 권력누수현상이 나타남에도 불구하고(사회민주당과 녹색당 연정체제가 들어선 지 7

년이 지난 시점의 실업자 수는 500만 명에 이르고 있다), 독일 유권자들이 이 이론적 발전 이후에 나타나는 새로운 단계가 보여주는 상황에 대해 분명한 반대 입장을 취했다는 사실—그 정도로 독일 유권자들은 기독교민주연합에 전권을 넘겨주길 거부했다—은 미래 유럽의 조세제도에 관해 많은 것을 암시하고 있다. 이런 거부 행위는 20년 전에 시행됐넌 시나친 완화정책을 몇 년간 실행하지 말자는 의미로 해석할 수 있을 것 같다. 특히 2007년 높은 세율을 약 40퍼센트로 낮춘다는 현 정부의 개혁안이 발표된 프랑스의 경우에는, 2007년에 있을 대통령선거를 위해 이런 방침을 보다 분명하게 취해 다시 조세 누진성을 많이 낮추려는 후보가 독일의 경우와 마찬가지로 개혁안을 거부할 가능성이 매우 높다.

이런 유익한 교훈이 있었음에도 불구하고, 9월 18일에 치러진 선거는 애매한 정치적 임무와 정당성을 부여받은 불안한 정부를 출범시켰다. 퇴직연금, 건강보험, 고등교육개혁과 같은 주요 사안에 대해, 사회민주당이나 기독교민주연합이 주도하는 특색 없는 정부가 하는 것보다는 더 정열적으로 일을 진행할 수 있는 대규모 동맹이 나타날 가능성이 매우 크다. 혼란스런 감정이 많이 교차했던 이번 선거의 패배는 2002년 선거를 떠올리게 하는데, 이때 '큰 곤경'에 처해 있던 슈뢰더 총리는 동독에 대한 대규모 투자와 이라크전쟁 반대 등을 정책 우선순위에 놓았다. 또한 그는 실행 준비를 마친 고통스런 사회보장 개혁안을 발표하지 않았는데, 그 결과 지난 3년간 사회보장 개혁안은 동결되어 있다가 2005년이 되어서야 결국 빛을 보게 됐다. 몇몇 사람은 벌써부터 독일의 선거 시스템을 비난하는데, 그들은 이 시스템이 통일 이후 나타난 다양한 정치 상황(극좌파의 출현과 더러는 극우파의 출현도 이에 속한다)에 적합하지 않다는 것을 이유로 들고 있다. 또한 그들은 다수결 시스템 때문에 기독교민주연합-자유민주당 동맹이 45퍼센트의 표를 얻어 (녹색민주당의 42퍼센트에 반해) 수월하게 다수의석을 차지하게 되리라는 점을 지적한다. 이런 논거는 부분적으로는 맞지만, 다른 시스템을 적용했더라면 유권자들이 다른 형태의 투표를 했을 것이라는 점을 간과하고 있다. 즉 유권자들은 양면성을 지닌 선거 결과를 기대했으며, 어찌 됐든 그들은 이런 성과를 이끌어낸 것으로 보인다.

사회당 회의, 답변하기 난처한 문제는 교묘하게 피하다

많은 사람이 생각하는 것과 달리, 이번 주 사회당 당원들이 표결에 부친 발의안의 내용이 전혀 무의미한 것은 아니었다. 별 의미 없는 산문에나 어울리는 따분한 미사여구 없이 간결하게 쓰인 회의록에서 가장 중요한 몇몇 제안을 발견한 것도 사실이다.

예를 들어 교육우선지역 같은 곳에 실질적인 추가 지원을 제안하는 몇몇 발의가 그렇다. 교육우선지역을 설정한 것이 사실은 학교에 자금 지원을 하자는 것이 절대 아니었음을 분명하게 알고 있던 올랑드[1]는 자세한 수치를 들어 교육우선지역의 목표가 무엇인지를 설명하기까지 했다. 그가 제안한 구체적인 목표는 '교육우선지역의 학급당 학생 수를 15명으로 제한한다'는 것이었다. 몇 줄로 이루어진 이 주제에 관한 제안은 아직도 정식으로 채택되지는 않았지만 그에 상당히 접근해 있는 상태다.

또한 '소득세와 보편적 사회보장분담금을 통합'한 누진세를 시행하자는 몇몇 발의도 있었는데, 이것이 이번 회의의 주요 토론 주제였다. 하지만 이에 대한 반대 의견 또한 진지하게 검토할 필요가 있다. 즉 기본적으로 보편적 사회보장분담금이라는 것이 오늘날 건강보험에 관한 세금이며, 노사 쌍방의 대표는 많은 징수액을 사회보장에 쏟아 부을 위험성이 있는 이 개혁안을 곱지 않은 눈으로 바라보고 있는 것이다. 또한 현재의 과세 논리가 건강보험을 성역화한다면(그 어떤 정부도 보편적 사회보장분담금 세율을 인하하지 않았다. 건강보험 지출비용을 어떻게 줄일 것인지를 설명하는 것을 제외하곤 말이다), 소득세에서 이유가 불분명한 많은 지출 비용을 조달함으로써 (사회당을 포함한) 다음 정부는 건강보험 비용을 줄이려는 시도를 계속할 수밖에 없는 결과를 초래하게 된다. 국가 개입의 전반적인 구조 그리고 국가의 사회보장과의 유기적 결합과 관계되는 이 복잡한 논의를 시작하는 것이 칭송받을 만한 일이라 해도, 발문跋文에 나와 있는 몇몇 문장만으로 이 논의에 종지부를 찍을 수 있을 것인가에 대해서는 의구심을 가질 수밖에 없다. 마찬가지로 기업분담금의 기반을 부가가치세로 확대하려는 제안—소득세와 보편적 사회보장분담금을 통합하려는 만장일치로 통과된 방안—이 1997년에도 있었지만, 그 결과 도출된 것은 없었다. 소득세와 보편적 사회보장분담금을 통합하면 저임금에 대한 과세를 충분히 줄일 수 있으므로 '노동소득세액공제(하지만 이는 2000년에 좌파에 의해 만들어졌다)를 없앨 수 있다'는 주장을 대중이 심각하게 받아들이기에는 시기상조였던 것이다.

이 회의에서 나온 발의안의 공통점은 일반적으로 답변하기 곤란한 문제는 전혀 거론하지 않았다는 것이다. 해결하기는 어렵지만 중요한 모든 사안—이는 2007~2012년, 즉 집권 가능성이 있는 사회당 입법부의 임기 동안 고통스런 조정을 강요할 것이다—에 대해서는 아무런 언급도 나오지 않았다. 즉 퇴직연금의 미래, 고등교육과 연구에 관한 개혁, 공익사업의 현대화, 건강비용 지출의 조절 등에 관한 것들 말이다. 예를 들어, 피용Fillon 법안[2]을 폐기시키는 것으로 만족했는데, 이 법안대로 하면 퇴직연금마저도 제대로 지급할 수 없다는 사실을 모든 사람이 잘 알고 있는 만큼 폐기하는 것이 당연시 되는 법안이었다. 필요 자금이 많아지면 어쩔 수 없이 구조개혁이 뒤따르게 마련이라는 사실을 모르는 척하며 사람들은 '대학 2010'이라는 새로운 계획을 거론한다.

이렇게 침묵하는 이유는 간단하다. 3년 전부터 사회당이 당 대표가 어려운 사안을 해결할 만한 지위에 있지 못하고, 대통령 당선을 노리는 동료 당원에 의해 하루아침에 대표 자리에서 물러나게 되는 것을 두려워하는 국면에 처해 있기 때문이다. 그리고 이런 현상은 대통령 후보가 결정되는 2006년 말까지 계속될 것인데, 이 때문에 사회당의 명성에 걸맞은 계획을 준비하기에는 시간이 턱없이 부족하게 될 것이다. 이것이 사회당의 규정인데, 이로 인해 많은 혼란이 발생하고 있다. 다수의 국가에선 대통령 선거에서 패배할 경우 즉각 새로운 대표를 뽑아 그에게 다음 선거를 준비하는 데 필요한 모든 정당한 권한을 부여한다. 영국 보수당의 대표였던 마이클 하워드Michael Howard는 2005년 대선에서 패배하자 곧장 대표직에서 물러났고, 7명의 지원자 가운데 한 명을 차기 당 대표로 결정하기 위한 절차가 즉각 진행됐다(우선 당원들이 표결로 두 명의 후보자를 선출하면 대의원들이 표결을 통해 이 가운데 한 명을 당 대표로 선출한다). 당선자는 자신의 생각을 펼칠 수 있는 모든 기회를 거머쥔다. 마찬가지로 블레어는 노동당 대표가 되기 위해 1994년 이와 비슷한 절차를 거쳤다. 정확한 절차가 진행되었는가에 대해 이의를 제기할 수는 있지만, 중요한 점은 이렇게 뽑힌 대표에게 반론을 제기할 수 없으며, 이로 인해 당선자는 중요한 사안에 전념할 수 있는 것이다.

프랑스 사회당은 후보자의 문제점에 앞서 계획안에 대해 언급하면서 이런 문제는 극복할 수 있을 거라고 장담했는데, 결과는 물론 그 반대로 나타났다. 대선에서 고배를 마셨지만 다음 대선을 노리는 후보자가 2007~2012년(즉 타 정당 대통령의 임기 동안)의 패배의 기억—사회당은 이미 2002년부터 2007년까지 5년 동안 패배의 기억 속에서 살아야 했다—속에서 살아가지 않도록 하기 위해, 2007년 대선에서 패배할 경우 적용될 절차에 대해 미리 고심하는 편이 나을 것이다.

1. 당시 프랑스 사회당 제1서기에 재임 중이었다.

2. 재정 적자를 감축하기 위해 총리인 피용이 발의한 연금개혁 법안으로, 노동계와 학생을 비롯한 전 국민적인 반발에 휩싸였으나 의회에서 강행 처리되었다.

교육제도

교육우선지역: 프랑스식 긍정적 차별

몇 주 동안 교외 지역에서 오늘날 주요 관심사인 교육우선지역에 관한 격렬한 토론이 진행됐다. 몇몇 토론자가 주장하는 바는 납득할 만하다. 즉 지금이 교육우선지역에 대한 '파산선고'를 할 적기라는 것이다. 교육낙후지역에 이미 너무 많은 지원을 했다고 생각하는 사람들이나 할 법한 이런 표현은, 교육우선지역에 대한 지원이 미약해 정책 실패를 초래했다는 사실을 내무부 장관이 이번 토론에서 밝히고 싶어했다는 점에서 더욱 안타까운 일로 남고 말았다.

사실 교육우선지역이 존재하지 않는다는 것이 교육우선지역에 관한 문제다. 이 지역이 설정된 이후 20년이 넘도록 교육우선지역으로 분류된 학교가 추가 재원을 받은 경우는 단 한 번도 없었다. 이 지역 초등학교 학급의 규모는 다른 지역 초등학교 학급 학생 수보다 겨우 한 명 정도 적은 수준인데, 이런 차이는 소규모 학급에 있어서는 별 문제가 되지 않는다. 예를 들어 최근 장관이 수집한 초등학교 학생 수에 관한 자료를 보면, 교육우선지역(전체 학생의 13퍼센트) 초등학교 1학년의 학급당 평균 학생 수는 21.7명인 반면, 그 이외 지역(전체 학생의 87퍼센트)의 학생 수는 22.4명—평균 22.3명—임을 알 수 있다. 또한 초등학교 1학년 입학 능력 테스트에서 교육우선지역과 그렇지 않은 지역의 격차가 약 10퍼센트로 상당한데, 이런 수치는 어린 학생들을 상류 집단과 근로자 집단이라는 두 개의 극단적인 피라미드식 사회구조로 갈라놓기에 충분하다.

게다가 이 수치는 프랑스의 지역 격차 정도를 분명하게 나타내며, 교육우선지역 분류 절차—이 절차가 매우 불완전함에도—를 통해 실제적인 교육낙후지역이 결정된다. 하지만 학급당 0.7명에 해당되는 학생에게 돌아가는 불리한 점을 어떻게 바로잡을 수 있을 것인가? 여기에 교육우선지역의 교사는 보통 경험이 적고 교사직을 오랜 기간 지속하지 못한다는 문제와 교육우선지역으로 분류되는 것만으로 오명을 뒤집어쓰고 많은 부모가 그 지역을 기피하는 결과를 초래한다는 문제(특히 교육우선지역 확정을 보상할 어떤 실질적인 방법이 없는 경우)를 추가하면, 교육우선지역의 실패가 놀랄 만한 일도 아니다.

이런 상황에 대해 새로운 방법을 모색할 수도 있다. 그 가운데 하나가 교육우선지역 출신의 고등학생에게 고등교육기관 입학에 관한 특혜를 주자는 방안인데, 시앙스 포Science Po[1]에서는 몇 년 전부터 이 제도를 시행하고 있으며, 2006년부터는 이 지역 출신의 학생들이 고등교육기관에서 복수전공을 할 수 있는 길이 열릴 것이다. 이런 정책은 미국에서 오래전부터 대학입시 특혜에 적용해온 긍정적 차별 메커니즘과 유사하다. 미국의 경우 인종에 관한 긍정적 차별정책을 취하는 반면, 프랑스는 지역에 대해 긍정적 차별정책을 둔다는 점을 주목할 만하다. 미국에서도 이 점에 관한 토론이 이루어질 것이다. 왜냐하면 이런 정책은 전문교육기관에 지원할 엄두조차 내지 못하는 학생들에게 기회를 제공하기 때문이다. 하지만 이런 방법으로 입학의 기회를 얻은 학생은 '부정한 방법'을 통해 입학했다는 따가운 시선에 고통받을 수도 있는 것 또한 사실이다. 그러나 긍정적 효과가 더 많을 것이며, 많은 교육우신지역 출신 학생이 엘리트 전문교육을 받음으로써 (현재는 극히 적은 수만이 이에 해당되지만) 심리적으로도 중요한 효과를 얻을 수 있을 것이다. 하지만 이런 조치가 상징적인 데 그치지 않고 실제적으로 확대되어 모든 대학과 그랑제콜에서도 일반화된다면, 그때는 다시 새로운 논의가 있어야 할 것이다.

특히 이런 정책을 통해야만 이미 젊은이들에게 만연해 있는 학업 지체 현상을 막을 수 있다. 이를 위해서는 학생들이 아주 어릴 때부터—지속적인 불평등이 형성되는 초등학교 1학년부터—정책을 실행해야 한다. 최근 장관이 실시한 조사 평가에 따르면, 초등학교 1학년과 2학년 학생 수를 18명으로 줄임으로써 교육우선지역의 초등학교 3학년 입학자격 테스트에서 격차를 40퍼센트가량 줄일 수 있을 것으로 예상된다. 이런 정책이 시행되는 시기에 교육을 받은 어린이들이 성인이 되었을 때 어떤 모습으로 변해 있을까에 대한 연구는 없지만 두 집단 사이 격차가 줄어들 가능성은 클 것이다. 여기서 분명히 알아두어야 할 점이 있다. 즉 실행 방법이 어떤 정책에 의해 크게 바뀔 수 있다는 것이다. 만약 지속적인 방법으로 정책이 실행되길 바란다면(프랑스의 초등학교는 대체로 많은 지원을 받고 있다), 교육우선지역 이외 지역의 학생 수를 실제적인 영향이 미치지 않는 범위 내에서 약간 늘려야 한다. 이는 물론 해당 학생의 부모 입장에서는 언짢을 수 있다. 이런 정책은 특히 현실적인 재정 충당의 방법론에 대한 완전한 개정을 필요로 한다. 보다 많은 난관에 봉착해 있는 지역에 대해 재정적 특혜를 베푸는 식의 논리가 아니라 현실적인 추가 수당 지급에 근거한 프랑스식 긍정적 차별이라는 개혁을 구체화할 만한 정책을 실행한다는 것은 쉽지 않지만 풀어가야 할 문제다.

1. 전통적으로 프랑스의 정치, 외교 분야 엘리트들을 배출해온 교육 및 연구기관으로, 프랑스의 역대 대통령, 국무총리, 장관, 국회의원, 외교관 등 주요 관계 및 정계 인사들 거의 대부분이 이 학교 출신이다.

부가가치에 과세를 해야 하는가?

자크 시라크가 2006년 사회보장기금의 고용자 분담금에 대한 개혁 의지를 발표하자 모두가 놀라움을 금치 못했고 몇몇은 이를 우려의 시선으로 바라봤는데, 특히 여당 측과 프랑스 산업연맹 측이 그랬다.

사실 의료분담금과 가족수당분담금에 대한 부가가치를 높이는 것을 정당화하기 위한 진보적 입장의 논거는 당연하면서도 꼭 필요한 것이다. 이 분담금은 오래전부터 보편화된 수당(의료 환불금, 가족수당금)을 조달하는 데 쓰인다. 또한 프랑스 국민과 프랑스 거주민 모두에게 해당되며, 1945년 한 집안의 가장인 임금근로자에게 지급됐던 '특별수당'과는 아무 상관이 없다. 어떤 분담금을 조달하는 데 단지 임금에만 의존하는 것은 전혀 의미가 없다. 왜냐하면 국가 연대의식이 사라지게 되는데, 특히 근로소득에 대해 과중한 세금을 부과할 때나 일자리 창출에 힘을 실어주려 할 때 연대감 약화가 더 두드러지게 나타나기 때문이다. 자크 시라크와 사회복지부 장관 필리프 바Philippe Bas

가 지적했듯이, 사회보장기금의 고용자 분담금을 '부가가치에 대한 분담금CVA: Cotisation sur la valeur ajoutée'으로 개정하는 것은 이를 1991년 미셸 로카르Michel Rocard[1]가 창안한 보편적 사회보장분담금—의료분담금과 가족수당분담금의 근거를 임금에서 전체 소득으로 넓혔다—의 연장선상에 놓는 것에 불과하다. 갑작스러운 로카르의 정책 언급이 의외라고 생각할 수도 있다. 하지만 그가 제시한 정책은 장기간에 걸친 정책 변화가 정책 자체를 폐기하는 것보다는 낫다는 사실, 즉 훨씬 더 안정적이라는 사실을 보여준다.

안타깝게도 부가가치에 대한 분담금이 현실적인 문제로 떠오르자 일이 보다 복잡해졌다. 1997년 리오넬 조스팽Lionel Jospin[2]이 발표한 이 개혁안은 말랭보Malinvaud[3] 보고서에서 기업에 대한 조세 압력이 증가할 위험성이 있다는 사실을 지적받은 이후 곧바로 사장되고 말았다. 한 기업의 부가가치는 소비자와 기업 사이에서 발생하는 판매 가치와 소비 가치의 차이로 규정된다. 부가가치는 정의상 임금 총액과 임금을 지불하고 난 뒤 기업에 남아 있는 총이익을 의미하는 '경영순이익'의 합과 같다. 그래서 단지 임금에만 근거를 두고 있는 사회보장기금의 고용주 분담금과 부가가치에 근거를 두고 있는 분담금 모두는 어쩔 수 없이 과세액의 상승을 불러일으키게 되고, 이어 기업 이익에 영향을 미치게끔 되어 있다. 이 같은 상황은 보편적 사회보장분담금의 경우와 마찬가지로 자본소득에 관한 직접세의 누진성이 하락하는 것을 막기 위해 (부분적으로) 사회적 과세의 근거를 넓히는 문제로 볼 수 있다. 또한 소득재분배에 관련된 경제적 위험성을 과장하지 말아야 한다. 보통 임금 총액(분담금 포함)은 기업 부가가치의 3분의 2에 해당된다. 만약 임금에 근거한 분담금 1퍼센트를 누진세의 0.6퍼센트나 0.7퍼센트로 대체한다면(그 누구도 이 개혁안이 2006년에 시행된다 할지라도 1퍼센트 이상 영향을 미치리라 기대하지 않는다), 평균 이상으로 노동자를 배려하는 기업에겐 유리하게 작용할 것이며, 자본집약적인 분야(에너지 분야 같은)에 많은 투자를 하는 기업에는 불리하게 작용할 것이다. 이런 분석만으로 기업이 갖고 있는 혁신성을 완벽하게 판단하는 데는 한계가 있다. 예를 들면 (고)임금 문제에 배려를 아끼지 않는 서비스 기업이 많은 것도 사실이다. 어찌 됐든 모든 기업은 이런 소득 효과 이외에 노동력 감축과 관련된 비용을 지불해야 한다. 그리고 고용 효과가 전반적으로 기업에 부정적으로 작용하게 된다는 주장은 설득력이 거의 없다.

혼동이 생기는 또 다른 이유는 부가가치에 대한 과세를 임금과 이윤의 합에 대한 직접과세로 하느냐(따라서 프랑스 산업연맹은 기업의 편에서 우려한다), 부가가치에 대한 분담금의 경우에서처럼 판매 가치와 소비 가치의 차이에 대해 간접과세를 하느냐에 따라(따라서 노동총동맹CGT은 소비자를 걱정한다) 매우 다르게 인식된다는 사실에 기인한다. 하지만 부가가치에 대한 분담금과 부가가치세의 최종적인 파급효과는 분명 동일하다. 왜냐하면 두 경우 모두 과세가 부분적으로는 가격(이 부분이 퇴직연금 수령자에게 도움이 되는 바람직한 부분이다)이나, 자본과 노동에 의한 생산 요인에 영향을 미치기 때문이다. 우리가 잘 알고 있는 유일한 차이점은 부가가치에 대한 분담금이 프랑스 기업이 해외에 물건을 팔 때 세금을 부과하는 반면, 부가가치세는 외국기업이 프랑스에 물건을 팔 때 세금을 뗀다는 것이다. 사회보장적 성격을 갖고 있는 부가가치세를 채택함으로써 얻을 수 있는 장점의 기반이 이미 마련되어 있음을 알 수 있다. 만약 이 방법을 포기한다면,

실현 가능한 유일한 해결책은 아마도 법인세에 따르는 임금과 순이윤의 합에 전반적인 근거를 두고 있는 부가가치에 대한 분담금 제도를 도입하는 것이 될 것이다. 어떤 개혁 조치를 위협하는 중요한 위험 요인은 통제하기 어려운 새로운 근거를 만들어내는 것이다. 이렇게 되면 세금을 교묘하게 피해나갈 방법을 가르쳐주는 세무사들만 일자리를 얻게 되고 나머지에게는 별 볼 일 없는 결과를 가져오게 된다.

1. 1988~1991년 프랑스 총리를 지냈다.

2. 1997~2002년 프랑스 총리를 지냈다.

3. 프랑스 거시경제학자. 「자본 축적과 효율적인 자원 배분」이라는 논문이 널리 알려져 있다.

상속,
과세의 자유

지난주에 채택된 상속에 관한 개혁안은 다른 주요 관심사에 묻혀 거의 주목받지 못했지만, 많은 프랑스인에게 도움이 될 만한 구체적인 내용을 상당수 담고 있다. 의원들의 목표는 '상속을 간결하게 하자'는 것이다. 즉 과거 상속 시스템의 경직성—이는 사회가 변화함에 따라 점점 더 심각해지기만 했다—때문에 생겨난 복잡한 상황을 더 이상 되풀이하지 말자는 것이다. 이 법안은 자손들에 대한 직접 양도를 간편하게 하고, 재혼 가정의 경우에는 증여의 형식을 채택하며, 재산 공동관리의 경우에는 만장일치의 합의가 아닌 3분의 2의 찬성만으로도 가능하게 하는 규정을 통과시키는 것을 목표로 한다.

이 법안이 지나치게 소심하며, 오래전부터 강력한 쇄신이 필요했던 분야에 반쪽짜리 정책만을 제안한 것이라고 비난할 수도 있다. 특히 시민연대협약의 이행 상황은 매우 실망스럽다. 생존해 있는 동거인은 함께 거주하던 주택을 1년간 향유할 수 있는 임시 권한을 갖게 되는

데, 이런 권한은 적어도 생존해 있는 배우자가 사망한 배우자와 합법적 혼인관계에 있고 그와 성별이 다르다는(즉 동성결혼이 아니라는) 전제 하에서 일반적으로 누릴 수 있는 권한에 비하면 아무것도 아니다. 그리고 이런 조잡한 권한(사실 이 권한은 시민연대협약이 체결 시 존재하지도 않았다)이 동성커플을 공동의 체제에서 소외시키게 되지 않을까 하는 의문을 제기할 수도 있다.

그렇다고 해도 이 법안은 세율이라는 진부한 문제가 아닌 간소화와 새로운 자유에 관한 문제에 집중함으로써 프랑스에서 이루어지는 토론이 건설적인 방향으로 나아가는 데 중요한 역할을 담당할 수 있다는 사실에는 변함이 없다. 상속세는 논리적으로는 분명 잘못됐지만 대중에게 인기 있는 정책과는 다른 각도에서 다뤄야 한다. 역사적으로 프랑스에서 직계가족상속에 적용된 세율은 비교적 약하게 적용되어왔다. 1983년 이후 최고세율은 40퍼센트였는데(1960년대와 1970년대에는 15~20퍼센트였다), 이는 상속인당 약 200만 유로에 달하는 최고상속 부분에만 적용할 수 있었다. 구체적으로 말하자면 배우자와 두 자녀에게 물려준 100만 유로의 세습재산—적어도 사망자의 0.3퍼센트는 이 정도 수준에 이른다—에 대한 실질세율을 적용해 공제액을 산출하는 과정에서 현재 세율은 겨우 15퍼센트 정도일 뿐이다. 이는 다른 많은 나라에서 적용하는 세율에 비하면 상대적으로 낮은 수치다.

예를 들면 1960~1970년대 미국의 최고상속세율은 77퍼센트였고, 1980년대 이후에는 55퍼센트—프랑스는 이런 세율을 단 한 번도 적용한 적이 없다—였다는 사실을 사람들은 종종 잊어버리곤 한다. 부시 대통령이 지금부터 2011년까지 55퍼센트의 세율을 점차적으로 0

퍼센트로 낮추려고(즉 상속세 자체를 없애려고) 할지라도, 여러 해에 걸쳐 단계적으로 이루어져야 하는 이 법안이 그의 임기 내에 이루어질 가능성은 거의 없다. 그만큼 미국 내에선 이 정책에 많은 비판이 쏟아지고 있는데, 특히 자신의 자녀들을 금리생활자로 만들고 싶어하지 않는 자수성가한 사람들의 반대가 심하다. 사실 프랑스 시스템의 중요 문제점은 지나친 경직성에 있다.

미국의 조세에 관한 자유의 원칙은 누구든 자신이 원하는 대로 세습재산을 남길 수 있는 절대적 자유 안에서 구현되고 있다. 증여자와 상속자와의 관계가 어떻든 간에 세율은 일정하고 세습재산이 많을 경우에는 상대적으로 높은 세율을 적용할 뿐이다.

프랑스의 경우는 이와 정반대다. 세습재산을 자신의 합법적 자녀에게 균등하게 나누어주길 원한다면 세금이 낮아진다. 하지만 사망하기 몇 달 전에 만난 매력적인 연인 혹은 동성커플에게 세습재산을 남기려 한다면, 엄청난 세금이 부과될 것이다. 방계가족(형제, 자매 등)과 친척이 아닌 사람에 대한 상속세율은 경우에 따라 35~55퍼센트 사이에서 적용된다. 가톨릭 전통과 나폴레옹 시대의 전통이 혼합된 프랑스 상속제도는 지금까지 단 한 번도 제대로 된 시스템을 구현하지 못했다고 볼 수 있다. 풍속의 변화와 인구고령화 등으로 인해 프랑스 상속제도는 분명 해결하기 어려운 문제가 되고 말았다.

물론 우리가 거의 구속력이 없는 만족할 만한 시스템을 구축하기에는 아직 갈 길이 멀다. 그럼에도 불구하고 지난주 표결에 부쳐진 몇몇 조항은 이런 자유를 시험해보려는 방향에서 많은 진척을 보였다. 예를 들어 장애인 형제나 자매를 위해 자신에게 남겨진 상속분—많지 않더라도—을 포기하는 것이 가능하다는 조항은 형제나 자매에게 균등분할한다는 지극히 신성한 원칙을 원천적으로 재검토하게 하고, 이전 시스템의 자유를 침해하는 부분을 지적하게도 한 것이다.

보다 일반적으로 말하자면, 아마도 이런 방침은 정부가 공공비용을 조달하는 데 필요한 수단을 정당하고도 점진적으로(어쩌면 매우 점진적으로) 확보할 수 있는 세금이 좋은 세금이라는 생각을 갖게 할 것이다. 특히 이 방침은 개인과 기업에 가능한 한 최소한의 손해를 끼치면서 앞서 열거한 두 가지 목표를 달성하도록 만든다.

어찌 보면 이것이 바로 과세의 자유다.

무기간제 계약에 대한 재고

최초고용계약CPE을 태워버려야 하는가? 이에 대한 결론을 얻으려면 노동계약이 법의 테두리 안에서 이루어져야만 하고, 시장 논리 속에 그냥 내버려두어서는 안 되는 이유가 무엇인가를 생각하는 것부터 시작해야 한다. 무엇보다도 노동시장은 사람과 연관된 것이며 임금근로자는 혹시 있을지도 모르는 고용주의 차별 대우로부터 보호받아야 한다(고용주 역시 사람이며 가끔 경제적인 이유 이외의 다른 이유에 따라 행동을 하기도 한다. 왜냐하면 어떤 고용주는 성차별주의자, 인종차별주의자, 동성애 혐오자일 수 있기 때문이다).

게다가 노동시장을 고용주와 피고용인의 지속적인 관계, 즉 서로가 서로에게 특수한 투자를 하는 관계로 규정한다는 점은 단지 경제적 관점에서만 보는 노동시장의 특성이다. 예를 들어 한 임금근로자가 자신의 임무를 완수하려면 일에 집중하고, 특별한 능력과 기량을 갖추어야 하며, 자신만의 숙련도와 전문성을 발휘해야 한다.

임금근로자에게 한 기업이 투자해 얻은 능력을 다른 기업에서 발휘하기 힘들다는 점에서 보면, 이런 투자는 중요하고 상황에 알맞은 것이다. 따라서 피고용인에 대한 투자가 한번 실현되면, 고용주는 임금근로자에게 힘을 행사할 수 있는 위치에 서게 되므로 임금을 낮추겠다거나 해고하겠다고 협박할 수 있게 된다. 언제 불이익을 당할지 모른다는 생각에 임금근로자는 그 나름의 투자를 덜하게 되고 이러면 양측이 모두 손해를 보게 되는 것이다. 임금근로자와 고용주 그리고 일반적인 경제효율성을 위해 노동계약, 특히 해고 조건을 엄격하게 규정해야 하는 이유가 바로 여기에 있다.

보고서의 전형으로 간주되는 블랑샤르-티롤 보고서(하지만 완전경쟁시장 지지자들은 이 보고서를 종종 무시한다)는 2003년 노동계약을 전반적으로 개혁할 것을 제안했다.

첫째, 투자를 지속적으로 하기 위해서는 무기간제 계약이 표준 조항이 되고 기간제 계약(현재 기업의 80퍼센트가 이를 채택하고 있다)이 예외 조항이 되어야 한다는 것이다. 그리고 경우에 따라서는 기간제 계약을 없애고 개정된 무기간제 계약의 형태로 단일 계약을 도입하자는 것이다.

둘째, 긴 고민 끝에 해고를 단행하고 그로 인해 발생하는 사회적 비용을 '내부화'하려면, 기업은 단일 계약 파기의 경우에 실업수당뿐만 아니라 재취업과 교육에 대한 비용을 지불해야 한다는 것이다. 이를 위해 보고서는 이전 해고에 따른 사회보장기금의 고용자 분담금을 조정할 것을 제안한다.

그렇다면 최초고용계약은 어느 정도 목표에 부합하는가? 전혀 목표에 부합하지 않는다고 볼 수 있다. 고용주가 아무런 설명 없이 등기

우편으로 계약을 파기할 수 있는 2년간의 시용 기간은, 임금근로자가 적어도 6개월 혹은 12개월 동안은 확실하게 임금을 받을 수 있는 기간제 계약보다 더 불완전하게 느껴진다. 심리적 효과는 연구 목적과는 정반대로 참담하게 나타난다. 왜냐하면 최초고용계약은 분명 무기간제에 따르기 때문이다. 물론 모든 근로자는 수습기간 중(이때는 정식 임금을 받지 못한다)에 최초고용계약을 작성하길 바란다. 하지만 수습직원에 대한 규정이 없기 때문에 최초고용계약이 이 부분을 대신할 수 있을지는 그 누구도 확신할 수가 없다. 그리고 최초고용계약에 따른 보상금과 실업수당이 기간제 계약에 따른 것보다 낫다면(그리고 무기간제 계약과 같다면), 교육과 지원정책에 드는 2퍼센트의 세금은 매우 하찮은 것이다. 게다가 2년 동안 시행된 정책은 정책의 연속성에 심각한 타격을 입히는 역효과를 나타냈다. 이런 정책을 기업 이윤에 대한 고용주의 사회적 분담금이 많이 늘어나게 되는 개혁안(1월에 공표되고 조합에서 지지하는)과 동시에 발표하는 바람에 총리는 앞서 공언한 '사회적 성장'이라는 노선을 흐리게 하는 위험을 감수했다.

개선된 최초고용계약은 기간을 특정하지 않고, 직업사회보장은 두 배로 늘린 새로운 단일 계약이 일반적으로 통용되기 위한 준비 단계가 될 것인가? 기업 대표와 노동조합 대표가 지향하는 목표가 완전히 다를 경우, 누구라도 목표를 구체화시키는 방법을 찾지 못한 것에 대해 최소한의 추궁은 할 수 있을 것이다. 그리고 다음과 같은 사실을 제대로 파악해야 한다. 즉 방법이 어떻든 간에 개혁을 시행하려면, 현행 무기간제 계약을 유동적으로 하고 '해고 권한'을 가지려는 전형적인 보수 성향의 인물과 맞닥뜨릴 수밖에 없다는 것이다. 왜냐하면 공공서비스의 일환으로 고용과 교육을 쇄신해 전문 경력자들을 안심시키는 데 드는 비용을 기업이 지불하도록 하는 것이 정당하다면, 고용주가 어려움에 처했을 경우 지불해야 할 비용을 미리 합법적으로 규정해서 고용주를 안심시키는 것 역시 정당하기 때문이다.

기업이 이를 보다 훌륭하게 시행할 수 없고, 평가단 역시 기업의 경제상황을 정확히 평가할 준비가 거의 되어 있지 않다면, 능력평가서를 작성하고 새로운 교육을 제시하는 기능 자체가 하나의 역할이 된다.

다만 정부와 노사 양측이 함께 최초고용계약에 관한 논의를 진척시키기를 기대해보자.

사회당, 세금에 관한 질문을 받다

사회당은 지금 2007~2012년 강령을 조정할 최종 국면에 접어들었다. 계획안은 지금부터 6월 6일까지 작성되어 당원들이 6월 22일에 채택해야 한다. 원칙적으로 정당 강령이 한 번 채택되면 사회당 후보는 누가 됐든 대통령 선거에 출마하게 되어 있다.

물론 강령 내용에는 다분히 수사적인 표현도 일부 들어 있다. 채택된 강령에 최대한 유연성을 보장하기 위해 제안사항을 너무 엄밀하게 표현하는 것을 피하면서도 풍부하고 다양한 내용으로 이루어졌다는 인상을 준다. 난처한 사안에 대해서는 대의원들 간 격렬한 토론을 거친 후에 결국 정확한 입장을 취하지 않기로 결정했다. 아마도 강령은 퇴직연금에 대한 피용 법안을 자세한 설명 없이 그냥 '검토'라고만 표기하는 것으로 작성될 것 같다. 합의가 이루어진 주제는 주요 원칙을 재확인하는 경우뿐이었다. 즉 학교는 공립으로 전환하여 통합적으로 운영되어야 하며, 세제는 누진성과 고용 창출에 유리하도록 적용해야 한다는 것 등이 그렇다. 합의가 어려울 것 같던 교육우선지역 학생 수를 학급당 18명으로 줄이겠다는 약속은, 아마도 '문제가 많은 지역에 대해 자금을 집중하는 것'—이 표현은 정확하지가 않아 강제성이 부족하다—을 겨냥한 정책안 형태로 바뀐 것 같다. 사회보장기금의 고용자 분담금 개혁에 관한 현재의 입장 표명('사회보장기금의 고용자 분담금 계산 방법을 바꿈으로써 고용을 창출하는 기업에 혜택을 주는 것') 또한 모호하기 이를 데 없다. 의회에서 만장일치로 통과된 이 사안이 1997년 경우처럼 대규모 개혁을 전혀 이끌어내지 못할 우려가 있다. 다만 드빌팽 정부가 자크 시라크의 정책안을 의제로 삼기로 한 것은 제외된다. 시라크는 2006년 신년사에서 기업 전체 누진 가치(임금만의 누진 가치가 아닌)에 대해 분담금을 물리겠다는 뜻을 분명히 했다. 의사일정에 상정된 이 정책—전체적으로는 지지하지만, 좌파 내부에서는 물론 우파 내에서도 서로 분열을 일으키는—은 2007년 주요 사회경제 토론 가운데 하나가 될 가능성이 매우 크다.

현재 사회당이 제시하고 있는 가장 혁신적인 정책안은 소득세와 보편적 사회보장분담금을 통합하는 것이다. 하지만 다음과 같은 사실을 제대로 이해하고 넘어가야 한다. 즉 모든 대규모 조세개혁과 마찬가지로 하나의 개혁은 기술적인 면이 결여되면 성공을 거둘 수 없다는 사실 말이다. 만약 사람들이 개혁안의 진가를 알아보지 못하고 또 이에 대한 대규모 민주적 토론이 이루어지지 않는다면, 내용이 바람직함에도 불구하고 이 개혁안은 기본적인 사회정치적 문제를 일으키게 되며 정책으로 채택될 수 없다. 무엇보다도 가족 또는 개인과 관련된 세금 문제가 발생한다. 보편적 사회보장분담금은 절대적으로 개인적인 세금이다. 즉 납부해야 하는 세금은 관련된 개인의 소득에만 부과되지, 같이 살고 있는 다른 가족구성원의 소득이나 자녀의 수와는 상관이 없는 것이다. 또한 헌법재판소가 저임금근로자의 보편적 사회보장분담금 공제를 무효화시킨 것은 가족 상황을 고려하지 않았기 때문인데, 이로 인해 조스팽 정부는 노동소득세공제를 도입했다. 반면 소득세는 모든 법적 조항을 동원해 결혼한 부부와 동거커플, 배우자 없이 혼자 사는 부모 가운데 한 사람과 사실혼관계인 내연관계의 부부, 부양할 의무가 있는 자녀와 그렇지 않은 자녀 등을 구분해서 나온 가족의 수준에 따라 계산된다. 그리고 소득세의 개별화가 가장 만족할 만한 방법이라 할지라도(당연히 가족수당 개혁도 포함해), 1948~1959년에 걸친 조세개혁 선례에서 보듯이, 개혁의 성과가 하루아침에 나타나지는 않을 거라는 사실에는 의심의 여지가 없다.

결국 '비례세'(준 개인별 과세)와 '누진부가세'(가족별 과세)를 단일 소득세로 통합하는 데 20년 이상이 걸렸다.

하지만 소득세와 보편적 사회보장분담금을 통합함으로써 여전히 기본적인 문제가 발생하고 있다. 보편적 사회보장분담금은 기본적으로 특정 공공비용, 즉 건강보험료를 조달하기 위해 징수하는 세금이라는 의미에서 보면 할당과세에 해당된다고 볼 수 있다. 조합은 여기에 신경을 곤두세운다. 왜냐하면 보편적 사회보장분담금이 프랑스인의 건강을 유지해준다고 생각하기 때문이다. 사실 이 분담금의 보조적 성격 때문에 분담금 액수를 낮추는 것은 불가능하다. 보편적 사회보장분담금을 낮추겠다는 모든 정치인은 건강보험 비용 비율을 어떻게 낮출 것인지부터 설명해야 한다(그렇다 해도 정치적 공격을 받을 위험성이 크다).

문제는 '성역화'된 건강보험 비용에 들어가는 돈이 너무 많다는 것이다. 사실상 소득세는 용도가 분명치 않은 수많은 비용을 조달하는 데 쓰이고 해가 지남에 따라 '낮춰야 할 세금'이 된다. 하지만 소득세는 겨우 GNP의 3퍼센트를 조금 넘는 정도로, 이는 다른 선진국의 2분의 1에서 3분의 1밖에 안 되는 수준이다.

원천과세 실행과 함께 소득세와 보편적 사회보장분담금을 단계적으로 통합하는 것이 난관을 극복하는 유일한 방법이다.

할당과세, 약화된 분야

이에 관한 질문은 국가재정에 관한 질문만큼이나 오래된 문제다. 세금의 목적이 특정 분야의 국가재정 혹은 일반예산을 조달하는 데 있는가? 전통적 학설은 이론적으로 할당과세는 대중 선동적이고 인기 영합적이기 때문에 배제해야 할 세금이라는 분명한 입장을 취하고 있다. 솔직히 말하면, 현실은 훨씬 더 복잡하다.

물론 국가예산을 조달하는 세금—소득세, 누진세, 법인세 등. 이는 GNP의 16퍼센트에 해당된다—은 비목적의 원칙을 준수한다. 국회의원은 소득세를 학교에, 누진세를 군대에 배당할 수 없는데, 아마도 그 방법이 바람직하기 때문일 것이다. 마찬가지로 지방자치단체에 할당되는 세금(GNP의 약 5퍼센트)도 일반적으로 특정비용에 할당되지 않는다. 반면 사회보장비용 조달을 위한 세금(특히 사회보장분담금과 보편적 사회보장분담금)은 논리적으로 분명 할당과세의 성격을 띠고 있다. 특정 분야를 위해 징수하는 분담금은 퇴직연금, 실업수당, 건강보험, 가족수당 등에 쓰인다. 사회보장에 할당되는 이런 세금은 GNP의 21퍼센트에 해당되는데, 이는 국가와 지방공공단체의 예산을 합친 것과 같다.

이 할당과세는 퇴직연금과 실업수당을 위한 분담금으로 쉽게 이해할 수 있는데, 이는 납세 논리를 따른다. 왜냐하면 퇴직연금과 수당에 관한 세금은 임금근로자가 내는 세금으로 충당되고, 이에 대한 계산은 다른 세금과 별도로 행해져야 하기 때문이다. 하지만 오래전부터 보편적으로 적용됐던 분담금(병 치료와 약 처방, 가족수당, 독거노인수당 등에 대한 환급금)을 조달하기 위한 논리는 분명 설득력이 부족하다. 이 비용은 프랑스 국민과 프랑스 거주민 모두에게 해당되며(분담금은 따로 납입된다) 수많은 일반국가예산—예를 들면 교육예산—과 같이 국가 연대 논리와 기본 세금 논리를 따른다.

하지만 노사 양측 대표는 특히 이 논리만이 프랑스 국민에게 양질의 건강보험 혜택을 줄 수 있다는 사실을 지적하면서 할당과세의 논리를 강력하게 지지하고 있다. 다시 말해 영국의 경우처럼 건강보험이 일반예산에서 조달된다면, 프랑스인도 영국인과 마찬가지로 값싼 보험 혜택을 받을 수 없게 된다는 것이다. 이런 논지는 나름대로 중요한 의미를 지니고 있으며, 그래서 쉽게 논외 사항으로 내버려둘 수 없다. 예를 들면 보편적 사회보장분담금을 낮출 수 없는 것은 이 분담금의 할당적 성격 때문이다. 즉 보편적 사회보장분담금을 낮출 것을 제안하는 모든 정치인은 건강보험 비용을 어떻게 줄일 것인지를 즉시 설명해야 한다. 그 누구도 이런 위험한 행동을 취하려 하지 않아 매우 다행스럽다.

하지만 이와 같은 논리는 정체가 불분명한 곳에만 쓰이는 국가 세금이 지속적으로 줄어드는 이유를 설명하는 데도 적용된다. 세금이 학교와 대학 등에 쓰이는데도 불구하고, 그 누구도 소득세나 법인세를 낮추는 것을 반대하지 않는다. 다시 말해 어떤 비용을 성역화된다는 것이 다른 비용에 부정적인, 때로는 치명적인 결과를 초래한다는 것이다.

이에 대한 논의는 복잡한 과정을 거쳐야 하겠지만 한 가지 사실에 대해서는 확신할 수 있다. 즉 우리 시스템의 전반적인 체계는 바뀔 준비가 되어 있지 않다는 것이다. 그리고 할당과세를 질병보험과 가족수당 분야까지 연장한다면, 이 성역화된 세금은 노동뿐만 아니라 조세 근거에까지 가능한 한 가장 폭넓게 기초하는 것이 훌륭한 해결책이 된다. 국가 연대에 속하는 비용 조달을 단지 임금에만 계속 의존하는 것은 아무 의미가 없다. 특히 노동에 부가세를 부과하고 고용 창출에 특혜를 주는 경우에는 더욱 의미가 없다. 개혁(임금과 이윤이 중요 부분을 차지하는 사회보장기금의 고용자 분담금—이는 아마 기술적인 부분과 정치적인 부분에서 가장 훌륭한 타협점이 될 것이다—과 부가가치 전체에 대한 분담금—사회적 부가가치세—에 대한 개혁) 형태에 관한 기술적 논쟁 이외에 사회보장기금의 고용자 분담금을 확장하는 방법이 훌륭한 개혁이 될 수 있는 이유가 바로 이것이다. 개혁은 오직 임금근로자의 질병보험과 가족수당에만 근거를 두고 있었던 것을 소득 전체로 확장하기 위해 1991년에 만들어진 사회보장분담금의 직접적인 연장을 통해 이루어졌다. 적어도 노사 양측 대표와 국민이 유럽식 세제를 조화롭게 하는 문제와 현행 할당과세 시스템이 유럽에서 일어나는 상황을 악화시킨다는(노동, 특히 단순노동에 대한 증세와 자본과 고기능 노동에 대한 감세) 사실에 관심을 갖게끔 하는 데는 별 문제가 없을 것이다.

상속세를 어떻게 해결할 것인가?

기념비적인 개혁 조치가 100년에 한두 번 정도 나온다는 사실을 고려해보면, 상속세는 단연 2007년 대선토론 주제 가운데 하나가 될 것이다. 20여 년 전부터 보편화된 세습재산의 쇠퇴 현상에 대한 불안감 속에서 특히 증여—즉 사망하기 이전에 재산을 물려주는 것—에 대한 과세 논쟁이 벌어졌다. 좌파나 우파 모두 자녀가 퇴직하기 이전에 부모가 자녀에게 재산을 물려줄 수 있도록 다양한 세금 감면 조치를 취했다.

현재 진행되고 있는 이에 관한 논의는 이전보다 분명 급진적인 모양새를 취하고 있다. 2004년 재무부 장관을 역임할 당시 상속세를 대폭 낮추었던 니콜라 사르코지는 이제 상속세를 완전히 없애자는 주장을 하고 있다. 최근의 사례를 들어보자. 프랑스 대중운동연합의 지지를 받고 있는 예산청에서 2주 전에 상속세를 대폭 낮추자고 했지만 총리가 (아마도) 이를 거절한 사건 말이다.

대중운동연합 총재가 격찬하는 급진적 방침에 대해 사실은 다수가 우려를 표하고 있는데, 그만큼 이 방침이 이전 상황과 배치된다는 것이다. 예를 들자면 대중운동연합 소속으로 예산청 장관을 지냈던 알랭 랑베르Alain Lambert는 상속세를 통한 세수 확보가 이루어지지 않는다면, 국가는 이미 예정된 세습재산의 양도에도 관심을 갖지 않으리라는 섬과, '프랑스의 세습재산은 앞으로 90대 노인들이 다 소유하게 될 것이라는 걱정'을 지적했다. 여당의 몇몇 대표자들—그 가운데 최고 대표는 총리다—은 이 상황이 좌파에게 유리하게 작용하지 않을까 걱정했다. 왜냐하면 상속세 폐지를 요구하면서 기회의 균등을 주장하기가 어렵기 때문이다. 상속세는 프랑스 대혁명 이후 부의 세습을 제한하는 데 중요한 역할을 하고 있는데, 제3공화국(1870~1940) 이후부터는 상속세에 누진세를 부과함으로써(1901) 부의 세습을 더욱 제한하고 있다. 미국의 부시 대통령이나 이탈리아의 베를루스코니 총리가 시도했던 상속세 폐지는 격렬한 반대에 부딪혔다. 반대 입장에 선 사람들 가운데는 워런 버핏Warren Buffet과 빌 게이츠 같은 자수성가한 갑부들이 있었는데, 이들이 반대 입장에 선 것은 자신들의 자녀들이 금리생활자로 전락하는 것을 원하지 않기 때문이었다.

인기는 있지만 내용은 잘못된 사안을 다루는 것과는 달리, 상속세에 관한 문제는 진지하게 다루어야 할 사안인데도 현실은 그렇지 않다. 70억 유로를 겨우 넘는 수준인—이는 GNP의 약 4퍼센트밖에 안 된다—2006년 현재 상속세액은 유구한 세습재산의 역사에서 볼 때 상대적으로 낮은 액수다. 물론 부동산과 증권 시가가 꾸준하게 올라가고, 양차 대전 중 발생한 경제 쇼크 이후에 세습재산을 재편성하는 절차가 천천히 진행된 결과, 상속세액이 증가하고 있는 것이 사실이다. 이처럼 1950년 GNP의 0.2퍼센트밖에 되지 않았던 상속세액은 1990~2000년에는 0.3~0.4퍼센트로 증가했다. 그러나 이 액수는 부동산 주식과 증권 주식의 시가가 상당히 높았던 1900년도와 비교하면 매우 낮다. 당시 상속세액은 누진과세가 시행되기 이전임에도 불구하고 GNP의 1퍼센트를 차지했다. 또한 1990~2000년 프랑스 전체 세대 세습재산이 1914년 이전 수준으로 돌아가고, 2006년 전체 세대 세습재산이 1세기 전과 마찬가지로 GNP의 약 4~5년 치에 해당하는데도 말이다. 다시 말하면 벨 에포크 시대와 마찬가지로, 2006년에 한 가구가 평균적으로 소유하고 있는 세습재산이 4~5년 치 연소득과 같다는 것이다(예를 들면 4만 유로의 연소득을 올리는 가구는 16만~20만 유로의 세습재산을 보유하고 있다는 의미인데, 이는 물론 나이와 상속액에 따라 달라질 수 있다). 그럼에도 상속세액이 이전 수준을 회복하지 못하고 있다는 사실은 지난 수십 년간 이어져온 다양한 면세혜택과 조세피난, 인구고령화 현상에 따른 유산 상속 시기 연장 등으로 설명될 수 있다.

요약하자면 오늘날 세습재산은 놀라울 정도로 늘었으며 이미 약한 세율을 적용하고 있는 상속세를 크게 삭감할 만한 어떤 경제적 명분도 존재하지 않는다. 상속세는 1세기 전에 비해 2분의 1에서 3분의 1 수준밖에 되지 않는 반면, 같은 기간에 전체 세금이 차지하는 몫은 15퍼센트에서 45퍼센트로 3배나 올랐다(근로세는 그 자체만으로도 GNP의 20퍼센트 이상에 해당되는데, 예산 운영에 여유가 있다면 이를 서둘러 낮춰야 한다). 상속세에 관한 논의가 진정 필요해 보인다. 특히 평균수명이 늘어나고 프랑스 상속 규정이 지나치게 경직되어 있다는 점을 고려할 때 더욱 그렇다. 상속세를 대폭 낮춘다는 것은 19세기 자본세 논리와도 어긋나는 초超자본주의를 실행하고 있다는 지적을 초래할 뿐이다.

교육경쟁의 활성화

교육경쟁의 효과에 관한 논의가 현재 프랑스에서 활발히 진행 중이다. 니콜라 사르코지가 주장하는 바는 분명하다. 학교 평준화를 시행하는 것만으로도 충분하다는 것이다. 초등학교와 중학교가 자유롭게 교육계획을 수립해 교육시장에서 자신의 지위를 확고히 할 만한 위치에 설 수 있는 경쟁을 부추기는 것만으로 학교의 질을 높일 수 있다는 것이다.

이 논의는 매우 정당한 것이다. 경쟁력이 의미를 갖지 않는 활동이란 존재하지 않기 때문이다. 여기에는 결코 예외 분야(교육, 보건, 문화 등)가 있을 수 없다. 출판사나 갤러리 간의 경쟁을 금지시킨다면, 각 분야를 공영화한다면, 문학적 혹은 예술적 창조성이 발휘될 수 있을까? 교육 분야에서도 경쟁이 있을 수밖에 없으며 부모가 학교장이나 교사에게 가하는 압박—이는 학교 발전에 전혀 도움이 되지 않는다—역시 존재하는 것이 사실이다.

또한 경쟁의 범위와 한계에 대해서도 합당한 분석을 해야 한다. 간단히 말해 경쟁력의 주요 관건은 대상이 되는 재화나 서비스의 다양성 정도, 특히 차별화 정도에 달려 있다고 할 수 있다. 다양한 형태를 취할 수밖에 없는 재화 혹은 서비스를 다양한 고객과 소비자의 기호와 요구에 맞게 생산하는 문제와 관련해, 생산자와 책임자 간의 경쟁이 바람직한 결과를 얻을 수 있는 유일한 방법이다. 이는 문학이나 예술 창작 부문에서도 어김없는 사실이다. 어떤 중앙권력기관이 소설의 출판 가치 여부를 측정할 수 있단 말인가? 반대로 생산된 재화나 서비스가 비교적 동질이거나 같은 형태의 것이라면, 경쟁 가치는 그만큼 제한적이다. 초등학교의 경우를 예로 들어보자. 국가공공단체가 어린이들이 습득해야 할 모든 교육프로그램을 하나로 통합하는 순간부터 경쟁의 범위는 줄어든다. 이런 경향은 모든 것이 제한되어 있는 중학교에서 좀 더 강하게 나타난다. 학부모들이 압도적으로 추진하는 혁신안이 항상 바람직하지는 않다는 사실은 분명하다. 왜냐하면 미국교육위원회에서는 학부모들이 종종 이상한 개혁 프로그램을 내놓기도 했기 때문이다.

이 모든 사실이 부시 행정부가 추진한 '바우처voucher'(학부모가 그들의 선택사항을 학교에 제공하는 교육 쿠폰) 시스템을 통해 왜 초등학교와 중학교에서 일반화된 경쟁이 교육과 학업 성과에 실망스러운 결과를 초래했는지를 설명하고 있다.

반면 경쟁 효과는 분명하고도 즉각적으로 나타날 수 있다. 특히 사회적 소외 지역으로 전락할 위험에 처해 있는 낙후지역에 있는 학교의 경우에는 더욱 그렇다. 초등학교 간에 경쟁을 부추김으로써 얻을 수 있는 효과를 통해 어느 정도 난관을 극복할 수 있다는 있다고 생각하는 것은 중요한 문제가 아니다. 반면에 이론의 여지는 있지만(교육경제가 순수과학은 아니라는) 적어도 심각하게 받아들일 만한 몇몇 연구는, 낙후지역에 있는 학교를 위한 정책이 실행되면 분명한 효과를 볼 수 있으리라는 점을 시사한다. 예를 들면 교육우선지역에 있는 초등학교 1학년과 2학년 학급당 학생 수를 17명으로(현재 교육우선지역은 22명이고 그 이외의 지역은 23명이다) 줄이면, 교육우선지역과 그 이외의 지역 초등학교에서 3학년으로 올라갈 때 치르는 수학시험에서 나타나는 격차를 45퍼센트가량 줄일 수 있다는 것이다.

특히 현재 큰 문제없이 돌아가는 프랑스 초등학교와 중학교에 경쟁에 관한 논의를 집중하게 되면 원래의 목표를 완전히 잃어버릴 수도 있다. 이미 조스팽 행정부 때 교육부 장관인 클로드 알레그로Claude Allègre는, 당시 정책 우선순위에 고등교육개혁안이 포함되어 있음에도, '거대세력'과의 싸움을 시작하느라 쓸데없이 정치자금을 탕진하고 말았다. 이유는 간단하다. 초등학교(그리고 크게 보면 중학교도 포함해서)와는 달리 고등교육은 학생들의 요구, 노동시장의 변화, 학술연구의 발전—본래 예측이 불가능한 것들이다—등에 따른 지속적인 개혁 속에서 매우 다양한 모습으로 이루어지기 때문이라는 것이다. 고등교육은 예술적 창조와 더 깊은 관련을 맺고 있다. 이는 획일적인 소련식 구조나 현재 국가와 고등교육기관 사이의 유치하고도 관료적인 관계와는 어울리지 않는다. 우리가 어디에서나 원하는 고등교육을 받을 수 있는 것은 책임교육기관과 자율교육기관 사이에 지나치지 않은 경쟁심을 불러일으킴으로써만 가능하다. 프랑스 의료 시스템이 현명하게 경쟁력에 크게 중점을 두었던 것처럼 말이다(1945년 영국에서 채택한 자유주의적 의료 시스템을 따랐더라면, 지금의 상황은 더욱 어려웠을 것이다). 갈 길은 멀다. 그리고 이런 주요 사안이 대선주자들 간의 토론에서 다루어져야 한다.

고용

최저임금경쟁

사회당 대통령 후보자들이 벌이는 토론은 대체적으로 다음 한 가지로 간단히 요약할 수 있다. '최저임금을 얼마만큼 올려야 하는가?' 로랑 파비위스의 견해는 확고하다. 그가 '전적으로 좌파적인' 이념을 구현하고자 하는 분야가 바로 이 부분이다. 처음에는 현재 월 약 1250유로인 최저임금 총액을 국회의원 임기가 끝나기 전까지 1500유로로 올릴 것을 제안했는데, 이는 5년간 20퍼센트의 상승률을 적용한다는 의미다. 하지만 이 제안은 모든 사회당 후보자가 공유하는 사회당 계획안을 바탕으로 채택됐기 때문에, 보다 명료한 설명을 필요로 했다. 그래서 로랑 파비위스는 최저임금을 지금부터 '다음 선거' 때까지 100유로씩—이는 8퍼센트의 상승률을 의미한다—올릴 것이며, 이에 동조하지 않는 모든 사회당원의 지위를 인정하지 않겠다고 약속했다.

불과 몇 년 전만 해도, 이전 재무장관의 예를 보면 최고소득에 대한 세금을 절감하는 데—외국인 최고위직 간부의 세금 면제 등—에 모든 것을 걸었는데, 이와 같이 사람들에게 착각을 일으키게 하는 정치적 방향 전환에 대해 숙고해야 한다. 제안을 한 사람의 신뢰성 문제는 논외로 하더라도, 이 제안은 근본적인 문제를 제기하고 최후의 순간에 후보자를 선택하지 않는 것이 얼마나 나쁜 결과를 초래하는지를 보여준다(지도자가 없으면 토론에 선동적인 경향이 나타나기 마련이어서 심도 있는 토론이 절대 이루어질 수 없다).

우선 최저임금이 2007년에 8퍼센트의 상승률을 보인다고 가정해보자. 그렇다면 이듬해는 어떻게 되는 것인가? 연 2퍼센트를 간신히 넘는 성장률로는 연 8퍼센트의 최저임금 상승률을 지속하기가 매우 어렵다. 즉 정의상 생산량보다 더 많이 분배할 수가 없다. 더구나 지난 몇 년간 시간당 최저임금은 최고임금보다 오히려 더 빠르게 상승했다(이는 주당 근로시간을 35시간으로 제한한 결과다)는 사실을 고려하면 더욱 그렇다. 다시 말해 40년 전의 호황기 때와는 달리 최저임금의 하락은 있을 수가 없다. 왜냐하면 최저임금은 구조적으로 1950년대와 1960년대의 생산보다 느리게 증가했는데, 그 결과 1968~1983년 생산은 40퍼센트의 증가세를 보였던 반면 최저임금근로자의 구매력이 130퍼센트로 상승할 정도로 최저임금이 인상됐기 때문이다.

물론 최저임금 수준을 절대수치로 규정하는 것만으로는 충분하지 않지만, 생산 수준에 일치하는 임금 수준에서 살펴보는 방법이 있다(일반적인 생각과는 달리 이윤은 생산보다 빨리 성장하지 않는다. 국민계정에 따르면, 지난 10년간 임금근로자의 급료는 항상 부가가치의 약 65~66퍼센트에 달했던 반면 기업의 총 무역흑자에 대해선 34~35퍼센트 수준에 머물렀기 때문이다). 같은 맥락에서 정치인은 자신이 책임져야 하는 부분에서 백지수표를 남발할 것이 아니라, 최저임금근로자의 지속적인 생산 증가와 구매력 증가를 확고히 할 수 있는 준엄하고도 겸허한 해법을 모색해야 할 것이다.

게다가 오늘날에는 저임금노동자의 구매력을 높이기 위한 최저임금제보다 훨씬 더 정교한 제도가 존재한다. 즉 노동소득세액공제다. 2000년 조스팽 정부에서 도입했고 2002년부터는 우파에 의해 상당히 보편화된(이는 좋은 제도를 만드는 것이 기존 제도의 파기 혹은 폐기보다 낫다는 증거가 된다) 노동소득세액공제에 대해서 오늘날의 사회당은 별 열의를 보이지 않고 있으며, 오히려 최저임금을 올리는 데 혈안이 되어 있다. 이 제도는 물론 기술적인 향상을 필요로 한다(아직 노동소득세액공제를 해당 월에 받을 수 있는 단계에는 이르지 못했다). 또한 노동소득세액공율이 올라감으로써 최저임금이 하락하는 상황을 피해야 한다. 고용주가 책임을 회피할 수 있기 때문이다. 하지만 노동소득세액공제는 구매력의 이점을 균등하게 배분한다는 장점이 있다. 왜냐하면 노동소득세액공제 총액은 가족 상황, 근로시간, 임금 등에 따라 조정될 수 있기 때문이다. 이는 최저임금을 올리는 것보다 훨씬 더 효과적인 방법이다. 왜냐하면 최저임금의 상승은 복원성이 없기 때문에 한편으로는 급료가 일괄적으로 최저임금 수준으로 하락하게 되고, 다른 한편으로는 임금 상승이 동결되기 때문이다.

특히 노동소득세액공제의 재분배 논리는 매우 혁신적이다. 노동소득세액공제의 기본원칙은 저임금을 지급하는 고용주(이들은 기본적으로 소기업 고용주로서, 보통 최고위직 간부들보다 자산이 많지 않다)뿐만 아니라 모든 국가 공공단체가 그들 각자의 소득에 따라 저임금근로자에게 혜택이 돌아가게끔 서로 힘을 모은다는 것이다. 마르크스주의에서 완전히 해방되지 못한 좌파 집단이 최저임금에 열정을 보이는 것은 놀랄 만한 일이 아니다. 자본주의사회의 유일하고도 진정한 불평등은, 고용주가 임금근로자보다 영원히 더 부자라는 가정 하에 임금근로자(어느 정도는 동일한 집단으로서)와 돈 계산만 하고 있는 고용주 사이의 불평등이라고 좌파는 믿고 있다. 이 갈등이 가능한 한 시급히 해결되는 것이 중요하다.

통화

밀턴 프리드먼 만세

94세를 일기로 지난주 사망한(『리베라시옹』의 지난주 금요일자 신문을 참조하라) 밀턴 프리드먼Milton Friedman[1]은 매우 호감이 가는 인물은 아니었다. 프리드먼이 주장하는 경제에서의 극단적 자유주의(이는 시장에 대해 광적인 믿음을 갖고 있는 사상으로, 국가는 이를 체계적으로 훼방놓는다)는 정치에서의 반反자유주의(시장 손해를 억제하려는 권위적이고 억압적인 국가)와 어깨를 나란히 했는데, 이는 극단적 자유주의를 신봉하는 자들 사이에서 자주 나타나는 현상—그가 1970년대 피노체트Pinochet를 방문한 사실이 그 증거가 된다—이다. 프리드리히 하이에크Friedrich Hayek[2]에 이어 그가 이끌어간 이른바 몽페를랭Mont-Pèlerin '자유주의' 사회[3]는 1990~2000년 남아메리카의 퇴역 장성들과의 관계를 지속했다.

그럼에도 불구하고 1976년 노벨경제학상 수상자의 죽음이 어떤 중요성을 띤다면, 밀턴 프리드먼이 사상가로서 지닌 가치가 아닌 또 다른 가치 때문일 것이다. 그의 경제 분석에 대해 어떤 견해를 갖고 있든(그의 정치적 입장에 대해서는 논하지 말기로 하자), 프리드먼이 진정한 연구가였다는 사실을 부인하기는 어렵다. 그의 중요한 업적은 무엇보다도 연구에서 (가끔) 보여준 면밀함과 엄격함이다.

그를 이해를 위해 그의 주저인 『미국의 통화 역사 1867~1960A Monetary History of the United States, 1867-1960』을 통독할 필요는 없다. 1963년 출간된 이 기념비적인 작품은 이후 고전이 되었으며 통화혁명의 기원이 됐다. 프리드먼은 1세기에 걸친 미국 자본주의 역사에서 경제 동향을 급변하게 하는 메커니즘을 경제가 성장하고 하락하는 각 시기별로 면밀하게 연구했다. 이를 위해 그는 미 연방준비은행이 취하는 통화정책—특히 연방준비제도이사회의 여러 자료와 기록에 대해 연구한—에 꼼꼼한 주의를 기울였다. 그의 연구 초점이 1929년 시작된 경제대공황의 암울한 시기에 맞춰졌다는 것은 자연스럽다. 경제공황의 엄청난 여파는 유럽까지 미쳤고, 이는 나치즘이 세력을 확장하는 데 중요한 역할을 했으며, 현대적 의미의 거시경제를 생각해보는 출발점이 됐다. 프리드먼은 다음과 같은 사실에 확실한 신념을 갖고 있었다. 즉 주식시장 폭락에 따른 신용 위기, 디플레이션과 극심한 경기침체, 20퍼센트 이상의 생산성 하락, 25퍼센트의 실업률 증가는 미 연방준비은행의 지나치게 제한적인 정책 때문이었다는 것이다. 경제공황은 무엇보다도 통화에 관련된 문제였지 케인즈 경제학에서 설명하는 급격한 소비 감소와는 별 상관이 없었다(1920년대에 임금은 생산 증가와 같은 비율로 증가했다).

현학적이고 기술적인 분석을 통해 프리드먼은 정책에 관한 확실한 결론을 이끌어냈다. 즉 자본주의경제에서 큰 문제없이 안정적인 성장이 이루어지려면, 물가상승 폭을 일정하게 하는 정책이 필요충분조건이라는 것이다. 프리드먼은 루스벨트가 취한 '뉴딜 정책'과 일련의 공공고용정책, 소득재분배정책, 1930년대 경제대공황과 제2차 세계대전 이후 발생한 경제위기에 대처하는 민주주의자들의 정책을 쓸데없이 비싼 돈을 들여 거대한 난로를 설치하는 것에 불과하다고 생각했다. 다시 말해 자본주의를 구하기 위해서는 '복지국가'나 여기저기에 관여하는 정부는 전혀 필요가 없다는 것이다. 즉 훌륭한 '연방준비은행' 하나만으로 충분하다. 좌파가 '뉴딜 정책'을 완수하려 했던, 하지만 초고속성장을 이어가고 있는 유럽과 비교해 자신들이 상대적으로 뒤떨어질 것이라는 우려의 목소리가 나오기 시작한 1960년대와 1970년대 미국에선 이런 단순하면서도 강력한 정책 메시지가 엄청난 효과를 발휘했다. 프리드먼과 시카고학파의 연구가 국가의 역할이 끊임없이 확장되어가는 것에 대해 불신의 분위기를 조성하고, 1979년과 1980년에 레이건과 대처의 보수혁명—그 결과 다른 나라에서도 보수혁명이 계속 일어났다—을 가능케 했던 지적 배경을 조성하는 데 기여를 했다는 사실엔 의심의 여지가 없다.

물론 프리드먼이 연구를 통해 이끌어낸 정책에 관한 결론이 이데올로기를 벗어난 것은 아니었다. 훌륭한 연방준비은행이 있다는 것은 마땅히 좋은 일이다. 하지만 훌륭한 연방준비은행과 훌륭한 복지국가가 함께한다면 더더욱 좋을 것이다. 그렇다고 해도 만일 그가 20세기의 심각한 경기침체를 극복할 수 있는 중요한 합의를 이끌어낼 만한 진정한 연구에 집중하지 않았더라면, 그가 제시하는 정책 메시지가 이와 같은 영향력을 행사하지 못했을 거라는 데에는 의심의 여지가 없다. 1929년 경제대공황과 통화정책의 역할에 대한 논쟁은 아직까지 끝나지 않았지만, 프리드먼이 남긴 업적을 무시할 수는 없다.

호감이 가지는 않지만 정열적인 연구가인 프리드먼은 극단적 자유주의에 확고한 신념을 지닌 대학교수를 경제토론에 끌어들이는 것은 자연스러운 일이지만, 연구 과정에 끌어들인다는 것은 신중하게 고려해봐야 한다는 사실 또한 보여주고 있다. 국제적 지식은 전무한 상태에서 극단적 자유주의를 주장하는 몇 안 되는 경제학자들이 찬밥 취급을 당하는 프랑스에서 깊이 생각해봐야 할 교훈 하나는, 그들이 주장하는 바가 가끔 지구 반대편에서 나타나는 지적 게으름과 순응적 태도만을 부추길 뿐이라는 것이다.

1. 1976년 노벨경제학상을 수상한 미국의 경제학자로, 자유시장경제를 옹호한 대표적인 인물로 꼽힌다.

2. 오스트리아학파의 대표 경제학자. 신자유주의의 입장에서 모든 계획경제를 반대했다.

3. 1947년 하이에크가 중심이 되어 출범시킨 자유주의 경제학자들의 모임.

통화

구매력은 낮아지는가?

높은 물가와 함께 예상되는 프랑스인의 구매력 저하에 관한 논쟁은 뿌리가 깊은 사안이며, 아마도 지난주 총리 관저에서 열린 소득에 관한 콘퍼런스와는 별개로 계속될 전망이다.

곧바로 소득에 관해 살펴보자. 국립통계경제연구소 통계에 따르면, 지난 몇 년간 소득은 물가보다 빠른 속도로 증가했다고 하는데(연 1.9퍼센트의 평균 구매력 증가와 함께), 이에 이론을 제기하기는 힘들다. '공식 통계자료'에 비판적인 시선을 가질 수는 있겠지만, 이 통계자료가 프랑스인이 '체감하는 것'과는 반대의 결과를 제시하리라는 이유로 이 자료를 철저하게 비난한다는 것은 부당하고 인기 영합적이다. 국립통계경제연구소의 소득 계산은 수많은 개인명세서를 근거로 한 것으로, 이 계산 방식은 전 세계적으로 유명하다. 골목 슈퍼마켓에서 나온 수십 장의 가격명세표를 근거로 이 개인명세서를 휴지통에 버리자고 제안하는 것은 소용없는 일이다. 왜냐하면 체온계가 환자의 체온을 측정해 나타내지 않는다면, 그것은 아마도 환자가 다른 병을 앓고 있다는 뜻이 되기 때문이다.

통계자료를 보면, 구매력증가율이 플러스지만 거의 의미가 없다는 것과 환자가 이 현상에 적응할 수 없다는 사실을 알 수 있다. 우선 연 1.9퍼센트의 증가율(이는 국내총생산 증가율에 해당된다)은 각 개인소득이 아닌 가구당 총소득과 연관된다는 사실을 기억하자. 인구증가율이 연 약 0.5퍼센트면, 실질구매력 증가율은 연 1.4퍼센트에 이른다. 여기에, 가족 재구성과 인구고령화 현상이 매년 주민 수보다 가구 수를 증가시킨다는(0.5퍼센트에 대한 1.3퍼센트) 사실을 상기한다면, 연평균 구매력증가율은 연 0.6퍼센트밖에 되지 않는다.

국립통계경제연구소의 물가지수가 재화와 서비스의 질을 약 0.3퍼센트 (적법하게) 향상시킨다는 것(가계는 물론 이를 잘 인식하지 못한다)은 고려하지 말자. 최저소득층 가계에 적용되는 물가지수는 평균 물가지수보다 0.1~0.2퍼센트 빠르게 증가하는데, 그 결과 담뱃값이 오르게 된다는 사실도 논외로 하자. 그리고 성장비용 감소에 따른 성장 둔화는 전반적으로 건강보험금 같은 공공비용의 증가—이런 성장을 통해 삶의 질은 현실적으로 높아지는데, 가계는 전반적으로 이런 상황에 익숙해져 있다—에 매몰된다는 사실 또한 생각하지 말자.

요약하자면, 한편으론 구매력 실질증가율이 거의 0퍼센트에 가깝고, 다른 한편으론 물가 상승과 소득 증가의 격차를 육안으로 확실하게 확인할 수 없다는 것이다. 20년, 아니 그보다도 훨씬 전부터 지속된 구매력 정체 현상은 '영광의 30년' 동안 보였던 4~5퍼센트의 증가율과 극명한 대조를 이루는데, 이런 상황을 사람들은 직접 체감하고 있다. 상황에 따라 경기가 후퇴하고 있다는 인상이 심화되고 있다는 것이 놀랄 일이 아니다. 즉 많은 가구의 경우 구매력이 1~2퍼센트 증가하는 것을 인식하지 못하는 반면, 구매력의 하락은 분명하게 모습이 드러난다는 것이다. '고용 소득 사회위원회Cerc: Conseil de l'emploi, des revenus et de la cohésion sociale'에서 강력하게 지적했듯이, 평균 순임금의 (약간의) 상승으로 인해 약 40퍼센트에 해당되는 임금근로자의 임금이 매년 낮아지게 되는데, 그 이유는 주로 근로시간의 변화 때문이다. 안타깝게도 통계기재(장치)로는 개인소득 경로를 분석할 수 있는 가계소득에 관한 고정 조사 대상을 확보할 수 없다.

끝으로—특히 이 부분이 중요하다—인지되지 않는 구매력 증가는 매년 실질적으로 10~20퍼센트씩 증가하는 개인 임금에 비해 중요하지 않다. 개인 임금이 평균지수에 거의 영향을 미치지 못한다 할지라도, 개인 임금 상승은 확연히 알 수 있으며 모든 것이 이에 따라 변화할 수 있는 것이다. 곧 이사를 해야 하는 가정에게 집값 상승은 민감한 부분이며, 국립통계경제연구소에서 계산한 평균상승률보다 훨씬 높은 순 구매력 상실로 이어진다.

보다 일반적인 관점에서 보자면, 임금은 겨우 1~2퍼센트 증가하는 반면, 증권 시세나 부동산 시세는 10퍼센트 증가하길 바라는 세상에선 누구라도 의지가 꺾일 수밖에 없다는 것은 당연한 이치다. 이런 격차가 장기간에 걸친 주식 가격의 인상으로 설명된다 할지라도 그 결과에 대해선 보다 정교한 연구가 필요하다. 예를 들어 국립통계경제연구소에서 최근 발표한 상대적 빈곤층의 감소(이는 저소득이 평균보다 조금 빠른 속도로 증가한다는 사실의 결과다)는 자산소득과 가치상승에서 생기는 소득을 가장 잘 고려했다. 하지만 해결책은 통계기관과 연구자에게 프랑스인이 현재 변화를 분명하게 알 수 있는 방법(특히 세습재산과 소득에 대한 세율표에 접근할 수 있는 방법)을 제공하도록 하는 것이다.

2004년

9월 20일_ 사회당: 결국 해명에 나서다
10월 18일_ 사르코지, 상속세를 공격하다
11월 15일_ 사르코지: 재무부 장관 시절 혼돈의 8개월
12월 13일_ 근로계약: 보를로, 혼돈에 빠지다

2005년

1월 10일_ 연구 프로젝트에 관한 잘못된 선택
2월 7일_ 쿼터제, 잘못된 선택
3월 7일_ 어린이 한 명의 가격
4월 4일_ 국제세제로 갈 것인가?
5월 2일_ 프랑켄슈타인이 아니라 볼케스테인
5월 30일_ 포르투갈산 포도주에서 폴란드 근로자까지
6월 27일_ 블레어의 함정에서 벗어나기
9월 12일_ 초라한 조세개혁
10월 10일_ 독일의 동결정책
11월 7일_ 사회당 회의, 답변하기 난처한 문제는 교묘하게 피하다
12월 5일_ 교육우선지역: 프랑스식 긍정적 차별

2006년

1월 30일_ 부가가치에 과세를 해야 하는가?
2월 27일_ 상속, 과세의 자유
3월 27일_ 무기간제 계약에 대한 재고
5월 29일_ 사회당, 세금에 관한 질문을 받다

6월 26일_ 할당과세, 약화된 분야
8월 28일_ 상속세를 어떻게 해결할 것인가?
9월 25일_ 교육경쟁의 활성화
10월 23일_ 최저임금경쟁
11월 20일_ 밀턴 프리드먼 만세
12월 18일_ 구매력은 낮아지는가?

2007년

1월 15일_ 거주 대항권
2월 12일_ 불가능한 세금 약속
3월 12일_ 학교 벤치에서 치러지는 대통령 선거
4월 9일_ 경제 분야에서의 남성우월주의
5월 10일_ 두 번 다시 일어나지 말아야 할 일
6월 4일_ 집주인에 대한 불합리한 보조금
8월 27일_ 사회보장 부가가치세, 잘못된 대답
10월 22일_ 배당금: 고리가 채워지다
11월 19일_ 퇴직연금: 2008년 환영합니다!
12월 17일_ 35시간의 고통

2008년

1월 14일_ 가계 문화 혹은 가계 사기
2월 11일_ 아탈리, 아틸라보다 더한 장광설
3월 10일_ 건강보험에 관한 클린턴-오바마의 결투, 미국의 골칫거리
4월 7일_ 엄격성 혹은 개혁?
5월 6일_ 퇴직연금: 눈가림의 중단
6월 3일_ 루아얄과 들라노에: 골자를 서둘러 제시할 것!
9월 2일_ 고용연대소득: 또 다른 기만행위
9월 30일_ 은행가들을 구해야 하는가?
10월 28일_ 1조 달러

11월 25일_ 사회당에선 어떤 투표를 할까?
12월 23일_ 부가가치세를 인하해야 하는가?

2009년

1월 20일_ 오바마와 루스벨트, 유사성의 허상
2월 17일_ 대학 자율성: 위선
3월 17일_ 이윤, 임금, 그리고 불평등
4월 14일_ 아일랜드의 재앙
5월 12일_ 중앙은행의 활약
6월 9일_ 잊힌 불평등
7월 7일_ 탄소세의 미스터리
9월 8일_ 베탕쿠르 사건이 주는 세무 교훈
10월 6일_ GNP는 이제 그만, 국민소득으로 돌아가자
11월 3일_ 비합리적인 세금을 낮출 것!
12월 1일_ 위기의 승자는 누가 될 것인가?
12월 29일_ 계획안을 수립할 것인가 말 것인가?

2010년

1월 26일_ 헌법적 판단과 세금
2월 23일_ 전례 없는 은행 이윤: 정치적 문제
3월 23일_ 그리스인은 게으르지 않다
4월 20일_ 퇴직연금: 모든 것을 다시 상세히 검토하자
5월 18일_ 유럽의 반시장정책
6월 15일_ 중앙은행에 대한 재고
7월 13일_ 릴리안 베탕쿠르는 세금을 내는가?
9월 14일_ 퇴직연금: 2012년이 빨리 오길!
10월 12일_ 재산세에 대한 차분한 논의를 위한 요소
11월 9일_ 미 연방준비은행을 두려워해야 하는가?
12월 7일_ 아일랜드 은행 구조 소동

2011년

1월 11일_ 35시간 근로제에 대한 잘못된 논의
2월 8일_ 세제 혁신에 필요한 네 가지 열쇠
3월 8일_ 여론조사기관을 통제해야 한다
4월 5일_ 일본: 개인은 부유하나 공공부채는 많은 나라
5월 3일_ 재산세: 정부의 거짓말
5월 31일_ 근로가치를 회복시키기 위한 세제 개혁
6월 28일_ 그리스: 유럽식 은행과세
9월 6일_ 오브리와 올랑드: 분발하길!
9월 27일_ 재무부가 신문을 조정한다면
10월 25일_ 가엾은 스티브 잡스
11월 22일_ 유럽 차원의 프로젝트를 구상해보자
12월 20일_ 보호주의: 부득이한 선택

2012년

1월 17일_ 부가가치세 인상이 아니라 누진제로서의 보편적 사회보장분담금이 정답이다
2월 14일_ 프랑스와 독일의 차이
3월 13일_ 대학에 관한 사르코지의 낯 두꺼운 거짓말
5월 8일_ 프랑수아 올랑드는 유럽의 루스벨트가 될 수 있을까?
7월 4일_ 왜 유럽연방제인가!
9월 25일_ 우유부단한 올랑드 대통령
10월 24일_ 변호의 여지가 없는 국회의원들의 몰염치
12월 17일_ 조세공조에 미지근한 독일과 프랑스의 근시안적인 이기주의

2013년

1월 28일_ 초등학생에게 수요일에도 학교에 가게 하자!
2월 25일_ 이탈리아 선거와 유럽의 책임
3월 26일_ 글로벌 자산세 도입을 향해 나아가자!

4월 22일_ 제롬 카위자크의 두 가지 거짓말
5월 21일_ 노예제는 정말 사라진 것일까
6월 18일_ 환골탈태해야 할 유럽의 정치 구조
9월 24일_ 경제성장만이 유럽을 구할 수 있을까?
10월 22일_ IMF여, "누진적 자산세를 위해 더욱 노력하라!"
11월 19일_ 조용히 가라앉고 있는 프랑스 대학
12월 17일_ 프랑스 학교를 뒤덮고 있는 불투명성과 불평등

2014년

1월 18일_ 서툴고 얼렁뚱땅한 프랑스 대통령
2월 25일_ 언론의 자유란 무엇인가
3월 25일_ 고집불통 프랑스 대통령
4월 22일_ 부의 상위 1퍼센트 집중에 따른 부작용, '미국의 과두정치'
5월 20일_ 투표장으로 가 유럽을 바꾸자!
6월 17일_ IS의 탄생은 '부의 불평등' 탓!
9월 8일_ 작은 정부를 운영하는 데는 많은 대가가 따른다
10월 6일_ 경쟁력 향상과 고용 촉진을 위한 세액 공제, 프랑수아 올랑드의 결점
11월 3일_ 홍콩의 자본?
12월 1일_ 카를로스 푸엔테스가 생각하는 자본
12월 29일_ 2015년, 유럽을 깨우려면 어떤 충격이 필요한가?

2015년

1월 26일_ 나머지 유럽 국가에 민주혁명 전파하기
2월 23일_ 언론사 구하기
3월 9일_ 룩스리크스 폭로자 앙투안 델투르를 지지하며
3월 23일_ 서민층의 이중고
4월 20일_ 부채는 갚아야만 하는가?
5월 18일_ 근로 장려금: 또 다른 개혁의 실패

옮긴이의 말

사민주의 중도좌파 정당인 프랑스 사회당의 경제 고문을 지낸 바 있는 토마 피케티가 『리베라시옹』—사르트르가 창간한 진보적 일간지로 유명하다—에 연재한 칼럼을 모은 『피케티의 新자본론』은 우선 저자의 정치적 신념이 가득한 책이란 걸 인정할 수밖에 없다. 그렇다고 이념 노선이 같은 쪽이면 무조건적으로 두둔하는 식의 편견에 휩싸인 저서인가 하면, 결코 그렇지 않다.

요컨대 피케티는 올해 초 프랑스 정부가 수여하는 레지옹 도뇌르 훈장을 거부할 정도로 현실 권력과는 일정한 거리를 두어왔고, 이 책은 우파인 사르코지뿐만 아니라 좌파인 올랑드의 결점도 쾌도난마처럼 훑어내리고 있다. 또한 피케티 자신의 경제 사상과는 대척점에 있다고 할 수 있는 '시장지상주의 경제학자' 밀턴 프리드먼에 관한 추도 형식의 칼럼 '밀턴 프리드먼 만세'에서는 남미 군사정권과 프리드먼의 불투명한 관계를 비판하면서도, 대공황을 중심으로 미국 경제사를 치밀하게 분석한 그의 업적을 인정하고 진정한 경제 연구가로서의 위상을 높이 평가한다. 이러한 대목을 보더라도 세상을 향한 저자의 날 선 시선은 있을망정 불공평한 시선은 거의 없다.

주지하다시피 불평등과 빈부 격차 연구의 최고봉으로 부각한 피케티는 지난해에 세계적 베스트셀러 『21세기 자본』으로 『자본론』을 쓴 마르크스에 비견할 만한 명성을 누리고 있다. 『21세기 자본』은 분량이 방대하고 이론적인 측면이 강해 일반 독자들이 쉽게 다가서기가 힘든 것이 사실이다. 따라서 피케티의 사상을 어렵지 않게 접근할 수 있는 책, 더 나아가 우리의 현실에 피케티의 사상이 구체적으로 어떻게 적용될 수 있을지를 보여주는 책을 기다린 독자들도 있을 것이다. 그분들에게 『피케티의 新자본론』은 안성맞춤인 책이다.

이 책은 '조세' '사회보장' '교육제도' '언론 자유' '대학' '선거' '올랑드와 루스벨트 비교' '유럽연합의 현실과 미래' '유로화' 등 갖가지 이슈를 '저널리즘 문체 수준에서' 종횡무진 논하고 있다. 그래서 피케티의 문제의식과 메시지가 단순명쾌하게 전해지고, 경제에 대한 전문지식이 없더라도 읽을거리로서 흥미로운 글들이 가득하다. 가령 옮긴이에게 세계가 안고 있는 문제의 대부분은 '부의 편재'에서 비롯되는데, IS 탄생의 본질이 종교보다는 산유국과 구미자본주의 국가에 부가 집중된 '부의 불평등'이라는 저자의 지적은 신선하고 깊이 있는 시각으로 세계를 다시 보게 해주었다. 그리고 정치인들의 무능력과 몰염치, 조세피난처 탈세자, 불로소득자 빌 게이츠 등 '부와 권력을 가진 자'에 대한 피케티의 날카로운 붓끝은 속을 후련하게 쓸어주었다.

지난 10여 년간의 다양한 이슈에 대한 피케티의 진단과 처방을 읽다보면, 현 지구촌의 자본주의는 '세습자본주의'이며, 그로 인한 불평등을 막기 위해 '누진적 글로벌 자산세'를 마련해야 한다고 주장하는 『21세기 자본』이 한순간에 불쑥 튀어나온 게 아니라는 걸 알 수 있다. 피케티가 지난한 세월 동안 생각을 벼리며 이론의 각을 세운 회심작인 것이다. 글로벌 금융위기의 여파가 가시지 않은 상황에서, 유럽연합이 심각한 신뢰의 고비에 휩쓸려 디플레이션과 경기후퇴에 직면한 가운데 피케티가 '한 명의 사회과학 연구자'로서 정치, 경제, 사회 관련 시사 문제를 공식적으로 해석하려는 시도(일간지 칼럼 연재)를 종합한 이 책은 『21세기 자본』의 사상적 배경을 '역추적'하게 해주는 '피케티 사상 입문서'인 셈인 것이다. 옮긴이도 이 책을 번역하면서 자주 『21세기 자본』의 내용을 떠올렸고, 그래서 개인적으로 이 책을 『21세기 자본』과 함께 읽으면 피케티의 평등사상(동시에 피케티라는 학자)을 좀 더 깊이 있게 이해할 수 있을 거라고 확신했다.

또 한 가지 피케티가 매력적인 까닭으로 '독창적인 연구 자세'를 손꼽고 싶다. 사람은 누구나 당대의 관습에 지배되기가 쉬울 터인데, 피케티는 당대의 제반 문제에 전면적이고 도드라지게 접근하면서도 시대의 지배적 상징체계를 초월한 '독립적 사고력'으로 '지금 세상의 진짜 문제점은 무엇인가'를 궁리한다. 그리하여 그가 제안하는 해법도 '독창적'이다. 예컨대 이제는 누구나 알고 있는 '글로벌 자산세', 유럽 채무 위기 해결을 위한 '유럽 공동채권', 유로존 이상으로 유럽을 통합해 미국에 대항하자는 '유럽연방제' 등등의 주장이 그렇다. 물론 파천황격인 그의 주장이 실현될 가능성이 터무니없이 낮다고 비판하는 사람도 있을 터이지만, 기발한 생각—가령 프리드먼이 제안할 때는 꿈만 같던 변동환율제처럼—이 실행되면 그것은 아무도 의심하지 않는 '당연한 일'이 된다는 사실도 유념해야 하지 않을까.

호기심을 자극하는 재미있는 제안이 많은 이 책이 현실을 얼마나 변화시킬 수 있을지를 예단하는 것은 옮긴이의 깜냥으로는 어불성설이지만, 그의 제안 모두가 현실정책으로 받아들여지지 않을지라도 이 책은 우리 시대의 정치, 경제, 사회 문제를 풀어가며 더 나은 미래에 대한 희망을 품고 싶은 이들에게 더 없이 훌륭한 현실 분석 텍스트라는 점이 가장 큰 미덕일 듯싶다. 피케티가 분석하고 대안을 제시한 세계경제 문제와 마찬가지로, 한국 또한 거액의 공적 채무를 안고 있고, 특정 개인의 자산이 급격히 늘어나는 동시에 부의 양극화가 갈수록 격심해지고 있으며, 지역과 계층 간의 복지 격차도 나날이 벌어지고 있다. 한국의 독자와 미래에 큰 시사점을 던져 줄 수 있는 책이다.

프랑스와 한국은 조세제도, 사회보장, 교육제도가 많이 다르다. 한국에서는 프랑스 하면 예술과 문화의 나라라는 낭만적인 이미지가 강한 만큼, 프랑스 특유의 사회경제 사정이 낯설기만 할 것이다. 피케티도 자주 언급한 것처럼 프랑스의 세제와 사회보장제도는 아주 복잡하기 때문에 필요하다고 판단한 곳에는 가능한 한 옮긴이주를 달아 이해를 돕고자 최선을 다했다. 아무쪼록 도움이 되길 바란다.

2015년 초가을

박상은·노만수

피케티의 新자본론

초판인쇄 2015년 9월 14일
초판발행 2015년 9월 21일

지은이 토마 피케티
옮긴이 박상은 노만수
펴낸이 강성민
편집 이은혜 박민수 이두루 곽우정
편집보조 이정미 차소영 백설희
마케팅 정민호 이연실 정현민 지문희 양서연
홍보 김희숙 김상만 한수진 이천희

펴낸곳 (주)글항아리 | **출판등록** 2009년 1월 19일 제406-2009-000002호
주소 10881 경기도 파주시 회동길 210
전자우편 bookpot@hanmail.net
전화번호 031-955-1903(편집부) 031-955-8891(마케팅)
팩스 031-955-8855

ISBN 978-89-6735-249-3 03300

글항아리는 (주)문학동네의 계열사입니다.

이 도서의 국립중앙도서관 출판예정도서목록(CIP)은 서지정보유통지원시스템 홈페이지(http://seoji.nl.go.kr)와 국가자료공동목록시스템(http://www.nl.go.kr/kolisnet)에서 이용하실 수 있습니다.(CIP제어번호: CIP2015024860)